向美丽进发

广西靖西至那坡高速公路项目建设文集

泗梨隧道洞门

黄钟·括地风
——靖西至那坡高速公路
◎余昌文

坦道弯弯壮锦般，
滇桂龙蟠。
桃花处处美姿妍，
春意盎然。
护坡芳绽，
攀岩藤蔓。
直达七彩云南，
连接钦州湾畔。
昆明一日还，
海豚半日瞻，
当代愚公真不平凡！

满江红
——赞桂西高速八联建

◎ 罗斯卡

劈岭开山,
　　震盘古,
　　　桂西高速。
　　热血洒,
　　　撬星凿月,
　　　　铁魂浇铸。
达海通边传友谊,
接南连北招财富。
笑看乡野滚滚车流,
　　豪情驻!

八联建,
　　标杆树。
泯恩怨,
　　和谐处。
惠民除疾苦,
　　解囊相助。
大爱有痕匝道暖,
巨德留印芳桥渡。
喜听村头琅琅书声,
　　得天数!

广西靖西至那坡高速公路项目建设文集

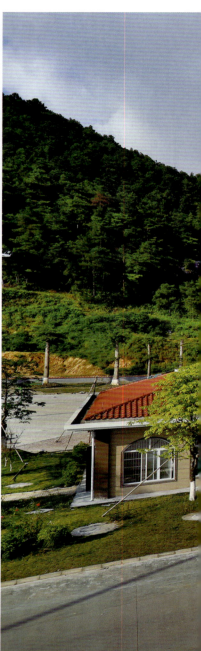

参建企业文化园

广西靖西至那坡高速公路项目建设文集

靖西服务区

向**美丽**进发

广西靖西至那坡高速公路项目建设文集

旧州互通枢纽

广西靖西至那坡高速公路项目建设文集

洞邦隧道洞门

大史1、2、3号桥

k45-k48 路段风光

K4+500 石质边坡生态恢复

向**美丽**进发

广西靖西至那坡高速公路项目建设文集

三合互通立交桥

向美丽进发

广西靖西至那坡高速公路项目建设文集

大道通边关

向**美丽**进发
广西靖西至那坡高速公路项目建设文集

平爱隧道出口

Xiang Meili Jinfa

向美丽进发

Guangxi Jingxi zhi Napo Gaosu Gonglu Xiangmu Jianshe Wenji

广西靖西至那坡高速公路项目建设文集

《向美丽进发　广西靖西至那坡高速公路项目建设文集》编委会　编

人民交通出版社股份有限公司
China Communications Press Co., Ltd.

内 容 提 要

本文集分项目概述、经验做法、工程纪实、技术论文四部分。内容涉及山区高速公路设计、施工、监理、项目管理与科技创新、项目管理文化等方面,是广西靖那高速公路项目建设者与管理者的智慧结晶。

本文集紧密结合实际,理论联系实践,内容丰富翔实,对山区高速公路建设具有较高的实用价值,可供高速公路建设者参考。

图书在版编目(CIP)数据

向美丽进发:广西靖西至那坡高速公路项目建设文集/《向美丽进发:广西靖西至那坡高速公路项目建设文集》编委会编. — 北京:人民交通出版社股份有限公司,2014.12
ISBN 978-7-114-11881-4

Ⅰ.①向… Ⅱ.①向… Ⅲ.①高速公路—道路建设—广西—文集 Ⅳ.①F542.3-53

中国版本图书馆 CIP 数据核字(2014)第 276943 号

书　　名:向美丽进发　广西靖西至那坡高速公路项目建设文集
著 作 者:《向美丽进发　广西靖西至那坡高速公路项目建设文集》编委会
责任编辑:刘永超　贾秀珍
出版发行:人民交通出版社股份有限公司
地　　址:(100011)北京市朝阳区安定门外外馆斜街 3 号
网　　址:http://www.ccpress.com.cn
销售电话:(010)59757973
总 经 销:人民交通出版社股份有限公司发行部
经　　销:各地新华书店
印　　刷:北京市密东印刷有限公司
开　　本:880×1230　1/16
印　　张:16.75
字　　数:506 千
彩　　插:6
版　　次:2014 年 12 月　第 1 版
印　　次:2014 年 12 月　第 1 次印刷
书　　号:ISBN 978-7-114-11881-4
定　　价:70.00 元

(有印刷、装订质量问题的图书由本公司负责调换)

《向美丽进发　广西靖西至那坡高速公路项目建设文集》
编委会

主　　任：罗根传

副 主 任：颜景有

委　　员：刘朝晖　韦增平　劳家荣　唐　斌　覃新江
　　　　　金铁民　栗　晖　黄成岑

主　　编：颜景有

副 主 编：覃新江　刘朝晖

特约编辑：黄　劼

编　　辑：汪进任　邓祥明　陆友芽　黎明镜　谢传福
　　　　　吴大楼　刘敬霜　黄忠财　秦仁杰　李　盛
　　　　　周　婷　张景怡　黄　优　刘兴武

前　言

广西具有我国西南地区最便捷的出海通道,也是中国西部资源型经济与东南开放型经济的结合部,在中国与东南亚的经济贸易中占有重要地位。广西高速公路建设始于1993年,按广西高速公路网规划,到2020年将建成高速公路8 000km。广西早期修建的高速公路主要为水泥路面,沥青路面始于南宁至友谊关、百色至罗村口高速公路(2003～2005年),目前在建高速公路主要为沥青路面结构形式。

靖西至那坡高速公路是广西高速公路网布局中"横6"合浦(山口)—那坡(省界)高速公路的重要组成部分,跨越广西桂南、桂西2个经济区,联通钦州、北海、防城港3个沿海城市及4个国家一类口岸。项目主线全长90.371km,全线采用双向四车道高速公路标准建设,路基宽26m,主线设计车速100km/h,全线设旧州、禄峒、三合、坡荷4处互通式立交,2009年10月30日动工,2014年12月10日通车。靖西至那坡高速公路与百色至靖西高速公路呈V形交汇于靖西,并经靖西与中越边界国家一类口岸——龙邦口岸相连,项目建成通车后将成为广西出海出边的重要陆上通道。

在保证项目质量安全的前提下,为确保项目整体快速推进,项目启动之初,广西交通投资集团有限公司审时度势,在靖那路率先试行"四化管理"和大标段制,节约了管理成本和施工成本,确保了工程质量。项目全面示范推行"标准化、规范化、精细化、人本化"的"四化管理"模式,要求按照"标准化的要求、规范化的施工、精细化的管理、人本化的理念",努力实现人与人的和谐、路与自然的和谐、企业与社会的和谐。为深入落实"四化"管理,提高工程质量,保证施工安全,项目业主单位广西红都高速公路有限公司制定了《广西靖西至那坡高速公路标准化施工实施细则(路面、路基、桥梁工程、隧道工程、绿化及边坡生态恢复)》《广西靖西至那坡高速公路工地(现场、驻地)建设标准化实施细则》《靖西至那坡高速公路沥青面层施工技术指南》等,并创造性地开展建设管理与科技创新工作,如积极探索建养一体化措施、企村联建促进中心工作的思路与方法、精心打造"五美十景",克难攻关隧道LED节能照明技术、长隧道沥青路面温拌阻燃技术等,努力使靖那路的建设达到优质、高效、进步、和谐的高速公路建设总体目标。

本文集分项目概述、纪实报告、经验做法、技术论文四大篇章。内容涉及山区高速公路设计、施工、监理、项目管理的经验总结与科技创新、感人故事等方面,尤其是探索推行"四化"管理的理念与举措,是项目建设者与管理者的智慧结晶。文集紧密结合实际,理论联系实践,内容丰富翔实,对大石山区高速公路建设具有较高的实用价值。

在文集的编写过程中,得到了上级单位和相关单位领导的关心与支持,得到项目各参建单位的高度重视和项目技术人员的积极参与,长沙理工大学刘朝晖教授和原武警广西总队文工团上校团长、军旅作家黄劼等对文集进行了修订和统稿,在此一并表示衷心的感谢!

本文集作者均为在靖那高速公路建设与管理一线的技术人员和管理者,因项目建设任务重,作者可用于收集和整理建设成果的时间较少,加之编者理论水平有限,书中不足之处在所难免,恳请广大读者和同行不吝指正。

本书编委会
2014 年 11 月于广西靖西

靖那高速铭

　　桂西边境，壤接交趾。水秀山清，四季如春。宛若桂林，神似昆明。人文古迹繁多，民俗风情浓郁，史有张天宗、侬智高、刘永福、瓦氏夫人诸多英雄义侠，壮举传今，浩气长存。然靖西那坡之远野，沟壑纵横，交通滞后，封闭前程。壮家儿孙望山兴叹，固守贫穷举步维艰。适逢北部湾千帆竞发，党之阳光雨露普洒壮乡。自治区党委政府应天时、顺民心，运筹帷幄，决策英明。领广西交投，携广西路桥、中铁一局、广东长大等十余家施工强企之精英筑靖那高速，起于靖西新靖亮表，终至那坡城厢那桑。直达七彩云南，连接钦州湾畔。全长九十公里，桥七十有二、通涵四百余、隧道数十座，于公元二〇一〇年十月破土动工。全员上下、众志成城，五加二、白加黑，冬冒严寒，夏顶烈日。藏思念于深心，过家门而不入。其事迹感人肺腑，激励后人。四易寒暑，大业乃成。要求标准、施工规范、管理精细、以人为本。树四化管理之标杆，铸内实外美之精品。工农携手，企村联建，筑路桥、修民居、葺校舍、建球场、育致富人才，修康庄大道。靖那高速，民生工程。建在当代，利于千秋。甲午年丙子月建成，通边达海，连接东盟。兴边富民大通道，美丽壮乡添胜景，是为铭。

坚持使用者优先理念　　打造最佳用户体验
——在集团公司"建管养一体化"现场会上的讲话
广西交通投资集团有限公司总经理　刘　可
（2014年11月14日）

这次由集团公司运营管理部牵头主办，靖那路、百靖路具体承办的"建管养一体化"现场会重要、及时、成功，我感到满意。集团公司董事会、经营班子一直以来都高度重视和支持"建管养一体化"工作，在各层次会议上都做了研究部署，余昌文董事长就会议的筹备以及推进建管养一体化工作提出了明确的要求，由于临时安排了重要公务活动，没有能够出席今天的会议。

总体来看，会议准备充分、组织有序、内容丰富、气氛热烈。我们既分享了靖那路、百靖路、玉铁路在建管养一体化所做的探索和成果，为集团公司推进建管养一体化取得的阶段性成效感到欣慰；也听到了运营公司、项目公司、高投公司、实业公司等单位就建管养一体化提出的许多意见建议，有的问题还很尖锐，这是大家的真知灼见、肺腑之言，正是我所想听到、所想了解的，这也让我感受到建管养一体化工作依然任重道远，更让我感受到大家所抱持的深切责任感，这种责任感让我们在发现问题的时候更有担当、分析问题的时候更加深入、解决问题的时候更为迫切。此外，根传副总经理、向东副总经理就各自分管的工作提出很明确的要求，我完全赞成，请大家认真贯彻落实，把工作做得更好。

借此机会，我谈几点体会和要求。

一、知难行易，贵在认真

参加这次会议很多都是集团公司的各路"封疆大吏"，具备了相当的理论素养和实践水准。昨天下午，我们现场参观了百靖路、靖那路，再通过今早的交流发言，对于这两个项目开展建管养一体化的工作，大家一定有所体会，心中会有一杆秤，认识别人，也掂量自己，人家若何，自当如何？做事情多花心思和少花心思效果是完全不一样的，有句古话："世间之事有难易乎？为之则难者亦易，不为则易者亦难矣。"大意就是一件事情即便我们认为很难很棘手，但是只要认认真真、一步一个脚印去做，当登上高峰就会发现走过的路并不难；相反，即便一件事情很容易，但如果我们没有认真筹划好，没有一干到底的"钉钉子"精神，要做成也很难。所以毛泽东同志讲：世界上最怕"认真"二字，共产党就最讲认真。靖那路、百靖路推进建管养一体化取得了显著的成效，颜景有指挥长也谈了他的感受体会，这件事情最后看起来真的并不复杂，但是我们更应该看到的是，这两个项目在集团公司全面提出"建管养一体化"之前，已经认真做了大量扎实的前期准备，特别是在管理理念创新、工程质量控制、建管工作衔接等方面做了很好的储备和铺垫。

我们一路走来，大家能明显感受到靖那路、百靖路项目建设主要常规指标达到了较高的水准,同时也看到项目建设如何在保护生态、注重环保、可持续发展方面也能有所建树,比如我们所参观的复耕点、服务设施建设中的太阳能利用等,这些除了利于后期减少运营纠纷、节约能源,也让我们思考企业还要承担哪些社会责任,我们怎么更好地做一个有责任的企业。我觉得最高兴的还是看到我们整个管理观念的转换提升,感受到我们各个环节协调能力的增强,感受到了项目建设的进步、建养结合的进步,对"建管养一体化"的实施效果还是很满意的。这次会议,我们请集团公司主要相关部门负责人都来参加,就是希望集团各个部门看到这项工作工作取得的巨大进步和效益,进而更好地从各自的角度理解、关心、支持建管养一体化工作。集团公司在统筹推进"建管养一体化"的时候,为什么要让运营管理部而不是工程管理部或其他部门牵头推进?即便运营管理部负责人总是提出人手太少、任务太多。市场经济有一个基本原理:花公家的钱是最大方的,花别人的钱就要谨慎一些,花自己的钱效用最大化,同样道理,做自己的事情最有责任心。为什么?因为每个人都是理性的经济人,都会最合理判断自身需求和自身需求所承担的代价,都会对投入和产出进行分析,力图用最少的钱实现效用最大化。因此,我们让运营管理部——也就是最终的使用者来牵头推进建管养一体化工作,最有利于在各种不同的诉求和不同的冲突中间寻求平衡。每个阶段的诉求和要求是不一样的,只有让使用者最终来推动,它的诉求和冲突才能有最合理和最稳定的解决方案。

我认为,建管协调或者说建管养一体化问题是高速公路建设长期性、普遍性、结构性的问题。从全寿命周期的角度看,如果建管协调工作做得好,项目法人的责任有效落实,工程质量显著提升,各类设施适用性强,那么全寿命周期的投入会减少很多,管理效益会大幅提高,反之亦然。不论是省外还是区内成功的高速公路项目案例告诉我们,一个有责任感、有全局观、有系统观的管理者,都会把"建管养一体化"的问题作为建设项目全过程管理的一个核心。从广西高速公路建设历程看,除了靖那路、百靖路,我们也还有做得好的,比如说黄桂生同志讲的20世纪90年代末修建的宾南路,路面质量等各方面都做得很好,服务设施与道路进度同步,因此后期的运营和服务都做得比较到位,包括组织实施的罩面工程效果也很好,赢得了社会普遍赞誉。另外玉铁路实施"建管养一体化"效果也不错,尽管当时集团公司还没有全面完整地提出"建管养一体化",但是玉铁路发挥自身优势,很好地实践了一体化的理念。当然玉铁路有它特定的条件,项目建设和运营在组织机构、人员配备等方面具有相当程度的一体性,项目的建设者与后期的管理者基本重合,建管一体化减少了许多结构性磨合过程,这个项目可复制性不强,但是确实是我们前期项目中建管养一体化方面做得比较突出的。这些都是在"建管养一体化"概念尚未明确的情况下,以专业态度和认真精神取得良好实施效果的案例。

二、保持正视问题的清醒和解决问题的自觉

总体来讲,目前集团公司"建管养一体化"与自身纵向对比,进步明显,但与我们设定的目标、与行业先进还有较大差距,存在不少问题,个别项目建设的问题还很多,在建

设过程中对运营的需求,对收费管理的需求考虑不周。因此部分项目建成后,运营公司对各类问题缺陷的统计数据,令人觉得很不是滋味。对于这些问题,我自己很有自责之心,觉得很郁闷,感到没有尽到责任。我多次说过,建管养一体化工作没做好,每个人都有理由,只有我这个总经理没有理由。所以我们要下决心来推动这项工作,正视集团公司运营管理中这类全局性、共性的问题,通过这些问题的解决来带动我们项目管理、运营管理以及协调水平的整体提高。

现在流行一个词叫"问题导向",实际上我们去努力抓建管养一体化的工作,积极主动发现问题、消除缺陷,就是坚持"问题导向"的具体表现,也是集团公司作为一家负责任企业,我们作为一个运营管理者勇于担当、积极有为的具体表现。建管养一体化的核心问题大家都讲了很多,我认为它的核心问题就是"建设项目全过程关注使用者需求"。我们建设项目有很多指导性的东西,有规范、有法规、有各种规定,这些我们都很自然地能够遵守执行。但我们很少思考的是,这些所有的法规、规范、要求所代表的核心指向是什么?我认为是为用户提供既符合结构安全又符合使用要求的公路产品。在这个过程中,我们抓建管养一体化,主要体现在建设法人和运营法人之间的相互尊重、和谐共赢的协调过程。实际上,靖那路也好,百靖路也好,和百色运营公司共同推动建管养一体化的过程就是这样一个相互尊重、和谐共赢的过程,更是我们项目管理理念逐渐由"管理者优先"转变为"使用者优先"的过程,更是在前一阶段"四化管理"的基础上,把"人本化"理念从内涵的提升到外延的扩展。刚才罗根传副总经理也讲了,没有"四化管理"的有效推进,就不会有我们项目建设的工程质量的质的提高,没有这些质的提高,后期运营管理使用的便利就无从谈起。因此,我们现在所推进的建管养一体化,我们所强调的"使用者优先"理念,都是"四化管理"中人本化在内涵的提升和外延上的扩展。从这层意义上讲,我们现在所推行的"建管养一体"工作与项目建设各个阶段都是相互关联的,这是我们更好推动建管养一体化的重要基础。

在统筹考虑如何推动建管养一体化的时候,我的总体思路和主要原则是:梳理用户需求、落实实施主体、强化过程衔接、确保成品实效。梳理用户需求,就是必须明确建管养一体化最终目的是满足使用者需求,而使用者需求是什么?其中要考虑管理者、司乘人员等不同层次的使用者需求。落实实施主体,即明确谁来承担满足使用者需求的主体责任?显然是建设方来落实。需求清楚、主体清楚以后,过程如何衔接?因为我们满足的是不同侧层次的使用者需求,运营公司有运营公司的要求,普通用户有普通用户的要求,还有服务区经营管理主体——实业公司的需求,我们怎么把不同阶段、不同内容的需求统一到我们项目实施的过程中?这就需要强化过程的衔接。最后,结果最重要。问题导向的核心是成果导向,我们要通过最终的成果实效来检验问题的解决程度。我们参观靖那路、百靖路为什么会有很深的体会?就是因为他们拿出了实实在在的符合规范要求的建设品质,拿出了符合使用者需求的产品。

在具体推进建管养一体化过程中,到目前已经取得的初步成效,一方面体现了集团公司经营班子的高度重视,总经理办公会就此问题至少研究过四次,另一方面也得益于我们认真地去强化、引导和树立使用者优先、建管养一体的理念。在座很多都是单位的一把手,还有很多以后会成为单位的一把手,希望大家在推进建管养一体工作中,明确并实现几个层次的目标。其一,干成事的目标。基本要求是把路修起来,实现路的基本功能。其二,干好事的目标。更高要求是把事情干好,让我们所修的路最大程度符合各层次使用者需求。其三,出人才的目标。在项目实施的过程中造成人才辈出的良好局面。其四,出制度的目标。要形成一个稳定的制度体系,这些制度不会因为人特别是主要领导者的变化而变化,形成稳固的管理机制。其五,出价值观的目标。在上述4个目标基础上,最重要的是作为一个主要的领导者,在带领团队干事创业,干成事、立好规矩、培养人的过程中应该形成一个有影响力的价值观。对于我们的高速过来建设团队来说,能够形成一个持续有影响力的价值观是很重要目标,集团公司希望通过大力推动建管养一体化,让每一位建设参与者感受、理解并逐步接受、实践使用者者优先理念,主动做好建管协调、始终考虑最终用户的需求。我们还冀望,通过在公路建设运营板块形成的使用者优先价值理念,进一步影响和传递尊重自然、尊重用户、尊重合作伙伴的企业文化,提升广西交通投资集团负责任的企业形象。

此外,推动建管养一体化取得成效也有赖于较为成功的制度配套。首先是人员配置为基础,较好解决了建管衔接问题。建设和运营的衔接远非"建成——接管"干性拼接那么简单,实现建管养一体协调过程中主动、超前、有效的衔接,必须推动管理创新,关键在于人员的科学调配。令人欣慰的是,集团公司相关部门与具体的建设、运营单位之间的目标理念是一致的,党群工作部把很多干部在建设口和运营口相互调配,相互兼职,人力资源部在具体人员流动调配上提供了很多便利,工程管理部、运营管理部、高投公司做了很多具体的工作,通过上下努力实现了集团公司建设与运营两大板块的有效衔接。其次是以使用者优先为导向,优化项目建设各个阶段的具体工作。我们反复强调使用者需求,最重要、最核心还是司乘人员的需求,满足司乘人员的需求最核心的体现还是工程实体的建设质量。以有限投入形成性价比更高的产品,在"四化管理"基础上使工程实体质量经得起时间的考验、经得起同行的评价,这是满足使用者需求的基础。除此之外,还要关注内部使用者的需求,以及工程实体在运营阶段的常态问题,例如:很多路实体质量没有问题,但边坡问题不断;桥涵本身没有问题,但是桥涵台背的填筑遗留问题较多;安全设施的不完善;还有较为常见的收费系统的不可靠、不兼容,给后期运营管理带来非常被动的局面,这一点我们很多收费部的经理都深有体会,尤其在项目接管初期的过程中。这些问题既是运营管理常态的问题,更是我们建设阶段没有充分考虑运营管理需要的问题,更不要说管理设施的便利和生活设施的配套。我到很多很边远的收费站,我们建设者交给运营者理的生活设施是不配套的,我觉得很对不起他们。收费员小姑娘、小伙子和我的孩子差不多大,到那么远的地方连基本的生活保障都没有,这不能不说是我们的失职。第三是以依规治企为载体,通过清晰的制度要求规范我们各项工作。十八届四中全会提出依法治国,我们企业也要把总体的要求通过规范来细化。2013年集团公司下发了关于推进建管养一体化若干措施的意见,今年在意见基础上进一步制定下发了实施细则,形成了清晰的理念导向、具体的工作指引,大大提高了衔接效率、推进力度。

在总结回顾集团公司推进建管养一体化工作的时候,我觉得有必要谈及职业道德问题,对项目建设管理者来说,职业道德的核心是:经营管理人员发挥项目管理人员的能动性。我为什么要提职业道德的问题呢?我始终觉得作为工程师、对做具体项目的人来讲,职业道德是个人品行最重要的组成部分。我们提职业道德就是要求不仅要干成事,而且要干好,不仅要干好事,还要不出事。这个职业道德和集团公司"干成事、不出事"的管理理念是一脉相承的,具体到建管养一体化过程中就是做到多花心思而非多花钱,就是要求多花心思把钱花好。建设项目怎么花钱是有讲究的,要多做协调少花冤枉钱,也许某项事情在建设实施的过程中做起来很容易,但是如果没能够做好、达不到使用者要求,等到运营阶段再修正就很难,有可能还要拆掉重新做,这就是花了冤枉钱。我经常去各个运营公司看,收费员真的不容易,每一点现金流都来之不易,所以我看到其他方面的损失真的是很痛心的。所以项目管理者也好,运营维护者也好,一定要注意自己职业道德的维护和培育,做工程师就是要少花钱多办事、花了钱办好事。作为一个好的工程师就要用有限的钱既做好自己本身的需求又能满足别人的需求。希望大家做一个好的工程师,在培养职业道德的过程中,既需要关注自身,也需要关注团队,更要关注用户,关注相互协作的各方,如果有可能也要关注社会责任,就像我们及时复垦,通过各种联建方式帮助沿线群众发展一样。再放长远一些来说,在我国地方债务管理新模式下,以后基础设施建设项目涉及公共项目的都将采用PPP模式,在PPP模式下我们和其他社会资本是同样的主体,我想大家如果有好的职业道德,有好的工作经历,你们这些优秀的管理者不管在哪里,不管以何种方式去投入PPP项目,都有更多的发展空间。

三、持之以恒,行以致远

关于建管养一体化下一阶段的工作,我提几点要求。第一,要充分认识到建管养一体化是一个长期而细致过程,必须持之以恒地抓下去。我们是有进步,但这个进步是局部的,离我们的要求还有差距,所以我们在总结前一阶段工作的基础上,明年在集团公司整体工作布局中要把建管养一体化工作放在更重要的位置,要结合各项目的实施和运营公司的工作,进一步提高建管养一体化工作的水平。第二,要通过各种有效的途径,强化使用者优先的导向和建管养一体化的观念模式。从我了解的情况看,我们的工作是在推进,但观念的形成、入脑入心还需要一个过程。大家还没有把这个认知作为自觉的行动,更多的是作为应付集团公司的要求,工作中还是较为被动,等布置、等安排的心态依然较为普遍的存在。实际上,工程师职业道德的一部分应该变成管理的制度。第三,从明年开始,对更多在建项目提出更为明确的要求。第四,结合建管养一体化的工作,在我们项目法人负责实施的方式上适当开展多样化摸索,比如说有些运营公司运营的里程不长,类型也比较稳定,能不能由它去做项目法人,把这些也考虑进去。自己的项目自己运营,协调会顺畅,问题会少很多,因为他们自觉性强,但是我们不可能一下全面推广,因为在集团公司当前体制设计框架下,我们建设和运营还是两个相对独立的方面,有些单位提出参考宾南路的模式适当的摸索一下,我觉得也可以认真考虑。这个观念上允许有不同意见,整体上来讲只要有助于建管养一体化的实施,有助于我们实体工程质量的提高,有助于建设过程的协调,我们都要进行必要的创新和摸索。第五,集团公司现行的建管养一体化相关制度在实施过程中还要合理调整,等定型以后坚定地实施下去。我认为合理的制度和有效的实施是一个企业工作的主线,大家都不守规矩,甚至违反规矩而不用付出代价,大家都是理性的经济人,有人就会觉得我不守规矩也没关系。我们强调思想工作、强调理念灌输,但是仅靠思想工作是不够的,我们关于建管养一体化相关的制度还要有进一步的补充。运营管理部和高投公司要多做一些具体的工作,对前阶段实施过程中还需要动态调整的,积极进行调整,希望明年的管理制度能够初步定型。第六,加强绩效考核、人员调配、经费支持等综合保障。集团公司各个部门都要支持项目公司和运营公司,把建管养一体化工作做好。

最后,跟大家分享两个新词。英语里面带颜色的词很有意思,一个叫做白象,white elephant,它的原意是大而无用的东西。我在这里讲这个词的意思就是说,我们在服务设施方面一定要充分考虑功能,考虑使用效果,不要求大,不要建些大而无用的东西,被别人指成白象就不好了。第二个词叫做"APEC blue",指的是北京主办APEC期间的蓝天白云,它的定义是短暂而美好的东西。我希望我们建管养一体化的工作在现在的基础上,不要是一个功利的elephant,更不要是一个短暂而美好的东西,希望我们所有的服务设施,我们所有提供的社会产品,提供给用户的产品既不是白象,也不是APEC blue。所以希望我们在接下来的工作能一步一个台阶、一点一点有所积累,最终培养我们的项目管理者,让我们的项目管理者的职业道德更为社会所认可,也为你们自己的发展提供更多的空间,同时为我们广西交通投资集团、为广西经济社会发展提供更多、更优质的基础设施和技术人才支撑。

谢谢大家!

目　　录

项目概述

一、项目概况 …………………………………………………………………………………… (3)
二、广西干线高速公路网 ………………………………………………………………………… (3)
三、西南出海出边大通道 ………………………………………………………………………… (4)
四、五美十景 ……………………………………………………………………………………… (5)

纪实报告

边山春来早 ………………………………………………………………………………………… (9)
家在山水间 ………………………………………………………………………………………… (16)
几度风雨起 ………………………………………………………………………………………… (23)
月上柳梢头 ………………………………………………………………………………………… (30)
美在画图中 ………………………………………………………………………………………… (35)

经验做法

精心建高速　真情铸精品
——靖西至那坡高速公路建设管理之体会 ………………………………… 颜景有(45)
广西高速公路项目征地拆迁的"四个三"法则 …………………… 韦增平　谢传福(52)
高速公路项目建设资金全过程无缝监管的做法 …………………… 金铁民　吴大楼(55)
靖那高速公路建管养一体化模式研究与实践 ………… 韦增平　劳家荣　邓祥明　钟　贵(58)
靖那高速公路项目管理信息化探索 ………………… 覃新江　黄忠财　马国民(62)
交通行业国有企业探索党建工作促进中心工作新途径的理论思考
　…………………………………………………… 韦增平　汪进任　谢传福(64)
靖西至那坡高速公路在建筑工程一切险管理中的经验和做法 …………… 黎明镜(69)
靖那高速公路创建平安工地的实践与体会 ………………………… 林运飞　邓祥明(72)
打造边关风情路　彰显壮乡精气神
——靖西至那坡高速公路文化景观建设的思路与方法 ……………………… 汪进任(77)
广西红都高速公路有限公司贯彻落实"三重一大"决策制度调研报告 ……… 汪进任(80)

技 术 论 文

刚柔复合式沥青路面试验段方案设计
……………………………… 罗根传　付宏渊　钟　永　谢　军　黎兆联　邵腊庚(87)
温拌剂对沥青性能的影响分析 …………… 罗根传　周志刚　王习进　邓祥明　李雪连(92)
广西高速公路沥青路面结构与材料的思考
——以广西靖那高速公路建设为例 ………………… 覃新江　刘朝晖　曹　强(100)
靖那高速公路黏层及长大纵坡下面层材料优化设计 ………………… 黄　优　刘朝晖(106)
AC-13 沥青混合料骨架密实结构级配设计及优化方法 ……… 刘朝晖　周　昕　秦仁杰(111)
AC-25C 沥青混合料骨架密实结构级配设计研究 ……… 刘兴武　刘朝晖　李　盛(116)
刚性基层薄层沥青路面层间黏结体系研究 ……………… 谢　军　曹　彬　罗根传(121)
刚柔复合式沥青路面层间剪应力分析 ……… 谢　军　邓祥明　曹　彬　刘敬霜(126)
级配类型对无砂水泥混凝土性能影响的试验研究 ……… 谢　军　覃新江　吴成伟(134)
击实温度对温拌沥青混合料性能的影响研究 ……… 邓祥明　周志刚　熊奎元　劳家荣(139)
靖那高速公路沥青路面平整度控制技术研究 ……………………………………… 农　黄(143)
格宾挡土墙在公路边坡滑塌处理中的应用 ……………………… 刘敬霜　农承尚(148)
高液限土路基填筑技术在靖那高速公路应用研究 ……………… 刘敬霜　邓祥明(153)
靖那高速公路石质边坡生态混凝土喷播植被防护技术研究 ……… 谢宗运　胡　浩(158)
靖那高速公路滑坡治理关键技术研究 ……………………………… 胡　浩　谢宗运(163)
桩板墙在深路堑加固中的应用技术 ……………………… 张建武　童建勇　张之发(169)
靖那高速公路沥青路面施工标准化与质量控制技术研究 ……………… 黄耀文(173)
靖那高速公路路面同步碎石封层施工技术研究 ……………………… 张之发(178)
桥梁结构耐久性影响因素分析与施工控制措施 ……………………… 张　翼　潘伟宏(183)
大跨度连续刚构桥施工质量控制研究 ……………………………… 童建勇　蒋进波(187)
拱顶盖板法在浅埋与超浅埋公路隧道施工中的应用 ……………… 黄忠财　马国民(200)
LED 灯隧道照明节能技术研究与应用 ……………………………… 邓祥明　黄忠财(205)
整体提升架在薄壁空心高墩施工中的应用研究 ……………………………… 王爱华(211)
桥梁边跨墩顶托架无配重浇筑施工技术研究 ……………………… 蒋进波　童建勇(216)
大跨度连续钢构桥中跨及边跨合拢施工工艺研究 ……… 谢　军　童建勇　张建武(221)
那龙 2 号隧道洞口浅埋偏压施工技术研究 ……………………… 蒋进波　李正卫(227)
超前地质预报综合技术在隧道施工中的应用研究 ……………… 彭　克　麦伟雄(231)
靖那高速公路坡荷隧道进口滑塌原因分析及治理技术研究 ……………… 王元扩(237)
曲线型长大桥梁防撞护栏施工质量控制方法研究
——以靖那路大史 1、2、3 号桥为例 ………………………………… 沈　耀(241)
广西高桥隧比高速公路工程质量控制研究 ……………………………… 邓祥明(244)

项目概述

一、项目概况

靖西至那坡高速公路,起于靖西县新靖镇亮表村,止于那坡县城厢镇那圩村附近桂滇省界,终点与正在建设的云南省富宁至龙留(滇桂界)高速公路相接。路线途经靖西、那坡两县,主线全长90.371km。图1为靖西至那坡高速公路走向示意图。

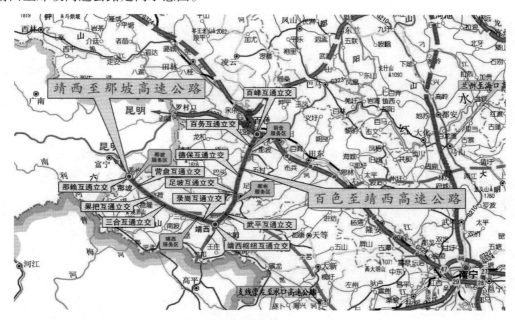

图1　靖西至那坡高速公路走向示意图

1. 项目建设理念

项目建设理念为:早谋划、高定位、重过程、创精品,狠抓勘察深度,优化设计方案,严控工程投资,率先探索实践"四化"管理新模式(标准化要求、规范化施工、精细化管理、人本化理念),努力建成一条"质量优良、景观优美、人文和谐"的边关风情路,确保干成事,不出事。

2. 技术指标

靖那高速公路按四车道高速公路标准建设,设计速度100km/h,路基宽度26m。桥涵设计荷载为公路—Ⅰ级,特大桥设计洪水频率为1/100,其他桥梁及涵洞、路基设计洪水频率为1/100。

3. 工程特点

项目所经地区为云贵高原边缘的桂西南地区,地形复杂,山岭绵亘,沟深坡陡,岩溶发达,洼地密布,属于典型的喀斯特地形地区,桥隧比为32%。

4. 工程量

路基挖方1 140.8万m^3;填方1 588.28万m^3;桥梁总长11 814m/72座;涵洞通道451座;隧道总长31.762km(单洞)/20座。全线设互通枢纽1处,互通式立交4处,服务区2处,停车区1处,收费站5处。工程总造价68.82亿元,平均每公里造价为7 621万元。

5. 工程建设

项目于2010年10月30日动工,2014年12月建成通车,历时4年。靖西至那坡高速公路开通后正式加入广西高速公路网规划修编"6横7纵8支线"中"横6"的行列。

二、广西干线高速公路网

广西高速公路网规划修编布局方案为"6横7纵8支线",规划总里程8 000km(已扣除重复路段里程),见图2,具体路线如下。

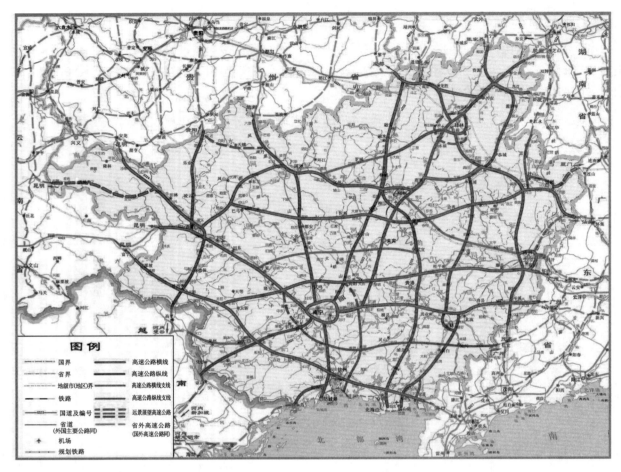

图 2　广西高速公路规划方案图

1."6 横"

横 1：灌阳（永安关）至三江（唐朝）高速公路，全长 234km；

横 2：贺州（灵峰）至隆林（板坝）高速公路，全长 886km（支线桂林—河池 216km）；

横 3：贺州至巴马高速公路，全长 463km；

横 4：苍梧（龙眼咀）至硕龙高速公路，全长 558km（支线梧州—柳州 219km）；

横 5：岑溪（筋竹）至百色（罗村口）高速公路，全长 721km（支线武宣—平果 254km）；

横 6：合浦（山口）至那坡（弄内）高速公路，全长 516km（支线崇左—水口 96km）。

2."7 纵"

纵 1：龙胜（思陇）至岑溪（水汶）高速公路，全长 524km（支线钟山—富川及贺州联线 133km）；

纵 2：资源（梅溪）至铁山港高速公路，全长 715km（支线松旺—铁山港东岸 32km）；

纵 3：三江至北海高速公路，全长 542km；

纵 4：全州（黄沙河）至友谊关高速公路，全长 711km（支线六景—钦州港 144km、支线北流清湾—南宁苏圩 307km）；

纵 5：桂林经柳州至南宁高速公路第二通道，全长 366km；

纵 6：南丹（六寨）至东兴高速公路，全长 548km；

纵 7：天峨（黔桂界）至龙邦高速公路，全长 307km。

三、西南出海出边大通道

西南出海大通道为昆明至滇桂界（龙留）至桂粤界（山口）至广东湛江高速公路，是云南通往中国—

东盟自由贸易区、东盟国际商贸物流园（崇左）以及上海连接点钦州港、防城港的重要通道。由昆明至富宁、富宁至那坡、靖西至那坡、崇左至靖西、钦州至崇左、钦州至防城港6条高速公路组成。该大通道对完善国家高速公路网，改善西南地区交通条件，加快融入中国—东盟自由贸易区、泛珠三角经济圈具有重要的战略意义。

昆明至钦州、北海、防城港线路对比如下。

线路一：昆明—富宁—那坡—靖西—崇左—钦州，846km。

其中：昆明至富宁，463km；富宁至那坡，22km；那坡至靖西，85km；靖西至崇左，147km；崇左至钦州，129km。

线路二：昆明—富宁—罗村口—百色—南宁—钦州，953km。

其中：昆明至富宁，463km；富宁至罗村口，79km；罗村口至百色，55km；百色至南宁，234km；南宁至钦州，122km。

四、五美十景

靖那高速公路以"质量优良、景观优美、人文和谐"的边关风情路为目标定位，在满足交通基础设施基本功能的基础上，更着重追求文化元素、生态元素、人文元素的多元融合，蕴含社会、文化、地域和民俗等内容，具备一定的观赏性和艺术性，她的建成，将真正成为一条集工程建设与自然生态和谐统一的高速公路，达到工程实体内实外美、文化景观精彩纷呈的目标追求。

项目业主充分利用道路组成要素、道路周围地势地貌等自然要素以及本地域的人文要素，以景观绿化、边坡防护、隧道洞门装饰、企业文化园等多种形式构筑项目文化景观体系，打造若干景点，塑造良好的视觉效果，给驾乘人员带来愉悦的视觉冲击。

1. 品质之美

通过推行"四化管理"举措，靖那路各分项工程质量的抽检合格率达100%，混凝土无明显气泡、蜂窝麻面、缺角掉块、裂缝，砌体结构无空洞等缺陷，隧道二衬外观实现无错台、无漏浆、无冷缝、无气泡、无色差、无渗漏，每项单位工程都达到内实外美的要求，呈现"路绿、面平、线直、沟顺、坡美"的特点。

2. 生态之美

土质边坡开挖一级防护一级，及时绿化美化。石质边坡采取坡面仿古工艺，根据坡面曲直砌筑花池、就地移栽耐旱、耐碱且富生命力的植物于坡面的种植槽，种植本地灌木及藤本植物，并参照周围自然山体的色彩或纹路，对石质边坡坡面喷涂颜料，尽量做到与自然环境完美融合，不留开凿痕迹。中分带运用植物形态及色彩差异的搭配，为司乘人员消除视觉疲劳。

3. 人文之美

一是贯彻"使用者优先"的理念，对全线站区的工作及生活设施进行优化设计，按照"安全、合理、方便"原则，确保服务区、管理中心、收费站点的卫生间、便利店及相关娱乐设施符合人性化的要求。完善管理和服务设施，使之更人性化，如在靖西服务区增设人行天桥，给管理者和使用者通行带来便利，体现人文关怀。再如，对靖西服务区实施"精品式"装修。主体服务楼外墙由油漆改贴大理石磁砖，提升服务区的整体形象。种植一些高大乔木和各种不同颜色的花卉，打造花园式的服务区，为管理者和司乘人员提供一个舒适的休憩空间。二是开展企村联建活动，为沿线群众做好事、办实事。通过产业帮扶、文化帮扶和项目联建，改善群众生产生活设施，带动农民群众脱贫致富。对拆迁户进行集中安置，按到高标准、严要求建设安置新村，提高拆迁户的生活品质等。

4. 景观之美

一是打造景观节点，以旧州、禄峒、三合、坡荷、那坡几个互通立交为依托，通过树、花、草的和谐搭配，达到"三季有花、四季常绿"的绿化效果。二是依托当地文化资源和美丽的喀斯特地形地貌，以中央分隔带、路肩绿化、钢护栏、隔离音屏、路缘石、集水沟等设施串成一线，形成一条独具魅力的高速公路景观长廊,使工程建设和自然风光交相辉映。

  5.文化之美

  一是建设参建企业文化园,通过园区展现靖那路艰辛的建设历程、四化管理和企村联建成果,也为参建企业提供宣传企业文化的平台。同时兼顾沿线区域经济发展的需要,使之成为宣传当地风土人情、自然和旅游资源的窗口,为推动当地经济发展添砖加瓦。二是隧道洞门装饰彰显边关特色和民族风情,从壮族、瑶族的舞蹈、乐器、服饰、风俗、铜鼓、绣球、杆栏式建筑及当地民间故事、英雄人物(如侬志高、瓦氏夫人)等提取设计元素,使隧道洞门装饰充满诗情画意。

纪实报告

一条高速，不长不短，90.371公里，从广西靖西县新靖镇安德村到那坡县城厢镇那桑村，顺着中越边境正直前行，东通北部湾，西接大云南。通边达海，是西部出海大通道、边境富民大通道。由于靖西到那坡是大石山区，全线为桂西南喀斯特地形向云贵高原过渡的边缘地带，地质水文复杂多变，地形切割极为强烈，沟深坡陡，局部山体近乎垂直，相对高差达80~150米，沿线岩溶发育完全，路基高填深挖、桥梁隧道比例达32%，施工难度极大。但是，广西交通投资集团带领各参建单位，克服重重困难，以热忱，以深情，以顽强向着风景如画的靖西那坡进发，向着四季如春的云南进发，向着美丽进发……

边山春来早

2010年3月的靖西旧州，清晨的雾气还透着丝丝凉意，画眉鸟儿就早早地起床了，隔着远山甜甜地唱了起来……

啊，春天来了。

旧州和越南交接，山清水秀，四季如春，素有"小桂林""小昆明"著称。山水如画，田园似锦，人文古迹众多，壮民族民俗风情浓郁，历史悠久。早在南宋末年，江西人张天宗随文天祥抗元兵败后，率部300余人于此定居，与当地壮民开发建设边疆，传播中原的先进文化技术。古代旧州，还是名扬四海抗倭民族巾帼英雄瓦氏夫人的故乡，瓦氏夫人勤苦习文练武的感人事迹，至今尚在民间流传。并且，景区的文物胜迹甚丰，明代建的张天宗墓园、岑氏土司古墓群……看到这些，人们就会有着历史岁月沧桑的感受。旧州河中，立有一文昌阁楼，登阁环望，人们就能领略美名远扬的绣球街古朴典雅的风采，就能领略旧州如诗似画的山水风光韵味。

当小镇上第一缕炊烟轻轻地爬上刚刚泛出嫩绿的山尖尖时，12岁的小丫丫"呼呼呼"地拍开了爷爷的那扇铁木老门。

"死妹子，吵什么吵？"

"爷爷，爷爷，我们这里要修高速公路呢。"

爷爷不相信："去去去去，外面玩去。"

"真的，真的，修路的都来了，在搭房子呢。"小丫丫拦住了爷爷要关的门。

"真的？"爷爷顾不上扣上衣服，踢踏着拖鞋就向门外奔去。

旧州街头左前方，果然是一片热火朝天建设施工的忙碌景象。上百号身着统一工服的工人正在搭盖着白色的板房。板房已经基本成型，形成一个简易的四合院，非常整齐。一个高大的中年汉子正在高声地指挥大家忙碌，看得出是个领头的人。爷爷走到后面拍了拍高个子："大兄弟，真的要修高速公路啦？"

"是啊，是啊，从靖西修到那坡。"

爷爷不相信自己的耳朵，再次拉住大个子一个劲地问："怎么没听说呢？从哪儿接到哪儿啊。"

看得出大个子心情很好，一听大爷再问，干脆拿下安全帽，把爷爷拉到一边说了起来。

"指挥部上个月就驻扎在靖西县城啦。中央提出了加快边境地区基础设施建设，改善广大边民生产生活条件的想法，国家想着咱们老少边山穷地区哪，提前把靖那高速建设列入计划了。西边接到云南，东边接到钦州，还通南宁百色啦。"大个子怕大爷听不明白，又大声地说，"就是修一条通边达海的高速路，以后出去就方便啦。"

爷爷明显地激动起来，连声地叫着好好好。爷爷已是快80岁的人了，一辈子没有走出大山，一听说高速路四年就要修通，高兴地喊了起来："好好好，我一定要活到那个时候，坐车走走高速，到百色去看看，到南宁去看看。"

小丫丫高兴地摇着爷爷说："我也要去，我也要去。"

"去，去，都去，大家都去。"爷爷转过身子，一边哈哈笑着一边颤颤悠悠地回家去了。

指挥部颜董事长是个从部队转业的上校军官。军旅生涯30年的风风雨雨把他锻造成雷厉风行的改革创新带头人。他古铜色的脸膛写满了自信,高大的身躯挺起了刚强。3月份刚一到任,他就召开了有参建单位三个标段负责人的工作会议。

"大家都知道,我们建设靖那高速任重道远、意义重大,现在我们刚刚进场,当务之急就是要把党和国家,把自治区党委、政府领导的关心送到老百姓的心坎上。靖西那坡地区山高水深,交通不便,生活贫困。我们一定要做他们的贴心人,为他们解决当前最大的困难。"

三家负责人纷纷表态,一定要认真按照"企村联建"的标准内容和要求,本单位党组织和高速公路沿线乡镇村屯党组织要创造性地开展活动。"企村联建"是广西交通集团发动群众,争取群众,高质量高速度完成一项项工程建设的创新举措,是战无不胜的重要法宝。以组织联建为核心,加强组织生活正常化,培养一个讲政治、讲党性、讲正气的党员队伍,增强支部的凝聚力、战斗力。转变懒散、落后的观念,学习发达地区发展地方经济的思路,带动群众发家致富。"企村联建"走进山区,走近群众,犹如春风春雨,滋润了山里的一草一木,温暖在老百姓的心坎上。

指挥部第一党支部小李根据组织指派,担任了靖西县安德街党支部的挂职副书记。今天,他要走马上任了。第一件事,就是和安德街党支部杨书记对接工作。当他兴冲冲地走进书记办公室时,见到的却是满脸愁容,唉声叹气的杨书记。

"怎么啦?"小李关切地问道。

"难啊!要人没人,要钱没钱。队伍老化,观念落后,后继乏力。我是有心无力啊。"杨书记无奈地道出了苦情。原来,街屯深居大山,贫穷落后,当地群众还停留在传统小农经济生产模式中,不仅没有跟上外面日新月异的发展步伐,反而还慢慢掉队了。

"不要紧,我们指挥部党委研究决定,把你们街屯列为第一批企村联建示范点。"

"行吗?"杨书记还在犹豫。他担心人心难以收拢,资金一时不能筹集,很难完成这么大的示范建设任务。

"资金的问题大家想办法。当务之急是要把组织健全起来,党员思想统一起来,把群众的积极性和自信心调动起来。"小李一直在为杨书记打气,一番话说得杨书记立马热血沸腾起来。

"好,我马上召集党员干部开会。"杨书记说完起身,带着小李就开始忙乎开了。全街屯100多位党员干部,大部分通过电话就能联系到位。可是还有少数人员,这个时候春种季节正在田地里忙乎着农活。怎么办?小李当机立断:"走,我们到田地里找人去。"

"这……"杨书记面露难色。由于土地稀少,可用田地高度分散,人们劳作的地方都在几十公里之外,且山高路远,不能通车,只能步行。杨书记不是担忧自己辛劳,而是怕小李吃不了这个苦。

"没关系,我能行。"小李是刚从土木工程系毕业的大学生,学生会体育委员、篮球健将。他相信他完全有能力对付山高水深的艰难行程。

可是到了真正出发的时候,小李才发现光靠体力完全不行,这还是个"技术活"哪。靖西是广西最偏僻的边远山区,很少有完整的土地,都是东一处西一处进行点种玉米,或者种点冬瓜西瓜南瓜等蔓爬植物。为了开垦更多的土地,农民们把地开到了深山老林或者高山顶上,有时为了种一次地,光去就得步行四五个小时,农作完了又得花两三个小时往回赶。山高路陡,没有经常在山里锻炼,确实是步履艰难。

小李累得气喘吁吁,爬了不到一个小时,就摔了好几个跟头,手上脚上全破了,鲜血直流,惨不忍睹。

看着小李的样子,杨书记心疼极了,他劝着小李放弃这次行动,可小李就是不听,他说:"我来建高速公路的目的,就是要锻炼自己,体现自己的人生价值。如果连这点苦都吃不了,怎么对得起组织对我的信任,怎么完得成指挥部交给我的任务呢?"

杨书记感动得连连叫好,他想不到小李年纪不大,志向不小。于是,他二话没说,就这样带着小李没日没夜地爬山越岭,走村串户。功夫不负有心人,很快,全屯100多名党员除了几位到外打工无法回来外,其他都已坐到了会议室,认真地听取小李代表靖那高速公路建设指挥部关于建设企村联建示范的工作方案。当听到要加强组织建设,为全屯人民谋幸福,发家致富时,一名老党员激动地站了起来,大声地喊了一声:"好"。

这一声好,打破了山区的寂静,紧接着带响了一片雷霆般的掌声和喝彩声。

"好啊,好啊,这一天终于盼到了。"

"是啊是啊,有组织领导了,有人带头了,他们还要给我们建广场,建办公楼,修路建桥,搭盖农业基地,这真是天大的好事啊。"

党员们兴奋得交口称赞。当听完杨书记的工作安排后,支部成员马上行动起来,各就各位,有的修订制度计划,有的准备党课教材,有的发动群众,有的四处勘查建设用地……

很快,安德街党支部的组织生活正常地运转起来了。有浓郁的民主氛围,有良好的学习环境,党员们参加组织生活的热情也越来越高了。不到一年,全县第一个村级文化广场建起来了,通车村道四通八达,特色高效农业基地的小番茄挂满了枝头……

农民业余艺术团的锣鼓又响起来了。乡亲们全都聚到新建的文化广场上瞧看热闹。一看到小李也到现场观看演出,团长老马一把紧紧拉住,一个劲地往前排座位上让:"真是谢谢你们啦,如果不是你们帮我们添置音响乐器,帮我们请来艺术专家辅导,我们艺术团一辈子也上不了台啊。谢谢,真是谢谢啊。"

"不用谢我,要谢就谢你们自己。邓小平等老一辈无产阶级革命家发动和领导百色起义,创立右江革命根据地。优良传统光照在百色,光照在你们的红色土地,几十年来,你们的党建工作做得很好,基础本来就很好,我们和你们支部联建,只是尽了一点微薄之力,不用客气。"

"没有你的指导,没有你们出钱出力,我们街屯的变化哪有这么大啊。我们真是感谢你们啊。小李啊,我们写了一个壮剧说唱,题目叫做《交投集团是亲人》,正在排练,到时请你指导啊。"

"好,好!"小李握紧了老马的手,好像兄弟见面一样亲热开心。

广西交通投资集团多年来,充分发动各参建单位党组织与沿线乡镇村屯党组织"八联建"活动。喊起了"修一条高速,造福一方百姓,共同建成小康社会"的口号,坚持"高速公路建到哪里,党建工作就延伸到哪里"的原则。他们从"支部联建、征迁联建、培训联建、用工联建、设施联建、项目联建、文化联建、惠民联建"八个方面入手,最大限度地给当地老百姓带来了实惠。

安德街企村联建示范点的成功建设,如同雨后春笋,迅速蔓延到靖西那坡的山山水水,已呈现出勃勃生机、欣欣向荣的喜人景象。据统计,沿线有35个企村党支部结对联建,12个联建党支部被县以上党委评为先进党支部,43名党员被评为优秀共产党员。靖西县和那坡县的乡村党支部建设得坚强有力,成为带领当地群众发家致富的主力军,靖那高速公路建设指挥部党委功不可没。

那坡县的果乱村,是"企村联建"活动最大的受益者。这天下午,2标项目部陈经理刚从工地回到住地,就看见果乱村的刘老头在那里早早地等待着他。

"哎呀,陈经理,让我好等,走走,喝喜酒去。"老刘头不由分说,拉着陈经理就往外走。

"什么喜事啊?"陈经理一听老刘头家有喜事,喜笑颜开地问道。

"儿子结婚了。真是谢谢你们,没有你们的帮助,我儿子怕是要打一辈子光棍了。走,走。都去都去。"老刘头一边拉着陈经理,一边招呼着其他员工到家里去唱喜酒。

陈经理和大伙儿在老刘头的热情邀请下,走在了进村的水泥路上。这条水泥路是上半年指挥部和二标出钱出力修建起来的。2标王书记说:"本来我们只需要修一条方便通行的施工便道就行了,但考虑果乱村群众行路难的问题,我们决定借此机会做件好事,修一条既能用于材料运输又方便屯里群众出行的水泥路。修这条路尽管我们比原计划增加了几百万元的施工成本,但能为当地群众做一件实事、好事,这钱花得值。"通车的当天,屯里群众自发挑着猪肉,包上五色糯米饭前来酬谢高速公路建设者。

在去年的今天,进村的路还是一条高低不平且狭窄的羊肠小道。天晴满是灰,下雨全是泥,车子进不来,山货出不去,多年的交通不便,使果乱村更加贫穷落后,外面的姑娘不愿嫁进村里来,小伙子出去打工了也不愿意回到家乡。果乱村真正成了远近有名的"光棍村"。

陈经理一行轻松开心地走进了村。村里原先全是破破烂烂的房屋,不到一年时光,很多已经被水泥小楼代替了,还有好几栋正在建筑之中,预计年底就可完工。

老刘头还在滔滔不绝地说着感谢的话:"多亏你们了,给我们修了水泥马路,还送水泥钢筋给我们建房子,派出专家技术人员指导我建出又好看又结实的房子,你们这样的好人实在难找了。"

村里的鞭炮响了起来,转过一个墙角,陈经理就看到老刘头家新屋前的晒谷场坪上,摆了二三十桌酒宴。他看到了很多熟悉的脸孔,在当地村民坐着的酒桌上,每桌都坐着指挥部和项目部的同事。在主桌上,早早到了的是指挥部综合部的汪部长和工程部陆部长,他们一看到陈经理等人来了,远远地摇着手热情地打着招呼。

可还没等他们挪步,拦路酒就迎了上来。乡亲们笑呵呵地顶着调羹勺着白酒敬了上来,按照壮家的习俗,你必须接受人家的盛情相敬,这一调羹酒喝完,就得回敬一羹。乡亲们顶着酒上来的时候,一个劲地说着感谢的话。

"多谢你们的钢筋水泥,我下个月就要搬新家,你们一定来啊。"

"多亏了你们的工程师帮我们设计新屋,明年我要娶儿媳,少不了你们来捧场啊。"

"你们帮修路太好走了,我的小货车天天出去拉货,大方便了。"

"好好好好。"陈经理一路"好"着,一路喝着,到了主桌上时,已喝了二十多羹拦路酒。

主桌上,汪部长和陆部长坐在那里偷偷地笑:"你看你看,来晚了就得多喝。"

"多喝也高兴,一家人嘛。"其实,他们早就是一家人了。陈经理所在的广东长大公路建设有限公司远离家乡,为了建好靖那高速,一年难得回家一两次。他们在征地和建路过程中,和当地老百姓建立了深厚的感情。他们急群众之所急,想群众之所想,为老百姓提供了极大方便,修桥补路不说,就连老百姓家里建个鸡舍牛栏,一打招呼也派人来指导修建。老百姓从内心里感谢高速人,所以刚长出来的新鲜菜蔬,总要掐上三把五把,让大伙儿尝个鲜。谁家有个红白喜事,也不忘叫上指挥部和项目的员工们过来撑撑场面。员工们工余课后,也就真的像走亲戚一样,说说笑笑喜气洋洋,和村民喝起酒来猜起码来那是此起彼伏、热闹非凡。

汪部长把陈经理拉到自己身边坐下,两人开开心心地聊起了"企村联建"的喜人硕果。在大家你一杯我一杯地互敬喜酒的笑声中,汪部长说,现在指挥部和项目部在沿线开展的企村联建活动中,为当地老百姓办了很多实事。光修村道和便道就有26条120多公里,水泥硬化村道20多公里,新建桥梁21座,水利设施5处,蓄水池16座,供水管网5千米,新建村屯办公楼2栋。交通基础设施的完善极大地改善了当地群众生产生活水平。

"好。"大伙儿纷纷端起酒杯,为能替当地老百姓办点实事感到由衷的高兴。

汪部长又介绍说,特别是在旧州换新颜的建设中,又为靖西的美丽增添了新的景色。说得大家心里痒痒,都说一定要抽空前去参观旅游,开开眼界。

汪部长所说的旧州是当地有名的风景名胜,周边平地拔起的山峦,有的像雨后春笋青云直上,有的像飞禽走兽栩栩如生,有的像身着绿裙的妙龄少女亭亭玉立……日夜蜿蜒流淌的河水,倒映着山峰、翠竹、垂柳,构成一幅天然的诱人图画。旧州是中国绣球之乡,加上这里文物古迹胜多,深深吸引着中外游客好奇的目光。

可就是这么美丽的风光胜地,旧州河边却是杂草丛生,垃圾成堆,蚊蝇乱飞,难以下脚,游客很难悠闲地漫步观光。一座小桥也是破旧不堪,摇摇欲倒。确实有点大煞风景。

广西交通投资集团得之这一情况后,马上把"特色名镇名村帮扶项目"确定在旧州街,并由靖那高速公路建设指挥部具体施建。

负责承建的是一标项目部,时任经理和书记的是广西路桥总公司三分公司的蒋赣猷和罗挺表。工程不算很大,但是责任却很重大,因为这是广西著名的名景名胜,建得好理所当然,建不好就成了千古罪人。

蒋经理说出了自己的担心:"如果只是建设一般的路和桥,对我们路桥公司来说,不是困难的事,可要建成和风景合一,让广大游客喜欢,让当地人民群众满意的路和桥,那可不是一个简单的事情。"

罗书记和蒋经理的担忧一致,但很快提出了自己的想法:"还是请工程师带领设计队伍现场论

纪实报告

证吧。"

多次到达现场之后,听了大家的设计想法,蒋经理还不放心,又派人请来从艺术学院毕业的艺术设计师和园林设计师。初稿设计好之后,又向当地民俗专家征求意见,进行进一点的修改。

项目部到河边也就一百多米路途,可他们从得到上级肯定的设计意见后,就天天往返于项目部和河边。路途不远,可到了晚上,他们总是累得筋疲力尽。

这时已是七、八月的天气,虽说旧州四季如春,冬暖夏凉。可是在白天也架不住炎炎烈日的烧烤啊。一个星期不到,蒋经理就洒得满脸黝黑了。

"打把伞吧。"有员工把伞送了上来。蒋经理接了过来,把它丢在旁边的草丛上。当员工捡起伞要给他打时,蒋经理有点生气了。

"这是工地,能打伞吗?"

"你是领导,打着伞指挥就行。"

"不行,工人看了不好,再说,打把伞也不是我们路桥的作风。"蒋经理一边说,一边跳下正在砌建的河堤,帮着工人扛起石头来。

县城离旧州也就七八公里,交通非常方便。指挥部颜总经理和韦书记隔上几天就会来看看旧州整改工作。每次到来,他们都要检查基石质量,查看水泥钢筋质量,有时也蹲在工地上,看着工人砌石,一看就是大半天。了解的人知道他们是指挥部领导,不了解的还以为是工地普通工人哪。

整修旧州景区和建设靖那高速没有任何关系,它既不是施工便道,也不是附属工程。为了这些工程,指挥部要投入一些资金,确实是不划算,也没有必要。员工中有人开始议论了。

"怎么不划算?我们为当地老百姓办好事,为广大游客提供方便,为我们高速人在当地留下很好的名声,争取他们对我们建路工作的大力支持,效益大得很哪。"指挥部领导高屋建瓴地回答说得大家五体投地。

亲水步道建好了,顺着河边可以漫步观赏,仿古景观桥也修好了,走在上面更是赏心悦目。新建的景色干净清新,超凡脱俗,与自然风光浑然一体,美不胜收。

"太好了,太好了。"旧州街赵书记激动地说,"以前,游客们来到旧州,到街上走走,到河边照个相,不到半个小时就结束游玩了。现在不一样,除了欣赏几处风景外,游客们还喜欢在亲水河畔漫步游看,一趟下来,起码也得两三个小时。广西交投为我们办了大好事,吸引了游客,也留住了游客,我们的旅游产业链得到延伸,住宿、饮食、购物等行业经营越来越红火,旧州人的生活也越来越红火。"

旧州红火了,与旧州相邻的发达村的生活,也如同山上的番茄辣椒成熟了一般,红红火火的。

原先,这里的农民一直以种植传统农作物为生,每亩产值不过百元,很多田地多年无人打理,甚至丢荒。靖那高速公路项目开工建设后,项目指挥部党委与该村结成联建对子,采取"公司+农户"的合作方式,决定引种高效绿色品种小蕃茄、绿色蔬菜、水果黄瓜、四季豆、指天椒等特色农产品,并且进行反季节种植。

"行吗?"农妇何永辉一家一直不肯接受指挥部的建议。她说,她们祖祖辈辈都是以种植玉米为主,虽然收获不多,但能解决温饱问题。如果反季节种植一旦不成功,全家人的吃饭都成了问题。

指挥部请来了农技专家,并表态说:"如果成功了,收成算你们的,如果失败了,我们赔偿你们误了时机种玉米的损失。"

何永辉半信半疑地答应了。

一个何永辉答应了,可是整个村庄还有三十多家人的工作要做啊。功夫不误有心人。同样的办法,同样的诚意,把全村都感动了。为了让村民更加放心,指挥部还和他们签订了种植协议。

指挥部工作人员、农技专家、村民本人,三位一体构成了一个种植团队。指挥部提供种子、农药、化肥和薄膜等有关费用。农技专家一线指导,村民负责种植劳作。

第一拨反季节蔬菜和指天椒种植成功。何永辉卖了三回,一下子就赚了6000多元,兴奋得全家一个晚上没有睡好。

"真是太好了,如果以前种玉米,一年才种一次,得不了一两千元,现在一个季度就赚了6000元。如果下半年再收获,一两万元没问题。"何永辉喜滋滋地打着自己的小算盘。

"这要好好感谢人家高速公路建设指挥部。"老公什么时候都是吃水不忘挖井人的人。

"是啊是啊,他们不来,我们一辈子都是种玉米,哪里有这么多的钱进哪?"

"妈妈,我想买台笔记本电脑。"以前,14岁的女儿做梦都不敢向妈妈提电脑的事,平时都是到镇上同学家去玩玩电脑。现在一看家里赚了很多钱,终于说出了自己的梦想。

"好好,下半年卖了一拨菜就买。"妈妈从来没有这么大方过,一声答应的话高兴得女儿跳了起来。

"还真要好好感谢人家啦。"老公又提醒她说。

"那是,那是。"何永辉心中早有盘算。

第二天,当何永辉担着一担新鲜蔬菜和乡亲们正要去指挥部和施工项目部感谢他们时,指挥部却派人来到村里了,他们谢绝了乡亲们的好意,又给村里带来了商机。他们动员乡亲们在坡地种植蜜橘脐橙等水果。为了给乡亲们打开销路,指挥部还在当地为他们动工建设了一个水果市场。

"这个主意好,以前啊,我们家种的水果没地方销,猫在路边总是卖不完,最后还是烂了扔了。现在好了,我们有自己的水果市场,不愁销路啦。"几个当地种植水果的老专业户开心地笑了,他们聚在一起,细细地盘算下一步的种植计划。

在指挥部统一动员帮扶下,四里八乡掀起了大种蔬菜果树的热潮。安德镇的林下养殖已成格局;安德古战场照阳关旁,如今是万绿丛中一片红,真正成了小番茄的海洋了;旧州街外,一座200亩的优质高产观光葡萄园已初具规模,不久的将来,还将向1500亩规划。

老人笑了。

孩子们笑了。

乡村们笑了。

可是,在中山村一个破旧的民房中,有一个小女孩没有笑。十二岁的她叫小海珍,正默默地为父母和年幼的弟弟做着晚饭。

她辍学已经三天了。为什么呢?家里没钱生活,一家四口全要靠她种植玉米养家糊口。父母都是智障患者,弟弟还小。她也想和其他人家一样种菜种果树,可是,她小小年纪的肩膀过于柔弱挑不起这副担子啊。

小海珍端着一碗玉米粥递给坐在门前的妈妈。呆滞的妈妈看都不看,也不理她。小海珍只好把碗筷放在妈妈面前的石头上。

当小海珍盛满第二碗玉米粥送给病床上的爸爸时,爸爸粗暴地把碗打倒在地,大声地冲着小海珍喊:"滚,你给我滚。"

弟弟吓得"哇"地哭了起来。小海珍快步奔向弟弟,抱着就往外跑。她知道爸爸的病又患了,如不马上离开,就有可能伤害她和弟弟。

小海珍抱着弟弟坐在离家门口十来步的石头上,默默地流下了眼泪。她难受的不是爸爸的粗野,也不是父母的病情,她难受的是没有机会读书,没有办法靠知识改变家中的现状,没有办法改变自己的命运。

小海珍轻轻地抽泣着。弟弟还在大声地哭闹着。她知道弟弟饿了。小海珍一边哭着,一边注意里屋的动静,她想给弟弟盛碗玉米粥,可是又怕正在发病的爸爸。

这时,党员小张来了,他是根据指挥部倡导的"党员1+1"助学帮扶活动的计划安排,对小海珍一家进行帮助的。

"怎么啦?小海珍,吃饭了没有?"小张亲切地问道。

小海珍抱紧了弟弟,胆怯地摇了摇头。

"来来,吃……"小张提着一袋食品,往外掏着面包、蛋卷、八宝粥、饮料……

小海珍不敢接,但小弟弟拿过面包就狼吞虎咽地吃了起来。

"不要紧,拿着吧,拿着吧,这是建设高速公路的叔叔们给买的。大家还给你们家捐款啦。"小张一边说着,一边从口袋中掏出1000元钱来。

"谢谢……"

"不用谢,拿着。"小张又送上了书包作业本,说,"学是要上的,长大才能改变家里的贫穷状态。"

看着小海珍脸上还挂着忧愁,小张安慰地说:"你不用担心了,我们什么都帮你家想好了,我们在靖西建路还有好几年时间,这些年生活读书的费用我们全部帮你解决,明天,我们还会派人来帮你家种菜种果树,带你爸妈到县里看病……"

"谢谢,谢谢。"小海珍流着泪的脸上露出了开心的笑容。

"咯咯咯……"弟弟笑得更欢,滚倒在地上。逗得小张和小海珍更加开心了。

据统计,为了让更多的孩子在优越的条件下读好书,上好课,靖那高速公路建设指挥部带领各参建企业帮助改建装修沿线校舍5所,捐赠教学电脑20多台、文体用品一批,募集了数万元的教育资助金。都安乡中心校图书馆也建成启用了。

小张完成了小海珍家里的走访慰问工作后,他又马不停蹄地要赶去都安乡。都安乡小学壮剧班正在紧锣密鼓地排练着参加全区小学生标准壮语才艺大赛的节目。

南路壮剧是靖西、德保、那坡等的地方剧种,是当地壮民十分喜爱的精神食粮。由于当地资金支撑不力,一些民间壮剧团已走向涣散老化的边缘,一年到头基本不进行排练,更不参加什么演出了。听到这一情况后,指挥部马上拨出资金,更换新的音响乐器,修建活动场地,并到南宁请专家进行辅导,使安德和都安两个民间艺术团起死回生,在乡村文化大发展活动中发挥了积极作用。

戏剧要从娃娃抓起。都安乡小学壮剧班抓得有声有色,排练的小戏更是丰富多彩。小张这时比谁都急,他要尽快赶到乡里,看孩子们欢快地排练节目。因为,指挥部领导关心这个小剧团的心情比关心其他什么工作都要迫切。

当他在下午6点多钟赶到学校时,校园已是冷冷清清,空无一人了。原来学校早都下课了。

"咦,壮剧班的学生呢?"小张很是纳闷,要知道,平时每天下课后,排练教室里,那是锣鼓喧天,乐器悠扬,壮剧班的学生都在按时排练啊。小张问门卫,才知其中的缘由。原来,学校的经费非常紧张,过两天就要到南宁比赛了,可承担不起比赛学生的交通和食宿费用。所以学校决定,放弃这次比赛。

"不行不行,指挥部前期到南宁请了老师,添置设备花了不少钱,学校也付出了很多心血,孩子们又没日没夜排练。如果我们不参加,大家的一片苦心不就浪费了。"小张见到校长,像倒豆子一样把要说的话全说了出来。

当谈到经费问题时,小张立马回答:"我来想办法,你赶快把人召回来。"一边说着一边掏出电话就往外走。

约莫过了二十分钟左右,小张回来了,兴高采烈地说:"没问题,经费问题领导答应了。"

小张话音刚落,窗外就响了悦耳的锣鼓二胡声——孩子们又回到了排练室参加排练了。

小张笑了。

校长也笑了。

果然,孩子们没有辜负指挥部和学校领导的期望,以《对溜歌》和《赞校园》两个节目一举夺得了两个第一名。山区小学能得到广西最大的奖项,无异于获得"诺贝尔奖"一样,整个山区都轰动了。

指挥部班子成员全部赶到学校,向孩子们表示热烈的祝贺。指挥部领导说,孩子的事,就是最大的事,我们要把它放在第一位。

所以,只要听说哪里的孩子有困难,指挥部立即上门调查了解情况,想尽一切办法为他们解决问题。新靖镇三联小学,学校一带长年缺水,每天,孩子们上课时只能干着嘴唇听课,有时一整天都喝不上一口水解渴。听到这个情况,指挥部马上把它作为"企村联建"的重要议事日程。从外面引水,工程过大,时间太长。唯一的办法只有从山顶上寻找泉水。寻找泉水谈何容易?靖西的山,又陡又高,几乎没有山路可走,即使有个小道,走着走着,也总是被悬崖拦了下来。

困难摆在门前,孩子们喝水问题也摆在面前。怎么办?谁去找水?

"我去!"

"我去!"

"我去我去!"

……

善良的高速人纷纷踊跃报名。他们都是远离父母亲人来到这里建桥修路的外地人。他们长年有的看不到孙子孙女,有的看不到年幼的弟弟妹妹,有的看不到儿子女儿。他们想啊,做梦都在和亲人见面。今天,他们一看到和他们亲人一般大小的孩子没有水喝,心里那真叫个疼啊。所以一听说找水需要人的事,个个都来报名。

5个找水小组出发了,3人一组,全是年轻力壮的小伙子。三天后,小伙子们回来了,不过个个都是累得疲惫不堪,被荆棘划得伤痕累累。当他们回到住地,一个个倒在床铺上时,大伙儿关切地围了上来。

"找到了吗?"

"有水吗?"

"水大吗?"

辛苦了三天的小伙子们没有力气回答,仰躺着床上开心地笑着,半响,才高高地举起手来,做了一个夸张的"OK"动作。

哇——,整个工区沸腾了起来。找水真不容易啊。起初,小学为了给孩子解决吃水的问题,也曾多次派人上山去找,可找了十多公里山路都是无功而返,想不到建路的叔叔们出去三天就把水找了回来。真是了不起啊。

"饿了吧?我们给你们准备饭去。"项目领导很是心疼这么顽强负责的员工,话一说完,就一个个跑出去到厨房张罗去了。

可是,当大家把饭菜端上桌的时候,小伙子们个个都已睡着了。炊事员要喊醒他们,领导拦住了:"睡吧,睡吧,他们几天都没有睡好,让他们安心休息吧。"

大家悄悄地退了出去,生怕惊醒了他们。

后来,小学生的炊水问题总算解决了。施工架管非常艰难,从二十多公里的远山顶上,把水管一根一根管地接了下来。有的工人累昏了,有的工人摔伤了。但是这些困难都没有难倒英勇善战的高速人,他们如期让孩子们喝到了清甜的山泉水。

"喝水啦,喝水啦。"孩子们像过年一样,冲向了自来水管"哗哗"流淌的泉水,一个个争先恐后狂饮起来。还有的用水洗脸,有的用水浇头,有的用个水盆,接满水奋力大家泼去……山村的小学里漾起了玲珑般的笑声。

"来,叔叔喝水,叔叔喝水。"一个小男孩用手捧着泉水,快步地来到为他们找水的叔叔跟前。

叔叔们的笑容比山花还要灿烂。喝着孩子们捧上的泉水,心里头那真个叫做甜丝丝啊。

这时,太阳悄悄地爬上山顶了。照得青山更加碧绿,照得山花更加艳丽。

春天早早来到了。

家在山水间

建路的高速人确实把这里当成自己的家了。

山里这个家很穷,很偏,很远,很寂寞。但是,高速人还是把它当成了家。他们戏称自己的家就在路上,家在山水间。这里的家很美,特别是旅游景区靖西和边关山城那坡,更是山清水秀,风光如画。他们热爱这个家,他们说,这里有青的山,绿的水,这里有清新的空气,这里有沁人心脾的鸟语花香……

但是,创造自己美好的家园也是历尽了千辛万苦的。

三个标段的参建单位都是国家特级建设资质的公司。每个项目部的住地都设在本标段最近的位置。三标段由中铁一局广东分公司承建,在那坡和云南富宁交界的地方,山高路陡,平地稀少,能用的全是大山。怎么办？项目部谢经理和蒋总工程师面面相觑，无计可施。

"没办法，克服困难吧。"谢经理也没办法。

"可是，没有路，山又陡，材料进不来，供给跟不上。难度很大啊。"蒋总工程师把困难如实地摆了出来。中铁一局广东分公司长年在北方和广东地区施工营建，用地条件非常方便，来到广西市场建设高速公路，他们还是第一次碰到这样的困难。

"没有别的捷径，只能向老前辈们学习，肩挑背扛了。"

"对，肩挑背扛，可以好好地检验一下我们新时代的高速人了。"谢经理对进场碰到困难的解决也有一百个信心。

思想统一，决心一致。说干就干，立马行动。

可是，征到项目部住地的用地却是一个60多度斜坡的半山腰。没有山路，没有公路，附近没有村庄，没有人烟。很多人到此都摇起了头，还有的打起了退堂鼓。但是，高速人到底是战无不胜的开路先锋。没有路，他们利用铁斧、锄头、铁铲开起便道来，碰到大的石头无法挪开，爆破也是他们最拿手的办法。接着，他们从当地租来马帮，从县城将粮食、宿舍板材、建筑材料全部拉了进来。有时，骡马在一些陡峭的地方上不去时，员工们就自己一件一件将物件搬运上山。

七、八月的天气，正值多雨季节，有时候一个月只晴三两天。把项目部住地建好之后，二百多号技术人员，就要在这样恶劣的条件下开展工作，拿着设计好的图纸寻找施工现场，进行复测和放样。看到现场，大家才发现比图纸和想象要难得多，因为到处都是高山峻岭，悬崖绝壁。两百多名技术人员，全都是从全国各大院校土木工程专业毕业的高才生，这个时候他们也没有别的办法，只能分成若干个小组，人人都穿着朴素的工服，手持着茅刀棍棒，腰挎着面包干粮，机械地开山辟路。了解的人知道他们是一帮朝气蓬勃的知识分子，不知道的还以为他们是一群进山打柴的村民呢。

总工程师老蒋是项目部3标的技术带头人。他抬头看看太阳，正高高地挂在头顶。他估摸这个时候该是中午时分了。于是，招呼附近的员工们都停下工来，抓紧时间把肚子问题解决掉。

大学刚毕业的小孙来自四川，自己带了两盒麻辣快餐面。他想找个地方点火烧点水来泡。老蒋把他拦住了。

"原始森林不能点火，容易引发大火。"

"那我小心点……"

"小心也不行！这是我们的规矩。"老蒋一点情面也不给。

"那，那怎么办？"小孙一脸的迷茫。

"用山泉水泡。"老蒋经验丰富地说，"我们以前经常用山泉水泡快餐面，味道好极啦。"

"是吗？"小孙将信将疑，但还是按照老蒋的办法操作起来。

当小孙一切操作完毕，端起来抿尝了一口快餐面汤时，一直期待着的老蒋笑眯眯地问道："怎么样？好喝吧。"

"一点都不好喝。"小孙门说了实话。

"不可能。肯定你还不习惯，习惯就好吃了……再等等，等等，泡久了就好吃了。"

其他工友们都在说说笑笑地就着山泉水吃着面包、饼干。小孙等了一会儿，还是按捺不住，开始吃着他那山泉水麻辣快餐面，吃着吃着，越吃越有滋味，接着就狼吞虎咽起来。

"味道不错吧？我说好吃就是好吃。"老蒋说。

"还行。如果用开水泡就更香了。"

"别那么多要求，做一名高速公路建设者，哪有那么好条件？"一名同事说。

"是啊是啊。要吃好的，晚上回去吃。今天厨师去那坡县城大采购去。今晚加菜，有红烧肉、白斩鸡。"老蒋给大家打了一支兴奋剂。每周厨师都要走上半天，到山外进行一次大采购。今天他早早就出发了，想必这个时候已经买好菜，正走在回家的路上。

吃完午餐，休息一会儿后，大伙儿又开始按着图纸放样了。走着走着。突然，天空慢慢暗淡下来，一阵又一阵的山风"嗖嗖"地刮了起来。

"怕是要下大雨了。"一位老员工看着正变着的天说得非常肯定。

话音刚落,一道闪电把天空劈成两半。山区七八月的天气,说变就变,顷刻间就电闪雷鸣,稀稀拉拉地下起大滴的雨珠来。

"兄弟们,赶快往回撤,下大雨就不好走了。"老蒋指挥着大家赶紧下山。

可还没等大伙儿下到山底,大雨已经淋漓尽致地把他们包围住了。虽然他们都备有雨衣,但也只能保护随身携带的图纸资料。有的员工为了更为安全地保护资料,干脆雨衣也不穿了,裹着资料抱在怀中,一路大声地唱着"雄赳赳,气昂昂,跨过鸭绿江……"开心地走在回项目部的路上。

回到住地的时候已是下午五点多了。大伙儿没有看到伙房里忙碌的厨师。项目部谢经理迎了出不,歉意地对大伙儿说:"雨下得太大了,上游山洪暴发了,拉食品的马进不来,刚才厨师打电话回来,说他们又被堵在外面了。看样子今天又得吃南瓜饭了。"

"好啊好啊,南瓜饭,冬瓜汤,餐餐吃得精光。"还是刚才那位唱着"雄赳赳、气昂昂"员工,又唱起江西民谣来了。

"实在对不起……"谢经理还在向大家道歉。

"没关系,没关系,一家人嘛!谁家里没个难处,再说,这又不是你的问题,是老天不作美啊。"老蒋和几个老员工安慰着谢经理。

"好,等明天厨师回来,我要敬大家三杯,煮上一大锅红烧肉,让大伙儿吃好喝好。"

"我要吃一大碗!"小孙的声音最大。

"好好,三碗都行,兄弟们!"大家在一家人喜乐融融的氛围中笑得更欢了。

在2标段项目部。和小孙同年大学毕业,年龄相仿的技术员小吴,今天晚餐的主打菜就是红烧肉。他和小孙一样从小就好吃这一口。他坐在宽阔明亮的饭堂里,吃着饭品着菜那是吃得津津有味。

和3标段相比,2标段的食宿条件就强多了。根据靖那高速指挥部的要求,所有项目部和工区必须统一搭成板房,不能建成简易工棚,严禁通铺住宿,并规定工人居住面积和食堂、卫生间的人均使用面积,污水、垃圾的收集及排放方式等驻地建设要符合规定,伙食必须按标准让员工吃饱吃好。指挥部颜总指挥长、韦书记经常带人到各参建单位检查工作。他们说,我们什么都要按照"四化"标准执行,不仅建设高速公路要做示范,住房条件和伙食保障也要一流,住房尽量保证人各一间,确保员工休息好,工作好。指挥部食堂设在靖西,每餐七八个菜,大家吃得非常满意。厨师是个大胖子,热情细心。他说,领导对我们员工关心得无微不至,我们一定要保障有力,让大家吃好喝好,更有干劲有精力投身到高速公路的建设中去。大胖子有一次在公开场合把自己身穿的衣衫撩起来给大伙儿看,炫耀地说是领导出差专门带给他的。他说现在指挥部从上到下以及至项目部、工区,都很和谐,就像一个家一样,就像兄弟一样相处得非常融洽。

和小吴一起从长沙理工大学毕业的一共有4人,他们也像兄弟一样融洽。根据分工,其他3人在项目部工作,小吴一个人则从项目部下到施工一线担任技术员。

施工一线就是和工人们在一起施工,一起晒大阳淋雨,晚上一起吃饭喝酒。小吴在家里是个独生子,不会喝酒,可是工友们还是把他拉到了酒桌上。

"既然是兄弟,来到一起就是一家人。喝喝,度数不高,土茅台。"几个大杯一齐推到了小吴眼前。

小吴拗不过大家的热情,勉强喝了几个小杯。酒的度数不高,可也不是书上所说的酒是怎么样怎么样香醇可口。小吴到底还是被呛得连续咳个不停。

"来来,跟我喝。"一位大姐挡住了大伙向小吴敬来的酒,"别叫他喝了,人家还是个学生呢。"

"哟,美女安的什么心?你是不是看上人家啦?"大家一齐哄笑了起来。

"放屁,人家老家有女朋友,漂亮得很呢。是不是?小兄弟。"

"嗯。"小吴羞红了脸。的确,小吴在老家谈了一个女朋友。两人相处得正是亲密火热、如胶似漆。可是,工区的条件有限,电话没有信号,电脑没有网线,想和女朋友联系都得等有空上街的时候去打手机,或者到网吧和女友QQ聊天。不过,前两天指挥部给大家带来了好消息,说已和电信部门协调到位,很快就要为项目部和各个工区拉装手机信号天线和电脑网线,到时大家打电话和上网就方便多了。

但是,小吴还是非常担心,毕竟天各一方,一年难得见上一两次面,况且平时电话联系又少,而女朋友又是个依赖性强的女孩子,如果生活中稍微碰到一点不顺心的事,女朋友就会束手无策。所以,小吴越来越担心女友了,越来越担心女友有朝一日会离她而去了。

小吴刚刚结束和工友的酒聚,老同学小彭又来找他聊天。小彭是他在湖南理工大学读书的同班同学,在项目部工作,晚上没事了就会找小吴聊天。白天还好说,拼命地工作施工,什么都忘了,到了晚上就无聊了,所以小彭这个时候过来,小吴就像见到亲兄弟一样开心。

"真的,我真的不想干了。昨天上街的时候我到网吧和妈妈聊天,我妈都哭了。"小吴在家里是个独生子,家住县城。当年考大学报考土木工程专业的时候,家里家外的亲戚没有一个同意他的选择。

"是啊是啊,当时我父母也不同意,说考这个专业就意味着将来一辈子都在大山里风里来雨里去的,没有一个安定的家。要说家,也就在外面,在大石山区,也就是在路上。"小彭发出了同感。

"也不知我女朋友以后会不会跟着我跑?"小吴最担心的就是这个女朋友了。

"她怎么会跟着你来大山?人家有正式的工作,在家里又是独生女,她想来她爹妈都不会放啊。"

"是啊是啊……哎,你的女朋友呢?"

"我,我烦的也是这个事。"小彭的脸马上阴暗了下来,"现在我都不敢跟她打电话呢,一打总不说话,一个劲地哭。"

"为什么?"

"总是叫我跟她出国呗。她在国外呆得挺好,可我到国外能干什么呢?"小彭还在担心,"我有点预感,我担心……"

"我也是……"

"我也是。"

这一晚,两人聊到很晚很晚。聊着聊着,两人抱在一起哭了起来。

"哥,我真的不想干了……"

"我也是……"

这一晚,兄弟两人哭了很久,聊了很久,哭着哭着,聊着聊着就睡着了。

到了第二天上班时,小彭问小吴:"还干不干?"

"我……我手头的事还没忙完,我想……"

"我这段也挺忙,要不忙完再说。"

"好,忙完再说。"

两兄弟把昨天的不快全忘了,太阳一出,又分别开开心心地奔赴自己的工作岗位去了。

事情说起来容易,说不干也容易,可真的一下决心又犹豫不决。小吴说,我辛辛苦苦读了四年书,每次考试都是全班第一名,要我突然放弃这个专业,还真是万分舍不得呢?再说,参加工作不到一年,就打退学堂,老师怎么看?同学怎么看?同学亲戚怎么看?这是很丢面子的事。小吴是个自尊心极强的人,什么时候他都不想让人家看他笑话。相反,他还想干出一番事业来,不辜负领导和师长对自己的期望哪。

2标的参建单位是广东省长大公路工程有限公司,每年都要进行业务骨干培训。10月份,在靖那高速二标段工作了一年的小吴和另外一名同事派回了广州培训。一下飞机,两人惊呆了,久违的广州,车水马龙,酒绿灯红,一下子陌生了许多。小吴突然感觉自己渺小了许多,有点陈焕生进城的自卑感。

"我想回去。"小吴一下子哭了起来。

同事也跟着流下了泪水。两人实在是对这个大城市太陌生了。这里,高大的楼房、豪华的汽车、热闹的街景、时髦的服饰、成双成对幸福的伴侣……而那边,寂静的山野、灼热的烈日、呼啸的风雨、滚滚的尘烟、经常孤独的自己……两种景象天壤之别。着实叫人失落心酸。

培训班一结束，两人没有对广州大城市作更多停留，而是立马坐飞机回到了靖那高速2标，他们说，大都市的生活他们一下子适应不了，他们要赶紧回到工地，他们认为，工地才是他们的海洋，工地才是他们温暖习惯的大家庭。一下车回到工地，两人在刚刚硬化的高速路基面上狂奔起来。

"太美了，山也清，水也秀，天也蓝。"

"太好了，空气真清新啊。"

"回家啦，回家啦，回家啦。"

……

开心的笑声飘上了大山，飘上了云层，飘上了蓝天。

听到员工们感人的故事，指挥部领导也受感动了，他们说，高速公路建设者们为了祖国利益，为了民族富裕，没日没夜辛勤奉献，我们一定要想到他们，帮助他们，让他们安心工作，愉快工作。

结了婚的，节假日可和亲人团聚，回家过节。可是单身汉们就没地方去了。怎么办？指挥部在南宁租了几套房子，配置了桌椅板凳、锅碗瓢盆，让长期在施工一线战斗的单身汉们，在休息日能到南宁走走，有个落脚点会会朋友，谈谈恋爱。这一举措，让年轻朋友们感动万分，干起工作如同小老虎下山，干劲一个赛过一个了。

有时放假时，有的员工忙于工作，没有计划回家和亲人们团聚，指挥部领导就一个单位一个单位去"赶"，要他们劳逸结合，不能为了工作，累坏了身体，远离了亲情。

碰上谁有个头疼脑热，指挥部就会派出综合部的同志，代表领导前去看望。有一次，一名员工回到柳州休假，因为天气变化，患上了严重的感冒，高热39.5°，无法按时回到单位上班。指挥部听说后，韦书记带上工作人员提着礼品，带着问候，驱车8个多小时赶到了柳州，当即就把这名员工感动得痛哭流涕。

"谢谢，谢谢，我做梦都没想到，你们会来柳州这么远的地方看我。在以前，我从来没有遇见过这么好的领导。"

"这是我们应该做的，你安心养病吧。"韦书记把他扶躺在床上。

"不，我今天要跟你们回去上班……"

"你不能动，你现在身体很弱，养好了病才能回去。"

"谢谢，谢谢。"这名员工哭得更厉害了。

当韦书记一走，这名员工马上叫妻子去买回工地的车票。妻子刚要劝慰，就被他骂得声也不敢吭了。

还有，项目经理老陈，患上了严重的痛风，有时一痛起来瘫在床上，连翻个身都很困难。但他又是一个工作狂，每天都要到工地指挥施工。有一次，他又犯病了，但是工地上的工作非常紧张，他放心不下，就找了一个棍子，咬着牙撑拄着坚持到了工地。实在坚持不住时，他就坐在地上指挥，处理现场施工情况。谁知这么一坐就是好几个小时，他居然把所有的痛苦全忘了。当他想站起来走时，却痛得怎么也挪不开步了。

指挥部领导听说后，心疼至极，马上派出综合部工作人员前来看望，并要他前往医院治疗。可老陈坚决不走，说："现在工作这么紧张，我不能走，一走就影响进度。"

工作人员好劝歹劝，老陈就是不走。工作人员没有办法，只好请示指挥部。

"不走，强行扛走，身体要紧！"上级不容置辩。

几个人按照上级的指令，强行把老陈抬上了车。指挥部领导说，我们宁愿进度慢一点，大家辛苦一点，也不能累倒一个人，特别是不能累倒像老陈这样敬业、这么专业的一线指挥员。

不能累倒一人！工余时间，指挥部和各项目组就会想方设法让大家放松心情。靖那高速公路沿线，是广西有名的篮球之乡，村村都有篮球队。指挥部就组织各参建单位为他们修建了10多个篮球场。周末之余，组织员工和村民进行篮球比赛。经常在山区会响起一阵又一阵欢呼喝彩声，那是指挥部和参建单位员工与村民最开心最热闹的时刻。

各个参建单位也通过不同的形式开展丰富多彩的文体活动,在繁忙的工作中保持高昂的工作激情。2013年12月,靖那1标举办了"庆元旦、迎春节"越野赛活动,说是越野赛,其实就是一个只有10公里的小型集体马拉松比赛。他们在自己建设的一标路基上,以正建的高速公路为赛场,以美丽群山作观众,由几名工伤未完全痊愈的员工做裁判,从经理、工程师到部分施工一线的工人,全部换了统一的运动服,当起了运动员。

"笛——"一声哨音,员工们个个都如同脱了弓的利箭,快速地向前冲去。他们自己发出了一阵高过一阵的欢呼声,自己给自己喊加油。比赛拉成一支长长的队伍,在青山秀水间,形成了一道激动人心的亮丽风景。

跑了不到5公里,有个小伙子跑不动了,几次想停下来打退堂鼓。老员工们把他扯了起来:"小子,加油,我们是个集体,一个都不能少。"

"对,我们是路桥人,是集体作战的部队。来,我们帮你。"大家纷纷地向小伙子伸了援助的手。

小伙子像打了兴奋剂一样,又加入到自强不息的集体队伍中来。一路上,大家发扬了团队精神,有的帮拉跑不动的,有的帮推跑得慢的,有的跑前跑后忙着给大伙儿送矿泉水,还有的边跑边唱歌唱快板,一直鼓励着大家的精神斗志。

这就是1标,这就是广西路桥总公司三分公司的员工们,几十年来,他们攻坚克难,靠的就是这种团队精神,创造了广西总工会"全区模范职工小家"、交通厅"先进基层党组织"和各级"先进集体、先进项目"等殊荣。所以不论是修桥建路,还是娱乐参赛,他们都弘扬一种团队精神,靖那高速项目上,他们喊出了"标准化看靖那,靖那看1标"的奋斗口号。

越野赛在大家开心快乐、团结互助的良好氛围里成功结束了。没有一个人被拉下,比赛评出了最好成绩,也评出了"风尚奖"。大家在这个集体活动中感受了大家庭的力量和温暖。

逢年过节,一场晚会是少不了的。有的自娱自乐,歌颂党的生日;有的中秋晚会,那是员工和前来探亲的家人亲情倾诉;有的民族晚会,那是和扶持的业余壮剧团技艺交流。有时,员工们还会赶到山歌对唱现场,和当地的黑衣壮精彩地唱上半天……

员工最开心的就是集体生日。集体生日是把本单位同年同月出生的员工聚集在一起,一起吃饭,一起喝酒,一起吃蛋糕。大家一起参加,领导前来助兴。

今天是1标员工小黄23岁的生日,他将和另外3名同事一起度过这个难忘的夜晚。

项目部罗书记早早就和大家把生日活动现场布置好了。现场设在项目部院内。说是院子,其实就是用白色板材搭的四面板房。院子很简洁,但非常有品味。有新种的盆景,有当地的花草。在四面墙上,还挂满了旧州各种特色绣球。大大的电视机和音响设备整齐地摆在了舞台正中。背景是一幅大大的彩色喷绘,"员工生日,青春舞会"八个大字醒目抢眼。《好日子》的音乐反复播放着,把个旧州街头炒得热闹非凡。

老百姓都来看热闹了,他们闹不明白,一帮修路的人到底要把个生日办出个什么花样。

到底是花样出来了,只见三个过生日的年轻人,今天晚上的主角出场了。他们在优美的《祝你生日快乐》音乐声中,缓缓地走到台中,喜悦地接受当地姑娘最美的绣球生日礼物。项目部蒋经理代表全体员工为他们送上了热情洋溢的生日祝福。

舞会在一片热烈轻松的音乐声中拉开了序幕。当地姑娘小伙子和路桥的员工们欢聚一堂,利用集体生日的机会,翩翩起舞,欢情歌唱,唱起了民族一家亲的幸福欢歌。

主角小黄有点微醉了,项目部在晚会现场还准备了红酒、蛋糕。今晚,敬他的人多,他敬的人多。可以说,红酒他今天喝得最多。他说他在今天这个大家庭里,变成了最幸福的人。

幸福的人生活在大家庭里,在修桥工地,小家庭里同样也有幸福的人。在距1标舞会现场不到50公里的3标项目部一个小板房里,一对中年夫妻也就着3盘小菜面对面喝起了红酒。

他们不是过生日,不是过节日,而是为了消除疲劳,振奋精神才喝起了红酒。

"来,干,为我们打完第10个桩基祝贺!"妻子把杯子推上了头顶,突然找到了喝酒的主题,兴奋地喊了起来。

老公是个又黑又粗的憨厚汉子,"呵呵"地笑着,把一大杯红酒一饮而尽。

"来,再来。"妻子又操起了酒瓶。

这是一对来自河南的恩爱夫妻,他们千里迢迢来到广西靖那高速公路打工,干着打桥梁桩基的工作。所谓打桥梁桩基,就是大桥桥梁地基的大坑,一般大型机械无法完成的事,就是由他们夫妻负责。通常都是丈夫在下面挖,妻子在上面拉土。挖桩基的深度没有规定,土紧的地方挖浅点,土松的地方挖深点,只要符合施工标准就行。这项工作很危险,经常会出现土方震松的现象。但他们一般都有防患的办法,很少出现安全事故。但最难受的不是施工,而是天气。夏天太热,10多米深的坑内密不透风,不管天晴下雨,出来的时候都变成了全身湿透的泥人。到了冬天,就更难受了,坑内的泥水冷得刺骨,人一停下来就会冻得瑟瑟发抖。挖这种桩基通常是河南人干,他们说当地人吃不了这个苦。所以这个桩基在高速公路建设者眼里就叫"夫妻桩"。

打"夫妻桩"的人很多,靖那高速全线共有大小桥梁近百座,来了好几百对打桩基的夫妻,他们大部分都来自河南。

一瓶红酒就要见底了,妻子又拿出了第二瓶。老公把她拦住了:"别喝了,明早还得起早干活呢。"

"没关系,喝酒解乏。再说,我们这样没黑没夜地干,为了什么?还不是为能吃好点喝好的。"看得出来,妻子的酒量比丈夫要大。

"当然,还为了供孩子读书。"老公说正了主题。他们的一个孩子前年刚考上大学,家里还有两个快80岁的老人。不轻的负担压在他们身上,不得不让他们出来打起了"夫妻桩",不得不让他们夫妻把家安在这偏僻的小山区里。

"对对对对,还有两年,孩子就大学毕业了。到时我们就回家不干了。哎,听说东北有一条高速要开工了,等打完这里,我们就去那边。"

"我看还是在南方干好,南方天气好,人也好。"

"好好好好!随你。来,干!"妻子又端起了一个大杯。

"干!"老公这时也喝多了。声音明显比妻子低沉了许多。

夫妻搭配,干活不累。这是工友们对河南夫妻的调侃戏称。可是,绝大多数员工们还是很难夫妻团聚的。如果他们平时要想全家团聚的日子,只有盼着寒暑假的到来。因为只有寒暑假的到来,孩子们放假了,爱人才有机会带着前来探亲。

2标的老王,不到40岁,头发就全掉光了,加上长期在工地上跑,变得又黑又老,如果自己不说年龄,还真像个60多岁的老人。寒假时,爱人从广州带着7岁的女儿到项目部来探亲,正看到老王穿着工服回来。女儿紧紧抓住妈妈的手悄悄地说:"妈妈,妈妈,这个人长得好像爷爷啊。"

妈妈乐了,说:"这不是爷爷,这就是你爸爸。快快,叫爸爸。"

孩子还是不敢叫。当老王张开两手要拥抱女儿时,女儿吓得躲在妈妈身后哭了起来。

当走进爸爸住的小板房时,才开始和他有点亲近的女儿问道:"爸爸,为什么我们家这么小啊。这真是我们家吗?"

爸爸和善地说:"对,这就是爸爸的家。这个家很小,但是很结实,不透风,暖和。今天晚上,我们全家住在这里最舒服。"

这一年寒假,女儿在工地上生活得非常开心,白天和妈妈去山上摘花捉虫扑蝴蝶,晚上和爸爸到河沟里抓鱼捕虾。小家庭的小日子过得有滋有味,一种天伦之乐在这里体现得淋漓尽致。

可是,临到要回广州的时候,爸爸对女儿发脾气了。

"为什么不做完寒假作业?说。"

"我……"来到工区,光想玩,把作业耽误了,还有三天的作业没有写呢。

老王气极了,对着女儿的小屁股"啪"地就是一巴掌。

妻子吓住了,半天说不出话来。女儿"哇"地哭了起来。一边哭一边说:"你不是我爸爸,好不容易见到你,你还打我。我不理你了,我不理你了。"

老王马上后悔了。是啊。女儿一年见不了一两次,疼还疼不过去,怎么就动手打她呢?好好说不行吗?想到这些,老王感觉确实亏欠于她们母女了。

第二天,母女要回广州了。7岁的女儿真的不理她了,怎么哄也不和老王说话。老王心想,回到广州过两天孩子消气了就没事。想不到这孩子还真的"记仇"。老王每次打电话回家,女儿都不接他的电话,足足和他对峙了有半年时间。

老王越来越感觉对不起女儿了。暑假时,他又专程把妻子女儿接到2标他那个小家。工作之余,每天都为她们做饭,洗衣服,陪她们踢球,打牌,想尽办法给她们进行弥补。终于,女儿笑了,又和他恢复了以前的感情。女儿又开始天天晚上盼着爸爸从工地下班回来和她玩耍了。

这个小家又恢复了去年假期的快乐和幸福。

老王说,就是这么个简陋的板房小家,却装满了他全家开心玩乐的全部幸福。所以老王对这个小家特别珍爱,当爱人孩子回广州之后,他每天工作之余,就是拾掇这个小家了,拾掇得整整齐齐、干干净净。

司机小陈的家也是小小的板房,不过他在家的时候比在车里的时候少得多,基本上每天都是从清早起床,直在晚上十一二点钟才回到小家。他是机动车司机,工作上只要谁用车,他都得出勤。小陈是部队退伍的战士,吃苦耐劳,热情勤快。天天在山里跑,虽然很累,但开心快乐。他说他热爱司机工作,守着山里那个小家也很安心。当有人问他,山里那么累,山里那么苦,你那么年轻,为什么要长期待在那里呢?他说,修桥建路的工作总得有人来干,我是个当兵的人,什么苦都吃得,这点苦算不了什么。但是,让他总是亏欠的就是对不起老婆孩子,结婚好几年了,还让她们住在租来的房子里。所以他下决心要买一套房子,让老婆孩子有一个自己安稳的家。小陈因为参加工作不长,积攒不多。终于有一天,她瞒着妻子到外面借钱,凑足8万元首付后,让妻子住上了一套只有70平方米,但属于自己的小家。住进新房,妻子幸福地笑了,但是也有了很大的担忧:"借那么多钱怎么办?每月按揭怎么还?"

"你放心吧,我有计划还钱。最多少吃点少用点。在单位好好工作,不缺勤不犯错误,多加班,还可以多出很多奖金哪。"小陈说得非常轻松。也不知他真有计划还是假有计划,反正妻子被他说得心安多了。

小陈办完购房搬家事宜,又开开心心地奔赴他的靖那战场了。他心里坦荡多了,他说只要妻子高兴满意了,他就可以更加安心工作,把全身心都投入到建设高速公路的幕后工作,安心地呵护着山里那个小小的家了。

几度风雨起

小家再温暖也有寒流袭,天空再晴朗也有风雨起。

建设高速公路最大的阻力就是征地拆迁了。前期,指挥部和各参建单位积极开展企村联建活动,为沿线老百姓出资出力,办了很多实事,争取了绝大多数村民的大力支持,在拆迁村庄和田地征地等工作方面开展得非常顺利。可是,当遇到祖坟迁移的问题时,当地村民的风俗民情这一关却是非常的不好过了。

"不行,不行,我们壮族是祖宗人一入土,七年才能请动。"

"我们家坟山的风水是这方圆几十里最好的,年年都出大学生。你们给多少钱我也不迁。"

"你们可以绕道走,何必要动我们祖坟呢?"

绕道?谈何容易?为了少占壮民少得可怜的珍贵田地,指挥部想尽了一切办法,能绕的绕了,能架桥的架了,能打隧道的打了。唯独绕祖坟这事无法解决。沿线300多座坟,可谓点多线长面广。如果真要绕道,一要改变靖那高速公路的整体设计规划;二要多出更多的成本预算;三是费工费时影响进度。再说,那么多坟,绕得过来吗?

县里分指挥部来人了,村民油盐不进。

乡镇工作队来了,他们上山干活,避而不见。

指挥部、参建单位的同志和村里党支部的委员们又一次坐下来。他们通过"企村联建"活动,和村里的支委、村民们成了一家人了。对征地拆迁工作,大家都很支持,可是要迁坟这事,由于几百年保守迷信的影响,大家思想上还一时不能转过弯来。

"不要紧,慢慢来。"指挥部的工作人员说,"我们要尊重当地壮家风俗,要给他们耐心讲清道理,摆事实,让他们顾全大局。"

工作人员把指挥部领导的意见给大家交了底,说我们项目管理人本化不要仅仅体现在工程设计和对员工生活起居的关心上,在对征地拆迁保和谐上更要开动脑筋。

阻力最大的就是黄惯斌一家。黄惯斌的妻子去世不到一个月,当他还处在十分悲痛之即,大家上门一谈到迁坟一事时,黄惯斌马上激动起来。

"不行不行,我老婆刚刚安顿下土,尸骨未寒,你们就要动她,不行不行。"

"很多人都同意迁了,就你不迁也不好啊。"安德街黄书记和指挥部的工作人员一起做起了黄惯斌的工作。

"书记啊,你也知道我们这里的风俗,下葬不满七年是不能移坟的啊,我老婆还不到半年,你叫我怎么办啊?"一句话说得黄书记也无以应对。是啊,靖西壮民风俗就是这样。祖祖辈辈传下来的,谁能改呢?

指挥部工作人员没有气馁,他们就像修桥建路啃山头一样,慢慢化解黄惯斌这个难啃的硬骨头。他们知道,只要做通了黄惯斌的工作,其他人就迎刃而解了。

黄惯斌是"企村联建"的受益者,家里刚刚获得大丰收的朝天椒菜地就是指挥部带领项目部的员工们引进培种的。再说,黄惯斌妻子去世的时候,员工们还自发地捐款进行了慰问哪。

三天三夜,工作人员都在黄惯斌的家里"磨",买酒买菜和他筛,又到他老婆娘家搬来老岳父。最后,到底是把他的思想做通了,可是接着,摆在大家面前的又是一个棘手的问题。

"怎么办?本地没人愿意帮忙迁坟。"到外面跑了一趟回来,黄惯斌又是一脸的无奈。

"是啊是啊,不满七年下葬的,本地人谁都不愿帮忙来迁,况且这还是座新坟,他们怕沾上霉气哪。"黄书记也去动员了村民,可忙乎了大半天,还是无功无返。

"怎么办?"

"只有花高价到外地去请了。"黄书记给出了一个很好的建议。

"花多高的价都得把事办好。"指挥部决心很大,他们不能因为一座坟而影响整个搬迁工作。

高价请来的外地民工果然经验丰富,不到一天时间就把黄惯斌妻子的坟墓迁走了。下葬时,指挥部和村里的干部派人去坟地放了一挂当地最大最响的鞭炮。长时间的鞭炮声远远地震动了村民的心。

大家纷纷响应,迁坟工作得以顺利进行,其他类似的情况便迎刃而解了。

可是,到了那坡那桑村,迁坟工作又碰到了更大的阻力。这不是一家人的事,而是整个黄氏家族的事。57座祖坟啊,成片的山头,严重阻碍了道路顺利开进的进程。虎年是黄家的忌年,当地习俗也是不能迁坟,指挥部和项目的工作人员挨家挨户地上门做工作,总是收效不大。正当大家一筹莫展的时候,那桑村小学的黄老师主动上门来了。

"我和你们去做工作。"黄老师是村里最高学历的"秀才",村里人谁家有个办不好的事,都是请黄老师前去当个"诸葛亮",参谋参谋。所以他在村里说话很有威望。可就是这么一个很有学问的年轻人,一系列的不幸全落在了他一个人身上:两个女儿均患上了地中海贫血症,最小的儿子得了兔唇,他自己也患上了严重的尿毒症,如不换肾,随时就要失去生命。指挥部和3标的同志们听说后,马上派车派人把黄老师送到右江医学院进行手术,并支付了全部的医疗费和生活费。黄老师出院后,指挥部和3标的领导又多次到家中看望慰问,并出钱为孩子们治病,使黄老师一家感激万分。

黄老师陪着指挥部负责征地拆迁的同志一家一户做工作,反复地请求着村里德高望重的老人们出来开口说话。每天晚上,他都要在家里煮好面条、茶水,请村里的乡亲到家里来做客。同时,还多次打电话到外地工作的本村人,请他们一同做大家的工作。本村人有很多在外面做官做大生意的,在村里说话也有分量。终于,村民们都被全村这"最可怜",最有文化、身子最弱的黄老师感动了。57座祖坟如期迁移了。在一片片"隆隆"的爆破声中,靖那高速的第一条隧道那桑隧道终于开通了。

高质量的隧道,一流的工程,凝注了负责征地拆迁员工的全部心血,更反映了指挥部领导的巨大决心和参建员工的集体智慧。紧接着,各个项目的征地拆迁工作也全顺利完成,为快速建设靖那高速铺开了一条绿色通道。

建路之初,指挥部按照集团"四化"要求,喊出了"争创一流"的口号,在施工标准化方面,进行了大胆的创新改革。68.82亿的项目,原本分成8个标段,为了确保质量标准统一,引进有实力的大企业,最后压缩成3个大标,并确定为只有公路施工总承包特级资质的单位才有资格参加竞标,以免施工队伍鱼目混珠,建设质量参差不一。

广西路桥总公司、中铁一局集团公司、广东省长大公路工程有限公司成了3个大标的施工建设者。他们都配备了最强的领导力量技术人才。路桥三分司1标段分为4个工区,每一个工区比原来的一个项目部还要大。所以广西路桥总公司三分公司的领导高度重视,把1标项目部人员全部"高配",经理和书记由分公司领导担任,各部门中层干部由分公司各部门主要领导担任。他们说,我们既然中了最大的标段,就要集中整个公司最强的力量来建成全国最好的高速。2标、3标都是广东过来的施工单位,他们是第一次进入广西市场,他们都表示,这次就是不赚钱,也要打出我们的品牌,把路修成全国一流的示范路,目的是让广西肯定他们,让广西接受他们。

指挥部出台了《广西靖西至那坡高速公路标准化施工实施细则(路面、路基、桥梁工程、隧道工程、绿化及边坡生态恢复)》《广西靖西至那坡高速公路工地(现场、驻地)建设标准化实施细则》《靖西至那坡高速公路沥青面层施工技术指南》等施工技术指南,在设计、路基、桥梁、隧道、边坡绿化、安全管理、过程控制等各个方面都出台了相应的精细化操作指导性意见。全线实行"三集中""两准入":钢筋集中加工、混凝土集中拌和、梁片和小型构件集中预制,严格结构模板和隧道二次衬砌台车的准入。也就是说,在各个合同段设立相应加工厂,一样的技术人员,一样的原材料,一样的水泥钢筋,一样的泥沙碎石,一样的配比。一句话,就是要生产出同一高质量的施工材料,达到内优外美,努力建设"安全、优质、生态、文化、廉洁、和谐"的靖那高速公路。

为了加强现场生产管理,在沥青拌和站、沥青路面摊铺机、压路机安装"黑匣子",完整记录拌和参数和行车速度,实现对现场施工和质量安全全过程实时监控,并做到事前监理,事中监督,事后检查,防止施工后大面积返工现象的发生。

监理处主任老谭,是全线有名的"铁包公"。他说,指挥部要求监理人员全天候旁站,指挥部既然请我来当监理,是对我的信任,工作中我一定要负责到底,绝对不能出现任何质量问题。所以,每天在各个工地上,都能看到老谭忙碌的身影。

当检查到硬化拌和站车辆进出口地面的时候,老谭发现了问题,水泥厚度只有10厘米,按照标准化准则规定,应该是20厘米。他马上把负责人叫了过来。

"看看,只有10厘米,严重不符合标准要求。"

"我知道,是20厘米,可已经打好了,您就高抬贵手吧。"负责人不断地向他求情。

"不行,10厘米怎么过大车,碾压几次就不行了。"

"没关系,这是临时使用的,又不是建路建桥,不会出现什么安全问题。"负责人嫌麻烦,不愿意重打水泥过道。

"不重打不行,只要是和标准化规定不相符合的在我这儿都行不通。赶快打,不打不能作业。"

"好,好,马上打马上打。"负责人让步了,他在这个"老顽固"面前是无任何招数可使了。

在一座大桥人工挖桩现场,老谭又发现了问题。一个劳务队完全不按水泥砂石的配比拌和混凝土,并且不断地往挖坑中倒铸拌好的混凝土。

"停!"老谭制止了。

"怎么啦?"

"这混凝土不合标准。"

"怎么不合标准?"一位50多岁的老师傅迎了上来。

"你们没有按照标准化准则的要求配比混凝土。"

"我干了三十多年了,我的经验就是最好的标准。"老师傅有点倚老卖老了。

"那不行,不管是谁的经验都得按准则办,要不然质量标准不统一。"老谭毫不让步。

"可是,我们已经打了10个桩基了。"

"打多少都得挖起来重打。"

"什么?重打?我们不白忙乎了?"

劳务队员急起来了,你一言我一语拥了上来。

"我们一直都是这样干的,也没见桥塌下来。"

"我们民工赚点钱容易吗?你叫挖掉就挖掉啊?"

"桩基打在下面,谁都看不出来,有什么关系?"

"要挖你来挖,我们不挖。"

"好,我来挖。"老谭向前站了一步,向着后面的挖土机大声喊道,"过来,挖机。"

"你不能挖。"一个小伙子对他竖起拳头。

"你敢?今天你们就是把我吃了,我也要把它挖出来。"老谭的话很坚定,民工们看到他动了真格,也有点害怕起来,向后退了一步。

10个打好的桩基在"轰隆隆"的机器声中挖了出来。没办法,工人们只好重新干活。后来,那位老师傅也不敢凭着老经验办事了,老老实实地指挥大家,按照规定的标配进行混凝土拌和了,丝毫不敢有半点的马虎。

为了让整个参建单位都能按照标准细则作业,指挥部推行了"首件质量认可"制,项目第一座涵洞、第一片梁预制、第一座桥梁架设、第一座隧道开挖等首件工程施工前,都要召集管理、监理、技术人员和劳务队以培训的形式,把难点、工序、工艺、质量和安全等各个方面的问题集中起来进行研究解决。如桥梁墩柱混凝土浇筑后采用滴灌法进行养生;预制梁片钢筋严格按规范及设计图纸进行施工,采用钢筋定位模具安装,有效保证钢筋间距;从指挥部到项目部,从大学刚毕业的年轻人居多,指挥部就组织他们轮流上台讲课,谈体会,交流心得,让他们很快就成了靖那高速建设各个领域的中坚力量。当指挥部曹副指挥长要高升到柳梧高速担任指挥长时,就很想把一帮年轻人带走。他深有感触地说:"这帮年轻人在靖那路的建设中,指挥部为他们创造了很多培训学习机会,老专家对他们无私地进行传带,在实际工作中他们又得到了很好的实践锻炼,现在正是走向成熟,大显身手的时候了。"

2标所在标段横跨靖西那坡两个县。员工们来自广东,对广西的喀斯特地貌了解不多,所以在施工过程中碰到的困难最多。在百针一号隧道施工过程中,当炸开一个大口子时,里面出现了一个大大的自然溶洞,往里面注入21 000多方水泥砂浆才能继续前挖,开挖时出现溶洞的现象在靖那路很常见。针对这一情况,指挥部主动派人联合设计代表、监理、施工单位有关人员到施工现场调查情况,优化设计方案。

有时,施工现场出现小的塌方、突水现象,指挥部会让他们通过手机传送图片递交领导审批,省去了反反复复请示报告的程序,加快施工进度。施工单位说:"什么叫人本化管理,为我们提供施工方便就是最好的人本化。"

溶洞的填埋,还不是施工中最困难的工作。最难的是隧道开挖的过程中,突然出现突泥、涌水现象。什么叫突泥、涌水,就是原本被山体包住的松泥土和地下水,突然被挖破,就源源不断地往外冒泥沙。2标的欧总工程师是个年轻有为、才华横溢的年轻人。他说,他在靖那高速挖掘隧道时,碰到的最大突泥事件,就是发生在金龙岩隧道。

那天,工人们正在往里爆破挖掘。突然,欧总工程师凭着多年的工作经验,发现山体内有可能出现异常情况,大喝一声:"闪开。"

他话音刚落，工人们迅速闪出洞外，只见大股的泥沙慢慢地向外涌了出来。

"完了完了，碰上突泥了。"碰上突泥就意味着影响工程进度。因为要想把洞挖通，就必须把突泥全部清理干净才能继续挖掘隧道。

"怎么办？"劳务队负责人问。

"继续挖突泥。"欧总工程师也没办法，只能把突泥挖净，要不然，没有办法继续开进。

突泥太多，越挖越多。整条隧道才940米，可怎么挖也挖不进去。挖了几天时间，才挖了不到一米。

指挥部工程部刘部长来了，合约部黎部长来了，质安部黄部长来了。他们按照指挥部领导的指示，进行现场办公来了。白天，他们的主要工作在工地，晚上，就在办公室进行正常办公，梳理工作，制订计划，每天都干到夜里十一二点钟。晚上，来到指挥部，看大楼一般大部分房间都亮着灯，那是指挥部的工作人员在夜以继日地工作。

针对该溶洞明显出现大面积突泥、涌水和围岩破碎的事件，大家一起计算，估计出山体高度为30米，长度为20米，要将30×20米的泥石土方全部清理出洞，便本来10天可以挖通的20米隧道，没有1年时间恐怕完成不了。

怎么办？不挖，每天损失好几万元，因为民工等着干活，不干也得发放工资啊。挖，要重新变更工程，还得费时费力费大钱。

合约部黎部长对工程变更问题进行了正确的指导，并说有什么困难我们一定会配合很好地解决。

"谢谢，谢谢。"欧总工程师听到这个消息信心百倍，紧紧地抓住黎部长的手："以前啊，我们为了更变项目，经常是求爹爹告奶奶，有时事还办不好。现在你们指挥部服务上门，为我们分担忧愁。我们不知说什么是好啊。"

黎部长转达了指挥部领导的希望，要求他们一定要确保质量，加速进度，不拖后腿。

"是，一定完成任务。"欧总工程师回答得非常响亮，两人说着又来到清挖泥沙现场。

现场质安部黄部长正在洞里和技术人员研究施工安全问题。隧道没有挖通，废气灰尘大，他每天都要备上好几个过滤口罩。说是过滤，进了隧道过滤用途也不大，不到一个小时就得新换一个，因为里面洁白的棉罩完全变成了黑色。黄部长把换下的口罩扔下，说，一定要在洞顶架设浇铸钢筋混凝土进行支护，洞内还要预备逃生管，放置水和食物。指挥部领导的要求就是安全第一，干成事，不出事。他说到目前为止，全线没有出现任何施工事故，项目被国家交通部评为"平安工地"示范项目。

黄部长说，安全是工程的命脉，只要一出事，建得再好也说不过去了。这边问题解决好了，他又接着去3标百大特大桥，看看那里柔性墩的安全防患措施搞得怎么样。他说，现在项目经理书记经常会邀请指挥部的专家监理前去指导。在以前建路时，施工单位最怕的就是指挥部前来检查，因为指挥部总会挑出一大堆问题进行整改，而现在不一样了，指挥部改变了工作作风，对文件处理、现场收方、计量支付、工程变更等程序进行了优化，限时办结，提高运转效率，真正成了施工单位的知音、朋友，成了他们天天盼着来指导的专家老师。

到了桥下，谢经理和唐书记早早就等在近100米的高墩下。黄部长抬头一看，顶端全封闭防护栏已搭盖完毕，工人正在顶面高空作业呢。

这近100米高的墩是柔性墩，距地面有30多层楼高。大风一吹，有点摇晃。虽然工人在高空作业系有安全带，但也容易恐高眩晕，影响员工集中精力施工作业。

"走，上去看看。"黄部长不放心，提出要到现场看看。

"别别，太危险了。"两位项目主管拦住了他。

"怕什么危险？我是质安部长，安全是我的职责。没关系，上去看看吧。"说着就带头登上了专用爬梯。

到了墩桩顶层，几名工人正在满头大汗地高空作业。黄部长这时明显地感觉桥墩有点摇晃，这不是质量问题，而是墩高因为风大产生的自然现象。防护网采用外包架，双层安全网，整体往上移动，形成安全防护网，这样一来，果然看不到外面万丈深渊的情形。内外防护，人在里面，克服人在墩外施工不安全,视觉恐高因素。黄部长用手推了推壁墙,还挺结实,他非常满意。

"师傅们,辛苦了。怎么样?"黄部长关切地问道。

"好,好,有了这防护网,我们就像在屋内做事,不紧张了。"工人师傅们个个笑逐颜开,和黄部长他们打着招呼。

下到地面,黄部长紧紧地握着两位主管的手说:"谢谢,这里我转达指挥部领导的问候,你们辛苦了。"

"谢谢,我们一定按质按量地完成施工任务。"两人一直把黄部长送到正在建设的高速路上。

黄部长坐在回指挥部的车上,思绪万千。他越来越感觉责任重大、压力不小。全线的质量安全,关系到交投集团的市场信用,关系到国家的利益,关系到人民群众的生命安全,关系到民族地区的经济发展。如果工作上有一点小小的疏忽,都将酿成差之毫厘,失之千里的教训。

指挥部领导们曾说过,高速路建设部门的领导,那可不是拉关系走后门当来的,尤其是中层干部,如果不具备强烈的责任心和吃苦耐劳的精神,如果没有过硬的专业水平,无论如何也胜任不了本职工作,所以中层干部必须要高度负责,充分发挥自己的聪明才智。

黄部长牢牢记住领导的教诲,开展工作严格地按照"四化"要求执行。为确保工程质量安全,他把管理流程规范化的若干制度落到实处,严格执行项目法人责任制度、招标投标制度、工程监理制度和合同管理制度等。他的公文包,就是一个小小的档案库,勘察设计、工程招投标、材料采购与供应、合同管理、征地拆迁、施工管理、质量安全监管、试验检测、设计变更、计量支付、农民工工资发放、信息管理、信用考核等等管理工作,他均有规范性的依据材料。由于指挥部严格按照规范施工,按照制度办事,从根本上消除了以前管理水平参差不齐、松散用工模式、懒散劳动作风以及老观念、旧经验等问题。

59岁的项目安全部部长老叶深有感触地说:"我大半辈子都是从事公路建设的,这是第一次看到严格按照标准化建设指南施工管理的。这样好。以后,就是我们这一辈人离开了公路建设岗位,不管其他什么人接上,完全按照制度,按照规范执行,管理模式不会变,工程质量不会变,建材规格不会变,同样可以建设出全国一流的高速公路,过10年、20年都是一样。好,这样好。"

在施工过程中,指挥部还大胆地推行"亮美揭丑,奖优罚劣"的激励机制,凡是按照标准规划化执行,取得成绩的,对参建单位进行表彰奖励,大手笔地采取上千万的重奖。如果没有按照指挥"四化"要求,出现问题的,在采取重罚的同时,毫不手软地进行照片公开、简报批评,让问题单位登上丑陋工程曝光台。这一举措,加强了制度的落实,保证了工程的质量。大家都非常赞成,说只有这样,才能建出示范性的一流高速,各标段才能公正地参与评比考核。

一切都按制度、按规划进行,施工可说是正规有序,快速推进。正当施工进度有条不紊地顺利推进时,摆在各参建单位面前的又是一个严峻的属实:"民工太难找了。"

民工就是协作队伍,是施工一线的主力军,但这个时候很多外地民工都说岩石太多,做工艰难,山又高路又陡,抬钢筋、模板、石头非常劳累,再加上远离城市,什么都不方便。所以有很多人陆陆续续又回城打工去了。

"依靠组织的力量,依靠我们的联建党支部。"指挥部给大家指明了一条解决问题的有效办法。

各联建党支部马上行动起来,动员当地农民加入到靖那高速的施工大军中来。但是,现在在家的青壮年大都到山外打工去了。当地党支部书记们对着曾为他们修村道修便桥修学校、修球场,帮助乡村脱贫致富的指挥部和项目部领导把胸脯拍得"呼呼"作响:"没问题!你们要多少人我们找多少人。"

联建党支部的支委成员们全都动起来了,他们走村串户,苦口婆心,把老人们的工作做通,把留守女人们的工作做通,告诉他们,现在是国家帮我们大石山区建高速公路,是帮我们打开致富路;告诉他们,回到家里修路比在外面打工划得来,有空还可帮家里干点农活,可以和家人得以团圆,不再两地分居;还省下了外出打工回家的来回路费和房租水电费。更让大家得到实惠的是,家门口打工的工资不比外出打工的少,还能学到修桥建路的技术,何乐而不为呢?

老人们、女人们深深感受到靖那高速公路建设者们给他们带来的种种好处,这个时候又听到了在家门口打工赚得比外面还多。个个激动不已,连夜打电话发信息把外出打工的亲人招了回来。

5000多人次的劳力,一个庞大的劳动大军,给靖那路提供了丰富的劳动力资源,解决了民工荒的燃眉之急,加上他们打工在家门口,指挥部不再担心民工们思想有想法,而出现打退堂鼓的问题了。

指挥部领导接着表态,业主单位要加大到施工一线的服务工作,特别是合约部,要管理服务到一线,计量服务到一线。指挥部迅速成立计量小组,由劳副指挥长带领合约部的技术人员,主动下到施工单位进行计量支付工作。按照以前的惯例,计量支付给施工单位的资金一般是70%~80%,现在是90%以上,及时让施工单位的资金回笼,缓解了资金垫支压力,按月发放了农民工工资,没有出现劳务纠纷、工人上访事件。至于高速公路建成之后的结算问题、工程变更、新增单价等及时处理,合约部向指挥部立下了军令状:2014年11月底全线通车前结算资料基本提交。

施工单位感受到指挥部的关心体谅和热情服务,所有参建单位都在暗暗较劲:一定要以最快的速度,最高的质量确保靖那高速公路建设任务的圆满成功。

2标的岩信隧道由广东长大承建,它的进口是从半山腰开挖。为了施工方便,从国道上硬化了一条便道通向施工隧道。可是有一天半夜2点多钟,项目部欧总工程师和高副经理接到了值班人员的紧急电话:由于连续几天的强降暴雨,便道出现开裂,好像有点下沉了。

不好!两位项目领导迅速穿戴雨具,带领工人们快速赶赴现场。十万火急!便道下面是省道,如果便道一塌方,把省道压垮了,不仅影响来往车辆的通行,施工的所有器械也都进不来,材料也进不来,势必严重影响到工程进展。

到了现场,果然出现了很大的险情。由于山体和便道之间排水系统过小,暴雨下得极大,便道上方积水越来越多,如不及时排除,就有塌方危险。

"兄弟们,跟我上。"欧总工程师扛着一把铁镐,第一个冲上了便道积水最深的地方。

"危险,您下来吧。"高副经理也是一个老练有经验的公路人。他接着跟了上去。

"别管我,我在这里组织排水,你下去组织大家在便道下方加强支撑防护措施。"

"好!"两位项目领导,分工合作,一个组织挖沟排水,一个组织支撑防护。倾盆大雨般密集的雨点,直打横扫,让大家几乎相互看不到,但是我们的公路人,凭着责任,凭着无畏,凭着干劲,与老天勇敢地斗了起来。很多工人索性把雨衣都脱了下来,描绘了一幅与天决斗的英雄气概画面。还有的年轻人光着膀子一边挖沟一边大声地附着大雨的和声唱起了《咱们工人有力量》。

险情排除了,天也亮了,雨也停了,大伙儿也累了。4个多小时啊,和狂风暴雨斗争了一夜,最后,狂风暴雨逃跑了,便道保住了,省道保住了,隧道工程施工没有受到任何影响。当"轰隆隆"的机器声又在隧道口响起来时,我们和狂风暴雨作战的兄弟们也脸带笑容开心地睡着了。

类似的事件3标也遇到了,不过情况更为危险。2011年12月,百大特大桥建设现场,一场大雨造成山体滑坡,一块200多立方的巨大孤石,将13号桥墩全部覆盖了。13号桥墩临近320国道,每5~6分钟有一辆车经过,10米附近就是民房。再说,如不及时把这问题解决,时间长了,可能损坏桥墩,同时也影响施工进度。怎么办?

"调几台挖土机把它推下来。"

"不行。这样石头推下来,有可能推到国道上,危及到村庄,太危险了。"

"那就用大型吊车……"

"也不行,石头过大,吊车承受能力有限,再说,安排工人到石头上进行人工套石作业,石头稳定性如何没有把握,容易造成安全事故。"用大型吊车的主意也被否定了。

一工区李工区长马上组织几名技术人员进行数据检算,认为可以解决这一问题。

"没问题吧!"项目部谢经理问。

"没问题!"技术员们回答得非常坚决。

"注意安全!"

"是!"

全体人员撤离到了安全地带,李工区长带着几名技术人员,借助安全线索,采用定向爆破和松动爆破,控制在5米范围内进行爆破作业。

"轰隆隆",一连串的爆炸声振醒了大石山区,所有碎石好像听到指令一样,都在5米之内安全散落,没有影响到国道和村庄。爆破非常成功,隐患安全解除。

"哗……"现场所有人都兴奋地跳了起来。谢经理也开心地笑了,他开心的是,安全地解除了隐患,更开心的是拥有一支战无不胜、知难也能进的战斗集体。

全线按照"四化"要求建设,按照交通运输厅潘厅长关于"要建成现代高速公路的标杆"的指示,达到了"安全、优质、和谐、高效"的总体目标。靖那高速成了全区高速公路建设单位关注的焦点。特别是打破了以前先建路、后建附属工程的做法,服务区、加油站、中分带、边坡绿化和高速主体工程同步建设,确保路一开通,就能正式通车,让驾乘人员享受到一流的加油、吃饭和休息服务。这种做法在高速公路行业尚属首次,这是靖那高速公路建设指挥部实现"四化"要求的创新举措。

2012年3月,广西高速公路施工标准化现场会在靖那高速施工现场隆重召开了,全区在建高速公路项目的经理、总监、业主等负责人全部到会。指挥长颜景有代表指挥部进行了交流发言。交通运输厅梁副厅长在会上高度肯定了靖那高速公路的经验做法,号召全区在建高速公路项目都要向靖那路学习,建设一流的高速公路,创全国"平安工地"。

后来,很多没有前来参加会议的建设单位,没有跟任何人打招呼,自行来到现场,"偷偷"地取经求学来了。

肯定有了,表扬有了,赞叹声有了。但是,路还没有修好,前路依然漫长,依然还有风雨……

靖那高速的建设者们依然握紧了拳头,依然信念不改向前大步前进,向着成功,向着美丽……

月上柳梢头

现场会开完了,旧州互通枢纽作为最美互通得到了与会代表的一致好评。

1标没有沉浸在阶段性胜利的喜悦之中,而是更加沉稳,更加理性。他们对下步的建设有了更多的规划,有了更多的思索……

美丽的旧州,天气有点凉意了。又是一年八月十五,在这清风习习、流水悠悠的团圆之夜,新任项目部刘经理一个人又到旧州河边漫步了。

月亮悄悄地爬上了柳树梢头。这是一个晚上最美的时刻。刘经理在这个河边漫步独享十五中秋圆月已是第二个年头了。其实,他和所有公路人一样,逢年过节很想回家和爱人孩子们待在一起,快快乐乐地吃个团圆饭,可是由于修建高速公路的特殊性质,他不得不选择别离。孩子从出生到现在上学了,怎么长大的他一概不知,他只知道妻子一个人要上班,要接送孩子,要给孩子做饭洗澡太不容易了。他没有什么可以补偿妻子,长年陷入深深的思念、自责之中。

有一次,他好不容易请了假,准备回家去看望妻儿。他已有三个多月没有回家了。这次回去,他答应陪小孩到动物园看大象,吃麦当劳。当他开开心心地乘车走到回家的路上,还有一个多小时就到达南宁时,一个电话又让他掉转了回家的车头,赶回项目部来了。

原来,工地上出现了大面积塌方,情况非常紧急,指挥部覃副指挥长已带人前去指挥处置。当刘经理电话询问险情时,覃副指挥长叫他安心回家看望妻儿,别赶回来了,现在他和专家们都在,完全有办法解决问题。

"不,我要回来。"刘经理没有犹豫,他把项目视为他的第二个家,第二个家不管有什么事,都让他牵肠挂肚。何况,塌方是个大事,处理不好就会影响安全生产,影响工程进度。

他把电话打给了妻子。还没说话,妻子高兴地问:"到啦?我菜做好了,有你爱吃的油煎泥鳅,等你。"

刘经理半天没有说话,最后才轻轻地说了声:"你们吃吧,明天你自己带孩子去看大象。我还有事,回项目部了。"

妻子电话那边死一般的沉寂，良久，才听到了对方挂电话的声音。

刘经理还想把电话打回去。可是，打回去能说些什么呢？他看着车窗外正蒙蒙下着的雨丝，深深地感觉自己对妻儿的亏欠太多了。

指挥部质安部邓部长中秋也没回家。施工现场离不开他呀。他家住南宁，离项目部有5小时的车程，和广东东北过来的同事们比，他算是最近的了。可是不管怎么近，平时也是很久才能回一趟家。他有时很满足地说："我现在已经很好了，以前做项目一年四季各地跑，现在交通条件比以前强多了，回家也比以前方便多了。"

可是，妻子还是感受不到他对这个家发挥的作用。

孩子已经六岁多了，每一回生病，都是妻子一个人半夜背着孩子上医院。妻子人瘦小，孩子慢慢长大越来越重了，背起来异常吃力，妻子上楼下楼经常是气喘吁吁歇上好几次。到了医院，陪着打吊针，给孩子讲故事，经常是通宵达旦。

邓部长说："在施工现场，我不怕苦，也不怕累，最怕的就是电话里老婆委屈的哭声和她的埋怨声。"接着，邓部长调侃着说，"我是身体不苦心里苦啊。"

邓部长说，他这辈子最佩服的人就是妻子，妻子可以说是世界上最伟大的女性。孩子从出生那天起都是她一个照顾。就是每天晚上自己洗澡，都不敢让孩子一个人待着，生怕摔着磕着，而是门也不敢关，一边洗澡一边看着孩子。做饭也是一样，做着饭炒着菜的同时，隔上一两分钟就会跑到外面，观察孩子的动静。

孩子上幼儿园回来的时候，邓部长回到家，看见了一个陌生的叔叔在家，吓得躲在妈妈身后不敢出来。

"快，叫爸爸，叫爸爸。"妈妈不停地鼓励着孩子。孩子躲在妈妈身后，就是不敢张口。

"他真的是你爸爸，快叫快叫。"

过了好半天，孩子才开口了，怯生生地喊了声："……叔叔。"

夫妻俩哈哈大笑起来。笑着笑着，妻子"嘤嘤"地哭了起来。

"你能不能辞了这份工作，在南宁另外找一份轻松一点的工作。"妻子这不是第一次要求他了。

"可是我还走不开，项目正忙着哪。"

"走了你还不行？他们可以另找一个质安部长。"

"走了我还真不行。"邓部长认真地说，"指挥部的中层领导不是随便可以找的，他要有经验，有资质，有成就，还要有创造的思维，靠关系走后门没有能力也无法担任这个职务的。"

"比你有本事的人多着哪，缺了你就修不成高速了？"妻子的话一句比一句灼灼逼人，邓部长有点招架不住了。

"可是，指挥部领导信任我，把重要的责任交给我，我怎么好意思开口不干呢。"

妻子更加伤心了："我知道，我怎么说你也不会同意辞职。工地就是你的家，我们这个家是你的旅馆，想来就来，想走就走。"

"不，工地是我的家，这个家更是我的家。妻子永远是我的好妻子，孩子永远是我的好孩子。"邓部长一把抱起孩子，不停地亲了起来。

孩子被亲得笑个不停，父子两个玩得滚倒在床上。妻子也乐了，笑骂道："说一百遍都是这个样。"

孩子也在亲地叫着爸爸，说："原来你就是我爸爸，我还以为我没有爸爸呢。"

邓部长后来逢人就说："我爱人是个最伟大的爱人，他每天盼着我回家，但又理解我天天不回家，一心希望我做个在事业有成就的男人。真是个好女人啊！"他说，人人都说军人伟大，公安伟大，其实公路人同样伟大，严寒酷暑、饥渴交加、离别思念、翻山越岭、走南闯北、寂寞孤独等等，这都是公路人事业篇章的关键词。他还说，因为长期的两地分居和居住环境的不稳定性，很多家庭出现了矛盾，婚姻走向了崩溃的边缘，还有很多年轻人，近30岁了还找不到对象。

"不过，"邓部长说，"我们很有成就感，平时，看到高速路就感到特别亲切，坐车走在自己亲手建设的高速路上,心情比见到家人妻小都要高兴,都要舒心。"

一个星期短暂的休假很快就过去了,妻子依依不舍地把他送到了车站,拉着他的手说:"能不能明天回去?"

"不行,都在等着我哪。"邓部长说,手头的工作很紧,一个星期休假在家已经耽误了很多事,不马上回去就要影响工作了。他说,我要向指挥部颜指挥长学习,颜指挥长家住南宁,早已把事业这个家安在了施工一线,他同时主管着靖那、百靖、富那、靖龙4条高速的建设任务,周末几乎不回家,值班比员工还要多,经常拉着沿线的县领导一个点一个点去现场办公。4条高速点多线长面广,每座桥梁、每条隧道、每片边坡、每个服务区,还有当地各级政府和附近老百姓的家里,都有他忙碌的身影。他每天都跑在高速路上,跑在大石山区。要问他的家在哪里,他就会笑呵呵地告诉你:工地就是我的家,高速路上就是我的家。

所以员工们都把颜指挥长当成敬业楷模、学习榜样。所以当邓部长讲述颜指挥长感人的事迹的时候,妻子不再作声,继续默默支持丈夫的工作,继续默默地一个人挑起家庭的重担来。

和邓部长妻子一样默默奉献,让人感动的还有1标的文工程师的妻子。文工程师是负责桥梁隧道建设的专家。他工作负责、任劳任怨,多年来一直是路桥行业劳动模范。

他的妻子预产期是今年四月份。文工程师打电话回去给妻子说,不管工作多忙,今年他一定要回玉林陪她生孩子。他说,他从2006年大学毕业就下到工地,一直没有很好地回家陪陪父母爱人。有时回去请了一个星期假,来回路上就花去了两三天,回去陪家人的时间实在是太少了。所以他说,妻子分娩是这个家庭最大的事,到时他一定要回去陪陪。

指挥部和项目的领导也很关心,总是嘱咐他要经常打电话回家问候妻子,做好当爸爸的一切准备。

可是,当他把所有婴儿的小衣服和尿不湿买好,喜气洋洋地准备回家时,工地上一件意外的事情发生了,下古龙隧道变更排水,涉及路面铺设沥青。如不及时搞好,下步就无法施工。

"你要回家了,可这一走工作又很被动,怎么办?"项目部刘经理有点为难。因为文工程师一走,问题不能及时解决,这个情况就可能严重影响到下步的工程施工,工人一天不施工,项目部一天就有好几万元的经济损失,而且会影响到整体施工进度。

"好,我过两天再走。"文工程师放下行李,换上工作服,戴上安全帽,马上奔赴隧道一线了。

由于工程量大,整治难度大,两天还没更大进展。刘经理找到正在隧道忙碌的文工程师,说:"不行的话,你还是先回家,这两天你老婆就要生小孩了。这里的困难,我们自己想办法。"

"我不能走,搞不好我不放心。不看到工人铺设沥青我不能走。"文工程师很"倔",他感到自己负责的工程出现问题,不亲自整好那是最没有脸面的事,再说,自己负责的事由别人完成那就是一种严重失职。

谁知他这一"倔",就倔了两个多月,把变更排水问题解决了才算放手。但这个时候,孩子出生已有两个多月了,他才踏上了回家的旅程。刘经理亲自买了一些儿童用品和水果,把文工程师送到了车站。刘经理直到现在,每次见到文工程师都会说上几句歉意的话,总感觉在文工程师爱人生小孩这件事上对不起他。

文工程师没有把这件事放在心上,包括他的爱人也是一样。当那天他回到家中,看到妻子正抱着孩子在喂奶逗乐的时候,他发现妻子并没有生他的气,看到他的回来反而非常开心。

"对不起,确实走不开。"文工程师抱起了这个属于自己但只能天天在彩信里见到的孩子,一边亲着一边对妻子道着不是。

"你现在不是回来了吗?"

"可当时没有回来。"

"哎呀,没关系啦,我还不了解你们啦,有事你就走不开,走开就干不成事。"妻子曾经有一段时间随着文工程师在项目部住了两个多月,亲眼看见了路桥人起早摸黑、说走就走、一走好几天不回住地的现象。所以她说她太了解他们了,也习惯了他们的工作。

"你才去了两个月,你就习惯了?"文工程师有点纳闷。

"你经常不回家,每次回来待不了几天,平时在电话中你总是给我说工地上的事。我不了解吗?跟了你这么多年,我还不习惯吗?"

文工程师感觉眼角有点湿润了。这个时候他不知说什么好。这样的妻子多吗?理解人,体谅人,支持人,不多。做男人都是不怕苦不怕累,不怕流血流汗,最怕的就是家人的思念,亲人的眼泪、无奈和埋怨。现在,眼前这个妻子什么都没有,送给他的见面礼就是一个开心的笑脸。文工程师开始有点佩服自己,上辈子不知修了什么德,找了这么一个好爱人。

文工程师轻轻地把妻儿搂在怀中,一种幸福感涌向了全身。

路建计量工程师老梁,家住靖西,工地就在家门口,可以说回家非常方便。可他和文工程师一样,即便在本地,同样很少回家。公路人一年四季几乎没有节假日,因为很多项目要连续施工,特别是浇筑混凝土,中途不能停工,否则,就会形成新旧混凝土之间的缝隙。所以建路员工就很难拥有正常休息的节假日了。不过,大家盼着的休假时间就是过年,过年有10多天的空闲日子,因为协作队伍,也就是民工们都要赶着回家过年。所以,这段时间大家都可放假回家了。家在北方和广东、湖南的员工们,连夜就搭车往回赶了。总共10多天,路上用去两三天,回来两三天,在家里过年陪家人也就一个星期左右时间。确实太珍贵了。

老梁平时回家就少,爱人总是说他有家不能回,过家门而不入,快赶上过去的大禹了。老梁听出了爱人似是玩笑话语中的埋怨味道。但他总是安慰爱人,他说:"我们比他们外地的员工好多了,有事还可以经常见面,即便是有急事,你还可以打个车到工地来找我。"说得爱人无话可说。

要过年了,爱人计划了,到几个亲戚朋友家拜拜年串串门去,平时老梁工作很忙,亲友间走动不多,趁着过年时间走走,也就不会觉得越来越生分了。

可是老梁的话打乱了爱人的想法,他说,外地员工回家一趟不容易,我让他们都回去了,我们家近,我就主动留下来值班,协调有关工作。

"值班没什么事,在家里值也可以吧?"妻子认为工人们都不施工了,就没什么事,不用按正常时间上下班了。

"每天都要去工地,跟平常一样。"老梁说得很轻松,好像过年跟他没有什么关系一样。

"那跟亲友们拜年怎么办。"妻子急了,年货都准备了,很多亲朋好友都提前打过了招呼。而且大伙儿都说好久不见老梁,过年要好好和他筛上一杯了。

"你和孩子们去吧,代我表示心意。"老梁好像早都想好了主意一样,就这么简单地回了爱人一句。

爱人生气了,恨恨地说:"你不去就不去,反正你也没有这个家。"

爱人生气归生气,可是当老梁还是一天到晚在工地上忙碌的时候,爱人还是会很心疼地打电话经常问候。当他回到家中,总会买回一只土鸡,或炖或白斩,让老梁好好地补补身子。因为,老梁太辛苦了。

当有人问到老梁爱人为什么这么支持他工作时,她在人前还是会维护老公的形象,她说:"她是个对工作负责的男人,哪个女人不想找一个负责任的男人过日子?所以我愿意永远跟着他。"

2标的小邓是湖南人,过年时他和老梁一样,也被安排在项目值班。他说,结了婚有家有小的都回家了,没结婚的大龄青年也回去相亲了,我是个单身汉,留下来值班吧。

其实小邓也是28岁的大小伙子了,在乡下老家亲人的眼里,也算是个大龄青年。这几年,父母对他的个人问题特别着急,每次回到老家,都要安排姑娘和他见面,可他总是不急,他说,我现在正是干事业的时候,成绩还没出来,就成家娶妻,太早了点儿,总是把父母气得一个劲地骂他不听话。

项目部离镇上有3公里的路程。放假了,大厨回了家,值班人员都得自己买菜做饭。这一天,小邓又步行到镇上买菜。当他把其他东西买好后,来到一家豆腐摊前时,一位漂亮的姑娘笑吟吟地问:"师傅,买多少?"

"四块。"小邓喜欢到这姑娘摊位买豆腐,不是因为她长得漂亮,确实是她家的豆腐白嫩、有老家的豆香,而且煎不烂,煮熟了蜂窝孔大,吃了一餐还想第二餐,所以,小邓只要买菜,都会到这里买上几块,回去做给几位值班人员吃,直吃得那是口齿留香、眉飞色舞。大伙儿都夸那姑娘的豆腐好吃,更夸那姑娘长得漂亮,声音好听,一句"师傅,买多少?"好似吴侬软语,令人回味绵长。大家戏称姑娘是"豆腐西施"。

豆腐西施的生意很好,总是忙得不亦乐乎。小邓买完豆腐,不作停留,匆匆地走在回项目部的路上,他要急赶着为大伙儿做饭去了。

当小邓快要回到项目部时,突然想起刚才买菜太急,忘记把豆腐钱给姑娘了。坏了,小邓不作多想,掂着一篮子菜料,转身就往回跑。小伙子长年在工地上摸爬滚打,练就一身好体力,不一会儿功夫,就回到了豆腐西施的摊前,掏出八块钱:"给,不好意思,忘给钱了。"

望着满头是汗的小邓,正在收拾卖完豆腐的摊子的豆腐西施笑了:"急什么,明天给也行。"

"明天我怕忘了,还是回来给好点。"

"谢谢你。"豆腐西施早都认识小邓,但平时只是买与卖的关系,像今天这样对话还是第一次。豆腐西施递过来一张餐巾纸给小邓擦汗,说,"以后有空我可以把豆腐送到你们住地。豆腐新鲜的才好吃哪。"

小邓受不了豆腐西施火辣辣的目光,说了声"谢谢"就匆匆地往回跑了。

今天中午饭开得有点迟,小邓很不好意思,不断地向大伙儿解释,说是忘给人家豆腐钱了。小邓的话撩得大伙儿一齐起起他的哄来了。

"不是吧,是特地去看豆腐西施了吧。"

"说,是不是你对豆腐西施有意思了。"

"我们看得出,好像豆腐西施喜欢你了。"

小邓被逗得面红耳赤,一个劲地辩解:"没有,没有。"

正当大伙儿逗得小邓无法下台时,一个更尴尬的场面出现了。只见豆腐西施真的送豆腐来了,如同一道非常亮丽的风景出现在项目部的食堂。

"师傅,我送了点新鲜的水豆腐给你们解渴。"姑娘长得温柔美丽,说话声音也很轻细,但是非常大方得体,到底是多年做生意练就的胆量啊。她把盆子站到小邓跟前,"来,尝尝,大伙儿尝尝。"

小邓噪得不知如何是好。大伙儿起哄更加厉害了。在一片嬉笑声中,大伙儿一个个诡谲地找借口离开了,食堂里只剩下豆腐西施和小邓两个人了。

尴尬的场面还是被大方的姑娘打破了。姑娘说:"真谢谢你们,来给我们修高速路了,下次我们去南宁去百色就方便多了。"

"去钦州北海也方便,去云南更方便,一天就可到昆明。"一说起修路的事来,小邓马上轻松了许多,开始滔滔不绝地向豆腐西施介绍起工程的事情。

"以后,你们的生活就会越来越好,路修好了,山里的东西出得去,外面的也进得来。以后你也可以把生意做大。"

"好啊,好啊,以后我做什么生意最好,请你给我出个主意,要不,你带着我做也行。"豆腐西施越听越高兴了。一定要小邓给她出个经商赚钱的好主意。

"我不会做生意,我也不能带着你做生意,因为我的工作还是修路。"

"那你们在这里要修多久呢?"

"总共4年,2014年11月就通路了。"

"通了路了,然后呢?"

"通了路了,我们就走了。"

"去哪?"

"去修路。"

"是很远吗?"

"很远很远。"

"你不能留下来吗?"

"不能。"

"可是,我很想你留下来,想让你天天来买我的豆腐。"

"可是,我要走,我还要去很远很远的地方修路。"不知是小邓没有听懂豆腐西施的话,还是故意拒绝,说出的话让姑娘听了之后,很久没有吭声。

"我,如果我,我跟你去修路,……还帮你们做豆腐,行吗?"沉默了很久,豆腐西施终于开口了,但已是羞得满脸绯红。

"不行!"小伙子脸也红了,但还是一口的拒绝,"因为你吃不了苦!"

"吃得,我一天磨100斤豆子都没问题。什么苦我都吃得。"

"磨豆腐和修路不一样。光有力气还不行,还得要有毅力、有耐心,忍得了寂寞受得了委屈。你不行。"

"我行。"

"不行。"

"我……"

……

最后,姑娘抹着眼泪走了。姑娘边走边恨恨地说:"我从来没见过这么傻的人。"

姑娘走后,大伙儿围住了正在发愣的小邓,不再起哄了,而是数落起他的不是。

"真傻啊,这么漂亮的姑娘天上找去?"

"你也老大不小,也该找了,别放弃这个好机会。"

"主动上门的不要,到时你满世界找还找不到呢,真是不开窍啊。"

面对大伙儿的好心,小邓终于说出了心里话:"说句实话,我真的很喜欢她,也很想留下了,或者把她带走。可是,我舍不得我的路桥工作,我也不想让一个这么漂亮的好姑娘跟着我去跋山涉水、饱受风霜,或者让她留在家里,一个人独扛着家庭重担吃苦受累,受尽寂寞孤独的煎熬。我真的不想啊,像这么好的姑娘,应该要让她过上很好的生活,有一个有钱人有时间陪她生活,这才是我对她真正的好。"

"好!"小邓像演讲一样的一番回答博得了大伙儿热烈的掌声。是啊,公路人找对象还真要稳重考虑,搞得不好,就会给工作生活带来很大的负担,最后造成双方痛苦,结果劳燕分飞。

后来,小邓没有去豆腐西施摊前买豆腐了。

后来,小邓把豆腐西施留在心底,当成了永久的美丽回忆。

小邓忘掉了所有的杂念,他说他正是处在学习和锻炼的最好时机,待事业有成时,再考虑婚姻大事。

还有,还有长沙华南工程监理有限公司的刘总监,单位在8月份组织部分员工可以带家属去九寨沟旅游休养。本来这是一个很好的夫妻团聚、放松心情的机会,可是,他主动放弃了,而是留在了工地,检查验收督促尾留工程的后续完善工作。

还有,还有很多同志,一年没有回过一次老家,从来没有请过一次事假……。

这,就是我们靖那高速公路的建设者们,他们为了高速公路的如期通车,一心扑到工作上,把思念家乡父母的思绪寄于青山绿水间,把惦念妻子或丈夫和孩子的痛苦抛向黑夜。如同柳树梢头的那轮圆月,美在天边,照亮了工地,照亮了家乡。

美在画图中

由于建设者们的无私奉献、辛勤劳动,靖那高速公路主路基全部完工了,绿化和人文景观建设也同时开工。美化工作看起来只是一种外表装饰、工程完善的行为,但它是一个不能等闲视之的大工程。按照指挥部的最初设计,靖那高速公路要做到每一项工程都是亮点,每一个细节都能闪光。

指挥部提出,要着力打造一条"质量优良、景观优美、人文和谐"的边关风情路,实现路与自然的和谐,人与工程的和谐,企业与社会的和谐,打造"五美十景"目标。

旧州互通,按照靖西当地老百姓的说法,是靖西又一新景。县旅游局莫局长兴奋地说:"靖西有古龙山峡谷群、三叠岭瀑布、通灵大峡谷、同德岩画、照阳关、旧州风光、鹅泉景区多10多个景点,是广西著名的旅游风景点。现在又增加了旧州互通一大奇观,高速公路建设者可为靖西旅游业的发展立下了大功啊。"

当地很多老百姓利用休息时间,纷纷爬上指挥部专门在秀峰山上修建的观景台,俯瞰旧州互通全貌。只见雄伟壮观的互通高架桥,呈现蝴蝶优美图形,蝴蝶两翼种植以上千株黄槐和红枫,形成两颗最具当地风情代表的大绣球。互通四周是当地政府组织村民配合栽种的大片油菜花,为互通高架桥增添了悦目的色彩。四通八达的高速公路,以碧绿的护栏、黑色的沥青路、多彩的边坡,婀娜多姿地奔向了靖西的青山绿水中。

很多前来旅游的人和专门来参观的公路人,都要在旧州互通上合影,将最美的风光带回家中。

顺着高速公路不管是往东还是往西,两边美丽的边坡,让很多人都看不出是人工美化的。所有挡墙全部种上爬山虎等爬行植物;裸露的石质边坡,采取坡面仿古工艺,根据坡面曲直深浅砌筑成各种形状各异的花池,或种上草皮,或种上三角梅,或种上本地灌木及藤本植物,尽量做到与自然环境完善融合,不留开凿痕迹。如果有的远景和高速公路两边的风光不太协调,负责绿化的技师们就会想出很多办法,在隧道口或附近山上种上成片的桃树、黄槐等树进行遮挡。靖那高速公路的绿化做得非常自然,非常人性化。开花季节是春天有桃花,平时有三角梅,八、九月里黄槐开。确保三季有花,四季有绿。人在画里走,车在画里行。为了石质边坡生态恢复,有些人提出了不同意见,认为没有必要那么花钱费力地进行建设,但是颜指挥长认为,既然要做,就要做出一流的高速,最美的高速,所以他反复向大家讲清边坡绿化的重要意义,反复进行论证,最终得到了大家一致认同和支持。

说起沿线绿化的事,深圳铁汉生态环境有限公司的现场张总工程师,面对种种困难,可以说是个不折不扣的"铁汉"了。

进场种栽的时候,第一个困难就把他拦住了,怎么啦?没土。周围的土方全部被沿线建路基的施工队征走挖光了,剩下全是大面积的石山。没土,怎么种花种草种树?找!张总工程师把所有的员工都派出去了。可是,半天后,都无功而返。

"附近没有,怎么办?"大家都望着张总工程师,无计可施了。

"不行就挨村挨户去讨,多远的土地也要把它征过来。"

"可是,从远处把土拉来,人工费、交通费,这样成本就大了。"有人提出了这样的问题。

张总工程师也知道这样做成本增大,而且绿化和隧道施工不一样,绿化不能变更追加费用,如果加大成本就只有自己负责了。但是,合同签了,预算也定了,已难回头,只得硬着头皮往前走了。

"亏也得干,我们是守信用重合同单位,做事不能出尔反尔。"

为荣誉而干,为责任而干,深圳的"铁汉们"都是不低头的硬汉。一听总工程师的话,马上又分头行动,挨家挨户去讨去征地找土了。

土找来了,紧接着就是突击种树。中分带种的是垂叶榕。以前在其他地方做高速时,种树只要求能存活,能防眩就行。可是现在靖那高速公路建设指挥部要求线形美观,高度整齐。所以,他们选了最好的垂叶榕,要求工人们种栽时要精细规范,做到每个细节都要符合指挥部施工要求。

这个时候已是九月份,九月份的天气异常的炎热。炎热也得栽种,因为整体进度都不能拖后腿啊。种树最怕的就是太阳晒,烈日烧烤树易枯焦。那么,中午就不能施工,只能休息了,但是,绿化员工们中午也不敢回去,他们要抓紧时间把树在计划时间内种完。所以,他们吃饭在工地,午休在桥下。到了下午烈日稍弱时又开始快马加鞭地干了。每一天,他们都要干到很晚很晚。员工们说,那几个月啊,为了赶进度,他们从来没有在晚饭八点前下过班,晚饭都是八点以后吃的。

当树种完时,已近十二月了。终于完成了任务,大伙儿松了一口气,心想可以好好地休息一阵了。

这天早上,天气冷得让人直打哆嗦。张总工程师早早就醒了,躺在床上,又想起了他的垂叶榕,想着想着,他隐隐约约地感觉有点不妙了。

"不好了,不好了,张总,树全冻死了。"一位技术员匆匆地拍开了张总工程师的门,说话声中已经带着明显哭腔了。

"什么?快快,去看看。"张总工程师一听马上急了,赶紧翻身下床,快速地穿好衣服,带着大伙儿向高速路上奔去。

当大家气喘吁吁地到达现场时,全都傻了,只见花了两三个月种植的垂叶榕已全部冻死,5万多株啊。当初,张总工程师和大家的判断都是一样,广西广东都是同一样的亚热带气候,一年到头都没有特别冷的霜雪,可是,他们判断错了,2013年出现了百年不遇的全国性霜灾,硬是要了5万多株垂叶榕的老命。

怎么办?没有办法,只有全部拔掉,重新从广东把苗拉来。这次损失可是太大了,光请人工拔和重栽,就花了50多万元。当新苗种上后,所有"铁汉们"都不敢掉以轻心了,他们采取一切能防冻的办法,严防死守地护着新栽的树苗。白天在其他地方干活的时候,经常派人去看看他们的垂叶榕;晚上大家都睡了的时候,也有值班员到处巡视,生怕他们的宝贝树再出什么意外。

可是,祸不单行,这边垂叶榕保住了,长势喜人,旧州那边互通刚种的黄槐树因为下雨太多,又有三分之一出现烂根现象。这一下又损失了10多万元。

本来所有的绿化工程他们是可以购买保险的,保险费只需30多万元。但是,太相信了广西的天气,他们没有购买保险,这样一下子总的损失就近100万元了。这次教训极为惨重,他们坐了下来认真地分析和总结。吃一堑长一智,他们相信将来一定不会出现这么大的工作失误了。

但是,失误归失误,中分带上的垂叶榕到底是展现了一种生机勃勃、欣欣向荣的喜人长势。枝繁叶茂、整齐划一,成了靖那高速公路上的一道亮丽风景线。

当然,还有一道最美的风景就是服务区了。服务区本来只是为驾乘人员加个油、吃个饭、上个厕所的场所。按照以前的常规性做法很容易完成建设任务,可是指挥部却把精细化的要求做到了服务区内,增建了人行天桥、停车走廊、驾驶员浴室等。他们说,哪怕驾乘人员在服务区只待一分钟,也要让他们赏心悦目,得到五星级优美环境的享受。

在服务区,他们还栽种了数十棵榕树、平婆树、秋枫等名贵大树,那是沿线施工时挖来的当地树种,指挥部没有把它们砍掉挖断,而且全部集中到服务区,形成一片小森林,让它们迎着春风,向过往的旅客展现出最美的舞姿。

2013年冬至这一天,按照进度,服务区内的草皮必须在第二天天亮前铺种完毕,然后才好将场地移交给下一个施工单位。任务重,人员少,时间紧。这下,张总工程师犯难了。晚饭后,实在没招时,张总工程师才不得不打电话给指挥部。

指挥部颜指挥长一点情面也不讲,没给他任何商量的余地,说一定要按计划如期完成任务,不能影响其他单位的正常施工。

张总工程师只得回去向全体员工们再次动员,同时想着其他的办法。可是当他办法还没想全的时候,一辆大客车缓缓开进了服务区。车一停稳后,张总工程师惊喜地发现,从车上走下来的是指挥部的党委成员和全体员工。

"颜总,你们……"看着全部穿上工服的指挥部员工,张总工程师有点奇怪。

"听说你们为了完成进度,困难挺大,颜指挥长带领我们大家都来了,和你们一起把草地铺完。"指挥部金总会计师向他解决了事情的缘由。

"好,谢谢,谢谢。"张总工程师转身对着正在草地上加班加点的员工们,大声地说:"同志们,指挥部的领导和员工们来一起支援我们的战斗了。同志们,有没有信心完成任务。"

"有!"震耳欲聋的回答声飘上了靖那山乡的上空,久久还在回荡。

在铺种草皮的战斗中,没有领导,没有部属,没有男女之分,在这里,都是普通的工人。张总工程师过意不去了,拉扯着指挥部的领导们,要他们在旁边休息,指挥施工就行。

"别浪费时间了,大家抓紧干,争取在天亮前结束战斗。"指挥部的领导一个都没有下来休息,铺种草皮的动作是又快又专业。

这样的工作持续了 5 个多小时,不到晚上 12 点就全部结束了战斗。人人都被雾水打湿了衣服,个个的安全帽上挂满了雾珠。深圳的"铁汉们"感动了,他们说:"我们从来没有见过这么好的业主单位,就像亲人一样总是在我们最困难的时候出现。"

指挥部的员工们笑着和"铁汉们"握手告别了,他们还要赶回指挥部,因为,明天还有更艰巨的任务等着他们,明天,还有其他项目的工人兄弟们等待着他们的服务援助哪。

天上的月亮更亮了,照得服务区和白天一样明亮。

服务区还有一个最大的亮点就是参建企业文化园。文化园是记载靖那高速全体建设者建路历程的功德碑园。它设有铭文巨石、浮雕墙、景观长廊、宣传灯箱、铜鼓之韵等等,将项目内容、重要意义、参建单位、企村联建等以诗文的形式进行体现,图文并茂、丰富多彩,让驾乘人员在休息的时候,了解各参建单位的品牌形象,让历史永远铭记靖那高速的建设者们。

顺着高速公路再往前走,就会发现所有的隧道洞口,或画或塑有广西壮族符号,有相对腾飞的蛟龙,有绣球壮锦和黑衣壮人服饰图案,有壮族对歌场景,表现了壮民族文化和边关风情。洞道口,还打造成一个以戍边为特色的爱国主义教育基地,将当地历史名人张天宗、瓦氏夫人和刘永福等原型塑成勇敢、坚强、爱国的象征,让一路前行的驾乘人员轻松愉悦地感受到壮文化的亲和魅力。

2014 年 8 月,靖那高速公路建设指挥部在靖西召开了靖那高速公路建设文化工作座谈会,各参建单位介绍了企业文化的经验做法,共同总结了建设靖那高速中文化建设的成就和不足,研究了下一步加强靖那高速文化建设的发展方向。

很多外地参建单位和特邀的艺术家参加了会议。人人都发出了深深的感慨,认为修建高速公路的企业单位,把精深文化做到了工地上,这确实是一大创新,体现了企业领导层高度的政治敏锐性和深刻的文化涵养。真是让人佩服得五体投地。

靖那风光,是远近闻名的美丽图画,无处不美景,无处不名胜。和高速公路浑然一体,更显现代与民族、静态与流动的动人画面。

为了保护沿线自然风光和高速公路的最美财富,每一个参与建设者都把它当成家园来爱。

有一天上午,3 标那坡路段的员工和工人们正在热火朝天地进行施工。突然,有一名工人发现远处的那桑镇美丽的青山上冒起了一股浓烟。

"不好,山林起火了。"

"不会吧,那么小的烟。"

"不对,烟越来越大,越来越浓。"

"啊,是山林起火了。"

大伙儿七嘴八舌地猜测起来,最后一致肯定,这就是一场山林大火。

"兄弟们,快快,操起家伙救火去吧。"项目部唐书记不愧是政工专家,敏感性强,他说,如不救火,不仅人民群众的利益受到损失,附近一片优美的山地就会变成枯石焦土,和高速公路沿线迷人风光很不协调,将会严重地破坏整体画面。

大伙儿赶紧停下了手中的工活,操起铁铲、锄头和扫把等工具向起火大山奔去。70 多人啊,马上由一个建筑队伍变成了一支浩浩荡荡的救火大军。

望山跑死马。那山看起来很近,可是一跑过去才发现有好几公里远。当大伙儿累得气喘吁吁地赶到起火现场时,火势已经越来越大了。

山林的主人,也就是附近的村民有二三十人已经正在救火,参加的人员全是村里的老弱病残,以及一些在家暂时还没外出打工的年轻人,这支救火队伍看起来明显势单力薄。当看到建路的员工们赶来救援时,乡亲们就像见到亲人一样发出了兴奋的欢呼声。

到底是建路员工们有组织,有经验,马上就形成了几个小组。有的砍树,断了火源的蔓延;有的割草,开成一条防火带;其他人员都去用手中的工具或就地找来救火器械,奋不顾身地扑打明火了。

三个多小时啊，高强度的救火行动，就如同完成工程进度一样，组织严密，动作迅速，英勇不畏，密切合作。当将山林大火全部扑灭之后，员工们也累得筋疲力尽，躺在地上起不来了。

乡亲们激动得不知如何感谢才是。如果没有建路员工们前来帮助救火，恐怕几座山都将被大火吞没。

"真不容易啊，你们太辛苦了。"

"谢谢你们，你们真是我们的亲人啊。"

"我们永远忘不了你们啊。"

乡亲们一路跟着，一路唱着山歌，把大伙儿一直送到了工地，也把家里最香甜的茶水、玉米粥送到了工地，让他们解渴充饥。

这事就这样过去了，对员工们来说，帮乡亲们做一点事算不了什么，可是在第二天晚上，乡亲们又来到了工地，不由分说，把正准备下班的70多名员工全部"强拉硬推"地请到了村里做客。

全村的男女老少正忙得热火朝天，杀猪宰羊剖鸡鸭。堂前的晒场上已摆好了10多台桌椅了。每桌下面，都有一个二十斤装的塑料壶"土茅台"。看这架式，今晚又有一场恶战了。

"不好意思，不好意思，怎么好意思让你们这么破费呢？"项目的几名领导感到过意不去，就是救了一场火，怎么能让乡亲们花这么多钱请客吃饭呢？

"没有花钱，全是自己养的种的，乡亲们各家各户凑的。真是感谢你们了，帮我们修路，带我们致富。昨天那一场大火，如果不是你们来救，我们的果树，还有几十年的木材就全完了。今天请你们吃一餐饭不算什么，就算是一家人的团聚吧，来来来，请！"乡亲们把大伙儿一个个拉到了桌上，"哐哐哐"地将酒碗全部筛满。

这一晚，村里就像过年一样，乡亲们和公路建设者们亲如一家人，喝米酒、猜拳码、唱山歌，大人们个个红光满面，神采飞扬。孩子们抓着鸡腿，边吃边跑，追逐着美好的童年。这一晚，一直闹到深夜。

几堆篝火红红火火，映照得山乡更加亮堂，更加美丽。

美丽的山，美丽的水，美丽的高速公路，还有一个美丽的姑娘在美丽的大石山区寻找着她美丽的中国梦。

小杨是家住广州的美丽姑娘。她现在项目负责财务工作。那年，她刚大学毕业，就怀着美好的梦想应聘来到公路建设公司。她憧憬着的美好生活，是在大都市的机关上班，做一个人人羡慕的白领佳人；将自己心中的白马王子，大学里谈了两年的男朋友调到广州，两人每天过着花前月下、开心幸福的都市生活。

可是，她在都市机关上班的时光不到半年，一纸调令就将她调到项目部，从事财务工作。小杨哭了，找到领导问是否自己做得不好，才下放到项目工作。

"不，你做得很好。"领导对小杨说出了调她到项目的原因，"你在短短的半年时间，就精通了全部的业务工作，并且做事认真细致，原则问题面前敢较真。靖那高速是个要求很高的项目，全公司把所有骨干精英全部集中起来，目的就是要打出公司的品牌。"一番话说得小杨停住了哭泣。小杨是个挺要面子的姑娘，什么事都要抢在前面，一听说能下工地是优秀的员工，她愉快地接受了这个安排。

可是，父母不干了，他们要小杨留在广州，说一个从小生长在大都市的姑娘，却要去山区里当村姑，绝对吃不了那个苦。他们说，如果公司不让她留下来，就让她辞职，在广州重新找个好点的工作，不是困难的事。

这回轮到小杨不干了。她顶撞着她的父母，说领导已经决定了，她就要服从安排。因为，一个党员什么时候都要服从组织的决定。

"可是，你还是个预备党员，并不是正式的，你可以不服从安排。"

"党员没有什么预备正式的，只要加入这个组织，就要一切行动听指挥。"小杨回答得理直气壮。

"但是，你是我们的女儿，你要听我们的。"

"是啊，我要听你们的，可是你们是要我学好还是学坏呢？"

"当然是要你学好啊!"

"那他们是因为我干得好才安排我下去的啊。"

"这……"

"他们说安排去靖那高速的是优秀的员工才能去,干得不好的不能去。"

"可是,你要去大山里,离得我们太远了,回来一趟都不容易啊。"

"如果你们不希望我好,那我就留下来天天陪着你们。"小杨对父母将起军来。

"那……"父母不知道怎么回答女儿的话,想了很久,最后只能说,"那由你吧,反正你不要后悔。"

"我不后悔。"小杨一点也不犹豫,完全做好了下工地的准备。

对着男朋友,小杨也是同样的态度。当男朋友对他的选择表示不赞成时,她脸色一沉,问:"你到底爱不爱我?"

"爱!"

"爱为什么不支持我。"

"我很支持你,可是,那么远,我们见一面都很难。"

"有什么难? 想我你就可以过来看我嘛。"

"看你是可以,可是,将来我们还要结婚。结婚了那么远怎么办呢?"

"呵,就是路远一点你就怕了。当初你怎么说? 什么海枯石烂,什么永不变心。呸,全是甜言蜜语,全是胡说八道。"

男朋友慌了,忙说:"我,我不是这个意思,我是说,如果我不能天天跟你在一起,我会受不了的。"

"好了,别说了,如果你是真心爱我,那就等着我。如果你要走,你就走,我再也不想见到你。"说着说着,小杨"抽抽搭搭"地哭了起来。

一见小杨这个样子,男朋友更慌了,赶忙把她抱住:"好了好了,我爱你我爱你。这样行了吧。"

小杨破涕为笑了,用手拧着男朋友的鼻子,直到他喊饶为止。

小杨如愿以偿下到靖那高速公路的工地。父母对小杨的选择很不情愿,但还是经常打电话给女儿,要她好好工作,争取干出更好的成绩。毕竟是自己的孩子,谁不希望子女好呢。男朋友呢? 还是会隔上一两月到工地来看她。因为他太喜欢她了,如果要他放弃她,还真下不了这个决心呢。

小杨还是那么漂亮,就像美丽靖那一样,处处都成了大伙儿羡慕的焦点。不过,山里风大,太阳炎热,小杨变得有点黑了,大家都说,小杨这样才是自然美,这样才是最真实的美。

美丽的靖那高速让当地人感慨万千,让老百姓感激万分。就是外面来参观学习的人,也会赞不绝口。百色市人大和靖西县人大先后组织了两拨人大代表近两百人前来靖那高速公路沿线进行参观调研。当他们看到雄伟壮观的高架桥、深长坚固的隧道、草绿花红的沿路边坡、设施一流的服务区、内涵丰厚的文化园、富具特色的边关风情等一系列高于其他高速路的创新建设成果时,听到高速公路建设者们为当地政府老百姓另外修桥建路,捐资建房建校建水果市场,帮助当地乡亲发家致富的事迹时,个个激动不已、交口称赞。

"很好,设计合理,占地很少,真正为当地乡亲们着想。在高山峻岭上开路,真正苦了我们建路员工们啊。"

"最美的路,最美的桥,最美的隧道,最美的互通,最美的服务区,最美的边坡。一句话,最美的高速路。"

"出海大通道、边境幸福路,英明决策啊。"

"不错不错,我们终于有自己的高速路了,以后出行就方便多了。"

"我们老少边山穷有出路了,忘不了党和政府的关心啊。"

……

人大代表们走了。接踵而至的是自治区的领导、厅局的领导、当地的党委政府的领导,他们都来调研视察了,相继给了高度的评价。广西社会各界的人民群众自发地来了,邻省云南的同行们也来了,他们慕名而来的就是为了两个字:美丽。

靖那高速全线竣工了,2014年12月10日全面通车。路线不长,但建设难度前所未有,72座大桥,451条涵洞通道,数十座隧道,施工条件恶劣,技术要求高,生活和工作条件艰苦,但高速公路建设者们战胜了困难,如期完成了工程施工任务,为当地人民群众修了一条致富路,把美丽留在了崇山峻岭之间。接着,他们又将以不懈的斗志、昂扬的精神奔向下一个战场,向着风光如画的云南进发,向着美丽进发。

经验做法

精心建高速 真情铸精品
——靖西至那坡高速公路建设管理之体会

□ 颜景有

靖那高速公路作为广西首批探索建设模式由传统粗放型向现代集约型转变的高速公路项目之一，在广西高速公路建设史上具有里程碑意义。靖那路在建设理念的转变、工程质量管理、平安工地建设、企地关系协调、生态环境保护、实现"建管养一体化"等方面所取得的成绩，树立了广西高速公路项目的标杆形象。靖那路的成功经验，理应转化为全区交通基础设施建设领域的共享资源。相比区内已建成通车的项目，靖那路主要在以下几个方面取得了突破。

一是摸石头过河创"四化"管理标杆。靖那路是广西第一个自行编制配套的《工地及场站建设、路基、桥梁、隧道、路面、边坡防护施工标准化实施细则》，建立较完整的质量管理体系的高速公路项目，在场站建设和精细化管理方面都取得了丰硕成果，成为广西高速公路推行"标准化、规范化、精细化、人本化"管理的标杆，相关经验和做法被广西交通运输厅和广西交通投资集团树为典范在全区推广，云南等邻近省份交通系统同仁也前来观摩学习。

二是平安工地创建结出硕果。项目自开工建设以来，安全生产态势平稳，没有发生一起安全生产责任事故。"平安工地"建设屡获广西交通运输厅好评，2012年11月，荣获全国交通运输系统"平安工地"示范项目，是广西第一个也是当时唯一一个获此殊荣的高速公路项目。2014年9月，靖那项目向交通运输部申报了"平安工程"冠名。"平安工程"是交通运输部与国家安全生产监督管理总局对安全工作成效显著、未发生过生产安全责任事故且已交工验收的"平安工地"示范创建项目给予的安全领域最高奖项。

三是石质边坡生态恢复开创先河。靖那路大胆探索石质边坡绿化美化并取得良好效果，在生态环保及石漠化治理方面开创先河，为后续项目的实施积累了经验、树立了样板。

四是主体工程与附属设施同步建成。靖那路转变以往"重主体、轻附属"的传统观念，在大规模路基土石方施工结束后，及时谋划并组织房建、交安、绿化和文化景观建设，与路面工程同步推进，确保了附属设施与主体工程同步交付使用。

五是内业档案与工程同步交验。在抓好工程建设的同时，档案资料及时跟进，并在全线形成统一、规范的模板，确保在工程交工时完成相应内业资料归档。同时，文集出版、施工总结、技术报告等一系列资料在通车时同步完成。

六是率先完成所有土地审批手续。靖那路是集团公司第一个在建成通车前办理完所有土地审批手续并获得土地证的高速公路项目。

七是工程投资控制在批复概算以内。靖那路几个长大隧道因围岩破碎、软弱、含水量大，在开挖过程中不断出现塌方、涌水、突泥等地质灾害，为加强支护增加投资1.4亿元。部分土质边坡结构疏松稳定性很差，在建设过程中受台风等强降雨影响，发生多处塌方，增加投资达5000多万元。非但如此，建设工期超过了合同工期一年零两个月，增加了建管费开支约1300万元，但最终工程投资仍控制在批复概算68.82亿元以内，实属不易。

之所以取得上述成绩，是因为在靖那路建设管理过程中认真探索、大胆实践，贯彻落实集团公司"四化"管理要求。在近四年的建设管理过程中，主要体会如下。

一、转变建设理念是一场必不可少的思想革命

我国高速公路的建设史始于 1984 年 6 月开工建设的沈大高速公路,至今整整 30 年。新中国成立初期,全国没有一条高速公路,从零起步到高速公路通车 1 万公里,我国用了 12 年时间;从 1 万公里到 6 万公里,只有短短 9 年。而至 2013 年年底,我国高速公路通车里程突破了 10 万公里,超过美国跃居世界第一,这样让世界为之震惊的"中国速度",成为古老的东方大国快速走向现代化,走向民族伟大复兴的助推器。

广西高速公路的发展也不例外,截至 2013 年年底,通车里程突破 3 000 公里,处于全国中等以上水平。2014 年 4 月 23 日,自治区十二届人民政府第 28 次常务会议审议并原则通过了《县县通高速公路建设工作方案》,力争用 7 年的时间,即到 2020 年底实现在建和通车总里程突破 8000 公里。建设规模如此之大,在过去是无法想象的。

理念决定高度,观念的束缚必然会阻碍中国高速公路的现代化,无法与国际接轨。随着高速公路的迅猛发展,过去那种建高速公路只满足交通运输这一基本功能的观念应该摒弃。高速公路的发展与国家经济的发展紧密相连,面对交通建设大发展的新形势,为顺应时代所需,不负社会厚望,必须吐故纳新,学习和借鉴国外先进理念、技术和建设模式,从思想观念上进行一次彻底的解放,从国情区情出发,探索实践高速公路建设新模式——"四化"管理模式。过程中需要处理好以下几对关系。

一是"投资控制"与"建管一体"的关系。高速公路作为社会公共产品,让使用者满意才是公路工程建设的终极价值追求,需贯彻"使用者优先"的理念。一味以节省工程投资为目的建设高速公路已不能适应时代发展的需要,必须满足建设需要这一前提,在节省与需求之间找到科学合理的平衡点。这一点必须在初步设计阶段就要贯彻与执行。一方面,该花钱的地方必须花,避免为眼前的利益节省工程投资而在设计上"抠门"。随着经济的迅猛发展,车流量也迅速膨胀,设计理念应适度超前,避免给建设和运营阶段造成更大浪费,同时也要为地方经济发展留下足够的空间;另一方面,需提高勘察设计深度,加大施工图设计优化力度,对一切因设计欠科学而造成的浪费必须大刀阔斧地砍,尽量减少因勘察设计深度不足而导致的工程变更,从而增加工程投资,给概算控制带来压力。

二是"主体"与"附属"的关系。长期以来,路基路面、桥涵结构物、隧道工程被视为公路工程之"本",房建工程、绿化工程、交通安全设施、机电工程、排水设施则被列在"末"位,因此,在工程建设过程中着重抓"主体"工程,而忽视了附属工程的质量。有的项目通车后仍遗留一大堆问题,甚至通车一两年后工程无法最终结算,导致业主和承包人"纠缠不清",这是不可取的。主体工程与附属工程必须同步推进,无论"本"与"末",都是公路工程不可切割的一部分,切不可丢三落四,只有主体工程与附属设施同步建成,结算工作、内业资料归档同步完成才算是圆满实现通车目标。在靖那路大规模路基施工时,同步抓边坡防护、路肩绿化、服务区、加油站、管理中心、收费站等建设,确保在路面工程接近尾声时,服务设施、管理设施同步完成。

三是"业主""承包人""设计方"的关系。三方需要平等对话,结成利益共同体。"业主"要放下老板的架势,换位思考。"承包人""设计院"要以满足"业主"需求为价值追求。其实,三者在根本利益上是一致的。业主的巨大资金投入需要得到一条工程质量好、运营成本低、让使用者满意的高速公路;承包人需要建成优质工程来提升自己的品牌和效益,赢得更广阔的市场;设计院更需要优质工程来支撑业绩,以便提升服务水平。因此,三方必须统一思想认识,统一目标追求,统一价值取向。尤其是业主,绝不能强势压制中标单位,以牺牲承包人的利益来换取投资的节省。只有互惠共赢才能戮力同心,才能实现优质工程的目标。

四是人与工程、路与环境、工程与社会的和谐关系。首先,高速公路建设项目属劳动密集型产业,需要消耗大量的劳动力,而劳动力的主要来源是农民工,需要给予足够的人文关怀,改善和提高其生产生活条件,保障农民工的切身利益不受侵犯。比如对全线农民工的住宿标准设置最低要求,减少农民工的职业病危害,保障农民工工资及时发放等;其次,现代工程建设需要从自然生态中获取资源,同时在改造

自然的过程中对环境造成一定程度的破坏。环境是人类赖以生存发展的家园,在高速公路设计、施工及运营过程中,必须贯彻可持续发展的理念,处理好路与环境的关系。靖那路的设计选线、绿化及生态恢复做到了这一点:线路走向尽量少占农田,避免高填深挖,边坡爆破力争做到光面爆破,同时对沿线的石质、土质边坡、隧道洞门等进行了绿化美化,使之与周边自然生态融为一体,不留任何伤痕。再者,高速公路建设还需要沿线群众出让珍贵的土地资源,在发展交通的同时,作为国有企业理应承担起社会责任,发挥各参建企业在人才、技术和信息等方面的优势,以工业反哺农业,为沿线群众做好事,办实事,从文化与教育、生产生活设施、交通条件等方面给予援助,解决老百姓的合理诉求,帮助群众脱贫致富,从而实现工程与社会和谐共赢。

二、高标准定位是建设精品工程的前提

怎样建设靖那路,最终把靖那路建成一条什么样的路成为我们思考和探索的命题。概括地讲,靖那路的定位是:质量要达到内优外美;绿化要实现"一年成型、两年成景、三年变美";环境要做到"人与工程和谐、路与环境和谐、工程与社会和谐";努力建设一条"质量优良、景观优美、人文和谐"的边关风情路,树"四化"管理标杆、创企村联建典范、塑和谐征迁样板、铸美丽靖那品牌。

为实现以上目标,做到了"三个必须"。

谋划必须早。靖那路在工可、初步设计和施工图设计阶段就植入了新的理念,在施工图设计未批复前,做足外业地勘功课,组织专家评审,初步设计阶段优化方案17项,施工图设计阶段优化方案21项,共节省工程投资8亿多元。招标阶段,率先实行大标段制。靖那路最小土建标段合同总价在11亿元以上,保证了实施标准化作业的规模。

标准必须高。提高投标人的准入门槛,根据大标段的设置,要求投标人必须具备公路施工总承包特级资质,确保选好队伍。对中标人委派的项目经理、总工、专业工程师提出高标准要求,并将标准化要求写入合同,确保施工单位按"四化"管理要求刚性开展。

要求必须严。一是人员设备进场把关严,对中标人进场人员、机械设备严格要求,严格把关。二是建筑材料入场把关严,严格检查,严厉处罚,决不允许不符合要求的原材料入场。三是产品质量合格率控制严,严控分项工程一次性抽签合格率,达不到控制线要求的,予以通报批评、返工、并直接从计量款中扣除罚款。四是安全生产和文明施工管理严,对违章操作,安全管理落实不到位的,坚决停工整顿,创建平安工地。

三、凝聚团队力量是夺取全面胜利的法宝

高速公路项目投资大,建设周期长,点多面广,各种纷繁复杂问题交织在一起,要顺利完成工程任务尚且不易,更何况要建设工程精品,必须紧紧依靠团队的力量。怎样凝聚人心,如何带领一批人争创一流业绩是求胜的关键。

首先是建强领导班子。班子一条心,项目一条龙。以明确而坚定的目标统一思想,以良好的沟通和人格的尊重消除隔阂,以宽容的胸怀和贴心的理解柔化摩擦,以真心干事的姿态和真情创业的激情来树立威信,班子成员之间少拆台,多补台,互相支持,建设一个精诚团结的领导班子,形成一个真抓实干、雷厉风行、管理高效的领导核心,带领全体员工争先创优。

其次是提高员工幸福指数。想员工所想,解员工之所难,不断改善员工工作和生活条件,比如为部分青年员工解决家属就业问题,消除其后顾之忧;举办一些缓解压力、增进感情的文娱活动;在年终绩效分配上向一线员工倾斜,为无房员工积极联系团购住房指标,解决住房困难等等。

再次是为员工创造施展才华的平台。助推青年员工成长成才,给青年员工压担子,创造晋升发展的机会;关心普通员工的发展,培育与提升其业务技能,鼓励后进员工的进步,少批评,多鼓励,克服人力资源管理的短板。

最后是变管理为服务。工作上要放下业主的架子,真心实意为工程建设服务。比如,尽量简化办事

程序,落实限时办结制,提高办事效率,开展"服务基层月"活动,主动为从业单位排忧解难。总之要树立领导与员工、业主与参建者"一家人"的思想,营造"和谐共事、同心谋事、合力成事"的良好氛围,努力做到"共建一条路,成就每个人"。

见仁见智,或许还有很多更好的举措,但归根结底,贯彻以人为本的理念,尊重员工人格、关心员工成长、给员工以机会是凝聚人心的根本之所在。这项工作必须由领导班子做,而且要做足。

四、培育责任文化是提高执行力和战斗力的利剑

责任是执行力之根,责任心是建好工程的第一生产力。指挥部把构建责任体系,倡导投情用心做事作为项目管理的内生动力。

一是开展员工责任感教育,强化员工的责任意识。倡导有为才有位,有位必有责,严格实行责任与权限、待遇对等,用绩效考核和业绩奖励引导员工将责任落实到位,对不负责任的员工实行零容忍。

二是岗位标准化建设。以岗位标准化为突破口,深入推行项目管理的标准化。把每个岗位的标准化视为项目管理标准化的一个单元,各个岗位的标准化叠加,构成整个项目管理标准化体系,只有岗位标准化实现了,才有项目管理标准化的实现。从业主、监理到施工单位,再到劳务班组,对每一个岗位都制定明晰的岗位职责和标准,严格按岗位标准考核绩效,同时将岗位标准与工程实体的施工标准有机统一起来,最终实现项目管理的标准化。

三是将责任量化分解,层层明确责任,并签订目标责任状,把任务落实到监理、施工单位及劳务班组负责人,将责任人的姓名和联系方式制成施工质量责任牌设立在施工现场。如建立大梁施工责任档案,每片大梁都由相关责任人签认,实行质量责任终身制,确保大梁预制质量责任具有可追溯性。

四是开展诚信体系建设,培育参建各方人员的诚信意识,倡导重合同、守信用,以诚信树立自己的品牌和形象。认真开展诚信体系评价,促使监理、施工单位按合同要求认真履职履责,满足业主各项目标要求。

靖那路的责任文化建设效果非常好,不少同志主动放弃休假和外出学习考察的机会,坚守工地一线。员工从"要我做"转变为"我要做",从"我要做"升华到"我想做"。业主、监理、承包人三方形成联动,出现问题不是互相推诿扯皮,而是自我查找不足,勇于承担责任。

五、推行"四化"管理是提高公路质量的必由之路

靖那路推行的"四化"管理与交通运输部提出的标准化要求是一脉相承的。靖那路近四年时间的实践证明,"四化"管理是创优质工程、平安工程的必要条件,在今后的高速公路项目中应该大力推行并拓展提升。靖那路取得的经验主要有以下几个方面:

(1)健全制度,完善规程,建立一个规范、稳定的公路工程管理体系,做到以健全的制度管人,用全面的规范指导施工。"四化"管理推行之始,指挥部下发了工程变更、计量收方、限时办结、首问负责等一系列管理制度,自行编制颁发了一整套《标准化施工技术指南》,路面施工阶段又下发了多份精细化施工技术指南,这些规范性文件成为项目过程管理的"宪法""基本法",严格执行,违者必究。

(2)抓场站建设等硬件设施的标准化,钢筋集中加工,梁片和小型构件集中预制,混凝土集中拌和,实行工厂化作业,确保施工生产规模化、集约化,提高产品质量的控制精度。

(3)过程控制重在抓精细化管理。

一是建立"横向到边、纵向到底"的专业组管理模式。在机构设置和人员配备方面,克服指挥部工程部、质安部职能切割的局限。横向:业主、监理、施工三方各自管好自己的人员,不留死角,做到人尽其责;纵向:业主、监理、施工单位三方按专业划分和职责分工对口管理,形成线形网络,一竿子管到底,使指令贯彻到位,执行无偏差。例如,业主方路基、隧道、桥涵、房建、绿化、边坡防护、计量支付等各专业小组要对口管理监理、施工单位,劳务队伍相应专业管理小组,将各方管理人员纵向捆绑,形成"事事有人管,人人有责任"的局面,确保管理既全面,又深入,大大提高了贯彻决策、落实制度的执行力。

二是严抓"三控"丝毫不能松懈。一控人员和机械设备的投入。检查承包人是否按照合同要求保证足够的人员和施工设备，施工机械是否满足施工需要。二控原材料入场关。严格按照业主指定或审批的供应商供货，进场的原材料必须做到"车车检查、记录完整"，加大抽签和日常巡查频率。发现不合格材料，坚决清除出场，同时对有关施工和监理单位及责任人进行处罚。

三是控施工工艺及流程。检查是否按照规范规程施工，这是能否保证质量的最后一道关。各专业组在日常管理中对每道工艺严防死守，盯紧每个环节，加大日常巡查、季度履约检查力度和抽签频率，采用信息化手段实现精密监控。比如在长大桥梁和隧道等关键工点安装电子视频监控系统，在沥青拌和站、沥青路面摊铺机、压路机安装"黑匣子"，完整记录拌和参数和行车速度，对施工现场实施远程、实时、全程监控，让"偷工减料、以次充好"的行为无处藏身。

四是推行"首件工程认可制"，以样板引路。项目第一座涵洞、第一片梁预制、第一座桥梁架设、第一座隧道开挖等首件工程施工前，召集有关管理、监理、技术人员和劳务队，以现场培训会的形式，开展集体研究、探讨，进行技术交底和业务培训。在现场把首件工程的施工难点、控制点、关键工序、工艺要求、质量标准、安全方案等一并研究解决、一并通过首件体现。把首件工程施工作为培训课堂，提高后续工程施工技术，优化后续工程工艺流程；通过抓首件工程，为整体施工树典型、刻样板，为后续工程提供参照与示范；以优良的首件工程质量，带动后续工程质量提升。

五是实施"亮美揭丑"和奖优罚劣的激励机制，通过搭建全线亮点工程展示栏和丑陋工程曝光台，将检查中发现的亮点工程和丑陋工程，在红都公司、各总监办、项目经理部进行展示和曝光，并将该工程的施工负责人、质检工程师、监理工程师姓名同时公开，以弘扬先进，激励后进，树立"质优我荣、质劣我耻"的荣誉感。同时，统计每个标段上榜的亮点工程和质量通病工程数量，作为开展月度和季度劳动竞赛评比中的重要考核指标，并将展示图片寄回到中标单位。亮点工程和丑陋工程展示栏成为项目的"焦点访谈"栏目，成为鼓励先进、鞭策后进的利器，通过展示，形成比、学、赶、超的浓厚氛围，达到了人人争夺精品工程、亮点工程的局面。

六、严抓廉洁从业纪律是干成事不出事的关键

"豆腐渣"工程常常是和管理者的贪腐、承包人的偷工减料、以次充好行为直接关联的，因此，从严治纪，务实清廉是保证工程质量的重要环节，不可忽视。

一抓监理人员的从业纪律。 布设廉洁风险高压线，以高压态势重点防控监理人员的"吃拿卡要"行为和违规职务消费行为，倡导监理人员认认真真做事、清清白白做人。采取问卷调查、走访监察、个别座谈和警示教育等方式，不定期对全线监理人员的服务质量和作风情况进行全面摸底，调查内容包括监理人员的出勤情况、服务质量、作风形象等，监理人员调查覆盖率100%。指挥部还经常到KTV、娱乐会所巡查监理人员职务消费情况，发现有违纪现象及时制止并批评教育，影响较大的严肃处理，为工程建设严风肃纪。

二抓干部的廉洁作风。 一是筑牢思想防线。开展理想信念教育、党纪国法教育和预防职务犯罪教育，大会上常强调，工作中常提醒，平时常吹风，引导领导干部感恩组织的信任、珍惜个人的拥有、抵卸金钱的诱惑，自觉地全身心投入到工程项目的建设管理中去。二是扎实开展"五个廉"活动。联合地方检察院开展共建联防，深入全线开展反腐倡廉教育。扎实开展廉洁文化月活动，举行预防职务犯罪知识讲座、观看警示教育片，对中层干部和关键岗位人员进行廉洁从业集体谈话、组织全体员工签订廉洁从业承诺书、加强廉洁文化宣传等等。三是严格执行集团公司"三重一大"相关规定，严格把好招投标关、工程设计变更关、计量支付关，加强对工程变更、计量收方等重点环节的风险防控，从源头上遏制廉洁风险的发生。

三抓工程设计变更和计量收方的监督。 对工程设计变更超过10万元的，指挥部纪委派员到现场参与方案讨论和监督。超过150万元的，纪委书记亲自到现场核查，给廉洁风险再设一道防火墙。

严抓管理者、监督者的廉洁从业纪律是出于保护干部目的，必须常抓不懈，一项优质工程应该培养

和锻炼一批干部,切不可倒下一位干部,而前功尽弃。

七、提升公路产品形象要迈大步子追求高大上

优质工程不仅质量要好,而且形象要美,这是消费者对公路产品在满足交通运输功能的基础上提出的更高要求。深刻认识到这一点,并在靖那路的绿化和文化景观建设过程中大胆开拓实践,绿化点缀讲究艺术水准,景观建设注重文化品味,达到工程实体内实外美、绿化景观赏心悦目、文化元素品味高雅的目标追求。以服务区、互通区、隧道洞门、企业文化园、石质边坡等为依托,在路基施工时便组织实施绿化和文化景观建设,注重工程构件与生态元素、人文元素的融合,展现边关特色、民族特色和地域特色,具备一定的观赏性和艺术性。为驾乘人员打造美丽舒适、人文典雅的道路空间,既消除旅途疲劳,又获得审美体验。靖那路的做法是:

首先,对全线石质边坡、隧道洞门有重点地实施生态恢复和绿化美化,因地制宜,画龙点睛。比如,对石质边坡采取坡面仿古工艺,根据坡面曲直砌筑花池,种植本地灌木及藤本植物,花草点缀美观自然,与周边环境完美融合,甚至看不出是人工所为,成为靖那路一道亮丽的风景线;隧道洞门则采用浮雕、喷绘等手段,以绣球、黑衣壮服饰、壮锦等壮族风物和瓦氏夫人、侬智高、刘永福等英雄人物为元素,展现边关特色和民族风情。

其次,汇聚各参建企业的集体智慧,努力打造"五美十景"("五美"即品质美、生态美、人文美、景观美、文化美,"十景"泛指高速公路打造的若干个景点),实现"三季有花、四季常绿"。在绿化工程方面,因地制宜,以旧州、禄峒、三合、那坡四个互通区为依托,分别选择种植黄槐、三角梅、桃花三个品种,中央分隔带、路肩、坡脚则花草和灌木相间种植。不同颜色的花在不同季度绽放,绿化植物则常绿不衰。在服务区建设方面,提前考虑其功能设置,积极与设计单位商讨,比如在服务区设置人行天桥、停车走廊、驾驶员浴室等,从细节着眼,更深入体现出服务区的人文关怀。靖西服务区主楼外墙装饰原设计为涂油漆,变更为贴花岗岩瓷砖,使之风格典雅、品质高档。尤其是种大树的效果明显,起到很好点缀衬托作用,体现了当地的自然风光和基础设施建设的完美结合。再比如,组织各参建单位建设企业文化园,以浮雕形式展示各参建企业的品牌形象和靖那路的建设成果,提升了服务区的文化品位。

再次,结合项目实际扎实开展"美丽靖那·清洁工程"活动,主要对项目和劳务队驻地、各拌和站、钢筋加工厂、施工现场、路容路貌等进行了地毯式排查,对存在的脏、乱、差现象大力整改。路面施工采用洒水冲洗、人工吹灰、交通管制等方式保证路面结构层整洁,确保路面施工"零污染"。通过实施粉尘治理,减少和避免了对生态环境的破坏,也美化了路容路貌,提升了现场文明施工形象。

八、企村联建是构筑和谐企地关系的成功创举

2009年10月,指挥部党委带领项目参建企业党组织与沿线村屯党组织结成联建对子,以组织联建为纽带,扎实开展"征迁、用工、培训、设施、项目、文化、惠民"联建活动,为高速公路沿线群众做了许多好事实事,促进了沿线农村经济、社会和文化的全面发展。2013年,在巩固企村联建已有成果的基础上,落实"建强组织、建设新村、繁荣文化、帮扶贫困"四大举措,并进一步拓展联建内容,带动沿线群众脱贫致富。尤其在建设新村、帮扶贫困方面采取了一些有力措施,取得良好效果。

一是结合高速公路征地拆迁实际,配合当地政府高起点规划设计、高标准建设几个高速公路拆迁户集中安置新村,顺应了被征拆群众过上更好生活的新期待。

二是打造"高速公路沿线特色农业产业带"。配合当地政府和农业部门,在靖西县安德镇、新靖镇发展林下养殖、观光葡萄园等特色农业,在德保县都安乡扶持当地柑橘、脐橙等特色水果规模化产业化经营,圆当地妇女巾帼创业之梦。

三是加大富民项目建设力度。以高速公路文化景观建设、服务区建设为契机,旧州互通在景观布局上植入旧州传统手工业绣球元素,打造靖西县第九大景点,开发潜在的旅游价值,带动当地农民产业致富。

企村八联建做法得到了自治区党委宣传部、组织部领导的肯定,受到新华社、广西日报、广西电视台等中央及地方主流媒体的密切关注,在社会上引起了强烈反响,成为交通行业国有企业党建工作促进中心工作的成功案例。

靖那项目在自治区交通运输厅和广西交投集团的指导下,在推行"四化"管理方面进行了一些初步探索,取得了一定成效,但是,我们深知,探索高速公路现代化管理模式是一个动态过程,内涵十分丰富,任重道远。在具体实践中,我们感到,还有很多课题值得进一步探究和思考,还有很多工作需要进一步深化和提高。比如,项目建设工期不能一刀切,应考虑征地拆迁、天气及自然条件等因素影响。征地拆迁费用及协调工作应由地方政府包干,在征地拆迁完成后才启动招标工作是否更合适?建议将拆除建筑物和清表等工作一起包干给政府,待政府完成该项工作后再下达开工令,避免因工期延长,而发生工程索赔、监理服务费增加等,增加建管费开支。再比如,工可批复阶段政府相关部门不能过分地削减用地指标,除了主线征地红线指标以外,在服务区、管理中心、收费站等用地指标需要适度超前考虑,考虑车流量的增长、节假日期间爆发式的需求和与地方配套的商业价值的开发和利用。此外,管理区的房建设施应该在主线工程开工前就建设完成,建设期用于指挥部的办公生活区,运营期移交给运营公司,缩减部分建管费开支。为便于集中管理,改善运营管理者的生产生活条件,管理中心尽量规划建设在市区,至少在县城郊区,不宜建设在荒山野岭。房建标准及配套设施应在施工图设计阶段超前谋划,从"使用者"的角度考虑,力求达到功能齐全、设施完善、环保舒适的要求,并将建管养一体化要求写入施工合同,以合同条款约束承包人,减少工程缺陷的遗留。

总之,高速公路项目是一项复杂的系统工程,还有许多命题需要去解答,在此抛砖引玉,等待后来者探索和破解。

广西高速公路项目征地拆迁的"四个三"法则

□ 韦增平　谢传福

征地拆迁是工程建设的前提保证,是高速公路建设的基础性工作。当前,农村征地拆迁补偿标准普遍低于群众预期,人民群众维权意识不断增强,征地拆迁工作难度越来越大、由此引发的矛盾纠纷越来越多,征迁与信访、计生并列为当前社会三大难题。靖西至那坡高速公路工程建设项目开工建设以来,由于受各方面的影响,征地拆迁工作经历了十分艰难曲折的过程。2011年旱季施工前,工程进入关键阶段,但征地拆迁工作徘徊不前达大半年之久,控制性工程用地600多亩久拖不决,房屋拆迁毫无进展,工程建设"等米下锅",项目上下因工程受阻弥漫焦虑情绪。在此情况下,我们认真总结经验教训、及时调整策略措施,积极推行"四三"法则,多种办法并行、多个措施并举,一举扭转了征迁工作的被动局面,工程建设顺利推进。至2013年底,主线征地拆迁工作全部完成,共征地9 148.03亩(设计征地9 072.37亩,补征地494.188 5亩),房屋拆迁451户,杆线拆迁196公里,为靖那路按时建成通车提供了保障。尤其难能可贵的是,在较长时期的艰难征迁过程,沿线社会保持了稳定,没有发生一起因征迁引起的群体性事件,没有发生大的矛盾纠纷;征地拆迁经费控制比较好,相比全区在建项目费用最低;在完成工程建设用地征迁工作的同时,为项目储备了250亩发展用地;各类水系路系恢复、临时用地复垦、爆损补偿等容易引发矛盾纠纷的问题,几乎做到与通车同步解决,没有遗留难以解决的征迁问题,这在通车项目中是非常不容易做到的。

靖那路征地拆迁工作之所以能够从艰难到突破、从曲折到顺利,总结起来,主要是我们在实际工作中走出了一条认真把握政策、严格依法办事、紧紧依靠政府、抓重点带全线、建立有效工作机制的征迁路子。

一、坚持征地拆迁工作的三大法宝

1. 紧紧依靠沿线党委政府

一是明确职责。在征地拆迁工作格局中认识和把握各级政府的主体地位与作用,确立依靠政府开展征地拆迁的工作理念和方法,不越俎代庖,更不自行其是;二是积极配合。谋划征迁工作思路,提出征迁计划,参与征地拆迁的宣传动员,高效率办理征迁手续和资金兑付;三是相互帮助。建立精诚合作的关系,对征迁工作的难题不推诿、不埋怨,利用各自的优势相互支持、化解难题。依靠政府开展征地拆迁工作,一要加强联系,主动汇报,力求把征地拆迁纳入政府的议事日程,列入政府统筹推进重大项目工作,使之成为"一把手"工程,以"老大难,老大出手就不难"的办法解决问题;二要把握关键节点,在启动、推进、攻坚的各个阶段,适时造势,通过政府组织力量,出台政策规定和措施办法,形成工作声势。在靖那项目攻坚战期间,指挥部协调邀请了自治区、百色市及各县党政主要领导11批次视察项目,对征迁工作起到了很大的推动作用。

2. 依法征迁与和谐征迁相结合

一是遵纪守法。遵守有关法律法规,一方面按照有关程序和标准开展征迁工作,杜绝强拆和暴力拆迁;另一方面,对阻碍甚至干扰、破坏征迁工作的,及时采取法律手段进行应对处置。靖西旧州互通是控制性工程,个别不法分子在征地方面提出无理要求并持续多次阻工,我们协调政府有关部门并按照法律规定和程序,出动250名干部和干警实行保护性施工,维护了法律尊严和施工秩序;二是顾全大局。平衡沿线政府、群众和施工单位的关系,兼顾各方利益。维护地方稳定,征迁工作张弛有度,在敏感时期要控制局面,严防出现暴力冲突事件;三是以人为本。保障好被征迁户的合法利益,关注其生产生活及合理诉求,配合政府做深入细致的工作,做到先安置后拆迁,尽力解决群众的后顾之忧。

3. 积极开展企村联建活动

实践证明,企村联建在推进征迁工作和营造良好的施工环境方面具有实际意义,企村联建的实施充分发挥了促进和谐征迁的效应作用。一是支部联建领先,把征迁工作列入支部联建的重要内容,充分发挥农村党组织的威信和号召力,动员沿线群众配合征迁工作、支持高速公路建设,架设建设单位和广大群众沟通的桥梁;二是多办好事实事。利用工程建设的优势和便利,帮助沿线村屯建设交通基础设施和文体设施,为群众办实事做好事,赢取民心,营造氛围;三是把征迁工作与企村联建有机结合。在房屋拆迁方面,对有5户以上拆迁的村屯设置集中安置点,整合资源开展新农村建设,并结合实际帮扶发展相关产业,帮助农民摆脱征迁后生产生活的困顿。靖那项目分别与靖西县、那坡县合作建立了波光现龙、平安、下孟集中安置新村,被安置拆迁户迈入了城镇化新生活,成为靖那项目征迁安置亮点。我们在企村联建活动中,紧紧配合征地拆迁工作,提出了"强组织、修村道、建新村、促产业"的思路,实施了一大批帮扶项目,取得了良好的效果。实际上许多联建项目既是力所能及,又是顺势而为,便人利己、一举两得,既惠及了沿线群众、取得了显著的社会效益,又赢得了征迁工作主动权。

当前,征迁补偿标准和协调费用逐年上升、征迁矛盾纠纷愈演愈烈。有的建设项目已经习以为常地把请客送礼、被敲诈勒索和处置矛盾纠纷产生的费用视为必须付出的成本,有的理所当然地列为征迁成本。与其如此,不如将这笔费用预先用于为沿线群众做些力所能及的好事实事,预先消除矛盾纠纷隐患,取得群众的支持和配合,这样一来,同样甚至更少的成本,产生的意义和作用会更大。

二、把握征地拆迁工作的三个着力点

征地拆迁工作在完成大规模征地后往往会出现一个拐点,即进展上从表层转为深入、难度上从简单转为复杂、重点上从征地转为拆迁,因此,必须调整思路,采取相应的举措。

1. 攻克难点

征地工作有90%与10%之别,征地过程中,前期的90%相对是容易的,一般较为顺利,而余下的10%则是问题各异的难点,是难啃的骨头。为此,首先要树立攻坚克难的信心和决心。必须清醒地认识到,遗留问题久拖不决,难度会更大、问题会越积越多,要以务必解决征地遗留问题、务必保证施工正常进行、务必保证工期能按时完成的责任感和紧迫感,鼓起勇气"快刀斩乱麻",尽快解决遗留问题;其次是想方设法,逐个问题解剖,找出症结,思想工作和解决实际问题相结合,坚持原则和灵活处置相结合。靖那路在征迁攻坚战中,各级政府与指挥部及施工单位紧密配合,步调一致,共同破解难题,至2011年底基本完成了征地工作。

2. 狠抓重点

靖那路设计拆迁房屋构建物共296户,进入拆迁阶段后,虽然通过几个回合的征迁攻坚战有所推进,但进度缓慢,症结集中在补偿标准偏低和安置点难以落实方面。对此一是加大工作力度,协调政府在完成县乡村三级换届后重新整合力量,充实有关机构人员,实行分片包干负责,并督促工作进度;二是协同政府出台有关规定办法,对按期搬迁的给予适当奖励,既为鼓励,又是补偿。参与安置点的规划安排,对安置点的"三通一平"尽力给予帮助,适合集中安置的,整合资源建设新农村,打造拆迁工作的亮点。靖那项目把139户拆迁户集中到5个点安置,成为拆迁的突破口,带动了全线拆迁进度。

3. 扫除盲点

取石取土场及施工便道的临时用地,以及电力、通信、管道拆迁等,不属于征迁主要工作,通常易被各级政府所忽略,但又是纠纷矛盾的多发点,对施工影响较大。为此,我们及时提请政府重视并充分发挥地方调处仲裁机关职能,及时介入各种纠纷,制止漫天要价行为和无理取闹的蔓延,打击阻工、敲诈勒索以及盗窃的违法行为,为施工创造了良好环境。

三、建立征地拆迁工作的三个机制

征地拆迁是一项艰巨复杂的工作，要在短期内完成征迁任务，必须建立起系统配套的运行机制，保证征迁工作高效、有序运行。

1. 沟通机制

建立指挥部、施工单位和各级政府及有关部门特别是分指挥部的沟通协调制度，通过联席会议、简报、信息专送等形式，加强情况沟通，加快信息的收集、传送和处置。我们还定期出版百靖、靖那项目建设简报征地拆迁专刊，分发到百色市、各县领导和市重大办、督查室以及各县分指挥部，起到了沟通信息、交流经验、表彰先进、鞭策落后的作用。

2. 检查机制

对征地拆迁的目标任务完成情况定期进行检查，及时发现问题并分析调查各种问题的根源。会同政府建立效能督察制度，加强征迁工作的督促与考核。

3. 激励机制

征迁工作难度大，充分调动各级组织和工作人员的主动性、积极性和创造性至为重要，采取奖励措施不失为一种有效办法。百靖、靖那项目在征地拆迁攻坚战中筹集了170万元用于奖励，并制定了考核办法，按完成征迁任务的进度给予奖励。同时注重精神鼓励，百色市领导在百靖、靖那项目征地拆迁攻坚战动员会上提出"在重大项目建设中发现干部、培养干部、使用干部"，产生较大的影响，有效调动了政府拆迁工作人员的积极性。

四、构筑征地拆迁工作的三条底线

由于勘测、设计、概算的不足，以及征地拆迁和施工过程种种不可预见的因素，不少项目征迁费用成倍增长，造成工程建设超概，加大了高速公路建设造价。实际工作中，控制征地拆迁费用又与推进征迁工作、解决征迁难题相悖，使扩征超概不可避免。在这种情况，我们并非无所作为、任其蔓延，而是以高度的责任感，恪守职责与制度的底线，力求在控制费用和推进征迁之间找准平衡点，做到既省又快推进征迁工作。

1."拉紧征迁红线"

一是严格按照设计红线征地拆迁，控制征迁规模，对变更及补征严格把关；二是部分路段设计红线内的征地拆迁仍有优化的空间，严格按施工实际需求进行修改。认真甄别可征可不征、可多征可少征的情况，可征可不征的坚决不征，可多征可少征的尽量少征；对跨越普通路、河流的征地等相机灵活处置；三是对施工单位造成的施工污染以及路系、水系破坏的督促施工单位自行处理，业主不予补征。

2."守住概算控制线"

控制征迁费用，区分两种情况，一是一般的征地拆迁按规定按标准严格执行，不乱开口子；二是对特殊的征迁项目要有应对办法，如电力、通信杆线拆迁费用的急剧飙升，一些厂矿、种（养）植场、墓、庙的漫天要价，要做艰苦细致的工作。

3."筑牢资金安全线"

为确保征迁资金安全，我们结合靖那项目实际，率先推行了"先征后付"办法，坚持相关程序，先结算后支付，防止营私舞弊、层层克扣和贪污挪用，做好跟踪审计工作，以防范控风险，以规范保安全。目前，经集团内审和自治区审计部门多轮审计，靖那项目征迁资金使用规范合法、去向可查。

高速公路项目建设资金全过程无缝监管的做法

□ 金铁民　吴大楼

在广西靖西至那坡高速公路工程建设资金管理实践中,广西红都高速公路有限公司在全区率先探索实行了高速公路项目建设资金全过程无缝监督管理,确保业主支付给承包人的工程建设资金能专款专用,保障项目建设资金流动性充足,为项目建设的顺利进行发挥了积极作用。杜绝了用虚假发票列支成本费用、违反规定挪用建设资金、合同外支付工程暂借款、通过为公司本部支付机械设备款的方式挪用资金、通过借款的方式转移资金、通过退劳务队履约保证金等方式挪用资金现象的发生。公司实施资金无缝监管的具体做法如下。

一、规范银行账户管理

1. 指定开户银行

业主结合银企合作实际,定点指定工程建设开户银行,各承包人及其内部核算单位,必须在业主指定的银行开设账户,用于在合同执行期间工程施工的各项支出,根据中国人民银行有关规定,每个承包单位只能在一个银行开立一个结算账户,凡不在业主指定银行开立账户的承包人,业主一律中止其任何款项的支付。

2. 统一支付方式

承包单位的资金支付除提现外,一律使用网上银行进行。网上银行除承包单位内部管理需要设定相应的权限外,增设一名业主审核员(由业主财务部基建主办会计担任),经审核后方可办理资金的支付(汇付)。按合同条款规定,业主对承包人支付的款项,只对合同规定的法人或者法人代表的授权代理人支付,不对其内部独立核算单位直接支付。

3. 加强账户管理

承包人开设好银行账户后,及时书面函告业主,并明确该账户为合同双方资金往来及结算的账户。承包人撤销账户,向业主提出书面申请并经业主同意,在与开户银行核对账户余额无误后,交回各种重要空白票据、凭证、开户许可证,方可办理销户手续。承包人的账户只能办理与本工程建设有关的业务,不得出租或转让。

二、增强资金需求管理预见性和计划性

为确保业主能按计划筹集工程建设资金,满足各承包人的用款要求,承包人在合同签订后30天内,根据施工组织计划,统筹安排好整个合同段的资金需求计划,做好修正后的合同用款估算表报业主,业主按该用款估算表统筹安排建设期的资金。

各合同段向业主报送的资金计划有年度资金计划、半年度资金计划、季度资金计划、月度资金计划、旬度资金计划。其中月度资金计划、旬度资金计划需报滚动资金计划,即每次报送本月度资金计划、旬度资金计划时,连续报送三个月度资金计划、三个旬度资金计划。

各合同段根据合同用款估算表,编制年度资金计划、半年度资金计划、季度资金计划、月度资金计划、旬度资金计划。要求编制的资金计划表内容真实、数字准确、上报及时。计划与实际不能偏差超过10%。上述各资金计划表须经总监办审核后才能报业主审批。

三、对项目建设资金实行动态管理

按合同文件规定,在合同执行期间,业主有权监督和检查承包人的财务开支和资金流向,并委托各承包人的开户银行协办,承包人必须主动接受业主的监督和检查,并填制银行账户监控授权书。

业主、承包人、开户银行三方共同签订《工程建设资金监管协议书》,以此规范资金使用行为。

承包人严格执行国家有关财务管理制度,完善财务核算体系;配齐会计人员,加强财务管理,严格控制成本,严禁乱挤乱摊成本,正确反映工程成本和财务成果。

承包人承诺投入的资金随着工程进展需求逐步到位。当经监理工程师确认承包人因资金周转困难造成施工进度滞后于合同进度时,承包人按监理工程师确认的实际需要数额注入资金。

四、强化项目建设资金监控措施

在合同执行期间,承包人必须保证业主支付的各项工程建设资金专款专用,不允许挪作他用,不允许私自调走资金。

在合同执行期间,承包人预付材料、设备款等款项,可凭合同办理预付款外调手续(涉及金额较大的,须由业主相关部门到现场核查),但材料、设备必须在一个月内进场,并凭发票才能办理余款的外调支付手续,每次支付(汇付)金额在 5 万元以下的,由业主财务部审核后即可办理支付(汇付),每次支付(汇付)金额在 5 万元以上(含 5 万元)的,须填制《汇付资金申请表》经业主批准后,方能办理支付或汇付。动员预付款一般不允许用来采购设备,确实需要采购的,必须确保设备用到该项目上才允许资金外调。

承包人凡是汇往上级主管部门、基地或其所属的部门、单位的款项,不管其以任何理由、用途和采取何方式,都必须报业主审批后才能汇付。一般情况下,汇付给承包人公司机关的,只能是项目现场员工的五险一金,且经业主批准后,方能办理汇付。

承包人的提现业务须报业主审批后方能办理,核定承包人一周内的提现额度为 100 万元,并要求单笔提现金额不超过 10 万元,额度使用完后,由承包人提供有关记账凭证、支付单据、发票等资料予以核销,尚未核销的,直接减少下一周的提现额度。

承包人在收到拨付的资金后,必须优先足额发放参加工程建设的职工及民工工资,确保不拖欠职工及民工工资。否则业主有权从支付给承包人的款项中扣除部分直接支付参与工程建设的职工及民工工资。

业主支付的工程款,承包人应专款专用,严禁挪作他用;承包人违反规定用途转款或用款的,开户银行应及时把信息反馈给业主,并按业主要求拒绝办理付款业务。

在工程建设期间,业主可随时检查承包人的资金流向,承包人必须积极配合。承包人按合同规定按质按量完成工程施工,在完成交工验收并且结清所在合同段的民工工资、材料款、施工队工程款等因施工所产生的各项债务后,其所结存的资金,任由其调度。

五、定期与承包人核对账务

为了能及时对清往来账,各承包人必须于每月 11~15 日安排财务人员到业主财务部核对账务并领取有关列账通知单。列账通知单所附的单据是重要的原始会计资料,各承包人必须认真检查并核对,核对无误后签字盖章予以确认。在账务核对中,发现差错的应及时提出并进一步查清。

工程建设资金的安全是工程项目质量、工程进度的重要保障。对承包人的资金实行无缝监管,简而言之,就是要明确承包人除了按业主核定的额度提取现金外,其余款项凭有效合同等资料一律通过网上银行进行支付,并增加二次授权,将最终审核支付权交给业主,确保工程建设资金专款专用;要通过加强检查,重点对承包人提取的现金进行核实,严防承包人通过提取现金转移和挪用工程建设资金;要通过审计部门跟踪审计,严防承包人擅自抽逃工程建设资金。广西靖西至那坡高速公路工程建设项目经过广西壮族自治区审计厅跟踪审计组、广西交通运输厅审计组和项目公司检查组多次检查,未发现有承包人擅自转移、挪用、抽逃工程建设资金的现象发生,较好地保障了项目建设现场的用款需求,有效地促进了工程项目建设的顺利推进,靖那路项目也成为全区高速公路项目建设"四化"管理的标杆项目,得到了上级有关主管部门的表扬和认可。

靖那高速公路建管养一体化模式研究与实践

□ 韦增平　劳家荣　邓祥明　钟　贵

高速公路"建管养一体化"是指在高速公路的寿命周期内,针对高速公路产品的环境、费用、可靠性等目标,对建设和养护业务数据进行历史地、空间地综合分析,为高速公路的建设、养护过程提供信息共享和决策支持,从而保证高速公路环境的可持续发展、费用合理、高可靠性等,提高高速公路建设和养护水平。高速公路建设和养护一体化涉及高速公路建设和养护管理的各个方面,关系复杂、联系紧密,如何充分发挥各方优势,建立统一协调规范的管理体系以满足高速公路产品建养一体化目标需要,是急需解决的重要问题。为此,针对目前高速公路项目存在的遗留缺陷问题多、建设不完全满足运营管理要求、建设运营衔接不够顺畅等问题,结合广西高速公路建设及运营管理实际情况进行系统分析,提出了一系列建管养一体化建设过程实施措施,为广西高速公路建管养一体化建设提供参考。

一、靖那高速公路"建管养一体化"实施的背景

广西交通投资集团的成立,统一了高速公路的建设和运营管理两大职能,但由于长期以来建管分离的观念影响及种种制约因素的影响,建和管只是在广西交通投资集团框架内实现了形式上的一体化,并未实现实质意义上的建管养一体化,一部分完工并投入运营管理的高速公路项目的建设与运营的衔接存在不同程度的脱节,造成了后期运营管理的困难和运营成本的提高,也造成了建设和运营管理成本的提高,恰恰是以上因素,为"建管养一体化"工作的探索和实践创造了条件。

近年来,广西交通投资集团主要领导对高速公路"建管养一体化"工作高度重视,要求百色至靖西、靖西至那坡高速公路(以下简称百靖、靖那高速公路)工程建设指挥部与百色高速公路运营有限公司两家单位携手一道,共同推动高速公路项目"建管养一体化"模式的探索和实践,双方站在高速公路建设与运营管理深化改革的战略高度,互相支持、互相配合、协调一致,齐心协力把百色至靖西、靖西至那坡高速公路建设成"建管养一体化"的标杆项目。

二、百靖、靖那高速公路"建管养一体化"面临的"四大"任务

长期以来,由于高速公路建设和运营管理主体的分离,造成了建管养的脱节。高速公路建设指挥部最主要的关注点在于项目投资、进度、质量、安全等方面的控制,并要求遵循高速公路建设的相关制度、规范及设计图纸,而高速公路运营管理更多关注于高速公路的耐久性、舒适性,以及相关附属设施的实用性,也正由于双方的出发点存在一定的偏差,造成了高速公路建设和运营管理存在必然的矛盾冲突。

在百靖、靖那高速公路"建管养一体化"工作推进中,建管双方从实际出发,明确了"建管养一体化"工作的四大目标:一是在满足建设目标的同时,强化质量管理,使项目建设整体质量把控与运营管理的长期使用要求无限接近;二是理顺高速公路的交接环节,建管双方携手一致,于建设期间尽可能完成遗留缺陷工程的处置;三是建立完善的信息库,实现高速公路相关信息的共享;四是改变广西多年来"重"主体工程"轻"附属工程现状,实现广西第一条主体工程和附属工程同步建设投入使用的目标。

三、百靖、靖那高速公路"建管养一体化"的主要做法及成效

1. 建立了"1114"工作体系

(1)一个工作目标。即在高速公路的生命周期内,对建设和养护业务数据进行综合分析,为高速公

路的建设、养护提供信息共享和决策支持,提高高速公路建设和养护水平。

(2)一个工作理念。树立"以降低高速公路运营管理成本为核心,以优先满足使用者需求为宗旨"的工作理念。从方便道路使用者与管理者出发,把运营管理的需求提到更加突出的位置,调整项目建设的方向目标,改进项目管理,优化道路工程、服务设施和管理设施,按照内优外美的要求,确保道路工程的耐久性和舒适性,尽力为今后的运营管理提供良好的工作生活条件,把百靖、靖那项目建成建管养一体化的标杆项目。

(3)一个工作机构。成立了以建管养双方主要领导为成员的领导小组,同时设立督导与信息反馈组、缺陷遗留排查组、缺陷遗留整改组、美化亮化组、总结宣传组、会务筹备组等6个工作组,落实相关工作人员,在领导小组的指导下开展各环节的工作。

(4)四项工作机制。即:高层互动机制、人才交流机制、意见反馈和信息共享机制、激励机制。

2. 深入推进"四化"管理,确保工程实体质量

百靖、靖那高速公路在建设初期便推行"四化"管理,第一个自行编制配套的《标准化实施细则》及路基、桥隧和路面施工精细化技术指南,建立较完整的质量管理体系。

项目开工以来,百靖、靖那指挥部通过以"建管养一体化"的推进倒逼"四化"建设的实施,以"四化"建设推动"建管养一体化"的开展,确保了工程实体质量始终保持在较高的水平。在探索和推进"四化"建设,重点在"四化"管理从硬件到软件的转变和深化,根据工程建设进展情况,在加强桥梁、隧道、边坡处置等一期工程控制的同时,把"四化"管理的着力点放在路面摊铺施工、石质边坡生态恢复、附属房建及文化景观等分项工程上,严格按照"四化"管理的要求,加强材料进场抽检力度,强化施工工艺的控制,加大工程质量的现场监控,确保了"四化"管理各项措施得以顺利实施。

"四化"管理的深入实施,使百靖、靖那高速公路质量和管理理念不断提升,管理模式有了新的突破,管理行为更加规范,得到了上级领导和业界的认同。从目前正在进行的交工验收第三方检测的结果来看,混凝土结构强度、钢筋间距、混凝土保护层厚度控制、路基路面结构压实度、层厚控制、平整度等一次性抽检合格率稳步提高,桥梁、涵洞等结构物混凝土外观控制成效明显,使工程实体质量大幅提高,创造了一个质量过硬、内实外美的公路产品,为降低后期运营成本奠定了坚实的基础。

3. 优化工程设计

在建设中,百靖、靖那指挥部虚心采纳百色高速公路运营公司的意见和建议,并结合规范的要求,对部分影响后期运营管理质量和增加运营成本的工程,进行调整和优化;对设计上缺漏、影响运营管理质量或增加后期运营成本的,在工程实施过程予以增加。

(1)在岩溶处理、软基换填、边坡滑塌处治等关键部位,积极采纳百色运营公司的意见和建议,对49座桥台、143余座涵背的回填由透水性材料变更为浆砌片石或片石混凝土,涉及变更金额达700余万元。

(2)为了有效减少运营后边坡的滑塌,联合设计代表对52个边坡防护形式进行了变更和加固,累计增加投资近3100万元;为了减少运营后路基的沉陷,指挥部同意换填软土路基达36处,涉及金额达450万元。

(3)为了确保房建工程尽可能适应今后运营管理员工生活工作的需要,邀请运营管理单位的员工参与房建工程施工管理,在施工中,积极采纳运营管理单位的意见和建议,对沿线站区的宿舍、办公室布局,以及全线站区的绿化方案进行优化和调整,对沿线服务区的规划布局、绿化美化、安全设施、服务设施进行了调整,据统计,在房建及附属服务设施的施工中,积极采纳运营管理单位的意见和建议98条,13个大项108个小项进行优化和调整。

(4)积极推进机电工程设计优化,对机电工程施工进行有效把控。结合运营管理的经验及教训,在机电施工图设计及招标阶段:将施工单位考核管理办法写入技术规范;在服务区、停车区、收费站、隧道口及配电房增设高清摄像系统;在各管理站区服务和宿舍楼等主要场所敷设办公网络、电话线路;按百色运营公司提供的方案和要求对收费布置进行优化设计和建设;五是优化设计,在收费站顶棚照明及隧

道照明使用 LED 节能灯具。

4. 主体工程与附属设施

百靖、靖那项目转变以往"重主体、轻附属"的传统观念,在大规模路基土石方施工结束后,及时谋划并组织房建、交安、绿化和文化景观建设与路面工程同步推进,确保建成通车时,附属设施与主体工程同步交付使用。主要附属工程房建工程满足了运营管理的需要,加油站等附属设施同步跟进,通车后即可满足车辆的加油服务。这也使百靖、靖那高速公路成为了广西高速公路建设以来首个实现主体工程和附属工程同步建成的项目。

5. 减少遗留缺陷工程

(1)由于靖那高速地形地质复杂,存在岩溶、暗河、滑坡、断层等地质灾害,为保证工程质量,设计变更工作尤为重要。岩溶处理方面,采取清除废渣、回填片石或混凝土等措施。软基处理方面,彻底清除淤泥,采用碎石、碎石土等良好路基填料进行换填,保证填筑质量。边坡滑塌处治方面,查看滑坡、塌方路段的地质情况、塌方面积,根据不同的地质情况采用不同的处治方式。

(2)为了避免运营后出现桥台涵背沉陷,造成桥头跳车,对大部分涵(台)背的回填由透水性材料变更为浆砌片石或片石混凝土。

(3)为了有效减少运营后边坡的滑塌,与设计代表携手,对多个边坡防护形式进行了变更和加固。

(4)加强水系路系涉农问题处理,减少路民矛盾发生。增加及完善农村道路和高速公路通道连接道路 23 处,完善改路 13 处,有效解决村民通行问题。同时和沿线靖西、那坡分指负责征地协调的有关负责人建立较厚的私人感情,为以后运营快速处理可能出现涉农问题奠定基础。

6. 全力打造具有边关特色的"美丽高速"

百靖、靖那高速公路在探索"建管养一体化"征程中,把建设美丽高速作为一项重要的内容来抓,通过推进靖那高速公路文化景观建设,倾力打造具有边关及壮乡特色的"边关风情路"。在建设中,百靖、靖那高速公路以"修建一条路,带动一方经济"的理念为指导,致力将高速公路建设与沿线经济文化发展进行有机融合,依托当地文化资源将靖那高速公路沿线景观长廊进行统一规划设计,将靖那高速公路建设成为宣传、展示和推介地方文化的新平台,特别是以旧州互通与靖西服务区作为靖那路文化景观建设的重要节点,通过与地方文化、旅游产业结合,将旧州互通与靖西服务区打造成为靖西县的新名片。

同时,在靖那高速公路文化景观建设中,项目建设者大胆探索石质边坡生态恢复,采用生态恢复工艺使裸露的边坡绿化美化,使之与周边环境相协调,最大限度修复建设中造成的破坏,弱化人工痕迹;积极采用石头漆加彩绘和浮雕方案对靖那高速公路全线端墙式隧道洞门进行装饰美化,洞门装饰元素从广西及当地少数民族人文风情、沿线自然山水景观提取,充分体现靖那路作为出海大通道的地位;以道路美、自然美、文化美"三美合一"为目标,汇聚各参建企业的集体智慧,打造"靖那十景";组织各参建单位建设参建企业文化园,以浮雕形式展示各参建企业的品牌形象和靖那路的建设成果,为服务区增光添彩。

靖那项目是广西交通投资集团在建项目中,第一个大胆探索石质边坡绿化美化并取得良好效果的在建项目,为后续项目积累了经验。

7. 建立特殊路段及变更管理台账,并移交运营单位

百靖、靖那路在抓好工程建设的同时,档案资料及时跟进,并在全线形成统一、规范的模板,确保在工程交工时内业资料归档工作、论文集出版、施工总结、技术总结以及项目管理探索与体会同步完成。

(1)推进交、竣工内业资料数字化、电子化、规范化。百靖、靖那高速公路各从业单位按照交通运输部关于公路工程交竣工档案管理办法的具体要求,将项目前期筹备阶段资料(从项目立项至施工许可审批的相关编制报告及主管单位批文)、设计单位资料(设计图纸、变更图纸及咨询单位审查意见等)、施工单位资料、监理单位资料及交竣工验收检测资料等进行分类归档存放,建立档案电子索引目录,方便今后档案检索。

(2)重点关注特殊地质路段及管件工程的信息。对于特殊地质地段(如软基特殊处理路段、膨胀土边坡、易塌方边坡、隧道特殊地质处置段落)、桥梁(尤其是大跨径和技术复杂大桥)段在施工过程中应加强质量监管,邀请运营管理单位的人员参与相关技术方案及变更方案讨论。并针对重要工程部位建立了相应电子档案,对相应观测数据建立观测台账,在项目交工阶段将具体施工处置情况、施工期间直至交工时的观测数据建立台账一起专项移交给运营管理单位。

(3)运营管理单位档案管理部门、养护部门于项目施工阶段提前介入竣工文件编制工作,在工程施工过程中参与工程施工现场管理,对所管辖的运营路段竣工文件的行程、积累工作进行监督、检查、指导。

8. 人才交流与合作

在百靖、靖那高速公路建设中,建管双方充分利用项目建设工地培养人才的绝佳平台,积极邀请百色运营公司各类专业人才投入项目建设中,提供较好的学习和锻炼机会。由百色高速公路运营有限公司派驻百靖、靖那高速公路项目的员工为16人·次,主要涉及路基、路面、桥梁、机电、房建、绿化景观、交安等工程技术类工作和征地拆迁、协调维稳、财务管理、党务宣教等综合性工作。运营管理公司派驻项目建设过程中,能够在施工技术规范熟悉、质量检验标准、公路施工手册理解、质量检测方法、检验手段等方面得到了知识和技能的提高;同时,在参与施工管理过程中,积极向项目参建单位高级技术及管理人员学习宝贵的专业知识,为了运营管理单位派驻员工的提供了良好的成才平台。

四、百靖、靖那高速公路"建管养一体化"工作实施的启示

1. "建管养一体化"不足之处

(1)"建管养一体化"工作启动时间晚,诸多问题未能在工程设计和招标前研究解决,设计本身存在的缺陷大量存在,尤其在房建和服务设施方面表现得更加突出。建设期内,由于工程投资控制的需要,优化设计、完善变更受到很大程度的限制,真正实现"建管养一体化"显得力不从心。

(2)"使用者优先"的理念没有牢固树立起来,对"建管养一体化"的认识不到位。在解决缺陷遗留工程问题和巩固工程质量方面,设计、施工及监理单位的配合不到位,需要进一步加强"建管养一体化"理念的宣传和贯彻。

2. "建管养一体化"实施的一些建议

实现实质意义上的"建管养一体化",需要统筹建管双方的需求,环环相扣,缺一不可,要把"建管养一体化"意志贯穿项目建设的始终,具体为以下阶段和环节。

(1)项目前期阶段。项目前期的咨询和勘察设计阶段,要充分了解运营管理的现状和需求,把运营管理的经验和教训融入项目勘察设计当中,力争把运营需求在项目前期规划和设计阶段加以完善。

(2)项目实施阶段。强化建设和运营管理方面的融合,尤其是管理人员的融合,确保项目今后运营方面的需求得到有效的执行;把房建、机电及涉及运营安全的工程上升到主体工程的高度,单独设计、单独招标。

(3)项目交工、竣工验收阶段。在交工验收阶段,运营管理公司组织人员全称参与,对项目建设过程存在的问题,在交工前提出意见和建议,避免在项目建成通车后出现遗留问题;建设指挥部在通车前及时向运营管理公司提供全路段的基础数据资料,在通车试运营后(一年内)完善竣工资料的整理,并将核实后的档案资料移交到运营管理公司,对运营公司相关人员进行技术交底;通车试运营前项目指挥部和运营管理公司签订遗留缺陷工程管理协议,明确双方责、权、利等。

(4)项目运营阶段。项目建成后,项目指挥部应委托有资质的单位对设计、施工进行评价总结(项目后评价),例如运营安全方面、使用功能方面、运营管理方面、社会服务方面等;运营管理公司应收集整理已开通路段遗留缺陷问题,协助对已通车运营路段进行调研总结,并提出需求和意见建议。

靖那高速公路项目管理信息化探索

□ 覃新江　黄忠财　马国民

广西靖西至那坡高速公路（简称"靖那路"）项目起于靖西县新靖镇亮表村，经靖西、那坡两县，终于那坡县城厢镇那桑村，与云南省富宁境内高速公路相连接，2010年10月开工建设，主线长85.342km，概算投资68.8亿元，全线采用双向四车道高速公路标准建设，路基宽26m，主线设计行车速度100km/h。全线执行大标段制（最长的标段长45km），土建工程分为3个合同段，路面标分2个标。从项目开工伊始，靖那路强力推行"四化管理"，即标准化、规范化、精细化、人本化。为进一步提升项目建设管理水平，靖那从2012年初开始推行项目管理信息化建设，主要工作内容有：

一、推行 EP2000 公路工程项目管理系统

系统主要功能模块包括：计量支付、变更令、征地拆迁、项目报表、项目信息、文档中心、系统管理等。本系统采用B/S架构，研发环境Microsoft Visual Studio 2005，数据库采用Microsoft SQL Server 2005。系统采用最新的框架和富客户端技术，包括在线Word、Excel文档编辑等技术。界面简洁清新，功能强大，操作简单，极大改善了用户体验。"EP2000公路工程项目管理集成系统"作为管理系统的重要组成部分，用于为决策层提供分析决策所必需的准确而及时的信息。系统只安装在服务器端，只要用浏览器即可访问，极大地减少了系统维护工作量。应用本系统体现了管理信息化的价值。

（1）通过这一系统平台来促进管理工作规范化、标准化，有利于推行管理单位的工程管理业务规范。

（2）工程建设项目数据实现扁平化和集中化管理。

（3）工程建设项目数据获取直接化和便捷化，数据直接由项目各方输入，逐级处理，提升管理数据的有效性、真实性和及时性。

（4）对工程项目管理中各种数据进行深度挖掘，灵活生成各种报表，辅助进行分析和预测。

（5）提高项目管理的透明度和数据的保密性。

（6）加强工程建设项目的业务协同。

（7）提升沟通效率，减少沟通成本。

（8）实现项目管理经验和数据的有效积累，改变项目建设的粗放式管理模式，真正实现通过先进的管理产生效益。

二、推行网络视频监控技术

在百大特大桥和各固隧道洞内外安装"全球眼"网络视频监控器，土建项目经理部、监理、业主的所有用户都可以通过互联网在计算机上使用监控软件对施工现场进行实时监控、管理。用户也可以通过点击云台控制键来控制监控摄像头，即可调整监控画面的位置、大小、远近。通过网络视频监控器的推广应用，可以对重点危险源进行全天候的监控，也可以对一些隐蔽工程进行实时监控，省工、省时，且比传统的人工监控管理更易保证施工质量与安全。

三、推行办公自动化 OA 系统

办公自动化（OA-Office Autermation）是建立在计算机网络基础上的现代化办公方式，是当前新技术

革命中一个非常活跃和具有很强生命力的技术应用领域。通过 OA 网络,企业内部人员可跨越时间地点协同工作,使企业内部信息的共享和传递更加方便,从而极大地扩展办公手段,实现办公的高效率。为了提升项目管理水平,靖那路指挥部常态化使用办公自动化 OA 系统办公,该 OA 系统包括公文管理系统,行政管理系统,业务管理系统,人力资源系统等,采用该系统的作用如下。

(1)整合功能:将企业的人力资源、硬件资源、软件资源、制度资源的整合在一个平台上进行,操作方便。

(2)促进知识管理:信息共享使员工可以随时、随地、随手得到他所想要的信息(在权限范围内的),而不需经过层层节制,促进企业知识管理。

(3)加快文件处理流程和信息流通,使管理规范化、制度化,使具体事务落实到人,杜绝推脱、扯皮现象。

(4)任务管理:领导层能够方便地查看分配过的任务数量、领取人及其进度情况,跟踪监督,提高执行效率和力度。

(5)信息沟通:员工与员工、员工与领导之间可以适用"工作联系"模块进行方便、直接、充分、快捷的交流。

(6)促进企业文化的建设,使企业向学习型组织转化:员工可以在第一时间知道公司的最新动态项目进展和有关政策,增强自己的集体感、使命感和共同愿景,增强集体凝聚力。

四、建立远程视频会议系统

由会议电视终端、多点控制单元(MCU)、传送网络(包括 PSTN、ISDN、ATM 和 IP)及网关组成的会议电视系统首先节约了召开会议的时间和交通差旅费用,更重要的是能提高企业管理的实效,在最短的时间内做出最有效的决策,从而更大程度地提升企业的竞争力。由于高速公路具有点多线长的特点,使用会议电视系统能够提升项目管理的水平和服务质量。靖那路全线土建工程分 3 个标,路面分 2 个标,监理分 3 个标,参建单位和人员多,且施工项目经理部和监理单位驻地分散。为解决参建单位到指挥部开会费钱、费时,而且容易影响项目正常施工的问题,用通信线路将各标段和总监办的会议室连接起来,建立基于 IP 的纯软件以电视方式召开会议,给项目管理带来了极大的便利。

推行项目管理信息化建设,必然会增加一定的成本费用,但却能显著提升项目的管理水平,与传统的"以人为本"管理方式相比更易保证施工质量与安全,节约项目整体投资。广西靖西至那坡高速公路项目管理信息化建设的完善,促使了靖那路工程质量安全及文明施工在广西壮族自治区交通运输厅质量监站和上级单位的历次检查结果中均名列前茅,靖那路"四化管理"已成为广西区的标杆,以靖那项目为基础的"企村联建"获全区组织工作创新奖,"平安工地"创建被国家交通运输部评为示范项目。

交通行业国有企业探索党建工作促进中心工作新途径的理论思考

□ 韦增平 汪进任 谢传福

企村联建是指广西交通投资集团旗下的项目公司(负责投资建设某条高速公路的子公司)党组织把参建该条高速公路的承包人所设立的项目部基层党组织带动起来,与沿线村屯党组织结成对子,签订联建协议,开展支部、征迁、培训、用工、设施、项目、文化、惠民等八项联建活动。高速公路各从业单位大多是国有大型企业,在资金、人才、技术和信息等方面占有绝对优势,依托高速公路建设,帮扶沿线村屯建强党组织堡垒,改善农村生产生活设施,促进农民就业,繁荣当地文化,带动农村经济社会大发展。同时,被帮扶的村屯有义务在高速公路征地拆迁方面给予大力支持,为推进工程建设铺平道路。

一、发展过程

企村八联建是靖那路首创,在广西交通行业没有先例,它经历了如下几个过程。

1. 启动阶段

集团公司党委在百靖、靖那高速公路项目开工之初,以党组织建设年活动为契机,着手谋划在公路建设沿线开展高速公路参建单位党组织与沿线农村党组织深入开展"创先争优"活动。2010年6月28日,集团公司党委与百色市委组织部在田阳县那音村启动联建活动,百靖、靖那高速公路指挥部与沿线四个县的村(屯)党组织结成联建对子,通过组织联建、发展联推、实事联办、人才联培等措施,为当地老百姓解决实际困难,扩大就业,增加收入。

2. 探索阶段

企村联建活动得到了沿线党委政府和群众的认可,在化解征迁矛盾,促进工程建设方面的作用逐渐显现,得到了广西交通投资集团有限公司党委、百色市委组织部的高度重视和充分肯定。集团公司党委组织了专项调查研究,结合高速公路参建企业自身特点和沿线农村农民实际,创造性地提出"八联建"模式。2010年11月,百色市委组织部和广西交通投资集团党委联合发文部署推动"企村八联建"活动,百靖、靖那高速公路建设指挥部先后两次在百色市创先争优会议上作经验介绍。此后,高速公路沿线各基层组织积极响应,各参建单位党组织与村屯党组织联建得到大规模大范围推进。

3. 深化阶段

在广西交通投资集团打造"千亿强企"的背景下,2012年3月,指挥部再次提升联建规模与档次,拓展联建内容,将企村联建上升为企地联建,由基层党支部的联建发展到指挥部党委与地方乡镇党委联合推动,并选择靖西县安德镇、新靖镇和德保县都安乡作为重点示范基地,深入开展组织联建、产业联建、文化联建、项目联建等。由于"八联建"模式密切联系实际,符合联建双方需求,内容具体实在,可操作性很强,得到了沿线党委政府、人民群众和参建企业的广泛认同,促进了高速公路沿线农村经济文化发展,成为党建工作创新品牌。

二、政治和社会意义

广西交通投资集团有限公司党委十分重视基层党建工作,坚持"高速公路建到哪里、党建工作就延伸到哪里"的原则,在先后成功打造了"一号六岗""三个微笑"党建品牌后,按照中央、自治区党委的工作部署,结合工程建设实际,在百色老区、党建工作基础较好的百色至靖西、靖西至那坡高速公路建设工程项目创新探索党建工作的新思路、新方法、新途径,整合城乡基层党建资源,找准党建工作与项目建设结合点,精心设计活动载体,逐步形成"企村八联建"模式,激发了基层党组织对推动高速公路建设和带动沿线农村发展的新活力,"企村八联建"成为一面创新基层党建工作,提升党建工作科学化水平的鲜艳旗帜。是贯彻落实党的十八大关于全面提高党的建设科学化水平的相关部署,充分发挥高速公路项目党组织的战斗堡垒作用和党员的先锋模范带头作用,更好地服务于高速公路建设中心的具体体现。

广西交通投资集团勇担广西交通建设主力军的光荣使命,在短短的3年多时间里,承建重点交通项目28个,建设总里程4000km,总投资约2300多亿元。大规模集中投入高速公路建设对推动沿线农村经济社会文化大发展是千载难逢的机会,广西交通投资集团坚持"工业反哺农业、城市支持农村"的原则,大力扶持革命老区、民族地区、边疆地区、贫困地区经济社会发展,踩准了党的十八大节拍,探索了一条带动老少边山穷地区向小康社会迈进的新路子,为沿线农村经济发展和社会进步创造了有利条件,让贫困落后地区平等参与现代化进程、共同分享现代化成果,同步过上小康生活,是基层党组织以工促农、以城带乡,构建"工农互惠、城乡一体"的新型工农、城乡关系的一次成功探索。顺应了时代发展和全面建成小康社会的客观要求,是广西交通投资集团履行国有企业的社会责任,以高速公路建设为契机促进城乡区域协调发展,为公路沿线建设美丽乡村、幸福乡村贡献力量。

交通基础设施建设尤其是高速公路建设需要沿线农村群众出让珍贵的土地资源,而土地资源关系民生之本,失地农民与工程项目展开利益博弈成为普遍存在而十分棘手的问题,这使得征地拆迁工作面临瓶颈,较大程度上影响了项目建设。广西交通投资集团从追求双赢的目标出发,通过开展"企村联建"活动,以工业反哺农业,为沿线农业农村发展作出积极贡献,起到化解企村矛盾、促进企村和谐发展的作用,是化解疏导因工程建设产生的各类社会矛盾,营造和谐的施工环境,突破征迁瓶颈实现交通建设和农村发展互促共赢的创新载体。

三、主要做法

1. 组织推动

企村联建启动后,中共百色市委组织部和广西交通投资集团党委将"八联建"方案联合印发到沿线地方党委和高速公路参建企业党组织,使企村主张上升为党组织意志,增强了联建的权威性和执行力,提高了各级党组织、各有关单位抓联建的自觉性和积极性。建立了"两组两人"组织网络:集团党委、百色市委组织部、项目临时党委成立了联合领导小组;各县成立了由企地双方人员参加的联建工作组;指挥部有相关负责人,各企村党支部有具体联系人,形成了抓联建工作的严密网络和整体合力,保证工作有人抓有人管。领导小组和有关领导多次组织召开联建推进会、专题座谈会;各联系人每月保证2次进村入户。

2. 制度保证

一方面,用合同规范约束,确保联建刚性开展。项目指挥部在与土建施工企业进行施工合同谈判时,明确要求在土建施工期间,施工企业要按照业主统一部署,与沿线农村党组织广泛开展结对共建活动。这一要求,被列为合同谈判纪要内容,使企村党组织联建工作具备法律约束性,成为业主对参建单位的刚性要求,从源头上避免参建单位把联建工作当作可做可不做的软指标,保证了联建强势推行。据了解,将党建工作内容写入施工合同文件的做法,成为全国的先例。另一方面,实施"三定一挂"制度。定期召开联席会议,定期开展"三会一课",定期走访交流,互派一名党员到对方党组织挂职,建立工作计划、总结、信息报送制度、考核评价制度等,保证企村联建规范有序运行。

3. 突出重点

在联建帮扶中注重结合建设单位自身特点和联建村实际需求,突出帮扶重点。

(1)建强组织。紧紧围绕增强联建村屯和企业党组织的凝集力、战斗力和党员先锋模范作用,搭建指挥部党委和靖西县安德镇党委、新靖镇党委及德保县都安乡党委的组织联建平台,以党委层面继续推动高速公路项目党支部与沿线联建党支部的组织建设。增强"两个意识",提升"两种能力",即增强党员意识和组织意识,提升基层党组织的号召力,提升党员干部带领群众建设新农村实现科学发展的能力。

(2)建设新村。结合高速公路征地拆迁实际,着眼国家新农村建设大局,顺应被征拆群众过上更好生活新期待,以新农村建设为参照,配合当地政府建设几个高速公路拆迁户集中安置新村。重点建设好靖西县波光现龙屯和陇娄屯、那坡县下孟屯和平安屯、田阳县那音村内坡屯等安置新村,力争做到高起点规划、高标准建设,总体风貌要体现出民族特色、文化特色、边疆特色,功能设施要融入绿色、环保、低碳等现代先进理念,争取把安置新村建设成为高速公路沿线特色景观工程和富裕、文明、和谐新亮点。

(3)繁荣文化。本着"文化搭台,经济唱戏"的原则,扶持靖西县安德镇、德保县都安乡文化产业,以文化产业带动地方经济发展。重点帮助靖西安德镇南天艺术团、德保都安乡壮剧团培训骨干、提升节目质量、改善设施设备。帮助安德镇挖掘历史文化,申报"历史文化名镇",并结合高速公路景观建设,融合沿线历史、风俗、人物等文化特色,充分挖掘文化旅游资源,拉动沿线旅游经济发展。

(4)帮扶贫困。一是深化开展党员"1+1"助学活动,持续在那坡中山小学、靖西安德小学、德保县都安小学开展捐资助学,帮助贫困学生改善学习和生活条件,引导其健康成长。二是打造"高速公路沿线特色农业产业带"。配合当地政府和农业部门,在靖西县安德镇、新靖镇发展特色农业,突出绿色、特色和高附加值,经营主体以"公司+农户"为主,营销模式以订单农业和保底收购为主。三是加大富民项目建设力度。以高速公路文化景观建设、服务区建设为契机,旧州互通在景观布局上植入旧州传统手工业绣球元素,建设观景台,打造靖西县第九大景点,同时,将靖西、那坡服务区建成"爱国主义教育基地、壮民族文化窗口、地方经贸平台、农民增收园区",带动当地农民产业致富;加快德保县都安乡农贸市场的建设进度,建成一个上规模、有特色、促产业的乡镇级农贸市场,圆当地妇女巾帼创业之梦,促进当地柑橘、脐橙等特色水果规模化产业化经营,形成新的经济增长点。

4.注重实效

联建活动涉及面比较广,联建双方注重结合特点和实际,发挥各自优势,因地制宜,精心选好载体、精心设计主题,通过"建好一个班子、扶持一个产业、办好一件实事"等形式多样、内容生动的各种活动载体,把联建活动、创先争优活动具体化、显性化、实效化。企村"八联建"推行以来,取得了明显的社会效益和经济效益,沿线农民群众交通条件得到改善,思想观念得到更新,收入得到提高,社会更加和谐。各级党委政府和人民群众对高速公路建设十分理解支持,为工程建设的顺利推进营造了良好的施工环境。

四、取得成效

1.巩固了基层组织,为沿线农村经济社会发展提供了强有力的组织保障

在沿线建立了联建党支部35个,互派支部副书记6名,在靖西县安德镇和德保县都安乡各派党委副书记1名,参建单位在沿线还修建了4栋村委办公楼。坚持"组织共建、活动共融、资源共享、因地制宜、以企带村、双向受益"的原则,互帮互助,共创"五好基层党组织"。组织联建成效明显,使基层组织得以巩固,党员队伍得以发展,先锋模范带头作用得到发挥。2011年,有12个村级联建党支部被县以上党委评为先进党支部,43名联建支部党员被评为优秀共产党员。安德街党支部被百色市评为"十佳党支部"。2012年7月,安德镇党委被评为全区创先争优先进基层党组织,指挥部党委和靖那路三个标段的党支部分别被所在企业总部评为"先进基层党组织"。

2.发展了地方经济,为沿线农村建设小康社会奠定了坚实基础

充分发挥施工企业修路架桥的特长,帮助沿线群众改善生产生活基础设施,解决出行难、吃水难等问题。在沿线修建26条120多公里村道和便道,水泥硬化村道20多公里,新建桥梁21座;兴建水利设

施5处、蓄水池16座、供水管网5km,投资建设的德保乡燕峒乡那布村小型水库已经发挥了较好的灌溉效益;推进了新农村建设,对五户以上的拆迁户实行集中安置,规划按新农村标准建设安置新村5个,还投入180万元帮扶靖西县旧州街名镇名村建设,修建旧州河亲水步道和文昌桥,还派出机械设备参与旧州旅游商贸城建设等,为旧州旅游发展创造条件;促进了农村经济转型升级,根据农业产业发展方向,结合群众需求,采取"公司+农户"的合作模式,帮助当地引进专业公司开发高端、高效、绿色农业,在靖西县安德镇建立特色农业示范基地2个,引导联建村群众根据高速公路施工队伍生活需求,发展定单农业,为施工单位提供蔬菜、肉类;扶持当地小番茄、辣椒、肉姜等特色农产品规模化种植,在新靖镇旧州建设占地300亩的观光葡萄园,引导当地农民发展特色农业,促进增收创收;促进了当地农民就业,根据高速公路用工需要,为当地劳务工人提供技能培训,有组织地使用当地农民工5 000多人次,增加了农民收入。融入了地方经济发展。项目以靖西、那坡高速公路服务区和旧州互通立交桥景观建设为契机,为当地发展旅游经济、农业产业创造先机。地方政府也借力高速公路建设全面发展,靖西县安德镇依托高速公路建设构建了现代交通规划图、农业发展规划图、城镇商贸规划图、生态旅游规划图等四幅发展蓝图。

3. 繁荣了当地文化,为沿线农村社会全面进步提供了源头活水

结合沿线安德、旧州、都安等地历史文化悠久、民族文化浓郁的特点,重点开展文化联建活动,深入挖掘历史文化资源,发展文化产业。帮助安德街建设了全县第一个村级文化广场,聘请专业老师指导农民文艺爱好者利用业余时间跳广场舞、做健美操;为沿线群众修建篮球场15个,五人制足球场1个;大力扶持农村文艺团体,在安德、三合等村屯培养了一批不走的文艺骨干;捐资改善靖西安德南天艺术团,为德保县都安乡南路壮剧团更换音响、服装等道具设备,并在都安乡中心校成立壮剧少儿班,为壮剧的传承发展培育新人。目前,该少儿班逐渐成长起来,今年9月28日,都安中心校选送《歌对溜》《赞校园》两个节目参加全区小学生标准壮语才艺表演大赛,荣获两个一等奖;此外,还大力开展教育帮扶活动,帮助贫困学校改建装修校舍5所,在靖西县安德小学、那坡县中山小学、德保县都安乡中心校等开展党员"1+1"结对帮扶活动,捐助贫困学生80名,募集教育资助金35余万元,捐助教学电脑、书包等文体学习用品合计人民币30余万元。

4. 营造了良好的施工环境,为工程项目的顺利推进铺平了道路

高速公路征地拆迁工作得到了沿线各级党委、政府和当地群众的大力支持,党政"一把手"十分重视,深入村户做工作,解决疑难问题。在靖那高速公路的征迁过程中,发生过许多感人的故事,当地群众对高速公路建设的理解和支持尤为明显,基于这样一种合作、互助的氛围,靖那路不仅征迁快,而且费用低,没有发生过大的征迁纠纷和企地矛盾,突破了征拆瓶颈,加快了高速公路建设步伐。

5. 提升了企业的社会影响力,为广西交通投资集团打造千亿强企赢得了更广泛的社会支持

2011年,自治区党委组织部、宣传部、国资委、交通运输厅和百色市有关领导先后考察百靖、靖那项目企村联建工作,均给予了高度评价。2011年12初,区党委宣传部领导专门批示,要求媒体广泛宣传靖那企村联建做法。2012年1月18日,《广西日报》以头版头条报道靖那路企村联建成果。《人民日报》、广西电视台、南国早报也先后多次报道广西交通投资集团靖那项目企村联建情况。2012年年底,广西交通投资集团企村八联建荣获全区组织工作创新一等奖。2013年4月,自治区党委宣传部、国资委组织中央驻桂媒体和广西主流媒体到靖那路采访报道企村联建的做法和经验,企村"八联建"已打造成广西交通投资集团暨"一号六岗""三微笑"之后的第三大党建工作品牌。

五、几点体会

(1) 国企党建是推动企业科学发展的强大动力,在国企改革深入推进和现代企业制度逐步建立的新形势下,国企党组织的政治核心地位只能加强不能削弱。尽管国企党建在新形势下面临着很多难题,国企党组织必须顺应时代发展的要求,创新党建工作思路,丰富活动载体,更好地为中心工作服务。

"八联建"是广西交通投资集团党委在新形势下党建工作的一大创新,事实证明,它与企业发展的实际紧密结合,为工程项目推进和沿线农村社会发展作出了积极贡献,发挥了基层党组织的政治引领力、推动发展力、改革创新力、凝聚保障力,实现了"创先争优"活动目的软着陆。

(2)国有企业具有资金、人才、资源优势,是推动社会主义政治经济体制改革和全面建设小康社会的中坚力量;高速公路建设离不开当地政府和沿线群众的大力支持,因此,交通行业国有企业有义务有责任为沿线农村实现科学发展、协调发展作出积极贡献。"八联建"是广西交通投资集团履行国有企业社会责任的真实体现。在帮扶沿线农村发展方面,它打破了传统的捐赠模式,积累了一些宝贵的经验,有必要进一步总结、提升、推广,为社会各界提供可借鉴的样板,便于从更高层次更大范围地推动社会的发展和进步。

(3)征地拆迁是当前工作的老大难,随着法律法规的进一步健全、民生问题的重视和老百姓维权意识的增强等等,征迁工作成为影响社会稳定、关涉党和政府公信力的关键因素之一,如何破解这一难题至关重要。"八联建"是广西交通投资集团在众多项目建设过程中认真探索并反复验证,有效破解征迁难题的结晶,得到了沿线群众和地方党委政府的广泛好评。它重在增强群众的"造血功能",使失地农民生产生活有了持续保障,老百姓所得实惠看得见、感受深、见效久,征迁不但没有给群众造成不良影响,相反还大大改善了其生产生活条件,真正能让拆迁户征得乐意,拆得满意。

靖西至那坡高速公路在建筑工程一切险管理中的经验和做法

□ 黎明镜

靖西至那坡高速公路(以下简称"靖那路")路基土建工程划为三个合同段,在工程招标中均设定了建筑工程一切险,建筑工程一切险保险费率为3‰,三个合同段总工程一切险费用为1 049.088 1万元,根据以往项目的实际情况,"投保容易理赔难"在工程保险实践中较为普遍,靖那项目在工程一切险管理中引入保险经纪,现将靖那项目在工程一切险管理中的经验和做法总结如下。

一、工程保险概述

工程风险是指在工程建设过程中,可能出现的预期结果与实际结果间的差异。自然因素方面有地震、雷电、台风、暴雨、洪水、水灾、冰雹、山崩、地面下陷等可能造成线路和桥梁的损坏。人为因素方面有火灾、碰撞、爆炸、盗窃和恶意破坏,工人、技术人员疏忽过失等造成的事故。对于工程项目的投资者、所有者、承包人和供应商而言,工程保险是工程风险转移的一个主要途径。工程保险是针对工程项目在建设过程中可能出现的自然灾害和意外事故而造成的物质损失和依法应对第三者的人身伤亡和财产损失承担的经济赔偿责任提供的一种综合性保险,常见险种有:建筑工程一切险、安装工程一切险等。工程保险承保的风险具有特殊性(承保的风险标的中的大部分裸露于风险中、大量的交叉作业)、保障的综合性(施工、运输、工地外存储、保证期的风险)、被保险人具有广泛性、保险期限具有不确定性、保险金额具有特殊性。

目前,国内的绝大多数大型工程项目均列有工程保险费概算,作为工程项目发包人,在工程招标时明确列支工程保险费,要求承包人进行投保,转嫁工程建设过程中面临的风险。同时,与工程保险配套的险种一般为施工人员团体人身意外伤害及附加意外伤害医疗保险,它保障的是与施工项目相关的人员人身安全。因意外伤害,保险公司依法应负的赔偿责任,包括医疗费用和伤残、死亡赔偿金等。

二、保险经纪人简述

工程保险作为较复杂的一个险种,除须有专业的保险经验外,更应有丰富的工程知识。如何合理有效快速实现投保人的保险利益,正是诸多工程业主及施工方面临的难题。保险经纪人正是基于保护投保人利益而出现的角色,随着保险经纪介入,可以在较大程度上减少这种不正常的保险现象,弥补保险市场的缺失。从法律定义上来说,保险经纪人(保险经纪公司)是基于投保人或被保险人的利益,为投保人与保险公司签订保险合同提供中介服务的经营单位。保险经纪公司是客户的保险顾问,接受客户委托,代表客户的利益,向客户负责,为客户提供风险评估、保险安排、协助保险索赔等全面的风险管理服务的保险中介。

三、项目对工程一切险管理的主要做法

(1)通过聘请专业保险经纪公司,为项目保险购买和理赔等全过程提供服务。

(2)创新了保险采购方式,保险公司的选取采取询价招标竞争性谈判,引入区外保险公司参与竞争。

考虑到保险行业的特殊性,以往的工程保险采购,大多掺杂"人情保单",不仅存在违法、违纪的可

能,而且保险保障力度低下。此外,工程险承保主体大多是由多家保险公司组成联合共保体,保险公司相互之间很容易对区内工程保险市场造成实际意义的垄断,串标、围标或其他方式的价格联盟时有发生,形不成竞争的态势,导致工程保险市场保险费率居高不下。靖那项目通过专业保险经纪公司引入区外的保险主体,参与保险竞标,同时实行竞争性谈判的采购方式,打破了区内工程保险的垄断经营,降低了保险成本,改善了保险条件,最终确保了业主方及施工方的保险利益。通过竞争性谈判,项目桥梁损失和隧道损失每次事故免赔额得到了大幅度的降低(桥梁损失为人民币10万元或损失金额的20%,以高者为准;隧道损失为人民币20万元或损失金额的20%,二者以高者为准),以往项目同等的投保保险费率,桥梁损失均在20万元以上,隧道损失在50万元以上。通过采取询价招标竞争性谈判,引入区外保险公司参与竞争降低事故免赔额,靖那项目目前已取得保险公司赔偿费用共650万元,且尚有数起损失金额超百万案件未结案(因手续未完善),预估还有约800万元正在办理赔偿过程中,远超于工程保费成本投入,为业主及承包人赢得了应有的保险利益。

(3)将项目各合同段联合进行选取保险公司,同时承包人将第三方责任险和施工人员意外伤害及附加意外医疗保险与工程一切险捆绑招标,以取得好的免赔条件。

项目公司与承包人针对工程一切险采取共同投保的方式,而不是各选各的保险公司,导致保险免赔条件不能得到保障,而且要求承包人将项目第三方责任险和施工人员意外伤害及附加意外医疗保险与工程一切险捆绑招标,加大投保金额,以取得好的免赔条件。

(4)根据项目特点量身定做保险方案——扩展保险责任、增加特别约定、改善保险条件,在项目施工过程中取得了较好的效果。

询价招标文件委托保险经纪人——北京富诚保险经纪有限公司南宁分公司进行编制,发包人和承包人根据项目的工程特点,主要为隧道多容易出现塌方、高边坡多易塌方和桥梁桩基溶洞处理等方面,保险经纪人以业主和施工方的真实保险需求为基础,为投保人量身设计产品和方案,同时根据客户不同的风险状况设计保险产品并改良保险条款,在最大限度上满足投保人的保险需求。这不仅能够拓宽投保人的保障范围,节约保费成本,还极大地减少了销售误导的生存空间,减少投保人因专业知识不对称在保险条款、保险责任上与保险公司"说不清、道不明"的理赔纠纷。如项目对部分格式条款进行了修改,在保险赔偿过程中取得了好的效果。

在合同中附加了34项扩展条款及4项特别约定。其中"自然灾害引起第三者责任扩展条款""震动、移动或减弱支撑责任条款""房屋裂缝扩展条款""赔偿基础条款""清残费用条款"等对项目部的保险索赔效益明显。第1合同段工程险自投保以来暴雨导致临近三者烟叶田损失巨大,因在合同中扩展了"自然灾害引起第三者责任扩展条款",属于保险责任范围,得到赔款72万元。在施工爆破造成三者民房500余户开裂,经纪公司通力协作并结合"房屋裂缝扩展条款"特别条款,在爆破工序完成后对损失进行统一查勘,最后核损人民币72万元;第2合同段也遇到同样的保险事故,目前施工爆破户数统计已完成,进入索赔材料阶段,下一步赔偿工作开展正有序进行,预估赔偿金额在60万元以上。

(5)项目公司成立工程一切险管理机构,出台事故相应的报险、现场勘察和理赔一整套处理办法,出现事故均能按照报险合同得到相应的赔偿。

根据以往项目出现事故,无人及时报险,导致保险公司对事故不认可,致使本应得到赔偿的不能得到赔偿,项目公司从业主、总监办和承包人三方共同成立工程一切险管理小组,并明确了各自的职责和责任。

(6)细化保险公司服务环节,规范保险服务。在以往的工程保险理赔中,保险公司往往采用"拖赔、惜赔"和策略,应付投保人或被保险人。由于大部分工程保险投保单位及施工单位地处偏远、保险专业知识欠缺、加上人手不够等,保险理赔往往在工程结束时还没理出头绪,施工单位因工期结束逼得无奈,最终与保险公司订"不平等条约",甚至有的赔款拖到最后,不了了之。基于以上情况,项目在经纪公司策划的工程保险合同中对保险公司的服务进行了细化(从报案始到查勘、定损、定责、预付赔款、协调机制、理赔手续交付、赔款到账等一系列保险服务的环节进行分解),对提供各项服务的时间作了限制,并对其承诺服务的内容作为违约条款责任内容写入了保险合同,从而在保险理赔源头上提供了法律的保证,有力制约了保险公司"拖赔、惜赔"的不正之风。

(7)优化索赔管理,提高理赔效率。尽管保险合同对保险公司的各项服务进行了约定及规范,但在实践中,更需要有一个专业的团队进行长效有力的监督。靖那项目在工程保险索赔理赔中对保险理赔尤为重视,形成了一套保险索赔管理机制,主要做法如下。

①出险报案统筹制。对出险案件,先向保险经纪人报案,保险经纪人询问清楚后再统一向保险公司报案,充分利用保险合同中关于报案时间的相关条款。例如,"72小时条款"即保险标的连续72个小时内遭受暴雨、台风、洪水或其他连续发生的自然灾害所致损失视为一次单独事件,被保险人可自行决定72小时的起始时间。经纪人接到报案后,分析案件情况尽量减少报案次数,将多次事故归类为一次事故,只扣减一个相应的免赔额;若多次报案,将扣多个免赔额。

②出险案件跟踪制。对出险的案件,保险经纪公司由专人每周与保险相关各方进行沟通,直到案件终结。同时对案件跟踪的进展情况,定期汇编发给保险相关各方。该制度有利于加强保险各方间的沟通,有利于提高理赔工作效率。

③疑难案件四方联席会议制。针对重大疑难的索赔案件保险经纪人组织业主(施工方)、保险公司、保险公估、保险经纪人四方联席会议,加强各方的沟通,推进疑难案件的结案。

④理赔手续事先约定制。针对保险公司在理赔过程中习惯以保险手续不全为由,拖延理赔时间,靖那项目工程保险中事先对各类保险案件的手续进行了约定,简化了一些不必要的手续(例如,在人员伤亡案件中,有的保险条款需要安监部门出具的事故报告等证明材料,这就给一些出险单位的索赔工作带来了很大的难度,在专业保险经纪公司的指导下,保险合同约定为当地公安派出所、乡政府出具的证明可作为索赔依据)。该项制度的实施,大大加快了保险理赔时间。

(8)实现理赔信息数据共享,有益于业主方进一步加强工程索赔管理。由承包人和保险经纪人定期将已决工程险案件相关数据及未决案件数据报送给业主,有利于业主方对工程出险后施工方通过保险得到理赔的真实数据,减少业主方对出险工程变更的工程索赔或重复索赔,不失为业主方加强工程索赔管理工作的一个有效手段。

四、几点体会

(1)由于高速公路管理无相应保险业务专业人员,且高速公路项目由于其自身建设周期长、投资金额大、面临风险高等特殊性,亟须保险经纪这一专业媒介,在保险经纪的运作下,使工程保险充分发挥作用,将对工程项目的顺利开展起到保驾护航的作用。

(2)由于广西今后的高速公路桥梁、隧道和高边坡较多,出现工程损失的可能性和金额将大大加大,项目应根据自身的特点,确定项目投保工程一切险的投保费率,以最小的投资取得好的免赔条件,同时根据项目各分项工程的特点选取不同的投保费率,如路面工程、交安工程、房建工程和机电工程均可降低投保费率。

(3)业主安排专人参与工程一切险的全过程管理中,从保险公司选取保险、现场勘察到理赔等均要全过程参与,以使业主的利益不受损失。

(4)由于在工程一切险的赔偿过程中承包人的作用巨大,保险管理要制定相应的激励机制(可通过一定的保险赔偿进行奖励承包人),激励承包人办理工程一切险的积极性。

靖那高速公路创建平安工地的实践与体会

□ 林运飞　邓祥明

靖(西)那(坡)高速公路地处山区,属于喀斯特地貌,工程难度大,技术要求高,工程的安全问题显得尤为重要。对此,项目部扎实开展平安工地建设,采取有效管理措施,达到行为规范、设施标准、作业有序、环境整洁、风险可控的目的,大大提高了工程安全水平,有效建设了平安工地。

一、安全管理特点

靖西至那坡高速公路安全管理特点如下。

一是高速路建设区域地处中国典型的喀斯特地区,地形地貌复杂,条件多变,施工条件艰险,给安全管理带来一定难度。

二是主线全长90.371km(含T线5km),工程构造物多,桥梁隧道总长占路线长度的比例大,桥梁33座,其中特大桥1座,大桥24座,特级高处作业风险突出,如第三合同段百大特大桥8号墩柱净空高度达91m;隧道20座,总长度(左右洞)30km,最长隧道(各固)长3.7km;所有隧道中,Ⅳ(类)级以上围岩比例达40%以上;总体桥隧比例占线路31%,由桥隧施工出现的塌方、特级高处作业隐患突出,桥隧安全管理面临的形势和任务较重。

三是建设过程中路基土石方量达2 449.5万立方米,因高边坡施工和填方引发的风险较突出。

四是附属工程控制难度较大,如各预制场地危险作业较多,采石场爆破作业地处临村临路,尤其跨越当地省道达5处,交叉作业形势严峻。

五是路面施工交叉作业及道口管理难度较大。

六是整条路建设工程线路较长,点多,面宽,安全管理控制也比较困难。

七是汛期隐患明显,6~8月份气候灾害较多,雨水频繁,低处构筑物长时间被水浸泡,隧洞、高边坡等易引起塌方,冲沟处弃碴场易引发泥石流等地质灾害。

八是外部环境突出。高速公路修筑范围涉及当地村落地区和部分二级路沿线附近,当地居民出行与施工便道等存在共用情况,人员的不安全行为易造成意外事故。

二、采取的主要措施

1. 严格参建单位准入制,为建设平安工地创造良好条件

根据项目安全管理特点,结合平安工地建设要求,项目公司在建设初就已对平安工地建设目标和要求做了全面策划,从考虑内外因,从辩证法出发,紧紧抓住施工单位是安全生产责任主体这个环节不放松,把施工单位的安全管理水平、技术能力、信用评价等作为创建好平安工地的硬性条件。

(1)根据《安全生产法》的相关要求,项目在招标文件中明确要求施工单位须具有有效的企业安全生产许可证,同时在资格审查条件(项目经理和项目总工最低要求)中明确项目经理和项目总工须具有交通运输部颁发的安全生产考核合格证("三类人员"B类证书);对其他主要管理人员和技术人员,按照交通运输部《公路水运工程安全生产监督管理办法》的规定及平安工地建设要求,配备具有工程施工安全生产管理工作经验和交通运输部颁发的公路工程安全生产考核合格证("三类人员"C类证书)。

（2）细化合同安全条款内容。广西红都高速公路有限公司招标文件中，按照《公路工程标准施工招标文件》（2009年版）对施工单位工程安全管理提出要求。内容包含发包人职责和承包人职责，并招标时重点强调安全生产管理的重要性及具体要求，把建设平安工地作为合同安全生产的重要内容，强化项目安全生产管理的合同依据。

（3）签订安全生产合同。招标工作结束后，和中标单位在签订合同协议书时，与承包人签订安全生产合同和安全生产责任状，完善安全生产监管的合同和法律手续。

2. 充分调动大标段的管理优势，夯实推行"平安工地"活动的基础

为有效开展安全生产管理，落实各项监管措施，将资源进行集中优化，致力于宏观掌控、微观治理、主动出击，有利于提高平安工地建设水平；减少监管对象数量，合理调配资源，如在施工生产安排中，综合全盘考虑人员、设备、设施的合理调配及使用，更好地做到安全生产。

在广西交通投资集团有限公司的统一部署下，靖西至那坡高速公路实行大标段管理模式，项目主线全长约90km，仅划分了三个土建施工合同段，合同价均超过11亿元，最大的标段长达50km；划分2个路面施工合同段，每个合同段造价均超5亿元，安全生产经费达4 700万元，土建施工合同段每个标段安全费用达到1 100万元以上，改变因标段划分太多、资源分散、安全管理标准滞后的状况，这对集中调配各类资源开展平安工地建设奠定了坚实的基础，大标段管理，吸引并选择了国内实力强、安全生产信誉好的公路工程施工特级企业作为承包人承担各标段的施工建设任务，从源头上把好平安工地建设质量关，而且在前期安全生产基础建设方面，各施工单位也具备实力能做到较大的投入。建设单位、监理单位及土建、路面施工单位均成立了安全生产领导小组，设置安全部门，并建立了质量安全管理责任体系并形成统一整体，制定了行之有效的各项安全管理规章制度，强化落实工程建设安全管理责任制，层层细化到各级从业人员，整个项目工程施工安全管理处于良好的受控状态。

3. 强化安全管理，确保平安工地建设贯穿整个施工过程

在参建单位准入、标段划分完成后，立即组织实施有效的安全生产管理，认真按照安全管理体系各要素组成策划实施，形成合力，直至实现平安工地基础管理部分目标，按照交通运输部《关于开展公路水运工程"平安工地"考核评价工作的通知》要求，从建设、监理单位责任落实等各七部分到施工单位基础管理安全生产条件等五大部分内容分析，只有扎实开展建设过程的安全管理，才能使项目安全管理形成系统化。重点从以下方面着手开展。

（1）安全检查不走过场，确保各项工作落到实处。为保证平安工地建设提出的各项要求落到实处，项目公司根据平安工地建设要求，每半年定期开展考评，同时要求监理单位每季度开展自评和对施工单位考评，施工单位每月开展自评工作，对存在的问题进行跟踪落实整改；同时，定期对各从业单位开展开工前安全生产大检查、每季度安全生产大检查、专项检查、经常性检查、季节性检查、验收性检查等，检查标准按技术标准和规章制度执行，检查结果形成文字记录，督促责任单位按"三定"原则落实整改。据不完全统计，开工以来，公司组织开展各类安全大检查50多次，发现和处置隐患2 000多项（次），有效保证了项目建设的顺利进行。

（2）加强培训教育学习，提升平安工地建设水平。为有效开展平安工地建设内容，建设单位对平安工地评价体系、评价内容和评价标准进行认真学习和归类，同时完善评价标准的评价细则内容，将行业规范和施工方案的部分内容作为评价体系的具体延伸补充，形成课件分发至从业单位进行学习，统一思想，做到工作思路清晰，改变习惯，尽可能使习惯符合标准。同时，把安全生产教育摆在突出位置，做到管理人员、一线作业人员掌握安全知识和技能，从操作技能上满足安全要求。

长期以来，项目各单位着重抓好以下几种教育和培训方式。一是抓好新进场安全教育，传授岗位安全操作技能。新入场员工未接受教育或经教育考试不合格者，不予安排上岗。各参建单位累计开展三级教育200多期，受教育人数达16 000多人次。二是抓好特殊工种教育，要求特殊工种持证上岗，无证不允许操作，各参建单位近500名特种作业人员全部持证上岗。三是不定期组织各参建单位管理人员

安全教育培训，不断提高管理干部安全素质，开工以来共举办安全教育培训10期，参加人员达500多人次。四是开展学习《广西红都高速公路有限公司安全知识读本》，并订购《事故案例教育》《职工安全教育手册》《农民工常用安全知识读本》《全国安全生产月职工安全知识读本》等大量安全书籍，提高参建人员的安全意识。

（3）加强安全生产费用管理，保证安全措施有效落实。在开展平安工地建设过程中，安全经费的使用直接影响到平安工地建设成效，项目公司通过分析平安工地建设各部分安全生产需要开支的费用，形成安全生产经费管理办法，从教育培训、安全设施、安全防护用具、其他安全生产费用合理划分比值，达到合理使用就能出成效的目的。如在防护用具中需要与安全教育人员数量（人员数量大概分化出特种人员数量）相结合，按每人需要的如安全帽、手套、雨鞋等做合理估算后计算各单位审批的施工组织方案投入人员数量，乘以1.2系数后把相对合理的专项安全经费提计出供施工单位投入。同时，注重实报实销，通过票据与实物和现场签认的方式，把专项经费落到实处，防止出现挪移情况，这样就能更好地开展平安工地建设遇到的各项费用。

参建单位认真按照《广西红都高速公路有限公司安全生产费用管理办法（试行）》要求，从使用、管理等方面加强监管，对安全设施、安全防护用具、教育培训及其他安全生产等投入进行有效监管，据不完全统计，工程建设以来，安全专项投入达4 500多万元，有效保证了事故隐患治理、基础设施完善、防护标准提高、安全警示标志齐全等，如隧道逃生管道敷设按要求设置，孔桩开挖完后实现"一孔一盖一锁"或钢筋围栏防护及桥墩高处作业人行通道搭设、交叉作业实现隔离防护，桥梁区域实现封闭化施工，临时用电标准化、现场设置"五牌一图"、各工作面危险部位均设置安全风险告知栏和标识等，平安工地建设取得一定成效。

（4）加强应急管理，增强防范事故风险能力。平安工地建设的目的是为创建一大批零伤亡工程。围绕降低事故风险的目的，项目在建设过程中除注重各类安全风险评价和控制外，还针对评价存在重大风险的项目编制专项管理措施，制定应急处置方案，从应急措施倒追事故过程预防控制，更好地控制事故风险，同时，加强应急方案的演练，真真正正地把风险带来的损失降至最低限度。

各参建单位制定了《工伤事故应急预案》《塌方事故应急预案》《触电事故应急预案》等11项，并对预案内容和流程进行了演练，尤其在汛期，各参建单位都开展了《防触电事故应急预案》《塌方事故应急预案》《防洪渡汛应预案》等演练，使所有应急演练人员掌握应急流程，及时灵活地应对突发情况。2012年4月，项目下古龙隧道举行隧道塌方大型演练；2013年6月，全线举行安全应急预案演练竞赛，促进应急措施健全到位，开展应急措施大比武，开创了应急演练在高速公路建设管理中的新模式。

4. 规范现场管理，做到安全管理精细化

平安工地建设另一个重点就是现场考核评价，现场共分为综合部分和专项部分，两部分同等重要，分值一样，均为100分，两项加起来在施工单位平安工地建设中的比值占66.7%，因此加强现场安全管理显得尤为重要，也是系统安全管理的重点部分和落脚点。综合考虑，项目公司把平安工地建设现场部分大致归为驻地、场站、路基路面、桥梁、隧道、安全防护和施工作业等七大板块，其中安全防护穿插到各分部分项工程中，真正建设好六大部分，平安工地建设目标就能基本实现。为做到各部分符合要求，项目公司在每个阶段和时间节点提出不同的建设目标，但突出一点就是在精细上下足功夫。

（1）路基路面工程安全管理精细化。在路基安全精细化管理中，主要针对边坡防护、高填方、弃渣场等方面开展各项工作，在边坡防护施工前，及时清理坡面危石、悬石，并设置项目的安全警示标志，边坡施工严格按照自上而下分级进行的原则，开挖一级防护一级，严禁立体交叉作业，作业时搭设牢固的落实脚手架，经验收合格才能使用。填方作业严格控制好"五度"，即压实度、平整度、厚度、宽度和横坡度。弃渣场做好安全监管措施，做好拦沙坝、排水设施，控制好分层弃渣压实，防止造成人为泥石流危及当地居民和污染环境。路面施工做好摊铺机械交叉作业指挥、路面交通安全工程管理、各区域封闭管控等措施。

(2)桥梁施工安全管理精细化。桥梁施工区域实行封闭管理,从桩基施工阶段,挖孔桩施工时,桩位设置安全警示标志、工程标识牌、孔口设置锁口,锁口高度高于地表30cm以上,孔口周围1m范围内进行环向硬化。孔口四周搭设防护围栏,停止作业时,达到"一孔一盖一锁"要求。泥浆池四周设置明显的警示标志和防护围栏。超过2m的基坑,在施工过程中,设置临边防护栏杆,距坑边距离大于0.5m,四周设置排水设施,且坑边1m以内不得堆土、堆料和停放机械。

墩柱施工过程中,作业现场设置作业平台,净宽不低于80cm,人员上下作业采用"之"字形人行斜梯,高度超过40m的现浇、悬浇桥梁,安装附着式施工电梯,满足作业人员上下安全需求。

在跨线作业施工中,做好各类安全警示标志、安全防护棚,限高限宽门架,道口值班等安全措施。

(3)隧道施工安全管理精细化。推广"零开挖"进洞理念,尽可能保护隧道洞口范围内的地质地貌;在隧道开工前邀请专家进行隧道进洞方案专项评审,严格按评审方案进行开挖,全线20座隧道在施工过程中均及时进行了地质超前预报;隧道掘进前进行钻爆和强化火工产品管理,防止边钻孔、边装药及做好安全警戒等措施。钢拱架统一在钢筋加工场规范制作成型;严格控制隧道上下台板进行严格验收;初期支护及二次衬砌等严格按照"紧支护、短台尺、弱爆破、快封闭、勤量测"的原则实施。在洞口设置值班室,执行人员进出洞登记制度;长大隧道配置电子安全监控系统;在二阶施工步距及掌子面与二次衬砌间的距离,严格执行二次衬砌台车模板准入制度,在进场二次衬砌模衬和掌子面之间设置逃生管道,保障施工人员安全。

(4)特种设备安全管理到位。工程施工阶段,各参建单位共投入龙门吊、架桥机、塔吊、附着式施工电梯等特种设备90多台套。特种设备进场前,按照有关规定进行了检验,证件齐全、有效,技术性能满足安全要求,安全防护设施可靠。每台设备进场后,都建立了机械设备分类管理台账,按照"一机一档"原则建立了管理档案。所有特种设备操作人员都经专门的安全技术培训并考核合格,取得相应资格证书后才能上岗。起重设备按"十不吊"作业,挂篮设备在安装完毕后进行了试吊并组织人员进行验收。塔吊安装完成后报具有资质的检测机构检测和验收,出具验收合格报告后才投入使用。

5. 突出经验

在平安工地建设过程中,项目还注重把平安工地建设与安全标准化相结合,在驻地和场站等一系列建设过程中,合理调配资源,以集中为准,避免驻地和场站点多面广,安全风险不可控,同时,按照安全标准化建设要求统一布局,专项投入,细化各场站功能设施等,最大限度实现本质安全要求,降低事故风险。

(1)员工驻地实现安全标准化。全线项目员工驻地建设根据工程所在位置自然条件、周边环境、安全距离、安全管理方面做好选址工作,采取租用延线合适房屋或搭设符合要求的活动板房,完善办公区与生活区的划分,所有班组纳入施工工区集中居住、统一管理,搭设的活动板房地面硬化,门窗齐全,结构坚固,通风、照明良好,宿舍区执行治安、卫生、防火管理,严禁通铺,室内严禁存放易燃、易爆物品,做到不乱拉乱接电线,不使用大功率电器设备和明火做饭等。

(2)拌和站建设实现安全标准化。在每个合同段设置一个大型集中拌和站,占地面积不少于10 000m²,拌和站场地用混凝土硬化,各种材料分级堆放并设遮阳防雨设施,设置沉淀池、洗车池,完善排水系统,各功能区划分明确,实行封闭式管理。拌和站作业平台、储料仓、集料仓、水泥罐等涉及人身安全的部位均设置安全防护装置,传动系统裸露部位设置防护装置和安全检修保护装置。

(3)钢筋加工场建设实现安全标准化。每个合同段设置一个集中大型钢筋加工场,搭建标准厂房,面积不少于2 000m²,钢筋加工厂架构采用钢结构搭设,棚顶呈拱形防雨棚,高度不小于7m,机械设备工作平台稳固可靠,材料堆放设置原材料堆放区、加工区、成品区、废料区,配备起重设备及数控自动加工生产设备。原材料、成品、半成品垫放高度不低于20cm。

(4)梁片预制场建设实现安全标准化。全线预制场设置在挖方路段,预制场根据预制梁片数量确定建设规模,每个预制场生产的梁片数量不少于300片,面积不少于5 000m²,预制场布置符合工厂化生产的要求,设置施工区、验梁区、存梁区,配备吊装设备、钢筋安装辅助设施、自动化喷淋养生设备、污水处理设施、移动遮雨棚、视频监控系统等,实行流水作业、封闭式管理。存梁区的梁枕根据地基承载力适当配筋,梁片存放层数不超过2层,叠层存放采取支撑措施,确保安全稳定。

(5)施工便道实现安全标准化。全线施工便道根据地形确定平纵线形及路基断面宽度,便道坡率不小于1:0.5,单车道宽度不小于3.5m,每100m设置宽度不小于5.5m的错车道。所有便道设置排水沟、保持路况完好,部分便道采取混凝土硬化措施,安全警示标志齐全。

(6)现场封闭防护实现标准化。项目点多面广,现场临时开挖基坑、场站建设、桥梁作业危险区域等实现全封闭化管理,各参建单位对危险点集中统一防护,敷设安全网,做到牢固、美观、大方。

(7)现场标志标牌统一规范。在施工初期,项目公司对各类安全标志标牌进行统一规划,如基坑孔洞、交叉路口现场危险部位、工程场所五牌一图、责任牌等,从内容、形式和规格方面进行统一要求,并全线推广,现场安全氛围进一步浓厚。

(8)分部分项工程实现工序预警告知。为切实加强各分部分项工程风险源控制,及时将有关信息传递给作业、管理人员,全线预制场、隧道、桥梁等作业场所实施工序风险预警告知管理,及时将当天工序预警等级、控制措施、责任人等信息予以现场公布,并要求作业人员根据风险等级做好防范措施。

三、取得的主要成效

(1)安全责任事故为零。

(2)安全教育人数达16 000多人次,有效提高了员工的安全意识和操作技能。

(3)开展各类安全演练21次,为有效应对突发事件或事故打下了基础。

(4)安全检查50多次,处置隐患2 000多项(次),有效防范了安全生产事故。

(5)实现特种设备90多台套全过程规范监管。

(6)安全生产费用投入4 500多万元人民币,有效落实了安全监管措施。

(7)策划先行,引进项目管理的先进方法,突出风险控制的要素分析和过程管理PDCA循环,用有限的资源达到安全生产的有效控制。

(8)突出现场,抓好关键工序,高空作业、临边防护等安全管理重点环节,重点执行好安全专项方案验收制度,安全技术措施达不到专项方案要求的一律不得施工。

(9)专职管理,业主单位设置专职安全管理机构和人员负责现场安全生产管理工作,总监办设置一名副总监负责安全生产监理,施工单位按照要求配备专职安全员,做到安全管理专业化、专职化。

(10)场站建设符合安全标准化要求,减少了事故隐患,降低了事故风险。

(11)基本实现将安全生产法律法规、技术标准落实到项目,夯实了安全工作基础,施工现场基本达到安全防护标准化、场容场貌规范化、安全管理程序化,建设各方安全生产责任落实到位。

打造边关风情路 彰显壮乡精气神
——靖西至那坡高速公路文化景观建设的思路与方法

□ 汪进任

百色市靖西县和那坡县,与越南山水相依,漂逸着悠久历史弥香,闪耀着壮族文化光芒。随着中国—东盟经济圈的崛起,桂西南出海出边大通道——靖西至那坡高速公路(以下简称靖那高速)建设势如破竹。这里因特有的地域优势和厚重的民族文化而成了这条经济链上的桥头堡。如何让行走在这条高速路上的驾乘人员、往来旅客领略民族和边关风情,并间接转化为地方旅游经济生产力,靖那高速指挥部在文化观景建设方面亮出了一道招牌菜:打造边关风情路,彰显壮乡精气神。旨在依托当地文化资源的特点和优势,对沿线景观节点和景观长廊进行统一的规划设计,组合形成高速公路文化形象宣传链条,并将这一链条塑造成宣传广西文化的新阵地。

一、设计源由

靖西至那坡高速公路是国家规划建设的出海出边大通道和兴边富民的重点项目,社会效益可贵,文化景观建设不得不从地域特色出发。综观公路沿线的地理、历史和文化资源,具有如下几个特点。

1. 历史源远流长

远在原始社会,靖西就有人类居住。地处归属和政区设置最早见于《唐书》,靖西县早在唐代于西部置安德州,东部设归顺州,建制已有1 200多年历史。那坡县历史同样悠久,新石器时期就有人类在这里活动,古为百粤地。悠久的历史孕育了灿烂的地域文化。

2. 地处边关要塞

靖西、那坡两县沿边有359.5 km长的边境线,靖西有龙邦一类口岸、岳圩二类口岸,4个边民互市点,36条出入境通道;那坡有平孟二类口岸和3个边民互市,这里是大西南通往东南亚各国的重要陆路通道之一,具有优越的沿边优势。

3. 民族文化深厚

(1)英雄人物。古代有随文天祥抗元的张天宗、北宋中期领导壮族人民反抗交趾掠夺骚扰的侬智高、58岁高龄仍亲率广西6 000俍兵驰骋千里奔赴抗倭一线的明代巾帼英雄瓦氏夫人、清末抗法民族英雄刘永福等,其英雄事迹历经千百年广为流传。

(2)民间艺术。南路壮剧最早形成于清朝道光年间,流行于使用壮语南部方言的靖西、那坡等县。因受提线木偶戏的影响,最初为唱做分开的"双簧式"演唱形式,后逐渐丰富发展而为戏曲形式。唱时常用"呀哈嗨"衬腔,故又叫"呀嗨戏"。壮族山歌是靖西、那坡人民广为喜闻乐见的一外口头文学形式,民族特色浓郁,艺术表现力强。每逢春节、婚礼、新居落成,是壮族山歌盛行期。此外,还有被列为广西第四批非物质文化遗产名录的"弄腊舞""矮人舞""舞春牛"等,这些民间艺术散发着独特的民族文化魅力。

(3)黑衣壮。壮族的一个支系,主要聚居在广西那坡县境内,由于历史上战争和民族迁徙等原因,许多人躲入深山老林,过着几乎与世隔绝的生活,从而保留了古老的文化。

4. 文物奇珍瑰丽

(1)壮锦。被誉为中国四大名锦之一,是广西民族文化瑰宝,也是靖西县壮族传统的工艺珍品,早在唐宋时代已广泛流传。它用棉纱和五色丝绒织成，工艺精巧，色彩绚丽耐用。

（2）绣球。靖西素有"绣球之乡"的美称，早在宋代就有绣球传情之说。绣球采用传统的手绣工艺，制作精巧，造型别致，色彩艳丽，过去是壮族男女青年传情的信物，如今成为一种旅游纪念品，受到中外游客的喜爱。

（3）黑衣壮服饰。黑衣壮服饰是地处中国西南边陲的那坡县的特色服饰，至今仍然保留着最为传统、最具有民族特点的内涵。黑衣壮以黑为美，穿戴上讲究实用，款式大方，朴素美观，别有韵味。

基于悠久的历史、灿烂的文化，靖那高速的文化景观建设大有文章可做。民族元素、边关风情、奇珍风物、民间传说等皆可纳入沿线景观的布局，让民族文化和边关文化立体呈现，创造一个既满足人们现代生活需求、又具有地域特色和边关风情的道路空间，全面展现广西高速公路文化形象。这不仅可以大大改善沿线的自然生态环境，提升高速公路文化品位，还可以充分发掘沿线地区的旅游经济潜力，因此意义重大。

二、规划思路

以高速公路为主轴，以旧州互通立交为重点，串联"那坡服务区""靖西服务区"和沿线多个互通立交、停车区、隧道口，建设融休闲、娱乐、商贸于一体的综合服务中心，以园林景观、绿化、石刻、雕塑、宣传画报为主要表现手段，以英雄人物、绣球、壮锦及黑衣壮人服饰等为元素表现壮民族文化和边关文化。把靖那高速打造成广西第一条"边关风情路"。

沿线文化景观建设构件主要由景观台、景观节点和绿化植被组成。

（1）景观台设在旧州互通立交桥，这里是四条公路的交会处，具有较强视觉震撼力。同时，鸟瞰旧州互通枢纽与周边自然山水田园的完美融合，线条曲美的高速公路、清澈见底的小河流水、绿意葱茏的奇山秀峰、垄埂交错的农田肥地，这种匠心独运的景观布局既顺应了自然和谐，又让驾乘人员和游客心旷神怡，如入世外桃源。代表现代工业文明的高速公路与象征农耕文明的自然山水相伴而生，水乳交融，如诗如画。

（2）景观节点主要包括高速公路的收费站、服务区、互通立交以及隧道口等处；主要布景构件有雕塑、石刻、绣球等，以风物绣球、壮锦、黑衣壮服饰、民间传说和故事为表现内容，立体呈现壮民族风土人情。雕塑以绣球女为题材，设计一个壮族女孩，身着壮族服饰，手拿针线凝神绣球，神情自然，体态曲美，把壮家姑娘的手巧、心灵、人美刻画得栩栩如生。石刻则重点介绍当地历史故事、民间传说、文化风俗等，成为宣传当地旅游资源的窗口，让驾乘人员和游客深入了解边关风情，并为其提供向导和便利服务。

（3）绿化植被不采用全线开花的惯用做法，视地势和周边景物实情选取重要节点布景，主要分布在路肩、路基边坡和道路两侧。让驾乘人员在旅途中享受绿树鲜花、清香惬意所带来的自然之美。树木选用低矮品种，以不遮挡周边山水、不妨碍交通安全又能与周边环境形成完美点缀为宜；鲜花选用颜色鲜艳、适合当地种植的品种，开花季节涵盖春夏秋冬四季，且要成带状分布，让游人能感到稳步换景、变化有序。

简言之，文化景观的总体要求是建成沟通东盟各国历史文化、展示地域民族风采、创建广西文化画卷的高速公路文化长廊，为驾乘人员和过往游客提供一个民族文化鲜明、边关风情浓郁的精神家园。

三、思想内涵

将靖那高速定位为"边关风情路"有着特殊内涵：用壮族元素、多元视角、现代手法表现一个主题，即西南边陲兼容并包的壮民族胸怀、纯真朴素的壮民族风俗、勤俭硬朗的壮民族人格、多元厚重的壮民族文化，共同构成了边关风情之魂，折射出靖那路的精、气、神。

（1）精：地处边关要塞，浓郁的地域特色具有唯一性。从地理上看，这里重峦叠嶂，喀斯特地貌明显，山清水秀峰奇，有"小昆明"的美誉。这种相对封闭的地形与现代工业文明树立起天然屏障，给往来旅客尤其是对厌倦城市喧嚣的外来客以暂时的心灵休憩；从风土人情看，居住在这里的少数民族（主要是壮族)热情、纯朴、善良,较为完好地传承着原始的农耕文明,其特有的生产生活方式与美丽的山水构成了一幅有别于后工业文明的边关风情画,令人流连忘返,陶醉其中。

(2)气:这里与东南亚国家接壤或毗邻,处在强势汉文化圈的边缘,垄断性趋弱。在长期的民族交往中,这里的人们在语言、生活习惯、民族心理等与东南亚国家在很大程度上相交,理解包容的心性和与世无争的处世观更值得来客珍惜迷恋。

(3)神:山峦阻隔,交通闭塞,土地资源相对贫乏,生存环境也相对恶劣。这里的人们世世代代与自然抗争,具有顽强的繁衍生息能力和勤劳、勇敢、坚韧的性格特征。在国破民殃的历史年代,这里却成为革命的胜地,这里的人们却成为扛起民族和历史重任的英雄。

以上的精、气、神又统一在靖那高速的建设之中,在山峦起伏的西南边陲,高速公路建设者克服地质地貌复杂、资源短缺、交通运输不便等诸多困难,最终将建成一条"质量优良、景观优美、人文和谐"的精品路。这正是建设者们以坚韧、顽强的毅力高标准严要求推行"标准化、规范化、精细化、人本化"施工的智慧结晶。因为难能所以可贵,这使得观赏游客对建设者由衷敬佩,更对壮乡人肃然起敬。

广西红都高速公路有限公司贯彻落实"三重一大"决策制度调研报告

□ 汪进任

国有企业是我国国民经济的支柱,是党执政的重要经济基础,是发展中国特色社会主义的重要力量。积极探索国有企业贯彻落实"三重一大"决策制度(即:重大问题决策、重要干部任免、重大项目投资决策、大额资金使用,必须经领导班子集体讨论做出决定的制度)的有效途径和方法,对于防范国有企业决策风险,推进国有企业反腐倡廉建设,促进国有企业改革发展都具有十分重要的作用。从近年来国有企业腐败案件发生的趋势看,工程建设领域属腐败案件发生的高危区,因此,必须加强工程领域国有企业"三重一大"决策制度的贯彻执行,维护国有资产安全。笔者就广西红都高速公路有限公司(以下简称"项目公司")贯彻执行"三重一大"决策制度进行专题调研,形成以下报告。

一、贯彻现状

"三重一大"决策制度基本健全。一是按照决策主体的不同,分别确立了党委会、总经理办公会的会议制度,在执行集团公司和高投公司相关要求的前提下制定了董事会、监事会的议事规则,并将它们作为落实"三重一大"决策制度的载体。二是按照业务分类,制定了涵盖"三重一大"事项的财务、采购、人事、投资控制等多个方面的业务管理制度,作为"三重一大"决策制度的配套制度。

"三重一大"决策制度执行相对比较规范。红都公司不仅普遍重视"三重一大"决策制度的建立与完善,而且在"三重一大"决策制度的执行过程中,充分发挥民主和集体的智慧,问计于员工,采纳员工合理化建议,努力实现科学决策、民主决策、集体决策、依法决策,不搞"一言堂",不搞形式主义,切实提高制度的执行力,保证"三重一大"决策制度落到实处。

纪委对"三重一大"决策制度的监督逐步加强。一是工程变更方面。自2012年7月19日集团公司下发了《关于进一步加强纪检监察对工程设计变更等关键环节监督管理工作的规定》以后,公司纪委充分发挥纪检监督作用,对单项工程设计变更金额超过10万元的,尤其是隐蔽工程,派员到现场核查率近70%。这在其他项目中从未有过。对重大工程变更,纪委全过程参与监督,包括业主、监理、设代及承包人四方现场会(变更意向)、变更方案的二次评审会、变更审批手续的核查等。对单项工程变更超过150万元的,纪委书记亲自到现场核查。二是用人选人方面。对干部任命考核,严格按照公司有关程序,加强对民主测评、公示和廉政纪律方面的过程监督,避免用人的不正之风。

二、存在问题

调研中发现,公司在贯彻执行"三重一大"决策制度中成效是显著的,但在实践过程中仍然存在一些问题,主要表现在以下几个方面:

(1)按照集团公司人力资源管理有关规定,项目公司既无纪检监察部门,也无专职人员。受部门设置及人员编制限制,项目公司纪检监察工作由综合部同志兼任,一方面,综合部承担了行政、后勤、人力、党群、宣传、纪检监察、工会等多项业务,在纪检监察工作方面可投入精力十分有限。另一方面,项目公司负责纪检监察工作的同志业务水平有待提高,工作方法和监督效能有待改进,尤其是在工程变更方面,缺乏专业素养,客观上制约了监督作用的发挥。

(2)项目处于大石山区,地质地貌复杂多变,桥隧比高,项目勘探设计变更方案众多,尤其各固隧道、那圩隧道等,频频出现塌方、岩层不稳定等现象,虽然是同一分项工程的连续变更,但为保证工程进度,很难以报批,不得不以10m一个单位实行小里程变更,每次变更都需要到现场核实,一个隧道就长达3km以上,纪委参与全过程监督的工作量非常大。以项目公司目前的人力状况,不可能保证监督的深度。

(3)项目公司纪检监察人员对"三重一大"集体决策的监督程序认识模糊,集团公司对"三重一大"监督的范围有了明确的规定,但对项目公司纪检监察人员如何实施监督,尤其是在工程设计变更方面应该走什么程序,对不符合规范的变更有多大的中止权限并没有明确的界定,项目公司纪委如何对同级党委进行监督等。

(4)有部分工程变更时间紧,是推进工程整体进度的控制点,尤其是通车项目上,如果严格按照"三重一大"决策制度走流程,经过层层报批和专家评审,少则需一个月的时间,多则需几个月,怎么处理好工程进度和相关制度之间矛盾是一大难点。

三、主要做法

1. 广泛宣传,加大学习,进一步提高"三重一大"集体决策制度执行和落实的自觉性和主动性,形成良好的工作机制

(1)提高认识,统一思想,为工作的深入开展找好切入点。"三重一大"是公司管理的敏感问题,同时也是公司工作的重要内容,关系到领导班子的核心凝聚力和战斗力。把此项工作抓好,党风廉政建设就将事半功倍。对此,确定了"强化意识,完善机制,积极参与"的工作思路,把正确解决和处理好"三重一大"制度规定作为我公司深入开展好工作的切入点;并坚持从自身做起,从落实好"三重一大"制度规定做起,对切实转变干部工作作风起到了积极的作用。

(2)让全体员工积极参与,实现对"三重一大"制度规定落实的全过程监督。在"三重一大"制度落实的过程中,充分体现出民主管理的特色,要让全体员工积极参与。凡是在"三重一大"范围内的问题必须召开党委会、董事会,严格按照议事规程逐一决策,充分听取意见,必要时有员工代表参加并进行审议。

(3)具体工作落实方向,包括:建立与完善"三重一大"决策与执行情况的决策议题的台账、考核评价和后评估机制、决策失误纠错改正要求与工作整改机制、决策责任追究机制等内容。

2. 切实推动监督职能落到实处

(1)对"三重一大"制度规定的落实,工作深入细致,不断创新监督方法。同时,公司也采取必要措施进一步加大对监理单位的监督力度,使各部门、各从业单位制定的相关管理制度、议事规则、工作标准和实施细则统一到公司的轨道上来。

(2)紧密结合党风廉政建设责任制执行情况考核和领导干部民主测评,结合公司领导班子民主生活会的督查,采用多种形式及时发现和纠正制度执行过程中出现的问题。

3. 领导干部深入群众,积极引导广大员工主动参与民主决策

(1)公司设立合理化建议箱和举报箱,自觉接受员工群众监督,充分调动各部门、各从业单位增强执行"三重一大"决策制度及公司其他规定的自觉性和主动性,进一步树立起大局意识、责任意识、廉政意识和主人翁意识,形成长效机制。

(2)各领导干部充分发挥职工群众的监督作用,深入到职工群众中并听取他们的意见及建议,广泛开展调查研究,总结经验、探索规律,博采员工群众的智慧,保证决策的科学性。

四、工作体会

1. "三重一大"决策制度要坚持民主集中制,确保程序规范

民主集中制是民主基础上的集中和集中指导下的民主相结合的制度。从"三重一大"制度的概念

提出到一系列文件、规定的出台,使"三重一大"决策制度的逐步建立和民主集中制方法的不断完善相互促进,形成坚持用制度管权、管事、管人,建立健全决策权、执行权、监督权,既相互制约又相互协调的权力结构和运行机制。作为高速公路建设的业主,贯彻落实"三重一大"制度,要注重程序,无论在党委会、职工代表大会,还是在董事会、总经理办公会上,班子成员应当以会议研究、集体讨论的形式,对职责权限内的"三重一大"事项作出集体决策,不得以个别征求意见等方式作出决策。决策事项之前,应当提前告知所有参与决策人员,并为所有参与决策人员提供相关材料;与会人员要充分讨论并分别发表意见,主要负责人应当最后发表结论性意见。会议决定多个事项时,应逐项研究解决;特别是在重要人事任免上,应当事先通过组织人事部门考察、征求纪检监察部门的意见;会议决定的事项、过程、参与人及其意见、结论等内容,应当完整、详细记录并存档备查。要根据自身实际,对集体讨论的方式、步骤、议程、时限等尽可能地细化,确保"三重一大"制度得到有效的落实。

2."三重一大"决策制度要纳入惩防体系,确保有章可循

贯彻执行"三重一大"决策制度,这是从源头上治理腐败最有效的途径,也是构建惩治和预防腐败体系的核心内容。在"三重一大"决策制度的完善与发展过程中,其制度内容也已经由原则性要求向具体要求、由一般性权力向要害权力、由权力执行向权力决策延伸,对关键性权力制约和监督的指向更加明确。落实"三重一大"制度,是为了强化对重要权力的监督,防止滥用权力和以权谋私,体现了"更加注重治本,更加注重预防,更加注重制度建设"的思路。形成有效的决策失误追究制度,增强决策责任感。建立决策失误追究制度,主要目的不是惩罚决策人,而是保证决策失误后能找到责任人,通过对主要负责人进行适当的处理,明确其职责,增强责任人在进行决策时的责任感,减少决策的失误,并且约束责任人的决策行为。追究的内容主要指不履行"三重一大"事项制度决策程序,不执行或擅自改变集体决定的;未经集体讨论决定而个人决策、事后又不通报的;违反设定的内容和程序而造成决策失误的;未向领导集体提供真实情况而造成错误决定的责任人;执行决策后发现可能造成损失,能够挽回而不采取措施纠正的等。落实责任追究制度要区别对待造成决策失误的原因,抓住不落实的事,追究不负责的人,明确决策失误者所应承担的责任及处罚措施。

3."三重一大"决策制度要融入现代企业管理中,确保科学决策

贯彻执行"三重一大"决策制度,要充分融入现代企业管理中,做到"四个化"。

一是内容要规范化。比如在大额资金使用上,多少数额由班子成员集体决策,多少数额由主要领导决策,多少数额由分管领导决策等,都要认真准确地加以规范,防止小数额上会决策,大数额个人"拍板"的现象发生。

二是程序要制度化。在决策前,先由职能部门提出方案,进行可行性研究、与相关领导沟通,最后由主要领导主持召开会议进行集体决策,除特殊情况外,不得临时会议决策;在决策时,班子成员应对决策事项逐个明确表态及说明理由,形成会议记录;在决策后,由班子成员按分工和职能部门负责组织实施,不得擅自改变决策。对集体讨论的会议出席人员范围、会议主持人以及表决方法等,都应制度化。

三是方式要民主化。集体讨论"三重一大"问题,应根据不同内容,不同情况选择各种会议决策。对关系企业全局性、方向性、战略性问题的决策,坚持做到不事先充分酝酿不决策,不广泛征求意见不决策,不经过集体研究不决策,确保决策的民主化。在决策时要实行向职代会"报告制""票决制""署名制"等。

四是过程要科学化。在决策实施过程中,失误是难免的,再高明的领导者,也有失误的可能。由于外部情况的急剧变化,或者由于决策本身的失误,原定决策方案已表明脱离实际,甚至危及决策目标的实现时,就必须对原有方案进行修正。不断纠偏纠错,拾遗补缺,确保决策的正确与科学性,削减风险,达到集体决策的最终目的。

4."三重一大"决策制度要坚持集体领导决策,确保职权明确

要保证公司"三重一大"集体决策制度的正常运行,从管理的各个方面为决策制度的正常运行搭建平台。

一是要加强企业领导班子建设。按照"交叉任职,一岗双责"的原则,建立和完善有利于发挥党委领导班子集体决策作用的组织领导体制,加强"四好班子"建设,为企业党委发挥政治核心作用提供组织保证。

二是强化班子成员责任意识。建立领导人员工作责任制,实行工作分工负责制,主要领导要敢于担担子,善于谋大事、抓大事、成大事,分管领导要认真履行职责,深入基层调研,解决实际问题,化解矛盾,彻底消除遇到问题"绕道走",遇到矛盾"往上交",遇到任务"踢皮球"的不负责现象。

三是提升集体民主决策能力。班子主要负责人要经常与成员"沟通",坦诚相见,说真话、说实话,真正做到坦诚相见;要带头执行"三重一大"民主决策制度,班子成员之间要相互信任、相互谅解、相互支持;要尊重副职,副职要维护正职,做到有事无事常往来,大事小事多商量,努力形成风清气正的良好氛围。

四是认真落实个人分工负责制。坚决纠正个人凌驾于组织之上的做法,牢固树立班子成员相互平等的观念,充分发挥每位班子成员的积极性、主动性和创造性。要对班子成员的权限、责任作明确的界定,做到事事有人管,人人有专责。

技术论文

刚柔复合式沥青路面试验段方案设计

罗根传[1]　付宏渊[2]　钟　永[1]　谢　军[2]　黎兆联[1]　邵腊庚[2]

(1. 广西交通投资集团有限公司,广西南宁 530028；
2. 长沙理工大学,湖南长沙 410114)

摘　要　针对广西高速公路沥青路面建设过程中存在的不足,结合"广西高速公路沥青路面建养关键技术研究"课题,开展广西高速公路沥青路面典型路面结构研究,提出刚性基层复合式沥青路面试验段方案,以验证理论分析和室内实验结果、确定施工工艺,为沥青路面典型结构的选择和方案的提出提供依据。

关键词　道路工程；刚柔复合式路面；典型结构；连续配筋混凝土；沥青路面

0　引言

广西是西南地区最重要的出海通道,也是中国西部资源型经济与东南开放型经济的结合部,在中国与东南亚的经济交往中占有重要地位。按规划到2020年广西地区将建成高速公路8 000km,目前在建高速公路主要为沥青路面结构形式。广西地区高速公路建设起始于1993年,早期的高速公路路面结构形式均为水泥路面,而高速公路沥青路面建设起始于2003年南友高速公路,受资源、经济及相应建设经验的影响,沥青路面建设中存在如下问题:路面早期病害即通车1~2年后出现的水损害、车辙和裂缝等破坏；由于广西高速公路沥青路面修建时间不长,无法通过经验总结提出经济性和使用性能优良的沥青路面典型结构及材料组成等方案。

基于上述背景,特开展"广西高速公路沥青路面建养关键技术研究"项目,以提高路面使用性能,减少养护成本,延长路面使用寿命。项目的专题二为"广西高速公路沥青路面典型路面结构研究",重点研究不同路面结构组合形式在广西的适用性,而刚性基层复合式沥青路面是路面结构组合技术的主要研究内容之一。

1　试验路路面结构方案

结合广西高速公路沥青路面沿线自然条件与社会经济状况,通过刚性基层复合式沥青路面试验段的修筑,来验证理论分析和室内实验结果、确定施工工艺,并分析有关指标随交通荷载重复作用的变化规律,考察路用性能的衰减变化,为沥青路面典型结构的选择和方案的提出提供基础。

经讨论,试验段选择在广西靖西至那坡高速公路修筑,靖西至那坡高速公路是广西高速公路网布局"四纵六横三支线"规划中"横6"合浦(山口)至那坡(省界)高速公路的组成部分。项目位于广西壮族自治区西南部,在百色市靖西、那坡两县境内。

本项目高速公路主线长85.342km,为设计速度100km/h的四车道高速公路,路基宽26m。主线K0+000~K85+342路面结构为:20cm级配碎石垫层+20cm厚3.5%水泥稳定碎石底基层+33cm厚5%水泥稳定碎石基层+1cm同步沥青碎石(封层+透层)+8cm厚AC-25C下面层+6cm厚AC-20C中面层+4cm厚改性AC-13C上面层(辉绿岩)。经过研究和优化,试验路方案如表1所示,复合式沥青路面按刚性基层加铺沥青面层的结构进行设计,根据设计交通量进行结构分析与计算。

试验路的检测内容主要包括:半刚性底基层、垫层及路基顶面的弯沉(回弹模量)检测、连续配筋混凝土基层表面构造深度检测、沥青层表面渗水性能检测、沥青路面表面车辙、抗滑指标检测等。

靖西至那坡高速公路试验路结构形式　　　　表1

方案A	方案B	方案C	方案D
6cm复合改性SMA-16		4cm改性AC-13	6cm复合改性SMA-16
1cm同步碎石封层+界面处理		黏层	1cm同步碎石封层+界面处理
21cmCRC	24cmCRC	5cm改性AC-20C	28cm水泥混凝土
封层		1cm改性沥青碎石黏层+界面处理	封层
15cm水稳碎石	20cm水稳碎石	28cm水泥混凝土	20cm水稳碎石
15cm水稳碎石	20cm级配碎石	封层	20cm级配碎石
20cm级配碎石		20cm水稳碎石	
		20cm级配碎石	
总厚度78cm	总厚度71cm	总厚度78cm	总厚度75cm

其中沥青层表的相关指标应在竣工时、通车0.5年、1年、1.5年、2年后分别进行检测,以考察相关指标随交通荷载作用的变化规律。

2　连续配筋混凝土刚性基层方案

CRC+AC复合式沥青路面中连续配筋混凝土路面克服了钢筋混凝土路面的缺点,没有接缝,结构整体性好,承载能力强,使用寿命长,养护维修少;微裂缝仍然存在,但反射裂缝问题不大,需要关注的是层间界面结合问题,造价较高,施工技术要求高,需有经验的专业队伍施工,施工进度稍慢。

同其他结构形式的路面有所不同,刚性基层复合式路面的损坏主要集中在沥青加铺层的损坏,其损坏形式主要有车辙与推移、开裂与水损坏。车辙和推移是发生在沥青面层的永久性变形:车辙表现为在轮迹处沥青层的凹陷;推移主要是由于沥青混合料的高温稳定性不足,在车辆荷载水平力的作用下,发生位移。对于刚性基层复合式路面出现的车辙和推移病害,主要的应对技术措施是两个方面:一方面采用高性能的改性沥青作为黏结料,采用骨架密实型的级配,采用合理的摊铺碾压工艺,以提高沥青混合料的高温稳定性、水稳定性和强度;另一方面,重点是加强刚柔界面的黏结处理,提高其抗剪强度和黏结强度,使沥青层与水泥混凝土板更好的黏结在一起,提高整体受力性能。

刚性基层复合式路面的界面层处于沥青层与水泥混凝土板之间,起到黏结沥青层与水泥板的作用。界面层处在刚柔过渡部位,由于受水平方向的剪应力超过界面层的抗剪强度所致,极易发生破坏,用作刚柔界面的材料要求具有很强的黏结能力,良好的适应变形能力,不透水性,足够的耐久性。因此,界面层的设计主要考虑的是抗剪强度。界面层的抗剪强度主要依靠界面层水泥混凝土面板的挫槽深度或粗糙度与面层沥青混合料之间的机械咬合作用和化学吸附作用。

2.1　沥青面层

对刚性基层上加铺的沥青面层,其高温稳定性应足够好,避免出现车辙变形;其与下面刚性基层层间结合要好,避免出现层间推移;同时沥青层应具有较好的抗反射裂缝的能力;另外还需兼顾沥青层表面防水的要求。

根据刚性基层沥青路面层间剪应力分析结果,最大层间剪应力随着AC层厚度增加而减小,且结合状态越好,层间最大剪应力越大。在完全连续时,AC层厚度增加到20cm时,缓解效应比较明显,若完全光滑或部分连续时,AC层超过一定厚度(在此为10cm)缓解效用不再明显。就抗剪而言,AC层厚度为6~10cm比较合适,且经济优势明显。因此,沥青面层考虑采用6cm复合改性沥青混凝土,一层施工,减少工序。

针对广西地区高温湿热这一主要特点,对刚性基层上加铺的沥青面层,其高温稳定性应足够,避免出现车辙变形；其与下面刚性基层层间结合要好，避免出现层间位移；同时沥青层应具有较好的抗反射裂缝的能力；另外还需兼顾沥青层表面防水的要求。

目前常用的SBS改性沥青混凝土、SMA等作为面层材料具有较好的路用性能。为保证沥青层较好的路用性能，在常规SBS改性沥青的基础上，推荐采用复合改性沥青混凝土(SMA-16)，其中改性沥青可考虑：

(1)胶粉改性沥青：近年来胶粉改性沥青具有抗老化、抗疲劳、黏度高、抗裂缝、环保等优良性能而在我国逐步得到了推广应用，但试验表明，胶粉改性沥青高温稳定性存在一定局限。

(2)Superflex：Superflex改性沥青是由印度尼西亚TMA公司的Superflex高浓度改性沥青与基质沥青经高速剪切制备而成。Superflex沥青为天然屑粒橡胶改性沥青，既不是SBS改性沥青，也不是SBR改性沥青，具有很高的黏度和软化点，尤其和石料之间具有很好的黏附性。目前已应用于国内部分薄层罩面工程及沥青面层。

(3)多聚磷酸改性沥青：多聚磷酸作为改性剂的改性机理是改变基质沥青的结构，从而达到改变沥青性能的目的，具有较好的路用性能，且具有明显的经济优势，目前其应用逐步推广。

综合上述及考虑施工的操作性能，推荐采用Superflex改性沥青混凝土，同时为提高其高温稳定性，必须加入抗车辙剂。

2.2 CRC结构层

从设计交通量来看，为重交通路面结构，结合相关经验，连续配筋混凝土板的厚度分别取21cm、24cm，按0.7%左右配置纵向钢筋，纵向钢筋采用$\phi16$Ⅱ级螺纹钢筋，间距为13cm，横向配筋按0.1%左右配置$\phi20$Ⅱ级螺纹钢筋，间距为40cm；通过结构计算，并考虑重载交通的影响，混凝土板底的应力满足规范要求。

连续配筋位置设置在水泥混凝土顶面下板厚的1/3处，横向钢筋的布置与中线夹角为60°。纵向钢筋必须紧密绑扎、安装好且稳固可靠(所有接点必须稳固)，搭接点可采用细铁丝绑扎或者点焊，纵向钢筋最小搭接长度为绑扎钢筋直径的35倍，单面焊接不小于10d，搭接位置采用焊接接头应错开50cm，绑扎接头应错开90cm，且同一垂直断面上不得有2个焊接或绑扎接头。横向钢筋布置于纵向钢筋之下，一般不宜搭接，若有搭接也应错开布置，搭接长度不小于钢筋直径的30倍。纵横向钢筋绑扎的钢筋网必须平直成带片状，至板边的侧距应保持相等。除了临时中断的施工缝以外，钢筋网应保持连续。

CRC的配筋率按JTG D40—2011进行设计，钢筋位置设置在距混凝土板表面1/3处，为控制CRC的冲断破坏模式，横向钢筋与纵向钢筋的夹角呈60°，拉杆布置于每条纵向施工缝中。在CRC板中间厚度的位置，在混凝土浇筑时采用人工植入方式，放置拉杆，为了避免与横向钢筋发生冲突，间距可以在0.60~0.8m之间调整。

连续配筋水泥混凝土路面端部处理施工按桥梁伸缩缝中毛勒缝的施工工艺进行施工，其施工要求按桥梁工程中有关规定进行。

2.3 层间处治及防裂措施

对于刚性基层复合沥青路面结构，重点应考虑其层间结合和防治反射裂缝的问题。

为加强沥青面层与混凝土板的黏结，除优选黏结强度高的黏结层材料外，还需对混凝土板表面进行清理与处理，混凝土板表面的碎石最好能外露出来(构造深度2~3 mm)。可采用混凝土浇筑时表面洒缓凝剂，待混凝土强度达到一定强度时用高压水冲刷表面，除去表面砂浆，露出碎石；也可采用机械方法，刷去表面浮浆。可通过如下方法实现：

(1)表面露骨：即在新浇混凝土的表面喷洒缓凝剂，再用高压水冲掉混凝土表面的砂浆，集料外露后，在新的表面上喷洒养生薄膜。

(2)表面刷浆：即在新浇混凝土的表面喷洒缓凝剂，然后用塑料薄膜覆盖。第二天刷掉混凝土表面的砂浆，集料外露后，在新的表面上喷洒养生薄膜，如图1所示。

图 1　水泥板表面处治

由于层间剪应力较大,CRC 板表面设改性沥青黏结防水层并且进行 CRC 界面处理,以加强层间结合强度。目前试验室选用几种不同掺量的 Superflex 改性沥青、SBS 改性沥青以及高黏沥青作为黏结层材料,进行在光面、裸石、刻槽、拉毛 4 种不同界面处理措施下复合式路面的拉拔或剪切试验,以此来评价黏结层材料与界面处理措施的效果,提出经济、快速、有效的层间界面结合及处理方法,最终通过试验验证黏结剂对黏结质量的贡献,提出是否采用黏结剂的技术建议。

考虑到防治反射裂缝的要求,综合比较现有做法(土工布、土工格栅、复合土工布等),建议采用如下方案:

对水泥板表面清洁干净后,洒布改性沥青(改性沥青种类、撒布量由试验确定),同步撒布 9.5～13.2mm 的单一粒径碎石,碎石应具有较好的抗压强度,以满铺为标准;然后由轮胎压路机紧跟碾压,形成一层 1cm 左右的改性沥青应力吸收层。

3　普通水泥混凝土刚性基层方案

对于刚性基层沥青面层的厚度,根据《公路水泥混凝土路面设计规范》(JTG D40—2002)的有关要求,以连续配筋混凝土和横缝设传力杆的普通混凝土为基础的复合式路面中沥青面层的厚度一般为 2.5～8cm;同时指出,旧水泥混凝土路面上沥青加铺层按减缓反射裂缝的要求,高速公路沥青面层的厚度宜为 10cm。《公路沥青路面施工技术规范》(JTG D50—2006)中[条文说明]:刚性基层沥青路面,高速公路的沥青面层最小厚度不宜小于 10cm。

横缝设传力杆的普通混凝土刚性基层沥青路面(PCC + AC)结构在局部配置钢筋(接缝传力杆和板角钢筋),结构的整体强度不如钢筋混凝土与连续配筋混凝土,但其接缝间距短、传力杆施工复杂、反射裂缝仍然存在,由于没有布设钢筋,施工进度快、施工方便、技术成熟、可采用小型机具人工施工,造价低;由于设置了横向接缝传力杆,减弱了荷载作用下接缝处的竖向剪切应力与剪切破坏,但荷载作用下承重板的疲劳破坏造成板中开裂将难以控制,同时造成的板角开裂也不能控制;温度变化下板的水平变形所造成的板接缝处的水平位移所产生的反射裂缝仍然存在,温差和沥青面层的厚度将影响到反射裂缝出现的时间。因此结构仍需考虑接缝处反射裂缝的延缓问题。

沥青面层的结构方案与层间处治措施与连续配筋混凝土基层沥青路面的基本相同,这里不再介绍。

3.1　刚性基层

刚性基层 PCC 板的结构尺寸应考虑降低板的应力,降低板间的温度收缩变形量,有利于防止反射裂缝。考虑特重交通,PCC 混凝土板的厚度取 28cm,通过结构计算,并考虑重载交通的影响及刚性路面对重载的敏感性,混凝土板底的应力满足规范要求。

板下设 20cm 水泥稳定碎石基层(5MPa),20cm 级配碎石底基层,基层要求采用骨架结构的级配。

3.2　接缝布置

PCC 板除结构物、竖曲线顶部等位置外,一般不设置胀缝。PCC 板需进行切缝,分两次切,一次切深,一次加宽为8~10mm。并采用SBS改性沥青或其他性能优良沥青基灌缝材料(如道路专用密封胶等)灌缝。

所有横向接缝均要求设置传力杆,并采用支架支撑,保证其水平向、竖向位置的准确,如图2所示。其中横向接缝的具体要求如图3所示。

图2 传力杆布设

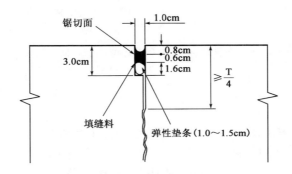

图3 横向接缝构造设计

4 结语

(1)针对广西靖那高速公路特点,提出了4种刚柔复合式路面加铺方案,并铺筑了试验路。
(2)对连续配筋方案加铺过程中,沥青面层、CRC结构层和层间处治及防裂措施进行了详细说明。
(3)对普通水泥混凝土刚性基层方案设计和施工过程中易出现的问题进行了详细阐述。
(4)对试验路后续检测方案及检测频率进行了说明。

研究成果可为刚柔复合式路面在我国的快速发展及应用提供重要参考。

参考文献

[1] JTG B01—2003 公路工程技术标准[S].北京:人民交通出版社,2003.
[2] JTG D30—2004 公路路基设计规范[S].北京:人民交通出版社,2004.
[3] JTG D40—2011 公路水泥混凝土路面设计规范[S].北京:人民交通出版社,2011.
[4] 李盛,刘朝晖.刚柔复合式路面耐久性理论与技术[M].人民交通出版社,2014.
[5] 刘朝晖.连续配筋混凝土复合式沥青路面[M].人民交通出版社,2012.
[6] JTG D50—2006 公路沥青路面设计规范[S].北京:人民交通出版社,2006.
[7] JTG F40—2004 公路沥青路面施工技术规范[S].北京:人民交通出版社,2004.
[8] JTG F30—2003 公路水泥混凝土路面施工技术规范[S].北京:人民交通出版社,2003.
[9] JTG F80/1—2004 公路工程质量检验评定标准[S].北京:人民交通出版社,2004.

温拌剂对沥青性能的影响分析

罗根传[1,2]　周志刚[1]　王习进[1]　邓祥明[2]　李雪连[1]

（1.长沙理工大学,湖南长沙 410114；2.广西交通投资集团有限公司,广西南宁 530001）

摘　要　选用两种典型的温拌剂 Sasobit 和 EWMA-1,针对原样 SBS 改性沥青,制备了不同温拌剂掺量的温拌沥青。通过针入度、软化点、延度等试验,研究温拌剂对 SBS 改性沥青常规性能指标的影响；通过布氏旋转黏度试验分析温拌剂的降黏效果,并结合三大指标的试验结果确定温拌剂的最佳掺量；通过动态剪切流变试验,综合评价温拌剂对 SBS 改性沥青路用性能的影响。试验结果指出,两种温拌剂在最佳掺量下的温拌 SBS 改性沥青的各项常规性能指标均满足规范要求；添入温拌剂后在高温区 SBS 改性沥青的黏度均不同程度地降低,Sasobit 的降黏效果略优于 EWMA-1 的；添加 Sasobit 能显著增强 SBS 改性沥青的高温抗车辙性能和中温抗疲劳性能。

关键词　道路工程；温拌沥青；常规性能指标；布氏黏度；动态剪切流变仪

0　引言

传统的热拌沥青混合料 HMA（Hot-MixAsphalt）是一种热拌热铺材料,其拌和、摊铺及碾压过程都需在较高的温度下（约 135~160℃）进行。因此,热拌沥青混合料的生产和施工,不仅需要消耗大量的能源,而且还会排放出大量的废气和粉尘,影响周围的环境质量和施工人员的身体健康。为了降低能源消耗和减少废气粉尘的排放,欧洲和美国积极开发了一类低能耗环保型的温拌沥青混合料 WMA（Warm-MixAsphalt）来替代热拌沥青混合料[1-4]。温拌沥青混合料使用特定的技术或添加剂,降低沥青在高温下的黏度,使沥青混合料可以在相对较低的温度下拌和施工,却具有和热拌沥青混合料基本相当的施工和路用性能。近年国内一些科研与高校机构,结合高速公路建设与改造,开始引进温拌技术,并开展了相应的研究工作[5-15]。目前,已有的研究与工程应用,由于针对不同种类、品质的沥青,使用不同种类和掺量的温拌剂,试验方法与工程应用条件不同,温拌沥青技术的研究结论不尽一致,需要继续开展系统深入的研究,在更广泛的范围内推广应用,积累经验。

本项目针对广西地区靖西至那坡高速公路隧道比例大、长隧道多的特点,在隧道沥青路面中引入沥青混合料温拌技术,以减少燃料能源的消耗,同时降低混合料拌和温度,减少烟尘,保护环境,改善隧道内的施工条件,最大限度地保护施工人员的健康。为此,课题组针对实体工程隧道沥青路面使用的 SBS 改性沥青,选择了多种温拌剂及其掺量,开展了系统的温拌沥青性能试验对比分析,确定了温拌沥青的掺配方案。

1　温拌沥青的制备

选用两种温拌剂：固体颗粒状的 Sasobit 温拌剂和液体状的 EWMA-1 温拌剂。根据以往研究成果,温拌沥青制备温度宜控制在 140~150℃之间,以减少制备过程中的老化。为了保证温拌剂在 SBS 改性沥青中分散均匀形成稳定的分散相,采用高速剪切仪制备温拌沥青。温拌沥青的制备过程为分别取一定质量的 SBS 改性沥青,放到具有搅拌装置的高速剪切仪上,用电炉将沥青加热至拌和温度,一边用玻璃棒搅拌防止局部受热老化。用温度计测量沥青的温度,待沥青在拌和温度稳定后,添加温拌剂进行高速剪切。

1.1 液体温拌剂

将事先准备好的液体温拌剂缓慢地倒入沥青当中。添加时,应先缓慢搅拌,以防止液体温拌剂加入到沥青后剧烈发泡而使沥青溢出容器。分批次缓慢地将具有发泡作用的液体温拌剂倒入沥青中,待沥青表面无明显气泡后,将搅拌机调整至 600r/min 进行恒温高速剪切搅拌 10min。

1.2 固体温拌剂

由于固体温拌剂为颗粒状固体,应对沥青先进行恒温低速搅拌,分多次加入固体温拌剂,待全部倒入沥青后且表面无明显漂浮的固体颗粒时,再以 1 500~2 000r/min 进行高速剪切搅拌 20min,使温拌剂能够均匀溶解在沥青中。

2 温拌沥青三大指标试验

目前,我国普遍采用以针入度为核心的分级体系(P 级)评价沥青的常规性能。一般的,若温拌沥青比原沥青的针入度减小,同时软化点提高,则认为其高温性能得到改善;若低温延度升高,则认为其低温抗裂性能提高。

分别在 SBS 改性沥青中添加 2%、3%、4% 的 Sasobit 温拌剂和 6‰、7‰、8‰ 的温拌剂 EWMA-1,进行了温拌沥青的针入度、软化点、延度的标准试验[16]。试验结果如表 1 所示。

温拌沥青三大指标试验结果　　　　表1

类　　型	25℃针入度(0.1mm)	软化点(℃)	5℃延度(cm)
原样沥青	56.2	78.10	104.05
Sasobit2%	54.5	89.85	94.60
Sasobit3%	45.8	85.57	83.00
Sasobit4%	49.2	94.90	62.65
EWMA-16‰	56.6	75.10	126.50
EWMA-17‰	54.5	74.85	130.45
EWMA-18‰	54.4	72.50	147.95

2.1 针入度测试

针入度是测定沥青稠度的指标,它反映了沥青的流变性能。针入度值越小,则表示沥青的黏度、稠度越高,即沥青的硬度越大。针入度是指一定温度条件下标准针在规定负重、经过规定时间、垂直插入沥青的深度,表示单位为 0.1mm,试验结果分别如图 1 和图 2 所示。

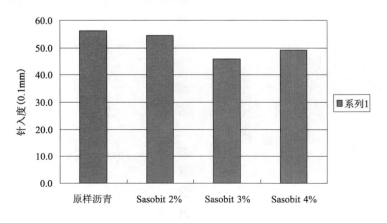

图 1　Sasobit 温拌沥青针入度对比

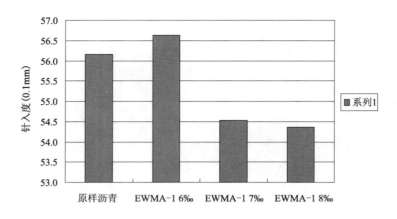

图2 EWMA-1 温拌沥青针入度对比

图1表明,在原沥青中掺加Sasobit温拌剂后,针入度值均有所降低,表明温拌剂对原沥青的针入度有影响,即会使沥青变硬、稠度变大,抵抗变形的能力有所增强。其中以添加量为3%时针入度降幅最大,可以考虑最佳掺量为3%。

图2表明,在原沥青中掺加EWMA-1温拌剂后,掺量6‰时针入度比原沥青的稍大,但不超出规范要求的范围。随着掺量的增加针入度值均有所降低。

2.2 软化点测试

Sasobit温拌沥青和EWMA-1温拌沥青软化点试验结果分别如图3和图4所示。

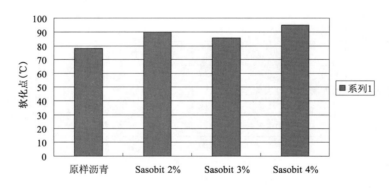

图3 Sasobit 温拌沥青软化点对比

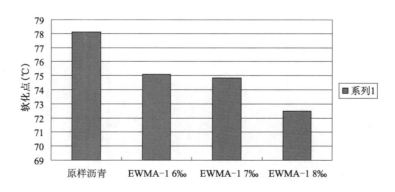

图4 EWMA-1 温拌沥青软化点对比

图3表明,掺温拌剂Sasobit的温拌沥青软化点均大于原沥青的软化点,说明Sasobit对SBS改性沥青的高温稳定性有利。

图4表明,掺温拌剂EWMA-1的温拌沥青软化点均比原沥青软化点有一定程度的降低,且随着掺量的增加不断降低,不过降幅较小,对SBS改性沥青的高温稳定性影响不大。

2.3 延度测试

Sasobit温拌沥青和EWMA-1温拌沥青延度试验结果分别如图5和图6所示。

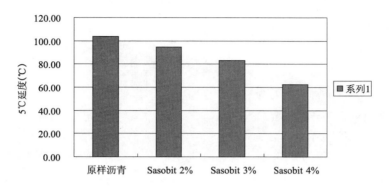

图5 Sasobit温拌沥青延度对比

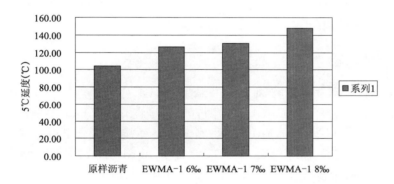

图6 EWMA-1温拌沥青延度对比

由图5可知,Sasobit型温拌剂的掺入使SBS改性沥青的5℃延度值减小了,并且随Sasobit掺量的加大温拌沥青的5℃延度不断下降,不过仍然满足相关规范对SBSI-D沥青延度大于20cm的要求。说明温拌剂Sasobit对SBS改性沥青的低温性能有一定的负面影响。

由图6可知,掺入温拌剂EWMA-1后,SBS改性沥青的延度有一定程度的增长,且随着掺量的增加,延度不断增大,说明EWMA-1对SBS改性沥青的低温性能有利。

3 布氏黏度试验

沥青黏度是表征沥青材料在外力作用下抵抗流动变形的能力,其值大小与沥青路面力学行为关系密切。沥青黏度随温度有明显变化其变化范围比较大,所以应针对不同温度、不同目的采用相应的方法来测定沥青的黏度。由于施工中沥青的操作过程均处于高温状态,因此,这里主要研究温拌沥青的高温施工性能,探讨其在较高温度下的流变特性。故沥青黏度的测试方法采用BrookfieldDV-II型旋转黏度仪。对于基于降黏机理的改性剂,布氏旋转黏度可以直接评价温拌剂的降黏效果。

分别在SBS改性沥青中添加2%、3%、4%的Sasobit温拌剂和6‰、7‰、8‰的温拌剂EWMA-1,进行了温拌沥青的布氏旋转黏度试验。试验结果如图7、图8所示。

从图7可以看出,在高温区,温拌剂Sasobit对原沥青有一定的降黏作用,而在低温区,温拌沥青黏度反而相比原沥青增大了,即对沥青的路用性能有利。

从图8可以看出,在高温区,温拌剂EWMA-1对沥青有一定的降黏作用,随着掺量的变化,高温区温拌沥青的黏度变化不明显,而在中高温区以掺量7‰时在105℃的降黏效果最好,可考虑为最佳掺量。

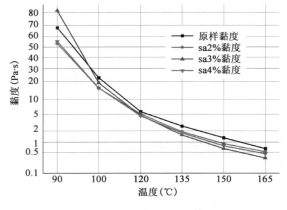

图7 Sasobit 温拌沥青布氏黏度对比

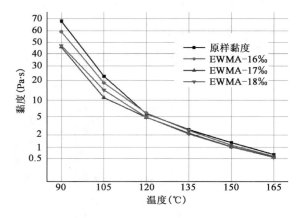

图8 EWMA-1 温拌沥青布氏黏度对比

上述试验结果反映出,添入温拌剂后,在高温区 SBS 改性沥青的黏度均有不同程度的降低,然而在不同的温度区间黏度改变趋势并不一样。相关规范规定135℃时 SBS 改性沥青的黏度不能大于 3Pa·s,是出于对拌和和压实的和易性来考虑的,因此可以以135℃黏度来评价温拌剂的降黏效果。单从135℃黏度数据来看,温拌剂的降黏效果为 Sasobit 优于 EWMA-1。

4 动态剪切流变试验

根据上述试验结果,分别选择温拌剂 Sasobit 和 EWMA-1 的最佳掺量为 3% 和 7‰。然后分别对 SBS 改性沥青、Sasobit 温拌沥青和 EWMA-1 温拌沥青进行了老化前后的动态剪切流变试验,以评价它们的高温性能和疲劳性能。根据 Superpave 技术,测试高温性能时试验控制应变为 10%,剪切频率为 10rad/s。测试疲劳性能时试验控制应变为 1%,剪切频率为 10rad/s。在高温区,要求车辙因子 $G^*/\sin\delta$:老化前沥青不小于 1.0kPa,旋转薄膜老化(RTFOT)后不小于 2.2kPa。在中温区,要求疲劳因子 $G^*\sin\delta$ 在相应温度下不大于 5 000kPa。

4.1 高温性能试验

原样 SBS 改性沥青、Sasobit 温拌沥青和 EWMA-1 温拌沥青高温抗车辙性能试验结果分别如表2~表4。

原样 SBS 改性沥青高温抗车辙性能　　　　表2

类别	温度（℃）	相位角 δ（°）	复数模量 G^*（kPa）	车辙因子 $G^*/\sin\delta$（kPa）	失效温度（℃）	高温连续分级（℃）
老化前	64	63.4	4.1	4.58		
	70	62.5	2.46	2.77		
	76	61.7	1.54	1.75	84.3	
	82	60.9	1.01	1.15		
	88	60	0.692	0.798		
短期老化	64	66.8	4.51	4.91		
	70	67.5	2.6	2.81	72.8	70
	76	68.6	1.55	1.66		

Sasobit 温拌沥青高温抗车辙性能 表3

类别	温度（℃）	相位角 δ（°）	复数模量 G^*（kPa）	车辙因子 $G^*/\sin\delta$（kPa）	失效温度（℃）	高温连续分级（℃）
老化前	70	58	5.28	6.21		
	76	59.4	2.46	2.85		
	82	58.8	1.38	1.62	88.9	
	87	57.5	0.91	1.08		
	94	57.5	0.563	0.667		
短期老化	70	61.1	4.86	5.55		
	76	60.7	3.11	3.57	80.4	76
	82	62.2	1.63	1.85		

EWMA-1 温拌沥青高温抗车辙性能 表4

类别	温度（℃）	相位角 δ（°）	复数模量 G^*（kPa）	车辙因子 $G^*/\sin\delta$（kPa）	失效温度（℃）	高温连续分级（℃）
老化前	70	69.7	2.21	2.36		
	76	71.6	1.29	1.36	79.6	
	82	73	0.776	0.811		
短期老化	70	65.5	2.77	3.04		
	76	66	1.67	1.82	73.8	70

表3表明，掺 Sasobit 温拌剂的温拌沥青，其高温等级较原样 SBS 改性沥青（其结果如表2所示）提高了一个等级，为 PG76-XX。老化后的车辙因子 $G^*/\sin\delta$ 明显高于原样 SBS 改性沥青的。说明添加 Sasobit 能显著提高 SBS 改性沥青的高温抗车辙性能。

表4表明，掺 EWMA-1 温拌剂的温拌沥青，其高温等级与原样 SBS 改性沥青的相一致，同为 PG70-XX。失效温度略高于 SBS 改性沥青，70℃时老化后的车辙因子 $G^*/\sin\delta$ 较 SBS 改性沥青高。说明添加 EWMA-1 的温拌沥青的高温抗车辙能力略优于 SBS 改性沥青。

4.2 疲劳性能试验

温拌沥青中温疲劳性能试验结果如表5所示。

温拌沥青中温抗疲劳性能 表5

类型	温度（℃）	相位角 δ（°）	复数模量 G^*（kPa）	疲劳因子 $G^*/\sin\delta$（kPa）
SBS（短期+长期老化）	28	49.1	2 380	1 796
	25	46.1	3 700	2 671
	22	42.8	5 960	4 049
	19	40	8 750	5 626
Sasobit（短期+长期老化）	25	46.5	4 380	3 176
	22	43.7	6 690	4 621
	19	40.8	9 930	6 486
Sasobit（仅长期老化）	25	49	2 850	2 150
	22	46.2	4 380	3 158
	19	43.4	6 600	4 534
	16	39.6	10 700	6 801

续上表

类　型	温度 (℃)	相位角 δ (°)	复数模量 G^* (kPa)	疲劳因子 $G^*/\sin\delta$ (kPa)
EWMA-1(短期+长期老化)	25	50.9	2 910	2 260
	22	47.8	4 640	3 438
	19	44.8	7 060	4 982
	16	41.4	11 300	7 490
EWMA-1(仅长期老化)	25	53.4	2 030	1 629
	22	50.3	3 300	2 539
	19	47.2	5 240	3 842
	16	43.9	8 180	5 674

从表5可以看出,按常规的短期老化(模拟热拌施工老化)和长期老化(模拟运营期老化)后,掺入温拌剂Sasobit后SBS改性沥青在相应温度下的疲劳因子有所增大,19℃时SBS改性沥青疲劳因子为5 626kPa,Sasabit温拌沥青疲劳因子为6 486kPa,均不满足 $G^*/\sin\delta < 5\ 000$kPa 的要求,PG分级中温抗疲劳等级为同一级别,说明Sasobit的掺加不改变中温抗疲劳等级,仅对SBS改性沥青的疲劳性能略为不利。

但由于温拌沥青采用温拌施工工艺,并未经历热拌施工老化过程,当不考虑拌合过程中的老化时,即不经过短期老化而直接进行长期老化试验,掺入温拌剂Sasobit后SBS改性沥青的抗疲劳性能明显增强,在19℃时,经过短期老化和长期老化的SBS沥青和掺入温拌剂Sasobit的SBS改性沥青均不能满足疲劳因子 $G^*/\sin\delta < 5\ 000$kPa 的要求,而仅经过长期老化的Sasobit温拌沥青在19℃时 $G^*/\sin\delta < 5\ 000$kPa,满足规范要求,沥青的中温抗疲劳等级要高一个等级。说明引入Sasobit温拌工艺可以明显改善沥青结合料的抗疲劳性能。

而对于添加温拌剂EWMA-1情形,按常规的短期老化(模拟热拌施工老化)和长期老化(模拟运营期老化)方式,温拌沥青与原沥青相比,同一温度下的疲劳因子有所降低,19℃时SBS改性沥青 $G^*/\sin\delta$ 为5626kPa,不满足规范 $G^*/\sin\delta < 5\ 000$kPa 的要求,而EWMA-1温拌沥青的疲劳因子 $G^*/\sin\delta$ 为4982kPa<5 000kPa,中温抗疲劳性能比原SBS改性沥青提高了一个温度等级。说明若仍采用热拌工艺,添加温拌剂EWMA-1,可以增强SBS改性沥青的抗疲劳性能。

而若考虑温拌工艺,即不经过旋转薄膜模拟短期老化过程,直接对经过压力老化以模拟长期老化的EWMA-1温拌沥青进行测试,发现与经过短期老化后的SBS改性沥青相比,疲劳因子大大降低,19℃时SBS改性沥青疲劳因子 $G^*/\sin\delta$ 为5 626kPa,不满足规范 $G^*/\sin\delta < 5\ 000$kPa 的要求,而不经过旋转薄膜短期老化的EWMA-1温拌沥青的疲劳因子 $G^*/\sin\delta$ 为3 842kPa,降低了将近32%。说明引入EWMA-1温拌工艺可以明显改善SBS改性沥青的抗疲劳性能。

5　结语

论文采用了两种温拌剂Sasobit和EWMA-1分别制备不同掺量的温拌沥青,通过三大指标、布氏旋转黏度、动态剪切流变等试验对比,主要得到如下结论:

(1)温拌剂Sasobit和EWMA-1的最佳掺量分别为3%和7‰,在此掺量下SBS改性沥青各项常规性能指标均满足规范要求。

(2)添入温拌剂后,在高温区SBS改性沥青的粘度均不同程度地降低,单从135℃黏度来看,Sasobit的降黏效果优于EWMA-1。在135℃时,Sasobit温拌SBS改性沥青的黏度降幅为41%,EWMA-1温拌SBS改性沥青的黏度降幅为26%。

(3)在SBS改性沥青中添加Sasobit温拌剂,其温拌沥青的高温等级较原样SBS改性沥青提高一个等级,添加Sasobit能显著地增强SBS改性沥青的高温抗车辙性能。在SBS改性沥青中添加EWMA-1

温拌剂,其温拌沥青的高温等级与原样 SBS 改性沥青的相同,失效温度略高,添加 EWMA-1 的温拌沥青的高温抗车辙能力略优于 SBS 改性沥青。

(4)引入温拌工艺可以明显改善 SBS 改性沥青的抗疲劳性能。

参考文献

[1] Jones W. Warm Mix Asphalt A State of the Art Review[R]. Australia：Australian Asphalt Pavement Association, 2001.

[2] Hurley G C, Prowell B D. Evaluation of Sasobit for Use in Warm Asphalt Mixes[R]. Auburn：National Center for Asphalt Technology, 2005.

[3] Joe W Button, Cindy Estakhri, Andrew Wimsatt. A Synthesis of Warm–mix Asphalt[R]. Texas：Texas Transportation Institute and Texas A&M University System College, 2007.

[4] Brian D Prowell. The International Technology Scanning Program Warm Mix Asphalt Scan Summary Report[R]. Washington DC：Federal Highway Administration, US Department of Transportation, 2007.

[5] 李祝龙,李小军,赵述曾,等.沥青混合料应用中的环境保护[J].交通运输工程学报,2004,4(4)：1-4.

[6] 徐世法.高节能低排放型温拌沥青混合料的技术现状与应用前景[J].公路,2005(7):195-197.

[7] 秦永春,黄颂昌,徐剑,等.温拌沥青混合料技术及最新研究[J].石油沥青,2006,20(4):18-21.

[8] 吴剑.温拌沥青混合料技术在台金高速公路苍岭隧道中的应用[J].公路交通科技,2008,25(4):132-137.

[9] 张镇,刘黎萍,汤文.Evotherm 温拌沥青混合料性能研究[J].建筑材料学报,2009,12(4):438-441.

[10] 刘至飞,吴少鹏,陈美祝,胡德明.温拌沥青混合料现状及存在问题[J].武汉理工大学学报,2009,31(4):170-173.

[11] 胡宗文,王兆星,王林,马士杰.基于表面活性技术的温拌沥青胶结料性能试验研究[J].公路,2009,9:288-290.

[12] 叶奋,王宝松,贾晓阳,等.成型温度对温拌沥青混合料水稳定性的影响[J].建筑材料学报,2009,12(3):302-305,309.

[13] 王鹏,黄卫东.采用 DAT 添加剂的温拌沥青拌合温度[J].长沙理工大学学报(自然科学版),2010,7(2):12-18.

[14] 郭平.Sasobit 温拌沥青混合料水稳定性能研究[J].郑州大学学报(工学版),2010,31(5):36–39.

[15] 王春,郝培文,李瑞霞,杨凯.KSH 系列温拌沥青混合料性能研究[J].武汉理工大学学报,2011,33(7):47-50,82.

[16] JTJ 052—2000 公路工程沥青及沥青混合料试验规程[S].北京:人民交通出版社,2000.

广西高速公路沥青路面结构与材料的思考
——以广西靖那高速公路建设为例

覃新江[1]　刘朝晖[2]　曹强[2]

(1.广西红都高速公路有限公司,广西南宁530021;2.长沙理工大学,湖南长沙410114)

摘　要　以广西靖那高速公路建设为例,调研并分析了广西高速公路沥青路面的路面结构和材料情况。对比广西与全国,尤其是南方几个省市的高速公路沥青路面的路面结构与材料情况。介绍了目前广西高速公路沥青路面的路面结构与材料的主要特色,针对广西地区高速公路沥青路面的路面结构和材料的主要问题,提出了进一步完善建议。研究成果可为广西高速公路沥青路面工程实践提供参考。

关键词　道路工程;沥青路面;路面结构;路面材料

0　引言

广西高速公路建设起始于1993年,早期修建的高速公路主要为水泥路面,高速公路沥青路面建设始于2003年。广西高速公路沥青路面建设起步时间较晚,但技术起点较高,广西高速公路沥青路面建设吸取了南方地区高速公路沥青路面的建设经验,沥青路面总体情况良好。按广西高速公路网规划,到2020年将建成高速公路8 000km,目前在建高速公路主要为沥青路面结构形式。

随着广西高速公路沥青路面建设的全面铺平,同时个别特殊路面结构的应用,如薄层沥青面层复合式路面等,以及交通量增长和轴载的增大,部分沥青路面出现局部和少量的损坏,主要集中在路面车辙、局部水损害、特殊结构的推移等病害,以及部分沥青路面平整度不理想。对比广西与全国,尤其是南方几个省市的高速公路沥青路面建设情况,结合广西实际情况,本文提出了进一步完善广西高速公路沥青路面的路面结构和材料的建议,为指导工程实践提供参考。

1　广西高速公路典型沥青路面结构与材料情况

1.1　南友高速公路

国道主干线衡阳至昆明公路支线南宁至友谊关公路的路面结构采用了沥青路面,这是广西壮族自治区第一条高速公路沥青路面,路面结构见表1。

主线沥青路面结构　　　　表1

沥青面层	沥青面层结构与材料	厚　度　(cm)		
		干燥	中湿	岩石路段
表面层	SBS改性沥青调整级配AK-13A	4	4	4
防水层	$1.0\sim1.2kg/m^2$ SBS改性沥青防水层	—	—	—
中面层	重交通沥青AH-70调整级配AC-20I	5	5	5
黏层	$0.3\sim0.6l/m^2$ 阳离子快裂型乳化沥青	—	—	—
底面层	重交通沥青AH-70调整级配AC-25I	6	6	6
封层	热沥青封层	1.0	1.0	1.0
透层	$0.6\sim1.0l/m^2$ 煤油稀释石油沥青(AH-90或AH-110)	—	—	—

续上表

沥青面层	沥青面层结构与材料	厚 度 （cm）		
		干燥	中湿	岩石路段
上基层	水泥稳定碎石(4MPa)	20		20
下基层	水泥稳定碎石(3MPa)	20		20
底基层	级配碎石	16~18		10
基层厚度小计		56~58		50

注：防水层、黏层、透层的具体材料用量由试验路确定。

1.2 平钟高速公路

（1）平乐至钟山高速公路和贺州支线沥青混凝土路面结构。平钟高速公路主线和贺州支线的路面结构类型为沥青混凝土路面，路面结构设计汇总如表2所示。

平钟高速公路主线和贺州支线的路面结构　　表2

结 构 名 称	厚 度 （cm）		
	黏性土		石质路段
	互通式立交	高速和一级公路主线	
AK-13A改性沥青混凝土	4	4	4
改性沥青黏结防水层	不计厚度	不计厚度	不计厚度
AC-20I重交通沥青混凝土	6	6	6
乳化沥青黏层	—	不计厚度	不计厚度
AC-25I重交通沥青混凝土	—	6	6
热沥青封层	1	1	1
乳化沥青透层	不计厚度	不计厚度	不计厚度
水泥稳定碎石上基层	20	20	20
水泥稳定碎石下基层	20	20	20
水泥稳定碎石底基层	18	20	15
总厚度	69	77	72

注：主线下封层采用6mmSBR改性乳化沥青稀浆封层，贺州支线采用同步碎石封层。

（2）钟山连接线和贺州连接线沥青混凝土路面结构。钟山和贺州连接线路面结构类型为沥青混凝土路面，路面结构设计汇总如表3所示。

钟山连接线和贺州连接线沥青混凝土路面结构　　表3

结 构 名 称	厚 度 （cm）			
	黏 性 土			
	中湿	干燥	中湿	干燥
	贺州连线		钟山连线	
AC-13I沥青混凝土	4	4	4	4
沥青黏结防水层	不计厚度	不计厚度	不计厚度	不计厚度
AC-20I沥青混凝土	—	—	6	6
AC-25I沥青混凝土	8	8	—	—
热沥青封层+透层	1	1	1	1
水泥稳定碎石上基层	20	18	20	18
水泥稳定碎石下基层	20	20	18	18
级配碎石底基层	18	18	18	18
总厚度	71	69	67	65

注：钟山连接线封层采用1cm沥青石屑封层，贺州连接线采用同步碎石封层。

1.3 六宜高速公路

主线及支线沥青混凝土路面结构如表4所示。

主线及支线沥青路面结构(施工图优化设计) 表4

结构名称	厚度（cm）		
	黏性土		石质路段
	互通式立交	高速和一级公路主线	
AC-13改性沥青混凝土	4	4	4
改性沥青黏结防水层	不计厚度	不计厚度	不计厚度
AC-20重交通沥青混凝土	6	6	6
乳化沥青黏层	—	不计厚度	不计厚度
AC-25重交通沥青混凝土	—	6	6
热沥青封层	1	1	1
乳化沥青透层	不计厚度	不计厚度	不计厚度
水泥稳定碎石上基层	20	20	20
水泥稳定碎石下基层	20	20	20
水泥稳定碎石底基层	18	20	15
总厚度	69	77	72

注：主线下封层采用乳化沥青稀浆封层，贺州支线采用热沥青表处封层(沥青黏结防水层)。

1.4 靖那高速公路

（1）主线路面结构。4cm(AC-13C)改性沥青混凝土表面层 + 70号热沥青黏层 + 6cm(AC-20C)改性沥青混凝土中面层 + 70号热沥青粘层 + 8cm(AC-25C)沥青混凝土下面层 + 1cm同步沥青碎石封层 + 透层 + 33cm5%水泥稳定碎石基层 + 20cm3.5%水泥稳定碎石底基层 + 20cm级配碎石垫层，总厚度为92cm。

（2）互通匝道路面结构。4cm(AC-13C)改性沥青混凝土表面层 + 70号热沥青黏层 + 6cm(AC-20C)改性沥青混凝土中面层 + 1cm同步沥青碎石封层 + 透层 + 33cm5%水泥稳定碎石上基层 + 20cm3.5%水泥稳定碎石底基层 + 20cm级配碎石垫层，总厚度为84cm。

2 广西高速公路沥青路面结构与材料的主要特色

（1）沥青路面结构的发展与全国的发展基本同步：广西高速公路沥青路面结构早期也是采用"4 + 5 + 6"结构，表面层采用SBS改性沥青；目前沥青面层也主要采用"4 + 6 + 8"，中、上面层也采用SBS改性沥青。基层结构直接采用水稳定性较好的水泥稳定碎石材料，没有采用二灰碎石结构，避免了部分省市早期采用二灰碎石材料抗冲刷能力差而产生的唧浆问题。

（2）采用先进的理念选择沥青胶结料和进行混合料组成设计。广西自南友路开始，结合广西的气候条件和交通条件，采用美国沥青PG分级的理念选用沥青和改性沥青的等级；按美国Superpave的级配设计理念"S型曲线"，调整了沥青混合料的级配，采用骨架密实级配，避免了当时我国规范中存在的级配设计问题，提高了材料的高温性能和水稳定性。

（3）直接采用先进的热沥青封层技术，加强了基层表面的防水、黏结与抗裂。广西自南友路开始，非常重视基层表面的防水、黏结与抗裂性能，开始就直接采用先进的热沥青下封层 + 煤油稀释的液体沥青或乳化沥青透层对基层表面进行封闭处理，热沥青下封层一般采用分步或同步碎石封层施工技术。该技术的应用，避免了在其他省市出现的路面开裂、基层唧浆损坏等问题。

（4）表面层材料突破玄武岩的局限，采用多种材料，节约了资金。为满足磨光值的要求，表面层材料往往需要采用磨光值较高的石料,如岩浆岩类的中性石料玄武岩、辉绿岩等,或酸性石料如花岗岩等,部分变质石灰岩也可以达到要求。南友高速采用了英安岩,六宜高速公路采用辉绿岩,靖那高速设计中也指出 AC-13C 表面层采用玄武岩、辉绿岩等性能指标符合要求的碎石,采用多种材料,方便了材料的选取和运输,节约了资金。

(5)全面采用粒料垫层结构。近年来,湖南、广西等南方多雨地区均非常重视级配碎石垫层结构的设计与施工,并将其列入了路面标准化设计与施工的重要内容进行要求,在实际施工中要确保级配碎石垫层的施工质量,并注意凹形竖曲线底部的排水问题,这样可提高路面结构的稳定性和耐久性。

3 主要问题及改进建议——以广西靖那高速公路为例

3.1 沥青路面结构设计方面

(1)复合式路面结构沥青面层厚度问题。广西近年修建部分水泥混凝土复合式沥青路面,但沥青面层的厚度较薄,出现层间滑移等损坏现象,应对复合式路面沥青面层的合理厚度应进行深入研究。

复合式路面沥青面层的厚度,根据 JTG D40—2002 的有关要求,以连续配筋混凝土和横缝设传力杆的普通混凝土为基础的复合式路面中沥青面层的厚度一般为 2.5~8cm;JTG D50—2006 中[条文说明]:刚性基层沥青路面,高速公路的沥青面层最小厚度不宜小于 10cm。JTG D40—2002 中旧水泥混凝土路面上沥青加铺层按减缓反射裂缝的要求,高速公路沥青面层的厚度宜为 10cm。

根据国外的经验,40mm 厚的沥青混凝土面层约可减少 10mm 厚的水泥混凝土结构层。从沥青层的保温隔热效应来看,由于沥青混合料吸收太阳辐射的能力要高于水泥混凝土,所以当 AC 层厚度较小时,CRC 层顶面的温度有可能会高于无沥青面层时的温度,也就是说在 CRC + AC 复合式路面中,沥青层存在一个临界厚度。英国学者认为,当沥青层厚度小于 4cm 时,其隔热作用则可能完全没有。日本学者认为,当沥青加铺层厚度为 5cm 时,有无沥青层混凝土面层顶面的温度几乎相同,即沥青层的最小临界厚度为 4cm。

根据 CRC + AC 复合式路面结构层间剪应力的分析结果,沥青面层厚度在 0~5cm 时,剪应力很大,6~12cm 下降较快,12cm 以上降幅减小,建议沥青层厚度为 8~10cm,应不小于 6cm,不宜超过 12cm。

(2)沥青路面层间结合应加强。沥青路面设计理论基本假设中,要求层间是完全连续的,但工程中要做到这点往往较难,应重视层间黏结,采取合适措施提高层间结合的效果。

工程中对于半刚性基层间的黏结问题,多在层间撒布水泥粉或水泥浆,加强基层间的结合;对于沥青面层则在层间洒布乳化沥青或改性乳化沥青,一般中上面层为改性沥青时,层间一般采用改性乳化沥青。

目前广西对于层间结合问题重视还不够。沥青面层之间的结合目前有要求,但表面层下的黏层油用量宜适当增加,预防雨水透过表面层渗入中面层。同时对基层层间的结合重视也还不够,一般没有提出撒水泥浆或水泥粉的要求,建议加强。

(3)路面结构层厚度的确定。基层承重结构层的厚度应根据交通量分析,通过沥青路面专用设计程序计算确定;而沥青面层的厚度往往都是设计人员根据高速公路当地的气候条件和交通条件综合确定的,单一采用"4+6+8"结构存在不合理性,建议广西偏远地区交通量较小路段,可适当减薄沥青面层厚度,采用双层式结构,如"5+7、8、9、10"结构,提高表面层厚度,增强压实性能,减少表面层的渗水。

3.2 沥青路面材料设计方面

(1)沥青面层层间黏结材料。广西部分高速公路设计文件中要求沥青面层间采用 A-70 热沥青黏层,洒布量为 0.3~0.5kg/m^2。在实际施工中,现有的沥青洒布设备难以进行准确洒布作业,因洒布量太小不方便施工,施工中洒布量往往会偏大,将不利用于结构稳定。尤其是表面层与中面层的层间,洒布量大可能会出现表面泛油。试验路段铺筑时已出现黏轮扯起成包的现象,建议采用常规的改性乳化沥青为宜,改性乳化沥青黏层的用量为 0.3~0.6l/m^2。

目前主要有 SBS 改性乳化沥青和 SBR 改性乳化沥青，SBR 胶乳改性乳化沥青具有较好的低温抗裂性，抗低温性能效果明显，适合高寒地区，SBS 改性乳化沥青能同时兼顾沥青的高低温性能。目前一般采用 SBR 胶乳进行改性，可用于黏层、封层、桥面防水黏结层等。SBR 是一种高分子聚合物，与特殊复合材料在沥青之中相互交连形成网状，能有效限制沥青胶束的自由度，喷洒道路表面成型后不会和车轮黏连，即使施工车辆通行也不会影响黏层效果。因此，SBR 复合改性乳化沥青是一种良好的层间黏结材料。

(2) SBS 改性沥青。目前中上面层采用 SBS 改性沥青，但《公路沥青路面施工技术规范》(JTG F40—2004) 中 SBS 改性沥青的技术指标与要求，即使采用 I-D 标准，对南方高温地区不太适应，需进行调整，具体见表5。

聚合物 SBS 改性沥青技术要求 表5

技术指标		SBS 改性剂(I-D)	试验方法
针入度(25℃,100g,5s)(0.1mm)		30～60	T0604
针入度指数 PI	不小于	+0	T0604
延度 5℃,5cm/min(cm)	不小于	25*	T0605
软化点 $T_{R\&B}$(℃)	不小于	70*/75	T0606
运动黏度 135℃(Pa·s)	不大于	3	T0625/T0619
闪点(℃)	不小于	230	T0611
溶解度(%)	不小于	99	T0607
弹性恢复 25℃(%)	不小于	85*	T0662
贮藏稳定性离析,48h 软化点差(℃)	不大于	2.5	T0661
TFOT 或 RTFOT 后残留物			
质量变化(%)	不大于	±1.0	T0610/T0609
针入度比 25℃(%)	不小于	65	T0604
延度 5℃(cm)	不小于	15	T0605

注：表中"*"为结合本项目对规范中个别指标所进行的调整。

(3) 下面层抗车辙、抗开裂问题。广西目前许多高速公路已进入山区，部分路段纵坡较大，爬坡段车辙较严重，应引起足够的重视。设计中考虑到项目地属山区，纵坡起伏变化频繁，全线中上面层统一采用改性沥青，但从目前的应用情况来看，中上面层的双层改性沥青也很难满足重载交通作用下长纵坡路段对抗车辙性能的要求。建议靖那高速公路结合实际情况，在长大纵坡上坡、重车相对较多路段的下面层掺加少量玄武岩纤维或抗车辙剂。

(4) 沥青面层的矿料级配调整。研究成果表明，沥青面层混合料应采用骨架密实级配，即粗集料断级配，一是形成良好骨架结构提高沥青混合料的抗剪强度和高温稳定性；二是粗集料占主要成分，通常大于60%，可降低沥青混合料的收缩系数，减少开裂；三是细集填充粗集料骨架空隙，形成密实结构，可防止渗水。

粗集料断级配的含意是矿料中以粗集料为主，通常占60%以上，同时又是中断级配。设计曲线为粗集料各个筛孔通过量是一条幂函数较大的曲线，使粗集料形成孔隙率较大的骨架结构，细集料各个筛孔通过量是一条幂函数较小的密实曲线，细集料与填料及沥青拌和均匀后填充在粗集料骨架的孔隙中，形成骨架密实结构。按照骨架结构的疏松程度，可分为紧密骨架密实结构($P_{4.75}=30\%$)、一般骨架密实结构($P_{4.75}=35\%$)、疏松骨架密实结构($P_{4.75}=40\%$)和悬浮式密实结构($P_{4.75}>40\%$)。

建议高温多雨潮湿的广西地区,沥青面层的级配宜根据前述原则与方法进行级配优化。

4 结语

以广西靖那高速公路建设为例,调研并分析了广西高速公路沥青路面的路面结构和材料情况。根据国内外的经验,结合广西的实际情况,针对广西地区高速公路沥青路面的结构和材料的主要问题,提出了以下完善建议。

(1)广西偏远地区交通量较小路段,可适当减薄沥青面层厚度,采用双层式结构,如"5+7、8、9、10"结构,提高表面层厚度,增强压实性能,减少表面层的渗水,并建议采取合适措施提高层间结合的效果。

(2)广西近年修建部分水泥混凝土复合式沥青路面,但沥青面层的厚度较薄,出现层间滑移等损坏现象。为有效避免此类损坏现象,建议调整沥青面层的矿料级配,沥青层厚度选用8~10cm,应不小于6cm,不宜超过12cm。

(3)沥青面层层间黏结材料,建议采用SBR复合改性乳化沥青为宜,改性乳化沥青黏层的用量为$0.3~0.6l/m^2$。

(4)广西目前许多高速公路已进入山区,部分路段纵坡较大,爬坡段车辙较严重,建议在长大纵坡上坡、重车相对较多路段的下面层掺加少量玄武岩纤维或抗车辙剂。

研究成果可为广西高速公路沥青路面工程实践提供参考。

参考文献

[1] 杨瑞华,李宇峙,黄云涌,等.南友高速公路沥青路面离析现象的检测与防治[J].公路交通科技,2007,24(7).
[2] 刘朝晖,黄云涌等.广西南友公路沥青混合料使用性能试验[J].广西交通科技,2003,28(6).
[3] JTG D40—2011 公路水泥混凝土路面设计规范[S].北京:人民交通出版社,2011.
[4] JTG D50—2006 公路沥青路面设计规范[S].北京:人民交通出版社,2006.
[5] 李盛,刘朝晖,李宇峙.CRC+AC复合式路面结构层厚度对温度效应及车辙变形的影响[J].中国公路学报,2012,25(1).
[6] 李盛,刘朝晖,李宇峙.连续配筋混凝土复合式沥青路面层间剪应力及结构[J].公路交通科技,2012,29(8).
[7] 刘朝晖,张景怡,等.刚柔复合式路面层间SBS改性沥青适用性评价[J].公路,2013(8).
[8] JTG F40—2004 公路沥青路面施工技术规范[S].北京:人民交通出版社,2004.

靖那高速公路黏层及长大纵坡下面层材料优化设计

黄 优 刘朝晖

(长沙理工大学交通运输工程学院,湖南 长沙 410114)

摘 要 为了提高高速公路的服务水平和使用寿命,对公路的黏层和长大纵坡段的下面层进行了优化设计,提出了:①使用改性乳化沥青代替基质沥青作为层间黏结层;②在长大纵坡段下面层掺加玄武岩纤维和抗车辙剂。相比基质沥青,改性乳化沥青性能更稳定、更环保、施工更方便。文章详细介绍了乳化沥青的组分、作用机理、技术指标和施工技术要求。对长大纵坡的优化设计包括掺加玄武岩纤维和抗车辙剂。玄武岩纤维可以提高沥青混合料的整体性能,减缓车辙和滑移破坏。经过试验验证,玄武岩掺量为0.3%时改善效果最佳。适当的掺加车辙剂则能降低沥青混合料的感温性,有效地提高沥青混合料的动稳定度。

关键词 道路工程;黏层油;改性乳化沥青;玄武岩纤维;抗车辙剂

0 引言

开裂、车辙和层间滑移是目前沥青路面中常见的早期病害,这些病害很容易进一步发展成为龟裂、脱落、坑槽等,严重影响高速公路的使用寿命和服务水平。究其原因,路面层间黏结不足和抗车辙性能不够是两个主要的因素。因此,提高层间黏结和路面抗车辙性能是改善路面使用状况的重要手段。

靖西至那坡高速公路(简称:靖那高速)是广西高速公路网布局中"横6"合浦(山口)至那坡(省界)高速公路的重要组成部分。项目的实施对完善广西主骨架公路网结构,加强我国西南片区的地区经济联系具有重要意义和作用。论文结合靖那高速公路气候湿热、地形崎岖的自身特点,借鉴现有道路修筑过程中的经验,通过各种试验验证,对原有的面层层间设计进行了优化;并对下面层的抗车辙性能进行了论证,提出了掺加玄武岩纤维和抗车辙的改进方案。

1 黏层材料优化方案

黏层(tackcoat)是指在道路工程中,为了加强沥青层之间的或者沥青与水泥混凝土路面之间的黏结而洒布的薄沥青层。黏层的作用是使各面层及面层与其他构造物联结成一个整体,并提供层间抗剪切作用。同时乳化沥青黏层还能起到一定的防水效果[1]。限于建造成本控制和施工技术水平,目前的沥青路面多采用分层铺设(一般是2~3层),同时重载交通也在日益增加,这些都给黏层质量提出了更高的要求。

1.1 原有设计方案

在路面结构原有设计方案中,广西靖西至那坡高速公路路面结构如下:

主线路面结构采用4cm(AC-13C)改性沥青混凝土表面层+70号热沥青黏层+6cm(AC-20C)改性沥青混凝土中面层+70号热沥青黏层+8cm(AC-25C)沥青混凝土下面层+1cm同步沥青碎石封层+透层+33cm5%水泥稳定碎石基层+20cm3.5%水泥稳定碎石底基层+20cm级配碎石垫层,总厚度为92cm。

互通匝道路面结构采用4cm(AC-13C)改性沥青混凝土表面层+70号热沥青黏层+6cm(AC-20C)改性沥青混凝土中面层+1cm同步沥青碎石封层+透层+33cm5%水泥稳定碎石上基层+20cm3.5%水泥稳定碎石底基层+20cm级配碎石垫层,总厚度为84cm。

设计文件指出"70号热沥青黏层采用A级70号道路石油沥青,其技术指标要求见《道路石油沥青技术指标》表。在干燥洁净的沥青层间,采用沥青洒布车洒布热沥青,用量0.3~0.5kg/m²。

1.2 黏层材料优化

原设计文件要求沥青面层间采用A-70号热沥青黏层,洒布量为0.3~0.5 kg/m²。该洒布量过小而难以在实际施工过程中实施,现有的沥青洒布设备难以进行准确的洒布作业;施工中往往会偏大,而黏层沥青洒布量太大,则容易形成富油层,将不利用于结构稳定[2]。尤其是表面层与中面层间,可能出现表面泛油的风险。试验路段铺筑时已有黏轮、扯皮、成包的现象出现,因此建议采用改性乳化沥青替代基质沥青作为黏层油。改性乳化沥青黏层的洒布量为0.3~0.6l/m²。改性乳化沥青必须符合表1所示的技术要求。

改性乳化沥青技术要求　　表1

试验项目		单位	品种及代号 PCR	试验方法
破乳速度			快裂或中裂	T 0658
粒子电荷			阳离子(+)	T 0653
筛上残留物(1.18mm筛),不大于		%	0.1	T 0652
黏度	恩格拉黏度计 E_{25}		1~10	T 0622
	沥青标准黏度计 $C_{25.3}$	s	8~25	T 0621
蒸发残留物含量,不小于		%	50	T 0651
溶解度(三氯乙烯),不小于		%	97.5	T 0607
针入度(100g,25℃,5s)		0.1mm	40~120	T 0604
延度(15℃),不小于		cm	20	T 0605
与集料的黏附性、裹覆面积,不小于			2/3	T 0654
常温储存稳定性:1d,不大于 5d,不大于		%	1 5	T 0655

注:①破乳速度与集料的黏附性、所使用的石料品种有关,工程上施工质量检验时应采用实际的石料试验,仅进行产品质量评定时可不对这些指标提出要求;
②储存稳定性根据施工实际情况选择试验天数,通常采用5d,乳液生产后能在第2d使用完时也可用1d,个别情况下改性乳化沥青5d的储存稳定性难以满足要求,如果经搅拌后能够达到均匀一致并不影响正常使用,此时要求改性乳化沥青运至工地后存放在附有搅拌装置的储存罐内,并不断进行搅拌,否则不准使用;
③当改性乳化沥青或特种改性乳化沥青需要在低温冰冻条件下贮存或使用时,尚须按T 0656进行-5℃低温储存稳定性试验,要求没有粗颗粒、不结块。

改性乳化沥青是以指以基质沥青为基料,以高分子聚合物为改性材料,在一定的设备和条件下,通过乳化剂及助剂的作用,使沥青、改性剂与水相溶而成的乳液。乳化剂能使互不相溶的液体形成稳定乳状液的有机化合物。它们都是具有表面活性的物质,能降低液体间的界面张力,使互不相溶的液体易于乳化。乳化剂在这些液珠的表面上形成薄膜或双电层,以阻止它们的相互凝聚,保持乳状液的稳定。改性剂在温度和动能的作用下不仅可以互相合并,而且还可以与沥青发生反应,从而极大地改善了沥青的力学性质,同时在高速旋转的胶体磨的作用下,改性剂的分子被裂解,形成了新的结构然后被激射到磨壁上再反弹回来,均匀地混合到沥青当中,如此循环往复,不仅使沥青与改性剂得了均化处理,而且使改性剂的分子链相互牵拉,呈网状分布,提高了混合料的强度,增强了抗疲劳能力。目前市面上主要有SBS改性乳化沥青和SBR改性乳化沥青。SBS改性乳化沥青能同时兼顾沥青的高低温性能。SBR胶乳改性乳化沥青具有较好的低温抗裂性,抗低温性能效果明显,适合高寒地区[3]。

SBR改性乳化沥青生产简单、综合性能优越,广泛应用于黏层、封层、桥面防水黏结层等。乳化剂采用中裂快凝阳离子酰胺类型,改性剂由SBR和适量稳定剂组成。改性剂SBR橡胶乳液,是多用途的阴离子型丁苯乳液,在水性负极配方中,能展示出良好的贮存稳定性、耐离子稳定性、机械稳定性及可操作性,并具有很高的黏结强度。基本比例是:基质沥青占55%,改性剂占15%,乳化剂、稳定剂和水占30%(其中乳化剂和稳定剂占0.45%)。SBR是一种高分子聚合物,能与特殊复合材料在沥青之中相互交连形成网状,有效地限制了沥青胶束的自由度,喷洒道路表面成型后不会和车轮沾黏,即使在施工过程中施工车辆通行也不会影响黏层效果。因此,SBR复合改性乳化沥青是一种良好的层间黏结材料。

由于黏层对提高路面结构的整体性能至关重要,因此,加强黏层施工质量是路面长寿的保证。在铺筑表面层之前2~3天对下承层做一次彻底的清扫,将上面的杂物、浮尘清除干净,如蘸有泥土时,采用水车冲洗。遇降雨、大风天气应停止洒布。洒布时要尽量达到准确、均匀,特别是在喷洒道路边缘以及起、止部位时,应特别注意。沥青洒布车喷洒不到的地方应采用人工喷洒。黏层油喷洒时必须成均匀雾状,在路面全宽度内均匀洒布成一薄层,不得出现漏空或成条状。喷洒不足的地方要补洒,喷洒过量则要刮除。大规模洒布作业前应根据路面的情况进行试洒,以确定最佳洒布量,绝不能出现淌油和花白现象。

2 长大纵坡段下面层优化设计

原设计考虑到公路项目地属山区,纵坡起伏变化频繁,全线中上面层统一采用改性沥青。但从已有的高速公路使用情况来看,中上面层的双层改性沥青也很难满足长大纵坡路段在重载交通作用下抗车辙性能的要求。因此,论文结合靖那高速公路实际情况,提出了在长大纵坡上坡路段及重车相对较多路段的下面层掺加适量玄武岩纤维或抗车辙剂的优化设计方案。

2.1 玄武岩纤维的作用机理

沥青材料是一种典型的感温性黏弹性材料,在不同的温度条件下受力表现出不同的破坏形式,主要表现为高温易软及低温易脆。不同的纤维对沥青的作用性质也不尽相同,且作用效应也有高有低。因此,纤维的掺入对沥青混合料的作用性能也有所不同。玄武岩纤维具有良好的路用物理性能和稳定的抗化学反应性能,玄武岩纤维增强沥青混合料性能的作用机理是通过玄武岩纤维吸附作用、稳定作用和加筋作用的综合作用来实现的[5]。玄武岩纤维吸附沥青形成稳定的油纤单元,通过沥青的黏结性能,将沥青混合料中的骨料成分"牢固"地结合在一起。加之玄武岩纤维的随机三维空间网络分布,使得沥青混合料的整体稳定性得到提高[6]。又因为玄武岩纤维的优良物理性能和稳定的化学特性,使得玄武岩纤维在沥青混合料中充当加筋的作用,更进一步地提高了沥青混合料的结构稳定,从而实现沥青混合料性能的提高。

由于单向拉伸原理具有代表性和简便性,因此评价材料的力学性能通常采用单向拉伸作为一种主要的检测方法。考虑到玄武岩纤维具有较高的强度和模量及具有优良的韧性等特点,因此掺入玄武岩纤维的沥青混合料单向拉伸破坏模式主要有3种:脆性断裂、单缝断裂和多缝断裂。不难得出,相较普通的沥青混合料而言,玄武岩纤维沥青混合料成型后在其破坏的过程当中,玄武岩纤维在一定程度上能起到滞阻的作用。

2.2 玄武岩纤维的技术性能

玄武岩纤维是由玄武岩矿料经1450~1500℃熔融后,通过铂铑合金拉丝漏板高速拉制而成的连续纤维。类似于玻璃纤维,其性能介于高强度S玻璃纤维和无碱E玻璃纤维之间,纯天然玄武岩纤维的颜色一般为褐色,有些似金色[7]。

目前道路工程中多用短切玄武岩纤维,短切玄武岩纤维属于连续玄武岩纤维范畴,连续玄武岩纤维(Continuous Basalt Fiber)简称CBF,是以纯天然玄武岩矿石为唯一原料高温熔融后拉丝而成的,具有耐高温、高模量等优点,由于玄武岩纤维的这一特性,使得玄武岩纤维在沥青混合料的搅拌过程中受温度影响而发生的变形量很小,能很好地保证玄武岩纤维在沥青混合料中的作用不被减弱。就使用寿命而言,玄武岩纤维具有强耐腐蚀性和弱导热导电等性能,这就使得玄武岩纤维在沥青混合料中的使用寿命相对较长。加之吸附沥青的性能,又能比较好的延缓沥青质的老化过程,使得沥青混合料的作用时间也得以延长,从而有效地提高沥青路面的使用寿命,这符合现行沥青路面铺筑的初衷。掺玄武岩纤维的AC-20面层抗车辙性能试验研究结果如表2所示。

玄武岩纤维 AC-20 车辙试验结果　　表2

纤维掺量(%)	动稳定度(次/mm)	试验温度(℃)	轮胎压力(MPa)
0.0	5 137		
0.2	5 470	60	0.7
0.3	9 144		
0.4	7 108		

注:①试件尺寸:300mm×300mm×50mm;
　　②试验方法:T 0719—2011。

由表2可以看出,随着玄武岩纤维的掺入,沥青混合料的抗车辙性能有了较大幅度的提高。但是根据相关试验结果,相同油石比条件下,随着纤维掺量的增加,对应的空隙率也大体呈上升趋势,且纤维太多了会凝聚成团分散不开,反而会导致沥青混合料性能的下降。因此,纤维掺量并非越大越好。从表2可以看出,玄武岩纤维的最佳掺量为0.3%。由于纤维对沥青的吸附作用,掺入纤维后的油石比需要略微提高,一般提高0.1。

在拌和出料前,应检查拌和设备及纤维的投放设备,上料与运料机械及人员的配备。玄武岩纤维可采用投料机自动投放,投料机具有自动计算纤维掺量、纤维打散和鼓风的功能,相较人工投料更适合大批量的自动化生产。

玄武岩纤维沥青混合料的拌和时间控制应由试拌后得出。为使玄武岩纤维充分打散,干拌时间需适当延长,试拌后应进行取样检查,确定混合料是否均匀、有无离析、是否存在花白、纤维是否出现结团等现象。

2.3 玄武岩纤维的经济评价

沥青混合料密度取 $\rho = 2\,500\,kg/m^3$;玄武岩纤维掺量为 0.3%,单价为 2.5 万/t;半幅路基宽度为:3.00m(硬路肩)+2×3.75m(行车道)+0.75m(内侧路缘带)=11.25m;下面层厚度0.08m。

每延米路面增加造价:
$$2\,500kg/m^3 \times 1m \times 0.08m \times 11.25m \times 0.3\% \times 25\ 元/kg = 168.75\ 元/m$$

每平方米增加造价:
$$2500kg/m^3 \times 0.08m \times 0.3\% \times 25\ 元/kg = 15\ 元/m^2$$

2.4 抗车辙剂的应用及优势

沥青混合料中的沥青结合料是一种温度敏感性材料,在交通量一定的情况下,温度升高可降低材料的模量和抗剪强度,使沥青面层抗永久变形能力降低,温度升高更使沥青结构层处于受压状态并增大竖向压应变[8]。受沥青路面各结构层不同模量值的影响,竖向压应变的峰值位于沥青面层的中下部,因此,主要承受竖向荷载作用的中下面层抗车辙性能不够是沥青路面产生车辙的主要原因。抗车辙剂的开发为有效解决沥青路面的抗永久变形问题提供了技术支持。抗车辙剂在高温下拌和时会部分熔融,熔融部分一方面增加了集料的黏附性,另一方面溶解于沥青从而提高了沥青的软化点,增加了黏度,降低了温度敏感性;而未熔融部分则成为单一粒径集料填充到骨架空隙,提高了混合料的密实度[9]。此外,抗车辙剂中的弹性成分能有效提高沥青混合料的劲度模量。从而大大提高了抗车辙能力。一般情况下,抗车辙剂的应用对沥青混合料高温稳定性的提高幅度最大,其马歇尔稳定度最大能提高35%;动稳定度最大能提高2.5倍。

目前市面上的抗车辙剂一般是沥青改性剂,以预防沥青路面车辙病害为主要应用目的。国外抗车辙剂主要有:法国的PR(聚合物为主要成分);德国的DOMIX(塑料改性剂为主要成分)。国内抗车辙剂主要有：交通部公路科学研究院的 RA 沥青改性剂、长安大学公路学院的 BX 沥青混合料添加剂等，以及其他一些市场化公司的产品。

抗车辙剂沥青混合料的生产干拌、湿拌时间应根据现场拌和设备的性能进行调试，以混合料拌和均匀、所有矿料颗粒全部裹覆沥青结合料为宜，以保证抗车辙剂沥青混合料具有优良的性能。抗车辙剂沥青混合料的运输、摊铺要求与普通沥青混凝土基本一致。

3 结语

使用改性乳化沥青作为黏结层能起到很好的层间黏结和层间防水的效果。改性乳化沥青黏层铺洒前应保证下承层清洁、干燥；控制好洒布量，均匀撒铺，黏层油不能过多也不能过少。洒布过多，容易形成富油层，在高温下反而增加层间滑移，并且有泛油的可能；洒布过少，则没有足够的黏结强度。

玄武岩纤维作为环保耐久可循环的矿物纤维，适合作为添加剂用于道路材料中。由于玄武岩纤维的吸附、包裹、加筋作用，合理的掺量能提高沥青混合料的整体性能。抗车辙剂主要通过改变沥青的感温性能而提高路面的抗车辙能力。掺加了玄武岩纤维和抗车辙剂的混合料要适当延长拌和时间，掺加玄武岩纤维的沥青混合料还需要适当提高油石比。

参考文献

[1] 刘丽.沥青路面层间处治技术研究[D].长安大学博士论文,2008.
[2] 李玲丽.沥青路面粘层油用量研究[J].西部交通科技,2010,4:25-27.
[3] 何会成,杨奇竹,吴旷怀.乳化 SBS 改性沥青和 SBR 改性乳化沥青对比试验[J].石油沥青,2007,21(4):21-24.
[4] JTG E20—2011 公路工程沥青及沥青混合料实验规程[S].北京:人民交通出版社,2011.
[5] 曹海琳,朗海军,孟松鹤.连续玄武岩纤维结构与性能试验研究[J].高科技纤维与应用,2007,32(5):8-13.
[6] 胡东.玄武岩纤维沥青混合料性能试验研究[J].公路交通科技(应用技术版),2012,7:93-95.
[7] 胡显奇.我国连续玄武岩纤维的进展及发展建议[J].高科技纤维与应用,2008,33(6):12-18.
[8] 赵振东.掺加抗车辙剂沥青混合料技术性能研究[J].公路交通科技(应用技术版),2009,2:19-20.
[9] 曾志威.掺抗车辙剂沥青混合料路用性能研究[D].长沙理工大学硕士论文,2009.

AC-13沥青混合料骨架密实结构级配设计及优化方法

刘朝晖　周　昕　秦仁杰

（长沙理工大学交通运输工程学院　湖南长沙　410114）

摘　要　针对我国对AC-13骨架密实型沥青混合料的研究现状及不足,详细阐述了常用的沥青混合料级配设计理论,对比了规范中的级配设计范围和设计方法与SAC矿料级配设计方法的优缺点。详细介绍了用VCA_{DRF}方法检验矿料级配是否属于紧密骨架密实结构的原理和方法,并针对高速公路青路面上面层AC-13的情况,提出了级配优化方案及各矿料筛孔建议,研究成果可为合理选择和设计骨架密实型沥青混合料提供重要参考。

关键词　道路工程;沥青混合料;骨架密实;级配设计;VCA_{DRF}法

0　引言

沥青混合料的配合比设计对沥青路面的性能具有重要意义,配合比设计的结果直接影响沥青路面的施工质量和使用寿命。在做配合比设计时,需综合考虑当地气候条件、交通等级、原材料性能、施工工艺等情况,从而确定出粗集料、细集料、填料和沥青在沥青混合料中的最优掺配比例,合理的配合比设计应在保证优良的路面性能的同时,尽可能地降低工程项目的造价及施工难度。改善配合比设计的关键则在于优化级配设计。在级配设计中,试验人员往往只求满足相关设计、施工规范中所规定的技术标准,这样得到的矿料级配并不一定是最合适的,因为现行规程中的配合比设计方法不能做到依据岩石不同性质进行设计、检验、调整以满足不同结构的要求,也不能同时计算矿料级配中每一筛孔的通过率。所以,在做配合比设计时应该运用SAC矿料级配设计方法和VCA_{DRF}级配检验方法,根据当地的原材料性能进行修正与检验[1-6]。

1　级配设计理论与级配范围

对沥青混合料的级配组成,国内外学者和工作者做了大量的研究工作,常用的级配理论主要有最大密度曲线理论(the theory of maximum density curve)、粒子干涉理论(the theory of interference)和分形理论(fractal theory)。

最大密度级配曲线理论由W. B. 富勒(Fuller)通过试验提出的一种理想曲线,该理论认为"矿料的颗粒级配曲线愈接近抛物线其密度愈大",主要描述了连续级配的粒径分布,用于计算连续级配。此法多属于传统密级配设计,因为各级数量比较接近,同级颗粒不能相互接触,粗集料含量少,不能形成骨架结构,所以高温稳定性能较差。在现在重交通荷载作用下容易产生车辙。同时,传统密级配细集料用量多,导致表面构造深度小,抗滑性能差,且混合料对沥青含量变化极其敏感。国内林绣贤及陈忠达等人曾在此基础上提出过一个计算方法,分别称I法和变I法[4-5,7]。

C. A. G魏矛斯(Weymouth)提出的粒子干涉理论实质是以填充理论为基础,在填充颗粒粒径不大于前一级颗粒间隙距离的前提下,逐级进行填充,达到最大密实度;否则前一级颗粒与次级颗粒之间势必发生干涉现象。粒子干涉理论则可用于计算连续级配、间断级配和折断级配[5]。

分形理论是近年来随着材料学的发展,将分形几何理论应用于路面材料集料级配研究而出现的一种新方法,目前研究很少[5]。

国外嵌挤骨架密实型沥青混合料设计一般采用粒子干涉理论、SUPERPAVE级配理论以及贝雷法,国内张肖宁教授等提出了CAVF法。在粗集料间断级配沥青混凝土的矿料级配设计,国内外文献上都没有具体的计算方法。各个国家都凭自己的经验确定一个较宽的级配范围或一条级配曲线(仅法国)。让使用者按照较宽范围的中值和根据矿料的组成,自己选择一条级配曲线[4]。如我国的《公路沥青路面施工技术规范》(JTG F40—2004)和《公路沥青路面设计规范》(JTG D50—2006)分别提出过两个级配设计范围,见表1。

AC-13 级配范围与中值   表1

级配类型	规范	通过以下筛孔(mm)百分率(%)								
		16	13.2	9.5	4.75	2.36	1.18	0.6	0.3	0.15	0.075
AC-13C 中值	JTG F40—2004	100	90~100	68~85	38~68	24~50	15~38	10~28	7~20	5~15	4~8
		76.5	53	37	26.5	19	13.5	10	76.5	53	6
AC-13C 中值	JTG D50—2006	100	90~100	60~80	30~53	20~40	15~30	10~23	7~18	5~12	4~8
		100	95	70	41.5	30	22.5	16.5	12.5	8.5	6

在做配合比设计时,使用者按照《公路工程沥青及沥青混合料试验规程》(JTG E20—2011)的试验操作,先做级配曲线的试验,通过沥青混合料配合比试验选定一条合适的级配曲线。然后通过试验确定所选定级配的沥青混凝土的性能指标是否符合要求。如不符合要求,就重新调整级配和再重复做试验。但是,两个规范提出的级配范围略有不同,且范围太大。此外,由于不能事先判断,甚至初步判断所用的矿料级配将提供什么性能,使用者只能凭自己的经验在规定的级配范围内进行调整,或按照规定范围的中值配料。配出来的沥青混凝土的物理-力学性质是否符合要求,则尚待确定。只能等待性能试验做完后,才能知道矿料级配是否合适,性能的指标值又缺少实践依据。因此,这种方法花费了大量人力、物力、财力,而且浪费了宝贵的时间。

沙庆林院士提出的SAC矿料级配设计方法和VCA_{DRF}级配检验方法是一套比较系统的骨架密实设计及检验方法,其设计原则是用粗集料形成骨架,用细集料和沥青填充骨架中的孔隙,属于间断级配范畴[7-9]。

2 骨架密实结构级配设计

研究成果表明,沥青面层混合料应采用骨架密实级配,即粗集料断级配,一是形成良好骨架结构提高沥青混合料的抗剪强度和高温稳定性;二是粗集料占主要成分,通常大于60%,可降低沥青混合料的收缩系数,减少开裂;三是细集填充粗集料骨架空隙,形成密实结构,可防止渗水。

粗集料断级配的含意是矿料中以粗集料为主,通常占60%以上,同时又是中断级配,设计曲线为粗集料各个筛孔通过量是一条幂函数较大的曲线,使粗集料形成孔隙率较大的骨架结构,细集料各个筛孔通过量是一条幂函数较小的密实曲线,细集料与填料及沥青拌和均匀后填充在粗集料骨架的孔隙中,形成骨架密实结构。按照骨架结构的疏松程度,可分为紧密骨架密实结构($P_{4.75}=30\%$)、一般骨架密实结构($P_{4.75}=35\%$)、疏松骨架密实结构($P_{4.75}=40\%$)和悬浮式密实结构($P_{4.75}>40\%$)。

粗集料各个筛孔通过量幂函数曲线方程为:

$$P_{di} = A \times \left(\frac{d_i}{D_{max}}\right)^B \tag{1}$$

式中:d_i——某筛孔尺寸,mm;

D_{max}——集料的公称最大粒径,mm,如AC-13C的公称最大粒径为13.2mm,$D_{max}=13.2$mm;

P_{di}——某筛孔d_i的通过量;

A、B——两个系数。

目前《公路沥青路面施工技术规范》中规定,公称最大粒径筛孔以上的通过量为90%~100%,考虑到保留D_{max}以上部分如中值5%的大颗粒,会影响室内平行试验的均匀性,也对施工现场的均匀性(容易离析)、表面的均匀性和平整度有不利影响,且不影响材料的力学性能,所以若是中面层AC-20最大公称粒径筛孔通过率一般取高限为100%。

式(1)中两个未知数A、B,须建立两个方程进行求解,由2个已知控制点建立方程,第1个是$d_i = D_{max}$的通过量,即100%,第2个是4.75mm筛孔的通过量,在30%~40%之间。

细集料各个筛孔通过量方程为:

$$P_{di} = A \times \left(\frac{d_i}{4.75}\right)^B \tag{2}$$

式(2)中2个未知数A、B,须建立两个方程进行求解,由两个已知控制点建立方程,一个是$d_i = 4.75$mm的通过量$P_{4.75}$mm,与粗集料设计时的$P_{4.75}$相同;第二个是$d_i = 0.075$mm筛孔的通过量,在3~10%之间,且D_{max}越大,$P_{0.075}$的值越小。

3 骨架密实结构级配检验

建议级配曲线是否适应某种岩石破碎的粗集料,可采用捣实密度VCA_{DRF}进行检验。检验前须进行粗、细集料的密度和吸水率试验。

VCA_{DRF}检验方法基本方程:

$$P_{ca} + P_{fa} + P_{fi} = 100 \tag{3}$$

$$\frac{P_{ca}}{GCA_{DRC}} \times (VCA_{DRC} - V_a) = \frac{P_{ca}}{G_{bfa}} + \frac{P_{fi}}{G_{afi}} \frac{P_B}{G_B} \tag{4}$$

式中:P_{ca}——矿料级配中粗集料的含量,%;

P_{fa}——矿料级配中细集料的含量,%;

P_{fi}——矿料级配中小于0.075mm填料(即矿粉)的含量,%;

V_a——沥青混合料中空隙率或孔隙率,%,一般为3%~6%;

P_B——沥青用量,油石比,%;

G_{bfa}——细集料的毛体积密度,g/cm³;

G_{afi}——填料的视密度,g/cm³;

G_B——沥青的密度,g/cm³;

GCA_{DRC}——干捣实试验中粗集料的干捣实密度,g/cm³;

VCA_{DRC}——粗集料的干捣实孔隙率,%。

方程(3)表明,沥青混合料的矿料总重量由粗集料、细集料、填料所组成;方程(4)表明,左边为粗集料可用孔隙率,右边为细集料、填料、沥青的体积,即细集料、填料和沥青的体积(沥青胶砂)填满粗集料的孔隙。

4 级配优化方案

根据骨架密实级配的设计与检验方法,提出沥青面层各结构层的级配曲线,见表2和图1。其4.75mm筛孔的通过率为35%左右,为一般骨架密实结构,并提出级配范围。表面层级配范围与级配中值见表2。

AC-13C 表面层沥青混合料级配组成曲线(方孔筛) 表2

AC-13C 级配	筛孔尺寸(mm)方孔筛									
	16	13.2	9.5	4.75	2.36	1.18	0.6	0.3	0.15	0.075
上限	100	100	77	40	32	25	21	16	13	10
下限	100	95	65	30	22	17	13	10	8	6
级配中值	100	100	71.3	35	27.3	21.3	16.8	13.1	10.2	8
规范级配	100	95	70	41.5	30	22.5	16.5	12.5	8.5	6

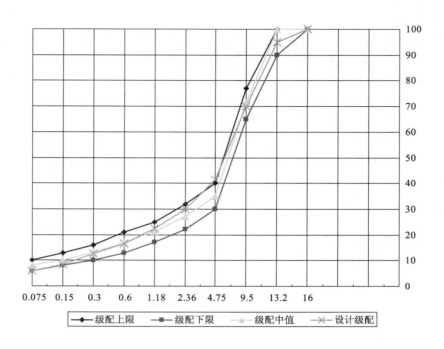

图1 表面层的级配中值及与设计中值的比较

由表2和图1中的优化级配表明：

（1）建议级配为骨架密实结构，骨架密实结构级配的特点即"S"形曲线，在4.75mm筛孔以上筛孔往上靠，通过率大于规范参考级配中值，在4.75mm筛孔以下筛孔往下靠，通过率小于级配中值。

（2）关键筛孔4.75mm通过率为35%，较一般骨架密实结构稍粗一点，既形成骨架密实级配又方便施工碾压。

按照料仓进料相对均衡原则和一般碎石加工设备的振动筛分4档或5档。根据建议级配曲线各筛孔的含量为：0～2.36mm筛孔含量为27.3%（包括矿粉）、2.36～4.75mm筛孔含量为7.7%、4.75～9.5mm筛孔含量36.3%、9.5～16mm筛孔含量28.7%，由此，碎石加工振动筛应按以下4档料进行加工：即16～9.5mm、9.5～4.75mm、4.75～2.36mm、2.36～0mm。

5 结语

（1）级配设计的理论依据主要有最大密度曲线理论、粒子干涉理论和分形理论，目前常用的主要有最大密度曲线理论和粒子干涉理论。

（2）SAC矿料级配设计方法和VCA_{DRF}级配检验方法是一套比较系统的骨架密实设计及检验方法，运用该方法可以初步判断所用的矿料级配将提供什么性能，从而提高效率、节约成本。

（3）合理的骨架密实结构级配曲线应承"S"形，既形成骨架密实级配又方便施工碾压。

参考文献

[1] JTG D50—2006 公路沥青路面设计规范[S]. 北京：人民交通出版社，2006.

[2] JTG F40—2004 公路沥青路面施工技术规范[S]. 北京：人民交通出版社，2004.

[3] JTG E20—2011 公路工程沥青及沥青混合料试验规程[S]. 北京：人民交通出版社，2011.

[4] 沙庆林. 矿料级配检验方法之一VCA_{DRF}方法[J]. 公路，2005，02：89-99.

[5] 王立久，刘慧. 矿料级配设计理论的研究现状与发展趋势[J]. 公路，2008，20：170-174.

[6] 王富玉，沙庆林，张勇. VCA_{DRF}和VCA_{AC}检验方法在SAC13级配设计中的应用[J]. 吉林大学学报

（工学版），2007，37（3）：538-543．

[7] 沙庆林．SAC和其他粗集料断级配的矿料级配设计方法[J]．公路，2005，1：143-150．

[8] 沙庆林．矿料级配检验方法之二 VCA_{AC} 方法．公路，2005，4：122-132．

[9] 沙庆林．矿料级配检验方法之二 VCA_{AC} 方法（续）．公路，2005，5：107-116．

AC-25C 沥青混合料骨架密实结构级配设计研究

刘兴武　刘朝晖　李　盛

(长沙理工大学交通运输工程学院,湖南　长沙　410114)

摘　要　结合《公路沥青路面施工技术规范》(JTG F40—2004)和《公路沥青路面设计规范》(JTG D50—2006)中关于 AC-25 级配范围的相关要求,对广西靖那高速公路沥青路面下面层 AC-25C 级配设计进行研究,从规范级配对比、骨架密实结构级配设计、级配检验及矿料筛孔建议等方面对 AC-25C 进行理论及实践分析,提出适合实体工程的级配范围、级配中值,为广西靖那高速公路及其他类似沥青路面的建设提供指导性建议。

关键词　道路工程;沥青混合料;AC-25C;骨架密实;级配设计

0　引言

据国外研究得出的经典看法,沥青混合料的高温抗车辙能力有 60% 依赖于矿料级配的嵌挤作用,沥青结合料的黏结性能只有 40% 的贡献。选择优质的材料,采用合适的沥青用量,进行适当的级配设计,能显著地提高沥青混合料的抗车辙能力。许多沥青路面的早期破坏(如车辙)都是发生在中下面层,因此下面层的高温稳定性对路面车辙的影响很大。目前,国内高速公道路沥青混凝土中下面层最常用的结构是 AC-25 型[1-2]。

工程应用实践表明:不是所有满足规范建议范围的沥青混合料都符合技术标准,也不是超出级配范围的都不合格。此外,《公路沥青路面施工技术规范》(JTG F40—2004)和《公路沥青路面设计规范》(JTG D50—2006)(以下简称《施工规范》、《设计规范》)推荐的级配范围比较大,沥青混合料的级配可有无数种走向和变化,并会表现出不同的甚至差别很大的技术性能,如何在宽泛的级配范围内,优选出合理的级配是个亟待解决的工程应用问题[3]。本文从理论及工程实践的角度出发,对广西靖那高速公路沥青路面下面层粗型密级配沥青混凝土 AC-25 矿料级配及矿料筛孔提供理论分析及可指导设计生产的实践性建议,为广西及其他类似地区的沥青路面建设提供了参考依据。

1　《施工规范》《设计规范》中 AC-25 级配范围对比

《施工规范》中表 1 中明确规定 AC-25C 型沥青混凝土的关键性筛孔通过率(4.75mm)小于 40%,而《设计规范》条文说明当中重点说明现行施工规范中通过 4.75mm、2.36mm 筛孔的细集料的上限仍与原规范的Ⅰ型相近,下限降低减小了 8%～10%。即可看出级配范围有所扩大,设计施工单位的灵活性虽然大了,但是在较大级配范围中确定一个符合路用性能要求的级配,设计难度增加了[4-5],具体级配范围如表 1 所示。

规范中 AC-25 级配范围及级配中值比较　　　　　表 1

对比项目		通过以下筛孔(mm)百分率(%)											
		31.5	26.5	19	16	13.2	9.5	4.75	2.36	1.18	0.6	0.3	0.15	0.075
范围	1	100	90～100	75～90	65～83	57～76	45～65	24～52	16～42	12～33	8～24	5～17	4～13	3～7
	2	100	90～100	70～90	60～82	51～73	40～65	24～48	14～32	10～24	7～18	6～14	4～10	3～7
中值	1	100	95	82.5	74	66.5	55	38	29	22.5	16	11	8.5	5
	2	100	95	80	71	62	52.5	36	23	17	12.5	10	7	5

注:对比项目中的 1 和 2 分别表示《公路沥青路面施工技术规范》(JTG F40—2004)和《公路沥青路面设计规范》(JTG D50—2006)。

2 AC-25C 级配设计

研究成果表明,沥青面层混合料应采用骨架密实级配,即粗集料断级配,一是形成良好骨架结构提高沥青混合料的抗剪强度和高温稳定性;二是粗集料占主要成分,通常大于60%,可降低沥青混合料的收缩系数,减少开裂;三是细集填充粗集料骨架空隙,形成密实结构,可防止渗水。

粗集料断级配的含意是矿料中以粗集料为主,通常占60%以上,同时又是中断级配,设计曲线为粗集料各个筛孔通过量是一条幂函数较大的曲线,使粗集料形成孔隙率较大的骨架结构,细集料各个筛孔通过量是一条幂函数较小的密实曲线,细集料与填料及沥青拌和均匀后填充在粗集料骨架的孔隙中,形成骨架密实结构。按照骨架结构的疏松程度,可分为紧密骨架密实结构($P_{4.75}=30\%$)、一般骨架密实结构($P_{4.75}=35\%$)、疏松骨架密实结构($P_{4.75}=40\%$)和悬浮式密实结构($P_{4.75}>40\%$)。

2.1 骨架密实结构级配设计

级配设计采用美国学者富勒提出的组成最大密度沥青混凝土的公式,称富勒(Fuller)氏公式[6]。即粗集料各个筛孔通过量幂函数曲线方程为:

$$P_{di} = A \times \left(\frac{d_i}{D_{max}}\right)^B \tag{1}$$

式中:d_i——某筛孔尺寸,mm;

D_{max}——集料的公称最大粒径,mm,如AC-25C的公称最大粒径为26.5mm,$D_{max}=26.5$mm;

P_{di}——某筛孔d_i的通过量;

A、B——两个系数。

《施工规范》中规定,公称最大粒径筛孔以上的通过量为90%~100%。考虑到保留D_{max}以上部分如中值5%的大颗粒,会影响室内平行试验的均匀性,也对施工现场的均匀性(容易离析)、表面的均匀性和平整度有不利影响,且不影响材料的力学性能,所以最大公称粒径筛孔通过率一般取高限为100%。

式(1)中两个未知数A、B,须建立两个方程进行求解,由两个已知控制点建立方程,一个是$d_i=D_{max}$的通过量,即100%,第二个是4.75mm筛孔的通过量,在30%~40%之间。

取$P_{26.5}=100\%$,$P_{4.75}=33\%$,即可求出未知数A、B,再由式(1)即可求出P_{19}、P_{16}、$P_{13.2}$、$P_{9.5}$。

细集料各个筛孔通过量方程为:

$$P_{di} = A \times \left(\frac{d_i}{4.75}\right)^B \tag{2}$$

式(1)中两个未知数A、B,须建立两个方程进行求解,由两个已知控制点建立方程,一个是$d_i=4.75$mm的通过量$P_{4.75}$mm,与粗集料设计时的$P_{4.75}$相同;第二个是$d_i=0.075$mm筛孔的通过量,在3~10%之间,且D_{max}越大,$P_{0.075}$的值越小。

取$P_{0.075}=5\%$,即可求出未知数A、B,再由式(1)即可求出$P_{2.36}$、$P_{1.18}$、$P_{0.6}$、$P_{0.3}$、$P_{0.15}$。

由上述得出各筛孔的通过量即为推荐建议的级配中值,并对相应的级配范围做出调整,其结果汇总如表2所示。

AC-25C下面层沥青混合料级配组成曲线(方孔筛) 表2

AC-25C 级配	筛孔尺寸(mm)方孔筛											
	31.5	26.5	19	16	13.2	9.5	4.75	2.36	1.18	0.6	0.3	0.15	0.075
上限	100	100	87	78	71	59	40	29	21	16	11	8	6
下限	100	95	75	66	59	47	30	19	12	8	5	3	2
级配中值	100	100	81.6	72.2	63.8	51.6	33	24.0	17.5	12.9	9.4	6.9	5
规范中值	100	95	80	71	62	52.5	36	23	17	12.5	10	7	5

2.2 建议级配与《施工规范》、《设计规范》中的级配比较

将本文得出的建议级配中值、级配范围与《施工规范》、《设计规范》进行详细的比较,汇总如图1所示。

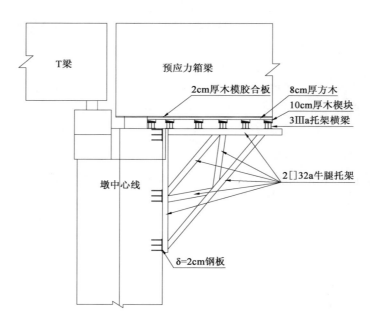

图1 下面层AC-25C建议级配中值及与设计规范、施工规范中值的比较

通过图1可知,优化后的建议级配具有以下特点:

(1)建议级配为骨架密实结构,骨架密实结构级配的特点即"S"形曲线,在4.75mm筛孔以上筛孔往上靠,通过率大于规范参考级配中值,在4.75mm筛孔以下筛孔往下靠,通过率小于级配中值。

(2)关键筛孔4.75mm通过率为33%,较一般骨架密实结构稍粗一点,既形成骨架密实级配又方便施工碾压;下面层最大公称粒径26.5mm筛孔通过率取100%,取规范级配范围的上限,比规范级配中值95%少5%的最大公称粒径与最大粒径之间的粗颗粒,因5%的26.5~31.5mm的粗颗粒,会影响室内平行试验的均匀性,也对施工现场的均匀性(容易离析)、表面的均匀性和平整度有不利影响,且不影响材料的力学性能,所以最大公称粒径筛孔通过率一般取高限为100%。

(3)相对于《施工规范》、《设计规范》中的推荐级配范围来说,优化后的建议级配范围要更窄,上下限波动范围更小,可以更好地控制配合比设计,对实际的设计、施工具有重要的指导意义。

3 按VCA_{DRF}和VCA_{AC}法对各级配骨架是否形成及骨架是否密实的检验

按沙庆林院士提出的VCA_{DRF}初始检验与VCA_{AC}最终检验方法,先用VCA_{DRF}方法检验是否形成骨架,然后用VCA_{AC}方法进一步判断骨架是不是密实[7-9]。

3.1 按VCA_{DRF}法对各级配是否骨架形成的检验

建议级配曲线是否适应某种岩石破碎的粗集料,可采用捣实密度VCA_{DRF}进行检验。检验前须进行粗、细集料的密度和吸水率试验。

VCA_{DRF}检验方法基本方程:

$$P_{ca} + P_{fa} + P_{fi} = 100 \tag{3}$$

$$\left(\frac{P_{ca}}{GCA_{DRC}}\right) \times (VCA_{DRC} - V_a) = \frac{P_{fa}}{G_{bfa}} + \frac{P_{fi}}{G_{afi}} + \frac{P_B}{G_B} \tag{4}$$

式中:P_{ca}——矿料级配中粗集料的含量,%;

P_{fa}——矿料级配中细集料的含量,%;

P_{fi}——矿料级配中小于0.075mm填料(即矿粉)的含量,%;

V_a——沥青混合料中空气率或孔隙率,%,一般为3%~6%;

P_B——沥青用量,油石比,%;

G_{bfa}——细集料的毛体积密度,g/cm³;

G_{afi}——填料的视密度,g/cm³;

G_B——沥青的密度,g/cm³;

GCA_{DRC}——干捣实试验中粗集料的干捣实密度,g/cm³;

VCA_{DRC}——粗集料的干捣实孔隙率,%。

方程3表明,沥青混合料的矿料总重量由粗集料、细集料、填料所组成;方程4表明,左边为粗集料可用孔隙率,右边为细集料、填料、沥青的体积,即细集料、填料和沥青的体积(沥青胶砂)填满粗集料的孔隙。

3.2 按VCA_{AC}法对各级配形成的骨架是否密实的检验

初试级配经初步检验调整后,即可选用适当的方法进行试件的制作,同时用压实成型试件的粗集料骨架间隙率对级配进行再次检验与调整,我们将之称为VCA_{AC}检验,此过程所用到的公式如下:

$$VCA_{AC} = VOLFA_{AC} + VOLFI_{AC} + VOLB_{AC} + B_a \tag{5}$$

等式(5)左边为混合料粗骨架间隙率,等式右边为沥青砂浆和空隙率之和。左边不小于右边,则该级配形成骨架;等式两边基本相等时,即混合料粗骨料间隙率都被沥青砂浆和空隙率所填满而形成了密实结构。

其具体算法及算例可参考文献[7-9]。

3.3 对AC-25C各矿料筛孔建议

按照料仓进料相对均衡原则和一般碎石加工设备的振动筛分五档。

根据建议级配曲线各筛孔的含量为:0~2.36mm筛孔含量为24%、2.36~4.75mm筛孔含量为9%、4.75~9.5mm筛孔含量18.6%、9.5~19mm筛孔含量30%、19~26.5mm筛孔含量18.4%,由此,碎石加工振动筛应按以下5档料进行加工:即26.5~19mm、19~9.5mm、9.5~4.75mm、4.75~2.36mm、2.36~0mm。

4 结语

(1)关键筛孔4.75mm通过率为33%,略小于规范推荐级配中值,既形成骨架密实级配又方便施工碾压。

(2)下面层最大公称粒径26.5mm筛孔通过率取为100%,可减少室内平行试验的不均匀性,也能够有效降低施工现场的离析、表面的不均匀性,且不影响材料的力学性能。

(3)提出了一条优化后的AC-25C骨架密实结构级配,同时优化后的级配缩小了上下限波动范围,可更好的用于指导混合料的设计、生产施工。

参考文献

[1] 沈金安.沥青与沥青混合料路用性能[M].北京:人民交通出版社,2003.

[2] 李娜,吴瑞麟,李向东,张帆.重交沥青AC-25I混合料优化设计[J].华中科技大学学报(城市科学版),2006,23(1):16-18.

[3] 肖华宪.AC-25C沥青混合料级配正交优化试验研究[J].公路工程,2012,37(4):247-249.

[4] 中华人民共和国交通部.公路沥青路面施工技术规范(JTG F40—2004)[S].北京:人民交通出版社,2004.

[5] 中华人民共和国交通部.公路沥青路面设计规范(JTG D50—2006)[S].北京:人民交通出版社,2006.
[6] SANCHEZ-LEALFJ. Gradation Chart for Asphalt Mixes: Development[J]. Journal of Materials in Civil Engineering,2007,19(2):185-197.
[7] 王富玉,沙庆林,张勇,戴文亭.VCA_{DRF}和VCA_{AC}矿料级配检验方法在$SAC13$级配设计中的应用[J].吉林大学学报(工学版),2007,37(3):538-543.
[8] 段琴,杨建明.粗集料断级配$SAC25$设计检验方法的分析[J].山西建筑,2008,34(34):157-159.
[9] 沙庆林.矿料级配检验方法之一VCA_{DRF}方法[J].公路,2005,2:89-99.

刚性基层薄层沥青路面层间黏结体系研究

谢 军[1] 曹 彬[1] 罗根传[2]

(1. 长沙理工大学，湖南长沙 410114；2. 广西交通投资集团有限公司，广西南宁 530028)

摘 要 在水泥混凝土路面上加铺沥青面层可以形成一种刚柔相济的复合式路面结构，但刚柔界面层间黏结处理技术成为复合式路面的技术关键。论文针对新建连续配筋混凝土刚性基层薄层沥青路面，通过对不同界面处理方式的室内剪切试验和拉拔试验，对比研究了不同水泥混凝土板的处理方式、不同的黏结材料以及层间界面层沥青用量对层间黏结体系强度的影响，并得到了最佳的水泥混凝土板界面处理方式、最佳的界面层黏结材料以及最佳的沥青用量。

关键词 道路工程；复合式路面；层间剪切；拉拔；黏结体系强度

0 引言

AC + CRCP 复合式路面，因具有沥青路面行车舒适和噪音小的特点，同时具备连续配筋水泥路面强度高、承载能力大和稳定性好的特点而在公路改扩建中得到越来越广泛的应用，但是，目前对刚柔性路面这种新的结构形式目前还处于工程实践走在的理论研究前面的阶段，缺乏深入细致的研究。工程实践表明，沥青混合料面层和 CRCP 之间的良好黏结是保证复合式路面使用性能和良好耐久性的关键。而 AC + CRCP 复合式路面，在行车荷载水平力的作用下，如果沥青混合料面层与 CRCP 层间界面抗剪强度不足，就会使沥青混合料面层在层间黏结面上发生剪切位移，严重时形成拥包、开裂和车辙等早期病害。因此，为防止发生层间分离和推移，提高沥青混合料面层和 CRCP 的层间黏结体系的稳定性能至关重要。本文针对影响刚性基层薄层沥青路面层间界面黏结体系稳定性的因素开展研究。

1 层间结合情况评价方法

采用剪切试验和拉拔试验分别测试层间结合界面的剪切强度和黏结强度。为模拟真实路面的结构形式，采用"泥混凝土层 + 界面处理 + 黏结层 + 沥青混合料面层"的复合结构进行试验，如图 1 和图 2 所示。

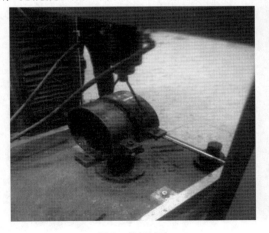

图 1 剪切试验

图 2 拉拔试验

剪切试验采用直接剪切，自制夹具，将成型好的试件安放在抗剪夹具上，然后放到万能试验机 SANS 上进行剪切试验，剪切速率控制在 30mm/min。拉拔试验自制拉拔夹具，采用建筑用 AB 黏结胶(固化剂：

环氧树脂＝1∶1），将试件两端固定在万能试验机上进行拉拔试验，拉拔速率控制在10mm/min。剪切与拉拔试验温度均控制在25℃±1℃。

2 原材料选择与试件成型

2.1 原材料选择

试验研究选用3种不同界面防水黏结材料：特殊聚合物Superflex改性沥青、SBS改性沥青、TPS高黏改性沥青，其各项性能指标见表1。

界面黏结层改性沥青性能测试结果　　　　　　　　　　　　　　　表1

材料种类	25℃针入度(0.1mm)	5℃延度(cm)	软化点(℃)	25℃弹性(%)	运动黏度(135℃ Pa·s)
Superflex改性沥青	34.7	13.7	59.4	70%	0.613
SBS改性沥青	59	35	70	81%	1.726
高黏沥青	23.2	85	55.2	75%	2.213

沥青混合料面层选用Superflex改性沥青，采用SMA-16级配。基层水泥混凝土部分按C30强度等级设计，水灰比0.37，砂率0.33%，水泥混凝土配合比设计参数如表2所示。

水泥混凝土配合比设计参数　　　　　　　　　　　　　　　　　　表2

水灰比	砂率(%)	密度(kg·m⁻³)	每立方米材料用量(kg·m⁻³)			
			水	水泥	砂	石
0.37	33	2 400	146	396	604	1 227

2.2 试件成型

试验选择在直径为150mm的土工桶中成型直径约5cm的水泥混凝土圆柱体基座，模拟连续配筋混凝土面层。然后分别对水泥混凝土界面进行人工拉毛、嵌石（初凝前洒布粒径为9.5～13.2mm玄武岩碎石）、裸化三种界面处理，并且对每一种界面均留一个不作处理，以用来进行对比试验。在处理好的界面上热涂不同的界面黏结材料，在改性沥青温度降低之前同步撒布粒径为13.2～16mm玄武岩碎石，铺满率为50%左右，并迅速用力将碎石压紧，冷却至室温后，用静压法成型沥青混合料面层（见图3所示），成型过程中混合料拌和温度控制在175℃、成型温度控制在160℃，最后得到直径为150mm，高度为90mm的圆柱体复合试件如图4所示。

图3　静压成型

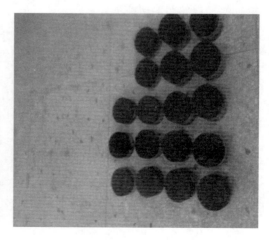

图4　复合试件

3 层间界面黏结体系稳定性影响因素分析

3.1 不同界面处理方式的影响

试验选取光面、人工拉毛、嵌石、裸化4种界面处理方式,对比研究其对层间界面粘结体系稳定性的影响。其中人工拉毛界面处理是在试件刚刚成型后马上进行;嵌石界面处理是初凝前洒布粒径为9.5~13.2mm玄武岩碎石,满铺率为60%左右;裸化界面处理参照类似工程的经验并结合室内试验,采用裸化时积进行控制,将裸化时积控制在180~200℃·h进行裸化,在裸化过程中,边裸化边冲洗,裸化深度控制为2~3mm以露出碎石面为准。

通过剪切与拉拔试验,得到不同界面处理方式下的界面强度如表3和表4。

不同界面处理方式下的界面剪切强度试验结果 表3

表面处理形式	剪切强度(MPa)			剪切强度平均值(MPa)
	试件A	试件B	试件C	
光面	0.418	0.395	0.425	0.413
人工打毛	0.507	0.521	0.518	0.515
嵌石	0.595	0.613	0.607	0.605
裸化	0.574	0.568	0.584	0.575

不同界面处理方式下的界面黏结强度试验结果 表4

表面处理形式	黏结强度(MPa)			黏结强度平均值(MPa)
	试件A	试件B	试件C	
光面	0.468	0.475	0.470	0.471
人工打毛	0.542	0.533	0.558	0.544
嵌石	0.600	0.595	0.607	0.601
裸化	0.612	0.603	0.627	0.614

试验结果表明,就剪切强度而言,嵌石界面效果最好,剪切强度最高。其次是裸化界面,然后是人工拉毛界面,最差的是光面。就黏结强度而言,裸化效果最好,黏结强度最高。其次是嵌石界面,然后是人工拉毛界面,最差的是光面。从试验数据可知,不同的界面处理方式,其剪切强度比黏结强度变化大,即界面处理方式对其剪切强度影响较大。这也从侧面反映出,界面层的设计主要考虑的是抗剪强度。分析原因得知,界面层的抗剪强度主要依靠界面层水泥混凝土面板的挫槽深度或粗糙度与面层沥青混合料之间的机械咬合作用和化学吸附作用。而嵌石界面的构造深度最大,与面层沥青混合料的机械咬合和摩擦作用最强,因此抗剪强度最强。而光面不管在构造深度方面还是机械咬合力方面都很小,故抗剪最弱。而裸化处理的界面抗剪强度只比嵌石界面的抗剪强度稍低,但黏结强度却较强,再加上嵌石在施工方面很难控制,难度较大。综合考虑,采用裸化界面作为优选方案。

3.2 不同黏结材料的影响

试验选择人工拉毛、嵌石、裸化作为不同的界面处理方式。在25℃情况下,各种黏结材料在不同界面处理方式下的直接剪切试验和直接拉拔试验结果分别如图5和图6所示。其中Superflex改性沥青用量为1.25kg/m²,SBS改性沥青用量为2kg/m²,高黏沥青用量为1.75kg/m²。

直接剪切试验表明:通过对比可以看出,Superflex改性沥青的抗剪强度效果最好,在嵌石界面下抗剪强度达到最大,最大值为0.6MPa,在人工拉毛界面下抗剪强度最小,最小值为0.51MPa。SBS改性沥青的抗剪强度最差,在嵌石界面下抗剪强度达到最大,最大值为0.57MPa,在人工拉毛界面下抗剪强度最下,最小值为0.42MPa。高黏改性沥青的抗剪强度居中,在嵌石界面下抗剪强度达到最大,最大值为0.58MPa,在人工拉毛界面下抗剪强度最下,最小值为0.45MPa。直接拉拔试验表明:3种黏结材料在不同界面下的黏结强度变化不是很大,但在裸化界面下的黏结强度都相对较大。

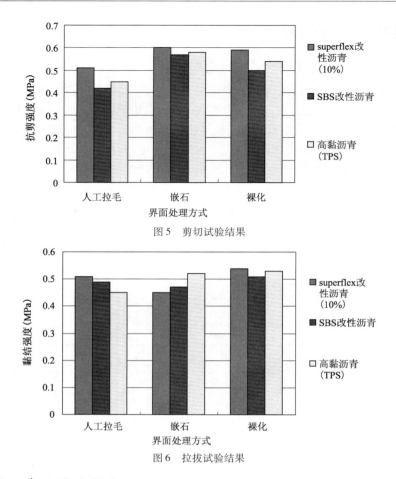

图5 剪切试验结果

图6 拉拔试验结果

3.3 黏结层沥青用量的影响

黏结层沥青用量的大小对层间黏结体系的稳定性有着至关重要的影响。在水泥混凝土界面上涂抹的黏结层沥青分子会形成一层吸附溶化膜，即结构沥青。在结构沥青层之外的是没有与水泥混凝土界面层直接发生交互作用"自由沥青"，其将保持初始的内聚力。当黏层油用量过多时，自由沥青就会不断增加，而结构沥青的强度比自由沥青的强度大得多，黏结层的强度将会不足，在车轮荷载的作用下将产生较大的变形。由于沥青面层的厚度较薄，尤其在夏天高温下，黏层油的黏度下降，自由沥青的数量将进一步增加，使得黏层油黏结不牢，由此将加剧薄面层的破坏。故黏结层沥青用量合理，"结构沥青"将最大程度的相互黏结，这样就最大程度的加强层间黏结体系的稳定。本研究针对拉毛界面、嵌石界面、裸化界面进行不同黏结层沥青用量下的层间结合试验，其中界面黏结层材料选用10%掺量的Superflex改性沥青，试验结果如图7。

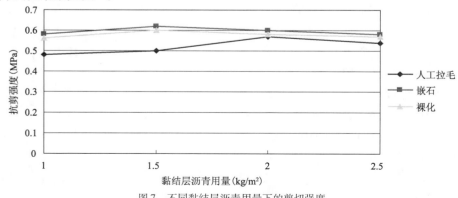

图7 不同黏结层沥青用量下的剪切强度

从试验结果来看,黏结层沥青最佳用量与界面处理方式有着很大关系。而实际工程中,黏结层沥青用量都一般不会超过 2kg/m²。由图 7 可以看出,各种界面处理在一定范围内都存在一个最佳沥青用量。对于人工拉毛界面,最佳沥青用量在 2kg/m² 左右时,其抗剪强度达到最大值,最大值为 0.57MPa。对于嵌石界面,最佳沥青用量在 1.5kg/m² 左右时,其抗剪强度达到最大值,最大值为 0.62MPa,对于裸化界面,最佳沥青用量在 1.5kg/m² 左右时,其抗剪强度达到最大值,最大值为 0.60MPa。

4 结语

本文通过对连续配筋混凝土刚性基层薄层沥青路面层间黏结体系的室内试验研究,得到以下结论:

(1)连续配筋混凝土表面的粗糙度越高,其与面层沥青混合料的机械咬合和摩擦作用越强,黏结层的抗剪强度就越高。嵌石界面的抗剪强度最高,而裸化处理的界面抗剪强度只比嵌石界面的抗剪强度稍低,但黏结强度更强,再加上嵌石在施工方面很难控制,难道较大。综合考虑,选用裸化界面作为优选方案。

(2)Superflex 改性沥青的抗剪强度效果最好,高黏改性沥青(TPS)的抗剪强度居中,SBS 改性沥青的抗剪强度最差。直接拉拔试验表明:三种黏结材料在不同界面下的黏结强度变化不明显,但在裸化界面下的黏结强度都相对较大。

(3)通过剪切试验得出,采用 Superflex 改性沥青作为黏结材料时,嵌石与裸化界面的最佳沥青用量都在 1.5kg/m² 左右,而人工拉毛界面的最佳沥青用量在 2kg/m² 左右。

(4)通过分析影响连续配筋刚性基层薄层沥青路面层间黏结体系的稳定性因素,得出层间抗剪强度为主要指标,拉拔强度为参照指标。

参考文献

[1] 王火明,凌天清,肖友高.刚柔复合式路面界面层强度特性试验研究[J].重庆交通大学学报:自然科学版,2009,28(6):33-35.

[2] 张庆宇,翟晓静,张艳娟.复合式路面沥青黏结层材料试验研究与评价[J].铁道建筑,2011,(9):29-30.

[3] 赵晓晴,王选仓,侯荣国.长寿命路面结构水泥混凝土板表面裸化技术研究[J].公路,2008(4):11-12.

[4] 李文科.连续配筋混凝土复合式路面层间结合与施工关键技术研究[D].长沙:长沙理工大学,2009.

[5] 高金岐,罗晓辉,徐世法.沥青黏结层抗剪强度试验分析[J].北京建筑工程学院学报,2003,19(3):66-71.

[6] 刘朝晖.连续配筋混凝土刚柔复合式沥青路面研究[D].长沙:长沙理工大学,2007.

[7] 胡长顺,王秉纲.复合式路面设计原理与施工技术[M].北京:人民交通出版社,1999.

[8] 何良杰.桥面高粘沥青黏结防水材料性能与应用研究[D].长沙:沙理工大学,2009.

[9] 顾兴宇.CRCP 板与沥青混凝土面层间黏结层材料试验研究[J].公路交通科技,2005,22(6):14-17.

刚柔复合式沥青路面层间剪应力分析

谢 军[1]　邓祥明[2]　曹 彬[1]　刘敬霜[2]

（1. 长沙理工大学，湖南长沙 410114；2. 广西红都高速公路有限公司，广西南宁 530021）

摘　要　针对刚性基层复合式路面容易出现的层间剪切滑移破坏的问题，选取由水泥混凝土基层、层间黏结层、沥青混凝土面层组成的复合式结构路面为研究对象，分析了在不同层间结合状态下，刚性基层与柔性面层的层间最大剪应力的分布规律以及基面材料参数对层间最大剪应力分布的影响。研究成果可为刚柔复合式路面层间剪切应力后续研究提供重要参考。

关键词　道路工程；复合式沥青路面；层间剪应力；层间结合状态；材料参数

0　引言

刚性基层复合式路面最大的特点是组成面层与基层的材料性能相差很大[1~2]。水泥混凝土板强度高、刚度大，材料翘曲形变模量相对比较稳定，属脆性材料，温度变化容易引起水泥混凝土板产生水平位移。而沥青面层材料模量小，温度敏感性大，材料模量随温度变化，呈现明显的黏-弹-塑性。同其他结构形式的路面有所不同，刚柔复合式路面的损坏主要集中在沥青加铺层，其损坏形式主要有车辙、推移、开裂与水损坏等[3]。加强刚柔界面的黏结处理，提高其抗剪强度和黏结强度，使沥青层与水泥混凝土板更好的黏结在一起，提高整体受力性能是应对复合式路面出现早期病害的关键措施。

对于刚性基层复合式沥青路面，刚柔层间接触面是复合路面结构抵抗水平剪切力最薄弱的位置[4]，特别是在施加水平力作用的情况下，层间界面的剪切力可能超过材料的剪切强度而发生剪切破坏[5-7]。为了探究层间最大剪应力的变化规律，对不同条件下的层间最大剪应力展开研究。

1　路面结构计算模型与参数的选定

CRC + AC 基本结构层分为 4 层：土基和垫层视为基础、20cm 水泥碎石稳定基层、24cm 连续配筋混凝土基层、6cm 沥青混凝土面层，路面结构及结构层参数见表 1。

材料参数　　　　　　　　　　　　　　　　表1

结　构　层	层厚（cm）	回弹模量（MPa）	泊松比
复合改性沥青混凝土面层	6	2 000	0.35
同步沥青碎石黏层	1	300	0.2
连续配筋混凝土基础层	24	31 000	0.15
水泥稳定碎石基层	20	1 400	0.2
级配碎石层	20	200	0.35
土基	—	35	0.4
基础	级配碎石层、土基视为基础	经计算取当量值75	0.30

荷载采用双圆垂直均布标准轴载，单轴双轮组重 100kN，轮压半径 δ 为 10.65cm，两轮间距为 31.95cm，轮压为 0.7MPa。假定轮胎内压与轮胎接地压力相等，轮胎内压取 0.7MPa。水平荷载按最不利情况，考虑水平加速下，ψ 取 0.5。荷载计算参数见表 2。路面力学计算图式见图 1。

荷 载 计 算 参 数　　　　　　　　　　　　　　表2

标准轴载	BZZ-100	
标准荷载 P(kN)	100	
轮胎接地压强 p(MPa)	0.7	
单轮传压面当量圆直径 d(cm)	21.3	
两轮中心距(cm)	1.5d	
均布荷载圆心坐标	x	y
	0	-0.159 8
	0	0.159 8

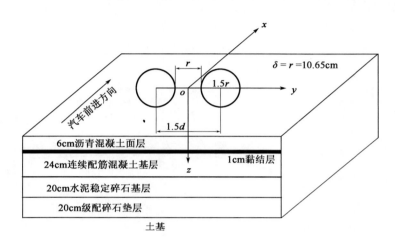

图1　路面结构计算三维模型

计算时,连续配筋混凝土刚性基层与沥青混凝土面层结合状况分为完全连续、完全光滑两种情况。

2　层间剪切应力计算

由于连续配筋混凝土刚性基层与沥青混凝土面层层间界面的剪应力分布不均匀,变化规律不尽相同,故有必要考虑各计算点位的最大剪应力,分析其变化规律。

2.1　完全连续时层间剪切应力规律分析

计算层位选取沥青罩面层层底,分别计算 x 轴、y 轴上的不同点位剪应力,结果如图2～图4所示。

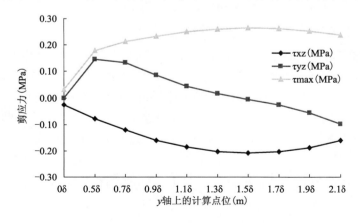

图2　剪应力随 y 轴变化曲线

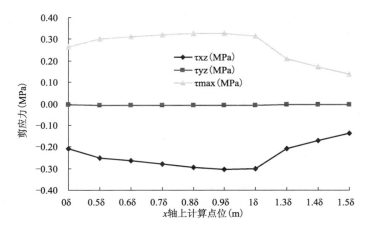

图3 剪应力随 x 轴（正值方向）变化曲线

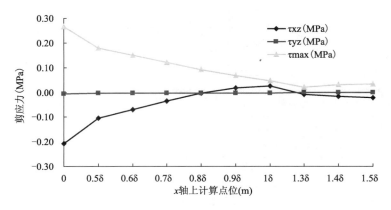

图4 剪应力随 x 轴（负值方向）变化曲线

由上可以看出：x 轴固定时，最大剪应力随距双轮轮迹中心处的水平横向距离的增大而先增大后减小，y 方向上的最大剪应力出现在 1.5δ 处，即单轮轮迹中心处。以单轮轮迹中心处为 y 轴固定，x 轴正值方向上的最大剪应力随距单轮轮迹中心处的水平纵向距离的增大而先增大后减小，最大值出现在 0.8δ、0.9δ 位置处，最大值为 $0.325\,\mathrm{MPa}$，其相应的最大应变值为 $2.11\mathrm{E}\text{-}04$。x 轴负值方向上的最大剪应力距单轮轮迹中心处的水平纵向距离的增大而不断减小，通过 x 轴正值方向与负值方向的对比可以看出，单轮轮芯正前方的最大剪应力比正后方的最大剪应力大许多，可见剪应力分析时水平纵向距离只需考虑单轮轮芯正前方的计算点位就行了。综合 x、y 轴方向的剪应力应变情况，最大剪应力的计算点位取在水平面坐标轴中取为 $(0.8\delta,1.5\delta)$ 和 $(0.9\delta,1.5\delta)$。

2.2 完全光滑时层间剪切应力规律分析

计算参数的输入与完全连续时基本相同，只需改变基面结合的剪切弹性模量。计算层位选取沥青罩面层层底。分别计算 x 轴、y 轴上的不同点位剪应力，计算结果如图5～图7所示。

由上可以看出：x 轴固定时，最大剪应力随距双轮轮迹中心处的水平横向距离的增大而先增大后减小，y 方向上的最大剪应力出现在 1.9δ 处，即单轮轮迹外缘处。以 1.9δ 处为 y 轴固定，x 轴上正值方向计算点位上的最大剪应力逐渐减小，故在 0δ 处出现剪应力最大值。x 轴负值方向上的最大剪应力随计算点位的增大而先增大后减小，在 0.5δ 处出现剪应力最大值，最大值为 $0.366\,\mathrm{MPa}$，此时相对应的最大剪应变为 $(2.38\mathrm{E}\text{-}04)$。通过分析 x 轴正值方向与负值方向的剪应力可知，x 轴上最大剪切应力出现 y 轴正后方 0.5δ 处，故分析剪切应力最不利位置时，在 y 轴上 1.9δ 处，其正后方 0.5δ 处作为剪切应力最不利位置计算点位。综合 x、y 轴方向的剪应力应变情况，最大剪应力的计算点位取在水平面坐标轴中取为 $(-0.5\delta,1.9\delta)$。

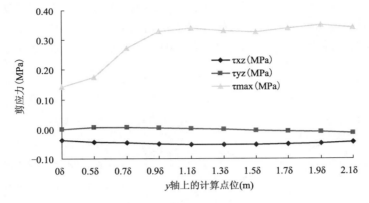

图 5　剪应力随 y 轴变化曲线

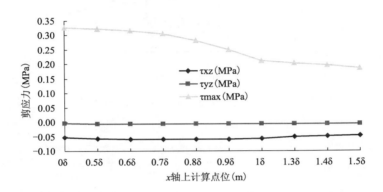

图 6　剪应力随 x 轴（正值方向）变化曲线

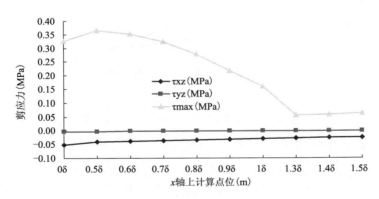

图 7　剪应力随 x 轴（负值方向）变化曲线

3　材料参数对层间最大剪应力分布的影响

3.1　沥青面层厚度对层间最大剪应力的影响

沥青面层模量及各结构层材料参数不变，改变沥青面层厚度，完全连续和完全光滑时分别取 A$(0.8\delta,1.5\delta)$、B$(0.9\delta,1.5\delta)$ 和 C$(-0.5\delta,1.9\delta)$ 为计算点位，最大剪应力的分布规律如图 8、图 9 所示。

由上图可以看出，不管是完全连续还是完全光滑，在 0.9δ 处的剪应力和剪应变都要比 0.8δ 处略大，故以 0.9δ 处作为剪切变量的主要计算点位。完全连续时，除了当厚度在 3cm 时剪切变量有很小的突变，剪应力和剪应变都随厚度的增大而逐渐减小。完全光滑，沥青面层厚度为 2~6cm 时，层间最大剪切变量比完全连续时要大很多，且随着厚度的增加，剪切变量变化显著。当沥青面层厚度由 7cm 增加到8cm时,完全光滑时的剪切变量比完全连续时剪切变量减小得更快,慢慢变为层间完全连续的剪切变量大于完全光滑时的剪切变量。这就意味着对于新建的CRC+AC复合式路面,随着的龄期的增长,其基面结合状态降低而最大剪应力减小。当沥青面层厚度大于7cm后,最大剪应力受基面结合状态的影响会逐渐减小。

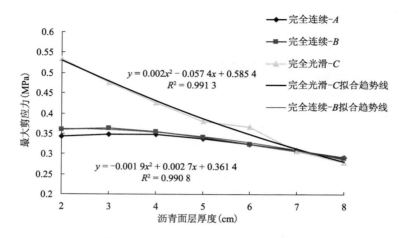

图8 层间最大剪应力随沥青面层厚度变化分布规律图

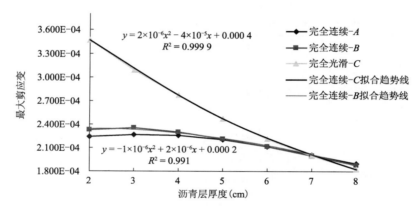

图9 层间最大剪应变随沥青面层厚度分布规律图

3.2 沥青面层模量对层间最大剪应力的影响

沥青层厚度取6cm,其余结构层材料参数不变,改变沥青层模量值,在完全连续和完全光滑两种状态下,分别取$(0.9\delta, 1.5\delta)$和$(-0.5\delta, 1.9\delta)$为计算点位,剪应力变量分布如图10、图11所示。

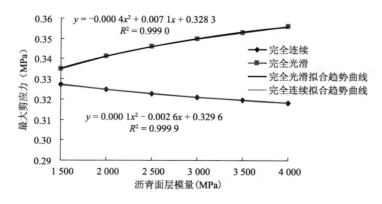

图10 层间最大剪应力随沥青面层模量变化分布规律图

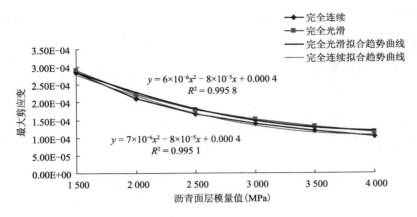

图 11 层间最大剪应变随沥青面层模量变化分布规律图

从图可以看出,层间结合完全光滑时,最大剪应力随面层模量的增加而增大,而层间完全连续最大剪应力的变化趋势则相反。层间最大剪应变不管完全连续还是完全光滑,其都随面层模量的增大而减小。由此可见,实际工程中可以适当地提高面层沥青材料的弹性模量值,可以有效地减小层底的剪切应变,增强沥青面层与基层的层间抗滑能力。

3.3 层间黏结层材料性能对层间最大剪切应力的影响

保持沥青面层和各结构材料参数不变,层间结合状态选完全连续,在基层与面层间增设黏结层夹层,黏结层材料模量取200MPa,泊松比取0.2。改变黏结层厚度,计算点位为(0.9δ,1.5δ),则基面间各界面最大剪应力、剪应变的分布规律如图12、图13所示。

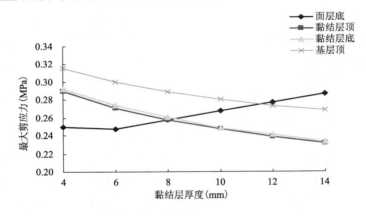

图 12 黏结层厚度对层间最大剪应力的影响规律

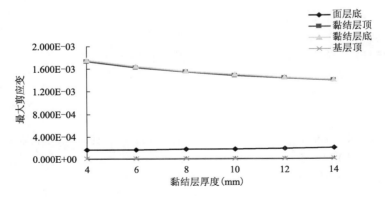

图 13 黏结层厚度对层间最大剪应变的影响规律

分别考虑黏结层上下面的剪应力,即考虑基层顶面的最大剪应力与面层底面的最大剪应力之差与黏结层厚度的关系,如图14所示。

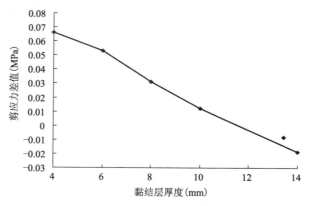

图14 最大剪应力差值随黏结层厚度变化图

从上可以看出,随着黏结层厚度的增加,在一定范围内各接触面最大剪切变量都逐渐减小。只有面层底面最大剪应力在黏结层厚度为6mm时出现最小值,随后随着黏结层厚度的增加而逐渐增大。

从各接触界面的最大剪应力来看,黏结层的厚度在6~10mm对层间抗剪切有利。从基面最大剪应力突变值来看,随着黏结层厚度的增加,突变值逐渐减小。当黏结层厚度为10mm,突变值出现负值,故黏结层最大厚度不应大于10mm。

4 结语

计算了在层间结合完全连续和完全光滑状态下的层间最大剪应力和最大剪应变随 $x、y$ 坐标轴变化的规律,分析了结构层材料参数对基面结合-层间最大剪应力分布的影响,并得出了以下结论:

(1)通过计算得到了两种层间结合状态下的层间最大剪应力的计算点位,在 x-y 坐标平面上,完全连续时是 $(0.8\delta,1.5\delta)$ 和 $(0.9\delta,1.5\delta)$,完全光滑时是 $(-0.5\delta,1.9\delta)$。

(2)完全连续时层间最大剪应力为0.325MPa,最大剪应变为2.11E-04;完全光滑时层间最大剪应力为0.366MPa,最大剪应变为2.38E-04。

(3)完全连续时,除了当厚度在3cm时剪切变量有很小的突变,剪应力和剪应变都随厚度的增大而逐渐减小。在完全光滑沥青面层厚度为2~6cm时,层间最大剪切变量比完全连续时要大很多,且随着厚度的增加,剪切变量变化显著。当沥青面层厚度由7cm增加到8cm时,完全光滑时的剪切变量开始比完全连续时剪切变量减小更快,逐渐变为层间完全连续的剪切变量要大于完全光滑。

(4)层间结合完全光滑时,最大剪应力随面层模量的增加而增大,而层间完全连续最大剪应力的变化趋势则相反。层间最大剪应变不管完全连续还是完全光滑,都随面层模量的增大而减小。因此提高面层沥青材料的弹性模量值,可以有效减小层底剪切应变。

(5)随着黏结层厚度的增加,各接触面最大剪切变量都逐渐减小,只有面层底面最大剪应力在黏结层厚度为6mm时出现最小值,随后随着黏结层厚度的增加而逐渐增大。从各接触界面的最大剪应力来看,黏结层的厚度在6~10mm对层间抗剪切有利。

参考文献

[1] 李盛,刘朝晖,李宇峙.CRC+AC复合式路面结构层厚度对温度效应及车辙变形的影响[J].中国公路学报,2012,25(1):21-28.

[2] 李盛,刘朝晖,李宇峙.RC+AC复合式路面结构中AC层的裂缝扩展[J].公路交通科技,2011,28(12):1-9.

[3] 陈锋锋.连续配筋混凝土与沥青混凝土复合式路面工作机理和结构设计方法的研究[D].南京:东

南大学,2007.
[4] 刘朝晖. 连续配筋混凝土刚柔复合式沥青路面研究[D]. 长沙:长沙理工大学,2007.
[5] William L. Helwitt. Continuation of study on the theoretical design of flexible pavement based on shear strength. A. S. T. M conference, 1965.
[6] Mahmoud Ameri Gaznon, Dallas N. Little, Octahedral Shear Stress Analyses of an ACP Overlay on a Rigid Base, Proceeding of Association of Asphalt Paving Technology, 1989.
[7] Kiryukhin, GN. Predicting the Shear Resistance of Asphalt Concrete Pavements according to the Result of Specimen Mechanical Test, in Mechanical Tests for Bituminous Materials, Brookfield, 1997.

级配类型对无砂水泥混凝土性能影响的试验研究

谢 军[1] 覃新江[2] 吴成伟[1]

(1. 长沙理工大学,湖南 长沙 410114;2. 广西红都高速公路有限公司,广西 南宁 530021)

摘 要 根据无砂混凝土的研究现状及结构特点,选定4种不同的混凝土级配进行无砂混凝土配合比设计,并通过混凝土试件进行试验,测定不同级配类型无砂混凝土的有效孔隙率、抗压强度和渗透系数,并讨论分析有效孔隙率对混凝土抗压强度及渗透系数的影响。研究成果可为我国无砂水泥混凝土的推广应用提供重要参考。

关键词 道路工程;无砂混凝土;有效孔隙率;抗压强度;渗透系数

0 引言

无砂混凝土是指混凝土配料中不含或少含细骨料,由水泥浆包裹粗骨料形成的蜂窝状结构的混凝土材料。由于具有容重小、孔隙率大、透水性强等特点,无砂混凝土在土木工程领域得到较为广泛的应用[1],并作为路面排水基层在国内得到推广应用。无砂混凝土排水基层相对水泥稳定碎石基层能够有效的将渗入基层中的水分及时的排出,防止水滞留在基层中造成路面损坏,对公路水损坏的产生有较强的预防作用。本文主要针对无砂混凝土的特点对其的强度、孔隙率、渗透系数等特点进行研究。

1 无砂混凝土级配及配合比设计

试验采用325级复合硅酸盐水泥,粗集料采用石灰岩,拌和及养护用水为自来水。

1.1 级配类型的选择

无砂混凝土是一种骨架孔隙结构混凝土材料,故无砂混凝土的级配通常选择单粒径的粗集料间断级配、粗集料连续级配。为讨论不同级配形成的不同孔隙率对无砂混凝土试件的抗压强度、渗透系数的影响,选择4种级配类型,前3种级配为单粒径集料,第4种为连续级配的粗集料,无砂混凝土级配如表1所示。

无砂混凝土的级配选择　　　　表1

级配	筛孔	4.75	9.5	13.2	16	19	26.5
1	通过率(%)	0	100	—	—	—	—
2	通过率(%)	0	0	100	—	—	—
3	通过率(%)	0	0	0	100	—	—
4	通过率(%)	0	30	51.1	64.1	78.6	100

注:级配4是根据所选用集料经粒子干涉理论优化而得的连续级配。

1.2 配合比设计

无砂混凝土是一种介于多空隙水泥稳定碎石和普通贫混凝土之间的混凝土材料,目前没有比较成熟的计算方法。根据无砂混凝土的结构特点,可以认为无砂混凝土是由水泥浆包裹粗集料紧密堆积相互黏结而成的骨架孔隙结构物。根据无砂混凝土结构特点及性能要求,可进行如下配合比设计:

(1)集料用量的确定。

无砂混凝土中不含或只含有少量的细料,参考《公路工程集料试验规程》JTG E42—2005中测量粗集料堆积密度的方法,测其捣实后的堆积密度,来计算无砂混凝土的集料用量,如式(1)所示。

$$G = 0.98 \cdot \rho \tag{1}$$

式中:G——集料用量,kg/m³;

ρ——集料的堆积密度,kg/m³。

(2)水泥用量的确定。无砂混凝土水泥的用量与所构成其骨架的集料有关,集料的粒径小,比表面积也就大,包裹集料的水泥用量就要增加,反之亦然。在国内没有较统一的配合比设计方法,故根据经验按级配情况调整灰集比,通常无砂混凝土的水泥和集料的比例介于1:6~1:10之间。在保证无砂混凝土强度及孔隙率的条件提下,控制水泥的用量,不能富余太多而堵塞无砂混凝土的内部孔隙,过少而使集料裸露,保证水泥浆能够包裹集料即可。一般控制包裹石料的水泥浆厚度约为1~1.5mm。

(3)水灰比的确定。水灰比对无砂混凝土的强度及透水性有较大的影响,由于无砂混凝土中没有细集料,由单一的水泥浆包裹骨料。水灰比太小,水泥浆中存在为水化完全的水泥颗粒,对无砂混凝土的强度形成不利,也不易于包裹集料;水灰比太大,水泥浆呈流动状态,会从碎石表明滑离,滑入无砂混凝土基层底部而堵塞孔隙,造成混凝土的离析,不利于透水,也不利于混凝土强度。某一确定水泥用量的级配碎石都对应着一个最佳水灰比,通过室内实验得出无砂混凝土的水灰比通常介于0.35~0.42之间。所以在无砂混凝土拌和过程中应注意水泥浆包裹碎石的情况,当水泥浆体没有流动现象,并且碎石表面有金属光泽时,表明水灰比适合[2]。

1.3 试验方法

(1)试件成型。无砂混凝土试件成型不宜用振动或插捣的方法,最好采用静压成型。因为采用振动的方式会导致包裹在集料表面的水泥浆被振失,水泥浆下沉会堵塞底部的孔隙,不利于无砂混凝土基层的透水;而插捣的方法,同样会由于插捣棒的冲击力使试件上部分的水泥浆下滑,堵塞试件下部孔隙,并且插捣棒直接作用在试件的集料上,会使部分的集料受损破坏,这对无砂混凝土的强度形成不利。所以静压成型的方法能比较好的实现无砂混凝土集料嵌挤密实,同时水泥浆又不会下沉堵塞孔隙[2]。成型的无砂混凝土试件150mm×150mm×150mm在相对湿度95%,温度25℃环境中养护。

(2)有效孔隙率试验。无砂混凝土的孔隙包括连通孔隙、半连通孔隙以及闭口孔隙,三者之和就是全孔隙。从无砂混凝土排水作用来看,真正起作用的只有相互连通的孔隙,所以孔隙又可分为有效孔隙和无效孔隙。此处无砂混凝土的有效孔隙率测量方法参考日本《透水性混凝土河川护堤施工手册》中的水中称重法,按照式(2)公式计算有效孔隙率P。

$$P = \left(1 - \frac{W_2 - W_1}{V}\right) \times 100 \tag{2}$$

式中:V——试件外观体积,cm³;

W_1——试件浸泡在水中24h以上,水中称重,g;

W_2——试件置于温度为20℃±2℃,相对湿度60%条件下,自然放置24后称重,g。

(3)渗透试验。无砂混凝土的渗透系数是指单位水力梯度下水在无砂混凝土孔隙中的渗流速度,渗透系数测试通常采用常水头的方法,根据达西定理自制渗透仪进行试验,渗透仪如图1所示。

试验原理采用达西定律:

$$V = KI$$

式中:V——水的渗流速度,cm/s;

I——水力梯度(两点之间水头差与两点水平距离之比);

K——渗透系数,cm/s。

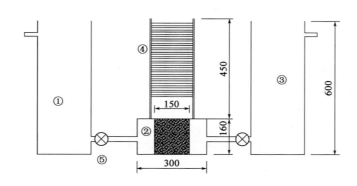

图 1 自制的渗水仪(尺寸单位:mm)
①-进水桶;②-试件套筒;③-出水桶;④-测压管;⑤-控水阀门

试验开始时,往进水桶中注入水,在整个试验过程中应保持试件上的压力水头不变,进行渗透系数测试的试验,试件的截面积为 A(即试验筒截面积)。水自上而下流经试件时,被试件阻碍,使得试件两侧的测压管产生水头差,再从出水桶流出,待渗流稳定后,测得在时间 t 内流过试件的流量为 Q,同时读得此时两测压管的水头差为 ΔH,如式(3)所示:

$$Q = qt = kIAt = k\frac{\Delta H}{l}At \tag{3}$$

由此得试件的渗透系数如式(4)所示:

$$k = \frac{Ql}{\Delta HAt} \tag{4}$$

式中:Q——单位时间内留经试件的水量,g;
  l——试件的宽,cm;
  ΔH——测压管的水头差,cm;
  A——试件的截面积,cm²;
  t——渗流时间,s。

2 试验结果及分析

本文通过对无砂混凝土的级配研究,讨论级配对无砂混凝土有效孔隙率、抗压强度和渗透系数的影响。通过配合比设计,使四种设计级配的水泥浆薄膜厚度为 1~1.5mm 进行研究,确定各级配的最佳配合比如表 2 所示。

无砂混凝土配合比设计　　　　表 2

级配类型	水灰比	水泥 (kg)	水 (kg)	碎石 (kg)
级配一	0.36	3.38	1.22	16
级配二	0.35	3.14	1.10	16.5
级配三	0.36	2.41	0.87	16
级配四	0.39	2.71	1.07	19

2.1 试验结果

试验结果如表3,图2~图4所示。

级配 1~4 的试验结果 表3

级配类型	7d 抗压强度	28d 抗压强度(MPa)	有效孔隙率(%)	渗透系数(cm/s)
级配一	3.7	6.2	24.2	3.2
级配二	3.4	5.4	27.7	3.8
级配三	3.0	4.9	29.4	4.7
级配四	4.3	7.2	21.3	2.2

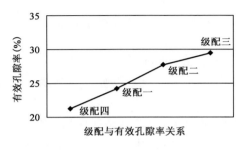

图 2 级配与有效孔隙率关系图

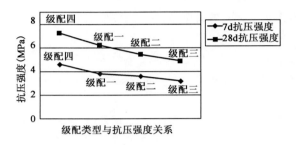

图 3 级配与抗压强度关系图

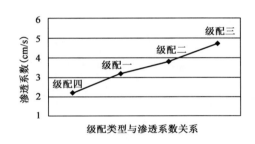

图 4 级配与渗透系数关系图

2.2 试验结果分析

（1）无砂混凝土是由水泥浆包裹粗集料形成的一种骨架孔隙结构的混凝土材料,级配不同形成的无砂混凝土的孔隙特征和有效孔隙率也不一样。由表3试验结果可得：级配为单粒径的无砂混凝土颗粒间相互嵌挤会形成较大的间隙,而这类孔隙会随着单粒径集料粒径的增大而增多,无砂混凝土有效孔隙率也随之增大；级配类型为连续级配的无砂混凝土由大粒径嵌挤形成的孔隙会由小粒径的碎石填充,使之内部孔隙变小,形成较为密实的结构,其有效孔隙率也会相对单粒径的无砂混凝土小。

（2）无砂混凝土强度的形成主要依靠碎石间的摩阻力及水泥浆的黏结力。由于无砂混凝土的结构特点,试件中存在着较多的孔隙,使其水泥浆体能够与空气充分接触,水泥的水化反应相对普通混凝土较快,7 天抗压强度已达到 28 天抗压强度的 2/3。也正因为这些孔隙,使无砂混凝土的强度受到影响。单粒径的碎石相互嵌挤形成孔隙相对连续级配的碎石大得多,使得碎石的接触点相对减少,水泥浆包裹的碎石之间的接触面积也减少,使混凝土抵抗荷载的能力降低,从而降低无砂混凝土的强度。从试验结果可以看出,单粒径的无砂混凝土比连续级配的无砂混凝土强度低,并且随单一级配的碎石粒径的增大,无砂混凝土的强度也随之降低。

（3）无砂混凝土的有效孔隙率越大,试件对水的阻碍作用越小,单位时间内通过水分越多。试验结果表明,无砂混凝土的渗透系数与有效孔隙率成正比关系,故随着有效孔隙率的增大,其渗透系数也随之增大。

3 结语

由水泥浆包裹粗骨料形成的无砂混凝土内部存在的大量孔隙是造成无砂混凝土强度偏低的主要原

因,但也正是由于这些孔隙的存在,使无砂混凝土具有良好的透水性。所以在试验设计中,我们可以通过对级配的选择,控制无砂混凝土的孔隙率,从而在保证强度的同时,满足渗透性要求。

参考文献

[1] 徐立新.无砂混凝土在道桥工程中的应用[J].公路,2000,6:28-30.
[2] 陶新明.无砂大孔混凝土配合比设计、成型及养护[J].混凝土,2010,10,136-141.
[3] 郑木莲.多孔混凝土排水基层研究.[D]西安:长安大学博士论文,2004.
[4] 郑木莲,王秉刚等.大孔混凝土组成设计及路用性能[J].长安大学学报,自然科学版,2003,23(4):6-10.
[5] 樊晓红.无砂透水混凝土配合比设计[J].低温建筑技术,2010,10:10-11.
[6] 杨加,周锡玲,欧正蜂.无砂混凝土连通孔隙率与抗压强度影响因素的试验研究[J].粉煤灰,2011,10:35-39.
[7] 崔志波.公路工程大孔隙试件孔隙率精确测定方法研究[J].山西建筑,2005,31(18):159-160.
[8] 唐亮.浅谈无砂混凝土及其在道路工程中的应用[A].湖南交通职业技术学院,科技资讯,2007,16:40

击实温度对温拌沥青混合料性能的影响研究

邓祥明[1]　周志刚[2]　熊奎元[2]　劳家荣[1]

(1. 广西红都高速公路有限公司,广西　南宁　530001;
2. 长沙理工大学,湖南　长沙　410114)

摘　要　对温拌沥青混合料在不同击实温度下击实成型,通过马歇尔试验研究击实温度对温拌沥青混合料物理力学性能指标的影响。试验结果表明,击实温度对温拌沥青混合料的空隙率、稳定度、流值、吸水率有着不同程度的影响,击实温度越高,空隙率越小,稳定度越大,流值越小,而击实温度对吸水率的影响较小。试验结果显示,击实温度为130℃及以上时,空隙率及稳定度、流值等均满足规范要求。故温拌沥青混合料碾压成型温度不宜低于130℃。

关键词　道路工程;温拌沥青混合料;击实温度;路用性能;马歇尔试验

0　引言

沥青混合料是由一定级配的矿料与一定黏度和适量的沥青拌合而成的混合物,因为沥青是一种黏弹性的材料,混合料的各种体积参数及其性能受温度影响极大。沥青路面质量的好坏与压实度有着密切的关系,压实度又与沥青混合料成型温度紧密相关,因此击实成型温度对沥青混合料性能有着显著的影响[1-4]。在较低温度下碾压,路面不易密实,空隙率较高,水容易渗入,使沥青黏结力下降,沥青易从矿料表面剥落,沥青路面性能较差,直接影响沥青路面使用寿命。而在高温环境下,沥青混合料具有良好的流动性,易于碾压,压实度增加,空隙率减小,可由较少的碾压次数得到较好的密实度,路面越密实,沥青的路用性能越好。由于温拌沥青混合料比热拌沥青混合料施工温度降低约30℃左右,非常有必要研究击实温度对温拌沥青混合料性能的影响。关于沥青混合料施工温度的确定,规范[5]推荐以黏温曲线上 $0.17Pa·s ± 0.02Pa·s$ 对应的温度作为拌合温度,以 $0.28Pa·s ± 0.03Pa·s$ 对应的温度作为压实温度,该方法是基于未经改性的普通石油沥青的数据得出的。传统的利用沥青黏度—温度关系应用等粘度原则确定沥青混合料拌和与压实温度的方法,不适用于添加温拌剂的沥青混合料。但可以通过用基于等体积原则确定沥青混合料压实温度中值的方法,以空隙率等体积指标来控制温拌沥青混合料拌合和击实温度。本文即采用这一方法,对广西地区靖西至那坡高速公路隧道路面中面层AC-20,进行了在不同击实温度(模拟现场碾压温度)下的温拌沥青混合料室内马歇尔击实试验,通过比较不同击实温度对相应成型的温拌沥青混合料的空隙率、稳定度、流值、动稳定度的影响,确定温拌沥青混合料施工碾压的控制温度。

1　试验材料和级配

试验沥青采用SBS(I-D)改性沥青,SBS改性沥青针入度为54(0.1mm),软化点为82.5℃,延度为32mm。集料粒形较理想,AC-20为骨架密实结构。为了保证级配的准确性,将集料按照级配分级要求进行人工筛分和配料。温拌沥青混合料配合比采用靖西至那坡高速公路路面工程NO.A合同段SBS改性沥青混合料AC-20的目标配合比,该配合比中0.075mm以下的填料用量相对不多,3~5mm档的细集料用量或者控制在6%左右或者断掉不用,5~10mm档的粗集料用量控制在9%左右,中间档10~25mm的粗集料用量相对较多,以利于集料之间能形成均匀的骨架稳定密实结构。温拌沥青混合料AC-20的矿料级配组成如表1和图1所示。

温拌沥青混合料 AC-20 的级配组成　　　　表1

筛孔尺寸(mm)		0.075	0.15	0.3	0.6	1.18	2.36	4.75	9.5	13.2	16	19	26.5	31.5
各材料的颗粒级配（通过率）	1号料 100%	0.4	0.5	0.7	0.7	0.7	0.7	0.7	1.1	12.9	37.0	71.9	100	100
	2号料 100%	0.4	0.5	0.5	0.5	0.5	0.5	0.6	83.0	100	100	100	100	100
	3号料 100%	0.4	0.6	0.7	0.7	0.7	1.2	64.5	100	100	100	100	100	100
	4号料 100%	14.7	18.8	25.5	41.3	66.0	90.1	100	100	100	100	100	100	100
	矿粉 100%	88.8	98.8	100	100	100	100	100	100	100	100	100	100	100
各材料在设计混合料中的颗粒级配（通过率）	1号料 35%	0.1	0.2	0.2	0.2	0.2	0.2	0.2	0.4	4.5	13.0	25.2	35.0	35.0
	2号料 30%	0.1	0.2	0.2	0.2	0.2	0.2	0.2	24.9	30.0	30.0	30.0	30.0	30.0
	3号料 6%	0.0	0.0	0.0	0.0	0.0	0.1	3.9	6.0	6.0	6.0	6.0	6.0	6.0
	4号料 28%	4.1	5.3	7.1	11.6	18.5	25.2	28	28.0	28.0	28.0	28.0	28.0	28.0
	矿粉 1%	0.9	1.0	1.0	1.0	1.0	1.0	1.0	1.0	1.0	1.0	1.0	1.0	1.0
合成级配(%)		5.3	6.6	8.6	13.0	19.9	26.7	33.3	60.3	69.5	78.0	90.2	100	100
规范上限(%)		7	13	17	24	33	44	56	72	80	92	100	100	100
规范下限(%)		3	4	5	8	12	16	26	50	62	78	90	100	100
规范中值(%)		5	8.5	11	16	22.5	30	41	61	71	85	95	100	100

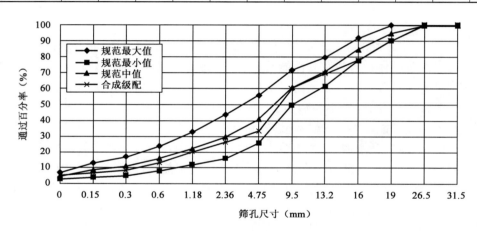

图1　温拌沥青混合料 AC-20 的矿料级配曲线

2　试验方案确定

本室内试验依托靖那高速公路百针一号和百针二号隧道两段试验路，室内试验采用最佳油石比 4.2% 成型试件。以往采用变温击实成型的方式，即在确定的沥青温度、石料温度和搅拌温度的条件下，把沥青混合料放在设定不同温度的烘箱中来确定击实温度，进而调整拌合站的各个环节的温度。其中忽略了不同石料加热温度和搅拌温度在搅拌过程中对沥青混合料性能的影响，由此确定的施工温度与实际施工情况时的温度有所差异。因此，本文通过了解拌和站调整出料温度的方法和考虑沥青混合料在出料以及运输过程中的温度损失，在室内模拟试验时，提出以下的新试验方法，更加真实地模拟现场施工和沥青混合料的拌和。依据《公路工程沥青及沥青混合料试验规程》[6]，按照如下试验步骤进行实施。

（1）拌和方式。先将石料干拌10s，使粗细集料搅拌均匀，先后加入沥青、温拌剂Sasobit和矿粉进行机械拌合，总共时长3min。

（2）沥青混合料的恒温保温。保养温度及保养时间：将混合料拌和好后装入模具，在对应以上的拌和温度下采用125℃、135℃、145℃、155℃、165℃保温2h。

(3)沥青混合料的击实成型。试验时,待烘箱内温度恒定后,迅速取出混合料进行击实,则温度可视为开始击实温度。

击实设备:马歇尔自动击实仪,击实速度为75次/min。

试件数量:每组击实成型4个。

(4)空隙率、马歇尔稳定度、流值、吸水率的测定。依据《公路工程沥青及沥青混合料试验规程》[6]对温拌沥青混合料进行空隙率、稳定度、流值、吸水率等体积参数的计算。

3　试验结果的分析

通过对温拌沥青混合料在不同的击实温度下进行马歇尔试验,研究击实温度与沥青混合料技术指标之间的影响关系。

(1)击实温度和空隙率的关系。图2表明,沥青混合料的空隙率随着击实温度的降低而增大。当击实温度低于130℃时,空隙率会超过规范6%的要求[5],而在此击实温度以上,空隙率皆满足规范要求。

(2)击实温度和稳定度的关系。图3表明,沥青混合料的稳定度随着击实温度的降低而减小,以135℃为界,击实温度低于135℃时的稳定度增长率高于135℃以上的增长率,这是因为击实成型温度对沥青混合料稳定度的影响较大,主要是温度较低时,沥青的黏结度较大,流动性较差,沥青与石料结合不充分,从而降低了石料与沥青的黏结力。但在试验的击实温度范围内,稳定度均符合规范要求。

(3)击实温度与流值的关系。图4表明,沥青混合料的流值随着击实温度的降低而增大,并且击实温度在125°时,流值大于5mm,不符合规范要求[5],击实温度130°为流值符合规定的临界点。

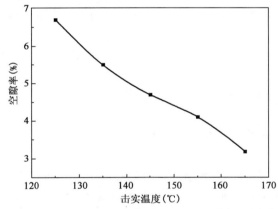
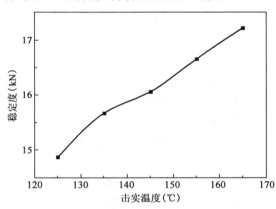

图2　温拌沥青混合料AC-20的击实温度与空隙率的关系曲线　　图3　温拌沥青混合料AC-20的击实温度与稳定度的关系曲线

(4)击实温度与吸水率的关系。图5表明,沥青混合料的吸水率整体上随着击实温度的降低而增加。当击实温度在155℃以上时,吸水率几乎无变化。当击实温度在155℃以下时,吸水率随着击实温度的降低几乎成线性增加。

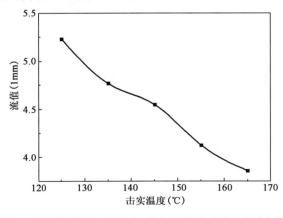
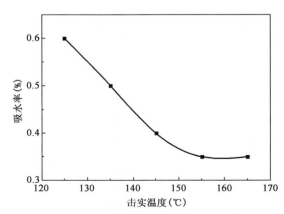

图4　温拌沥青混合料AC-20的击实温度与流值的关系曲线　　图5　温拌沥青混合料AC-20的击实温度与吸水率的关系曲线

综合以上沥青混合料各项物理力学性能指标与击实温度的关系,可以看出,击实温度为130℃及以上时,空隙率及稳定度、流值等指标均满足规范要求。

4 结语

通过对不同击实温度下成型的沥青混合料进行马歇尔试验研究,得到了温拌沥青混合料空隙率、稳定度、流值、吸水率等物理力学性能指标与击实温度的相关关系。试验结果表明,击实温度对温拌沥青混合料的空隙率、稳定度、流值、吸水率有着不同程度的影响,击实温度越高,空隙率越小,稳定度越大,流值越小,而击实温度对吸水率的影响较小。随着空隙率的增加,流值与稳定度随之减少,这些指标是反映沥青混合料力学性能的重要参数。因此,击实温度对温拌沥青混合料稳定性及抗变形能力等性能影响明显。试验结果显示,击实温度为130℃及以上时,空隙率及稳定度、流值等指标均满足规范要求。因此,温拌SBS改性沥青混合料碾压成型温度不低于130℃,而规范要求SBS改性沥青混合料碾压成型温度不低于150℃,采用温拌技术可使SBS改性沥青混合料碾压施工温度降低20℃,节能效果显著。

参考文献

[1] Shernoy A. Determination of the temperature for mixing aggregates with polymer modified asphalt[J]. International Journal Pavement Engineering,2001(1):78.

[2] 鲁正兰,孙立军,孙希瑾.成型温度对沥青混合料体积参数的影响分析[J].同济大学学报,2006,34(2):186-190.

[3] 张争奇,李宁利,陈华鑫.改性沥青混合料拌和与压实温度确定方法[J].交通运输工程学报,2007,7(2):36-40.

[4] 王鹏,黄卫东.采用DAT添加剂的温拌沥青拌和温度[J].长沙理工大学学报(自然科学版),2010,7(2):12-18.

[5] 中华人民共和国交通部.JTG F40—2004,公路沥青路面施工技术规范[S].北京:人民交通出版社,2004.

[6] 中华人民共和国交通部.JTJ 052—2000,公路工程沥青及沥青混合料试验规程[S].北京:人民交通出版社,2000.

[7] 于江,苏明.成型温度对温拌沥青混合料性能影响研究[J].中外公路,2012,32(4):251-254.

[8] 于伟,王妍,车慧静等.温拌沥青混合料性能试验研究[J].北方交通,2009,(4):4-6.

靖那高速公路沥青路面平整度控制技术研究

农 黄

(广西交通投资集团百色高速公路运营有限公司,广西 百色 533000)

摘 要 路面平整度是高等级公路路面两个主要使用性能之一,是车辆高速行驶时是否安全和舒适的重要影响因素。研究广西壮族自治区靖西至那坡高速公路段(下称靖那路)沥青路面施工管理经验,从下承层施工质量的影响,沥青混合料拌和的影响,沥青路面施工工艺的影响及控制措施逐条分析可影响路面平整度的原因,并且对施工中如何加强控制力度,以提高沥青路面平整度,进而提高高速公路沥青路面的质量进行了探讨。研究表明通过对施工过程几方面有效的结合起来,能够使路面平整度得到保证和进一步提高。

关键词 道路工程;沥青路面;平整度控制;影响因素

0 引言

近年来高速公路迅猛发展,在建设、设计、监理及施工等各有关单位的共同努力下,高速公路建设质量已经有了较大的提高,但通车的高速公路的行车舒适性还有进一步提高的可能。由于沥青路面的平整度在施工完成后很难得到彻底改善,不仅直接影响路面的使用寿命及将来对路面和车辆的维护成本,还会影响到广大驾乘人员对高速公路工程质量的评价,因此施工中必须严格进行沥青路面平整度指标的控制。以下本文主要结合靖那路沥青路面施工管理经验,逐条分析可影响路面平整度的原因,对施工中如何加强控制力度,以提高沥青路面平整度,进而提高沥青路面的质量进行了探讨。

1 下承层施工质量的影响及控制措施

路面结构是一个层状的结构体系,一般由面层、基层、底基层和垫层构成。靖那路主线 K0 + 000 ~ K85 + 342 和亮表至旧州连接线 TK0 + 000 ~ TK5 + 000。路面结构为:20cm 厚级配碎石垫层 + 20cm 厚 3.5% 水泥稳定碎石底基层 + 33cm 厚 5% 水泥稳定碎石基层 + 1cm 同步沥青碎石(封层 + 透层) + 8cm 厚 AC - 25C 粗粒式沥青混凝土下面层 + 6cm 厚 AC - 20C 中粒式改性沥青混凝土中面层 + 4cm 厚 AC - 13C 细粒式改性沥青混凝土上面层(辉绿岩)。在路面结构层中,下承层的平整度直接影响着上面一层平整度的好坏,因此必须严格进行控制。

在进行底基层、基层施工时,要注意控制好碎石混合料的级配,拌和时控制好用水量,用水量比最佳用水量大 0.5% ~ 1%,摊铺时采用摊铺机进行摊铺,对于弹簧处及个别结构物处平整度不好的段落,应用铣刨机进行铣刨,确保平整度良好。对于基层摊铺后的养护,要按规范要求,强度达到后方可铺筑面层,最少要达到 7 天养护。

沥青路面的平整度的大小与沥青厚薄没有必然关系,而与沥青路面摊铺层数有关,沥青路面面层摊铺层数越多,其表面获得平整度机会就越多。虽然通过面层各结构层铺筑可(有效)减少下承层平整度不良的影响,但不可能完全调整下承层表面的不平整。基层的不平整将反映到面层上,在以往某些施工工地中流行着"土基不平,基层找补,基层不平,面层找补"的思想是十分错误而有害的。因此保证下承层的平整度、确保下承层上层的预压实厚度的均匀性是确保沥青混凝土面层具有良好平整度的先决条件。

2 沥青混合料的影响及控制措施

沥青混合料的质量也是影响路面平整度的重要因素之一,并直接影响沥青路面的施工质量和使用品质,因此针对沥青混合料提出以下几点控制措施:

(1)混合料粒径。沥青混合料的最大公称粒径宜为层厚的0.4倍,如果公称最大粒径过大或过小均会给施工带来不便。粒径过大,摊铺机的熨平板会带动大粒径碎石移动,从而在路面上形成一条长或短的小沟;或在向前移动的大碎石后面形成空洞;或由于受摊铺厚度控制的摊铺机熨平板夯实梁将过大的碎石砸碎,形成黑白花面,这些直接影响铺筑层的平整度。此外,颗粒越大,混合料越容易出现粗细颗粒离析的现象,对平整度有更大的影响。

(2)混合料级配。混合料的级配组合必须控制在《施工技术规范》要求的范围内,同时根据项目所在地的气候条件进行级配的适当调整。在夏季温度高时间长的地区,应适当减少4.75mm及2.36mm等细集料的通过率,采用较大的空隙率,从而提高路面的高温抗车辙能力,提高路面平整度。对于冬季温度低时间长的地区,应适当加大4.75mm及2.36mm等细集料的通过率,采用较小的空隙率,从而提高路面的低温抗裂能力,提高路面平整度。对于夏季温度高且冬季温度低的温差较大地区,应适当减少4.75mm及2.36mm的通过率,同时适当增加0.075mm的通过率,使级配范围为S型,采用中等或偏高的空隙率。在靖那高速公路建设中,上中下面层还进行了动态稳定度检查以及检查其抗车辙能力是否符合要求。

(3)含油量要控制适中。油石比过大易泛油,并引起车辙、拥包、波浪。油石比过小,会使混合料和易性差,混合料较干,难于压实。控制沥青含量就要严格按混合料的密度、孔隙率、矿料间隙率、稳定度、饱和度、流值6大指标确定最佳沥青用量,并通过试拌、试铺来验证,这样才能很好地控制沥青用量,以保证路面具有较好的平整度。

(4)细料不宜过多。细料多易引起混合料推移,难于碾压。施工中不宜使用回收粉,回收粉材料极细,比表面积较大,同等油石比的情况下,混合料明显干涩、泛黄,施工和易性差。

(5)混合料的生产。沥青混合料的拌和应采用大型沥青拌和楼(图1),保证其生产能力与摊铺机的摊铺能力相匹配,确保摊铺机能够连续、均匀、不间断作业。并且冷料、热料仓均不宜少于5个,冷料、热料仓多,混合料配比易达到设计配比要求,提高拌和效率;冷、热料仓少,易出现拌和楼大量吐料而等某个级配的料的情况,导致拌和效率下降。在拌和时,为使混合料拌和均匀,每盘的生产周期不应少于45s,其中干拌时间为5~10s。若拌和时间短,将造成混合料不均匀、离析现象,这样的混合料铺筑到路面,平整度将很难得到保证。

图1 靖那路面B标沥青拌和站

3 沥青路面施工工艺的影响及控制措施

3.1 沥青混合料运输

运载车辆吨位不得小于20t,优先选用吨位大、状况好的车辆运输沥青混合料,减少汽车摊铺机卸料次数,无疑也就减少了沥青路面平整度损失。车辆的数量根据沥青拌和站拌和能力、摊铺机摊铺能力确定。运输车辆的驾驶员在施工前必须进行培训,针对沥青路面施工进行专业训练。施工中要有专人进行现场指挥。同时应确保:

(1)车厢要清理干净,并用1:3的柴油水液体进行涂刷,车辆轮胎要清理干净,不得粘带沥青膏污染路面。

(2)车辆在运输过程中要用棉被或帆布(高温夏季)覆盖。

(3)车辆不得撞击摊铺机,在摊铺机前10~20m外停车等待,由摊铺机推动前进。

(4)车辆不得在未冷却的路面紧急制动、掉头、长期停留。

3.2 路面摊铺控制

摊铺工艺直接影响路面平整度,是决定路面质量好坏的重要一环,必须认真对待。在施工中应注意以下几点控制措施:

(1)高程和平整度控制。摊铺前对下承层进行高程测定,并对该层次的沥青面层进行适当的调整,以确保沥青面层的厚度,同时注意前后相邻点位的高程也进行适当调整,以满足平整度要求。沥青中下面层的高程及平整度控制采用基准线钢丝绳法,上面层采用超声波基准梁法进行平整度控制,在整个作业期间应有专人看管,发现异常时立即处理。

(2)摊铺机械控制。在施工前,尤其是环境温度较低时,一定要将摊铺机的熨平板提前0.5~1h左右进行加热,使其温度不低于120℃,熨平板过热、过冷都将影响摊铺质量。因为混合料在碰到温度较低的熨平板时会粘到上面(熨平板地面),摊铺时会拉裂、拉毛摊铺层的表面。虽然在摊铺一段距离后,待熨平板的温度上升后,就不会再出现黏料的情况,但施工中应尽量避免此类情况的出现,所以在摊铺前应进行熨平板预热。摊铺机受料前在料斗内用喷雾器喷涂极少量的防止黏料的柴油。摊铺时开动振动夯,其振动频率与摊铺机的速度匹配。沥青混合料必须缓慢、均匀、连续不断的摊铺,摊铺速度宜控制在2~6m/min,对改性沥青混合料摊铺速度不应超过5m/min。摊铺速度过快,易造成摊铺层表面的粗颗粒在熨平板下沿摊铺方向滑动,使表面粗颗粒后方出现小坑小空洞,从而影响层面平整度和预压密度;太慢,则会影响生产效率。同时,摊铺机的螺旋布料器应相应于摊铺速度调整到保持一个稳定的速度,均衡地转动,两侧应保持不少于送料器2/3高度的混合料,以减少混合料在摊铺过程中的离析。

(3)摊铺现场对平整度控制。摊铺现场应设专人持3m直尺沿纵向连续检查,平整度最大间隙超过3mm处做好标记,并指挥压路机及时纵横碾压加以消除。

3.3 路面碾压控制

碾压对沥青路面平整度影响最为关键,施工时要遵循"紧跟、慢碾、高频、低幅、小水"的原则,呈阶梯状碾压(图2)。

(1)压实工序。靖那路沥青路面压实工序为:双钢轮压路机初压静压→双钢轮压路机复压(振压)→胶轮压路机复压→双钢轮压路机终压抛光。碾压时将压路机的驱动轮面向摊铺机,普通路段从外侧向中心碾压,在纵坡坡道上将驱动轮从低处向高处碾压。施工过程中尽量采用光轮、胶轮同时进退的整体连续作业方式。初压应在混合料摊铺后较高温度下进行,保持较短的初压区长度,一般不低于150℃,保持较短的初压区长度(20~30m),尽快将表面平整压实,减少热量散失。碾压速度2~3km/h,以低速行驶,保证路面平整度,不产生位移。复压应紧跟初压进行,复压碾压总长度不超过60~80m,碾压速度控制在3~5km/h,双钢轮相邻碾压带纵向重叠宽度为100~200mm。振动压路机碾压完毕后采用轮胎压路机搓揉碾压,轮胎压路机总质量不少于25t,轮胎压路机相邻碾压带应重叠为1/3~1/2碾压轮宽度,碾压至设计压实度。终压紧跟复压进行,终压采用关闭振动的振动双钢轮压路机碾压,不少于2遍,至无明显轮迹为止。

(2)压路机械控制。必须先停振动后停机,禁止压路机长时间停在没有冷却的沥青路面上。压路机的停机轮迹接头不得分布在同一桩号上,应呈梯形,相邻停机位置应前后错开50～100cm,建议先短后长,即第一次碾压轮迹接头靠近摊铺机,剩余碾压轮迹逐渐向摊铺机方向延伸。压路机不得在未碾压成型、未冷却或非施工需要操作的沥青路面上转向、掉头、加水。压路机调整钢轮或轮胎喷水阀,喷水成雾状,适量不漫流,不粘轮即可,不得增加喷水量,避免碾压时沥青表面温度散失过快。轮胎式压路机可视施工实际配备人员在碾压前对轮胎适当喷涂隔离剂,避免沥青材料粘轮。

(3)如果在其他路段遇到结构物衔接处、不规则路面边缘、主线加宽、匝道交界及港湾式停车带等压路机难于碾压的部位,采用小型振动压路机或振动夯板作补充碾压,已经完成碾压的路面,不修补表皮,以确保压实度和平整度。

图2　靖那路沥青路面碾压示意图

3.4　接缝处理

接缝和桥头处往往是平整度最差、最容易出现跳车的地方,为了减少跳车,要尽量减少接缝尤其是冷接缝,认真做好热接缝。在施工缝及构造物的两端仔细操作,保证沥青混合料连接紧密、线性平顺和平整度达到要求。

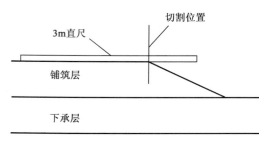

图3　切缝示意图

(1)上、下层的横向接缝应错位1m以上,各层横向接缝均应采用垂直的平接缝。每天摊铺混合料收工时用3m直尺在碾压好的端头处检查平整度,选择合格的横断面,画上直线,然后用切缝机切出立茬,多余的料弃掉,并清理干净,如图3所示。切割时留下的泥水必须冲洗干净,待干燥后涂刷黏层油。

(2)在接缝处摊铺沥青混合料时,熨平板应放到已碾压好的路面上,在路面和熨平板之间应垫钢板,其厚度为压实厚度与虚铺厚度之差。横向接缝施工前,应在端面涂刷黏层油。为了保证横向接缝处的平顺,摊铺后即用3m直尺检查平整度,去高补低,之后用双钢轮压路机沿路横向碾压,碾压时压路机的滚筒大部分应在已铺好的路面上,仅有10～15cm的宽度压到新摊铺的混合料上,然后逐渐移动跨过横向接缝。

(3)对于桥梁伸缩缝处,一般用砂、碎石将伸缩缝处填平至桥面混凝土处,而后在摊铺时直接进行摊铺通过伸缩缝处,安装伸缩缝时,将伸缩缝出的沥青路面切割、挖除,安装伸缩缝并浇筑混凝土,确保伸缩缝处的平整度。

4 结语

高速公路沥青路面施工是一项技术性强、范围很广的系统工程。现代化的施工机械,成熟的施工工艺是其必要的质量保证手段,同时还必须要有有序的工序组织、严密的质保体系,要有高素质的操作人员和管理人员,从施工的各个环节着手,对沥青混合料的拌和、运输、摊铺、碾压等方面层层把关,严格管理。只有把这几方面有效地结合起来,才能使路面平整度得到保证和进一步提高,进而铺筑出高水平的路面。

参考文献

[1] 于会侠.提高市政道路施工沥青路面平整度的方法和措施[J].安徽建筑,2006,13(6):119,123.
[2] 叶敏杰,李炜.高速公路沥青路面平整度施工控制[J].中外公路,2005,25(3):56-58.
[3] 李国喜,张军辉.高速公路沥青路面平整度综合提高措施分析[J].中外公路,2007,27(4):62-64.
[4] 杨建飞,龚大刚.浅谈提高沥青路面平整度的施工措施[J].城市建设理论研究(电子版),2012,(21).
[5] 塔依尔·哈斯木.浅析沥青路面平整度的影响因素及防治措施[J].大陆桥视野,2010,(7):62,64.
[6] 刘俭利.浅谈影响高速公路沥青路面平整度的原因及对策[J].黑龙江科技信息,2008,(36):360.
[7] 王明远.城市沥青路面平整度施工过程控制[J].中外公路,2008,28(3):62-64.
[8] JTG F40—2004,公路沥青路面施工技术规范[S].北京:人民交通出版社,2004.
[9] 邓学钧.路基路面工程[M].北京:人民交通出版社,2008.
[10] 福建省高速公路建设总指挥部.福建高速公路施工标准化管理指南(路基路面)[M].北京:人民交通出版社,2010.

格宾挡土墙在公路边坡滑塌处理中的应用

刘敬霜[1]　农承尚[2]

(1. 广西红都高速公路有限公司,广西　南宁　530021;
2. 广西壮族自治区交通规划勘察设计研究院,广西　南宁　530029)

摘　要　针对目前常用的公路边坡滑塌处理方案,结合靖西至那坡高速公路边坡滑塌处治案例,通过介绍格宾挡土墙的设计原理、技术要求、施工工艺以及技术优势,阐述了格宾挡土墙在公路边坡滑塌中的应用效果和推广价值。应用结果表明:格宾挡土墙处理后的边坡坡面稳定性好,且整个坡面绿化防护效果较好,融入了周围的自然环境;格宾挡土墙在技术经济、社会效益、自然协调等各方面均具有较大优势,是一种有效的边坡防护处治方案,具有较大的推广价值。

关键词　道路工程;格宾挡土墙;边坡滑塌;施工工艺

0　引言

随着高速公路设计理念的逐步更新,探索并应用新材料、新结构、新工艺等势在必行。格宾挡土墙作为一种新型的工程防护结构,因其具有安全性、柔韧性、渗透性、耐久性、环保性和经济性等优点[1-3],在河堤、海滨、港口、市政等护岸、护坡工程中得到了广泛的应用,并且格宾挡土墙作为一种比较新颖的工程方案逐渐进入公路行业,应用于路堤设计和边坡防护中,取得了较好的效果。

本文结合靖西至那坡高速公路土质边坡滑塌处治的实例,通过分析边坡变形机理、对比传统处治方案、介绍设计方案及施工工艺,提出了格宾挡土墙处治边坡滑塌的方案,阐述了格宾挡土墙对于土质边坡防护尤其是在坍塌边坡处治中能起到很好的作用,是一种有效解决边坡稳定、环境保护、节省土地资源等问题的技术措施,在高速公路边坡滑塌处治中具有明显优势和应用前景。

1　边坡变形原因及机理分析

靖西至那坡高速公路 K27+800~K27+960 右侧路堑边坡,原设计为2级边坡,坡比分别为1:1及1:1.25,边坡坡向约184°,最大垂直高度约15m,采用护脚矮墙+拱形骨架+草灌喷播进行防护绿化,边坡周界设置完善的截、排水系统进行排水。该边坡以黄色、黄红色硬至可塑状残坡积黏土为主,属土质边坡,自稳性较差,边坡开挖后受暴雨影响,边坡出现滑坡,滑坡体长约25m,剪出口宽约90m,滑面埋深2~6m,根据滑坡体积估算判定属于小型滑坡。

根据现场勘察,该段边坡变形原因及机理分析如下:

(1)边坡区域属于岩溶峰丛洼地与剥蚀丘陵的接触地带,其中边坡位于灰岩山峰下部缓丘坡段前沿,组成边坡以褐、黄褐色硬至可塑状残坡积黏土为主,根据试验结果得出该段边坡覆盖层具有高液限、高塑性指数性质,属于"两高土",自稳性较差,属于土质边坡。

(2)缓丘地表起伏,边坡位于低洼处,地表低洼呈浅冲槽状,属于汇水区域,地下水往该区域汇聚、渗流,土体天然含水量比较高,地下水比较丰富。

(3)"两高土"具有高含水率、高液限、高塑性指数以及高孔隙比的性质,在地表汇水作用下,暴雨季节期间土体含水量增大,土质趋于饱和,易软化,土体自重增加,自稳性极差,超过临界点后极易发生圆弧滑动破坏。

(4)经现场勘察,边坡滑动周界呈圆弧状,中上部裂缝沿后壁呈多级圆弧状分布,最大开裂约50cm,错台约1~2m,滑坡后壁最高处位于低洼汇水趋于内,属于典型的滑坡形态,根据滑坡形态和裂缝开裂位置判断,该滑坡经过多级次滑动破坏形成,判定属牵引式滑坡。

2 挡墙防护方案比选

根据滑坡体积估算判定,该滑坡属于小型滑坡,从技术、安全及经济角度选择,适用的处治办法宜以放缓卸载+支挡防护为主,同时完善截、排水系统措施,减小地表水和地下水对处理后边坡的不良影响。针对该边坡的实际情况,有以下几种防护方案(表1)比较符合本边坡防护要求(表1):

(1)放缓卸载+浆砌片石挡土墙。即对滑坡体进行放缓卸载,同时根据滑面埋深情况放缓坡比,坡脚设4m高浆砌片石挡土墙进行支挡防护,坡面设拱形骨架+草灌喷播防护绿化。浆砌片石挡墙对基底承载力要求比较高,造价约97万元。根据稳定性验算结果表明,该方案能满足边坡防护要求。该方案的优点:施工工艺简单,施工材料方便充足。该方案的缺点:人工成本比较高,施工过程安全隐患较大,砌体质量比较难以控制,对基底承载力要求比较高,施工进度较慢,且大体积圬工防护与周围环境景观很难协调融洽,美观性较差。

(2)放缓卸载+混凝土挡土墙。即对滑坡体进行放缓卸载,在坡脚设4m高片石混凝土挡墙进行支挡,同时根据滑面埋深情况按1:1.5/1:1.5放缓坡比,每级坡高8m,设拱形骨架+草灌喷播防护绿化。该方案跟浆砌片石挡墙一样,基底承载力要求比较高,造价约168万元。根据稳定性验算结果表明,该方案能满足边坡防护要求。该方案的优点:施工工艺简单,防护效果较好。该方案的缺点:基底承载力要求较高,造价较大,与自然环境难以协调,施工进度较慢,施工过程中存在一定的安全隐患。

(3)放缓卸载+格宾挡土墙。即对滑坡体进行放缓卸载,在坡脚设5m高格宾挡墙进行支挡,同时根据滑面埋深情况按1:1.5/1:1.5放缓坡比,每级坡高8m,设拱形骨架+草灌喷播防护绿化。格宾挡墙对基底承载力要求比较小,造价约81万元。根据稳定性验算结果表明,该方案能满足边坡防护要求。该方案的优点:防护效果较好,透水性好,整体性好,工程造价较少,绿化环保,与自然相协调。该方案的缺点:需要人工较多,施工进度有一定的影响。

公路边坡滑塌处理方案比选表　　　　表1

处理方案	造价	优　点	缺　点
放缓卸载+浆砌片石挡土墙	97万	施工工艺简单,施工材料方便充足	人工成本比较高,施工过程安全隐患较大,砌体质量比较难以控制,对基底承载力要求比较高,施工进度较慢,且大体积圬工防护与周围环境景观很难协调融洽,美观性较差
放缓卸载+混凝土挡土墙	168万	施工工艺简单,防护效果较好	基底承载力要求较高,造价较大,与自然环境难以协调,施工进度较慢,施工过程中存在一定的安全隐患
放缓卸载+格宾挡土墙	81万	防护效果较好,透水性好,整体性好,工程造价较少,绿化环保,与自然相协调	需要人工较多,施工进度有一定的影响

综合边坡稳定、工程造价、环境协调、安全隐患等方面的因素,分析对比研究后,对该边坡滑塌采取放缓卸载+格宾挡土墙的处治方案。

3 格宾挡土墙工作机理及设计方案

3.1 设计原理

格宾重力式挡土墙的基本稳定原理与浆砌石重力挡墙和混凝土重力挡墙相同,均是通过墙体自身重量来维持挡墙在土压力下的稳定。格宾是将低碳钢丝经机器编制而成的双绞合六边形金属网格组合的工程构件,在构件中填石从而构成主要用于支挡防护的结构。

格宾挡土墙主要由格宾网箱和填充石料组成。格宾网箱由抗腐、耐磨、高强的镀高尔凡低碳钢丝网片组成,每个格宾单元由单个或数个1m×1m×1m的格宾网格构成,长度1～5m不等。在网格中充填坚硬石料后，多个不同尺寸的格宾单元通过相同强度要求的钢丝缠绕整体搭接在一起，形成格宾挡土墙。根据格宾挡土墙结构特点，一般设计呈台阶状，保证格宾挡土墙的自身稳定性。在格宾网箱中码砌石料后，石料间的缝隙将慢慢地被土壤填充饱满，再加上植物根系的生长，形成了一个工程与植被结合完好的防护形式。

3.2 技术特点

（1）格宾挡土墙主要是利用防腐处理的钢丝经机编六角网双绞合网制作成长方形箱体，箱体内填装石料，分层堆砌，各箱体用扎丝连接，整体性好[4-5]。

（2）格宾箱体内填石采用坚硬石料，在外力作用下，受箱体的限制，填石间越加密实，抗压强度较高。

（3）格宾挡土墙基础对地基承载力要求较低，当地基变形或受到超设计侧向外力时，能够很好地适应地基变形，不会削弱整个结构，不易产生垮塌、断裂等破坏，稳定性好。

（4）墙体以干码石料为主，墙背土体中地下水可通过墙体渗出，透水性好，而土体受挡土墙限制不产生流失，在充分排水的同时保证坡脚稳定，对边坡稳定有利。

（5）格宾挡土墙施工技术要求较低，工人经现场指导后即可投入工作，对施工人员要求不高，同时容易控制施工质量，受施工质量和地基条件限制小，对块石强度、形状、大小要求一般，耐久性好。

（6）格宾挡土墙完成后，墙体内可以由里而外的产生植被生长层，也可以在墙体表面进行覆土喷播绿化，景观绿化效果较好。

（7）格宾单元出现破坏后，可以对该单元格进行更换，易维修，同时格宾挡土墙造价适中，经济性较好。

3.3 格宾挡土墙设计方案示意图

格宾挡土墙设计示意图如图1。

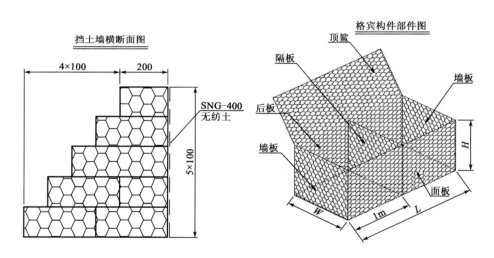

图1 格宾挡土墙设计示意图（尺寸单位：cm）

4 格宾挡土墙施工工艺

（1）格宾网

①格宾是由特殊防腐处理的低碳钢丝经机器编织而成的六边形双绞合钢丝网，制作成符合要求的工程构件[6-8]，其具有更优于 EN10223-3 标准中所述网箱的力学性能。

②用于制作格宾的钢丝需镀高尔凡（5% 铝锌合金 + 稀土元素）进行防腐处理，镀层的黏附力要求当钢丝绕具有2倍钢丝直径的心轴6周时，用手指摩擦钢丝，其不会剥落或开裂，符合 EN10223-3 标准。

③网面抗拉强度50kN/m,符合EN10223-3标准。格宾供货单位需提供由中国国家认证认可监督管理委员会认证的检测单位出具的网面抗拉强度检测报告。

④网面裁剪后末端与边端钢丝的连接处是整个结构的薄弱环节,为加强网面与边端钢丝的连接强度,需采用专业的翻边机将网面钢丝缠绕在边端钢丝上≥2.5圈,不能采用手工绞。

⑤绑扎钢丝必须采用与网面钢丝一样材质的钢丝,为保证连接强度,需严格按照间隔10~15cm单圈-双圈连续交替绞合。

⑥为了保障面墙的平整度,靠面板30cm范围内按照干砌石标准进行施工;所有外侧的格宾单元设置加强筋,每平方米面板均匀布置4根。

(2)石料

①填石可采用块石或卵石,要求强度等级不小于MU30,不易水解,抗风化硬质岩石,填充空隙率不大于30%。

②格宾填石粒径以100~300mm为宜。

③格宾靠墙面30cm范围内需采取干砌的方式。

(3)聚酯长纤无纺布。断裂强度10kN/m,详细指标参照国标GB/T 17639-2008《长丝纺粘针刺非织造土工布》。

(4)坡面的开挖修整及基坑的清理。首先按照1:1.25及1:1.5的坡比开挖坡面,清除滑塌坡体。然后按设计位置清理出格宾挡土墙的基底,本方案设计要求基底地基承载力≥200kPa,若经试验检测未达到时,应采取换填片石等途径确保基底应达到设计平整要求和承载力要求。

(5)格宾网的安装。将折叠好的格宾展开于平实的基底面,压平多余的折痕。将前后面板、底板、隔板立起到一定位置,呈箱体形状。相邻网箱组的上下四角以双股组合丝连接,上下框线或折线,绑扎,并使用螺旋固定丝绞绕收紧联结。格宾网由隔板分成若干单元格,为了加强网垫结构的强度,所有的面板边端均采用直径更大的钢丝。将数件空的格宾网放置于平地,将其联结在一起。

(6)绑扎。用大约长于边丝1.5倍的绑丝绑扎。笼子边丝的最长一般不得超过1m。所有的面板边端均采用直径更大的钢丝。将相邻网箱组的上下四角以单股或双股组合丝连接,双股间距不大于300mm。上下框线或折线,用绑丝螺旋固定绞绕收紧联结绑扎,边缘末端的间距最大为100mm。可用钳子将绑丝固紧。绑扎时需注意保护网丝表层的涂层,不要将其损坏。

(7)码砌石料。把预先安装好的没有装材料的第一层格宾网放在适当的位置,沿边把各个部分连接起来,形成连续统一的整体。石料装填采用机械和人工相配合的施工方法,首先用机械将石料放置格宾网旁边,再用人工将石料码砌填充进格宾网内,一般每层控制在30cm左右,周边的块石必须摆放整齐,每层须用细石填缝密实,表面叠放平整。网箱内每层石料应互相交错,上下连接,避免出现通缝现象。绝对不允许用挖掘机直接将石料倒入网箱内。

(8)封盖。将石料合理装入网中,基本平整、留有最小空隙后,覆上网盖,将网盖与网身接触的框线按规定进行绑扎。以便将单个石笼和其他相邻石笼连接在一起。注意不要损坏网丝和PVC涂层。网盖上凸出的边丝需要将其在周边绕两圈,将边缘绑紧。盖子需要与网身及各部分隔断并绑牢固。同时相邻网盖间也要绑好。最后,网子上末端所有突出的尖锐的部分都要尽量弯向笼内,使其平滑美观。

(9)布设无纺土工布和墙背回填。为确保格宾挡墙墙背后的土质不被雨水冲刷流失,每完成一级格宾墙后,在挡墙墙背布设一层无纺土工布。墙背回填土控制每层不超过30cm,并用小型夯实机具夯实,压实度达90%以上。

(10)第二至第五级格宾挡土墙。完成第一级的格宾挡土墙后,按照上面所列第5至第9施工步骤继续进行第二至第五级格宾挡土墙。绑扎上层网箱组间相邻边的底线框时,必须将下方网箱组面层框线或网片绑扎在一起,用螺旋固定丝搅扰收紧,以连成一体。将网盖向下折,拉到位并与前板、侧板及隔板绞合在一起。

(11)剩余坡面防护及坡顶截水沟施工。按设计完成5m高的格宾挡土墙后,施工格宾挡土墙以上坡面的拱形骨架及坡顶截水沟,并及时进行草灌混喷的施工,封闭坡面,避免雨水对开挖坡面的进一步冲刷。

(12)格宾挡土墙坡面培土绿化。在格宾挡土墙阶梯面上覆盖耕植土,整平形成一个平顺的坡面,并用挖掘机斗简单拍实。为确保避免雨水的冲刷,在坡面上布设一层三维网后进行草灌混喷。

5　结语

边坡滑塌处治除了考虑稳定性外,还需综合考虑土地资源、环境保护、工程造价、施工进度、施工环境等因素。该段边坡格宾挡土墙实施后,坡面稳定性好,未出现有沉降、滑塌等现象。且整个坡面绿化防护效果较好,融入了周围的自然环境。格宾挡土墙在部分特定边坡滑塌处治中,在技术经济、社会效益、自然协调等各方面均具有较大优势,是一种有效的边坡防护处治方案,具有较大的推广价值。

参考文献

[1] 陈桂军,何斌.格宾网箱挡土墙在广西高速公路的应用[J].西部交通科技,2006,(5):61-63,49.
[2] 祝和意,马晓华.加筋格宾挡墙施工关键技术研究[J].铁道建筑,2011,(5):71-74.
[3] 张文格.加筋格宾在高速公路路基防护工程中的应用[J].路基工程,2012,(5):170-173.
[4] 辛伟.格宾挡墙在沈吉高速公路中的应用[J].北方交通,2012,(5):19-21.
[5] 郑虎,许凯凯,杨胜波,等.加筋格宾挡墙在边坡工程中的应用[J].低温建筑技术,2010,32(2):57-59.

高液限土路基填筑技术在靖那高速公路应用研究

刘敬霜　邓祥明

(广西红都高速公路有限公司,广西　南宁　530021)

摘　要　针对靖那高速公路高液限土特点,阐述了高液限土的物理特性和判别特征,介绍了其作为路基填料的危害及传统处理工艺,提出了包边处治并提高压实功效填筑高液限土等几种常规的高液限土处治方法、适用情况、高液限土的施工工艺、质量控制及其实施效果,通过试验路段总结高液限土施工的质量控制要素及工艺过程,证明采用高液限土施工采用合理的施工工艺与质量控制措施是可以确保工程质量的,为经济合理地利用高液限土提供参考。

关键词　道路工程;高液限土;路基填筑;施工工艺;质量控制;应用研究

1　工程简介

靖西至那坡高速公路项目位于云贵高原西南部边缘地带,属于典型喀斯特地貌。区内地层主要为灰岩、泥岩、砂岩等,表土为第四系冲洪积淤积砂土、黏土、淤泥。主要不良地质现象为岩溶、滑坡,特殊岩土为表层软弱土层、高液限红黏土。高液限土在靖那路分布较为广泛,对路堤填筑施工造成较大的困难。

1.1　土的基本物理力学性质

对K29+500挖方路段中桩深6m处取土样进行土工试验,其基本物理力学性质结果如表1所示。

土样物理力学性质　　　　表1

序号	检测项目	技术指标	检测结果
1	含水率(%)	—	45.6
2	液限 W_L(%)	≤50	90.9
3	塑限 W_P(%)	—	43.7
4	塑性指数	≤26	47.2
5	天然稠度	—	0.96
6	最大干密度(g/cm³)	—	1.47
7	最佳含水率(%)	—	24.4
8	96区承载比(%)	≥8	4.3
9	94区承载比(%)	≥4	2.1
10	93区承载比(%)	≥3	1.8

1.2　土样CBR及压实度关系图

对该段挖方土样进行了击实、CBR等试验,根据试验结果,绘出其CBR及压实度关系如图1所示。

1.3　土样CBR及含水率关系图

对该土在不同天然稠度土样进行3组试验,通过击实试验得出该土最佳含水率。对三组不同土的天然稠度进行15组土样试验绘制出CBR与含水率关系图。根据图分析高液限土CBR值存在一个峰值区,其对应得含水率,称为合理含水率,范围大约在25%～32%,比其重型击实下最佳含水率大5%～

7%。高液限土对应于重型击实下最佳含水率的 CBR 值相对较小,而在合理含水率范围内对应 CBR 值比最佳含水率则较大些,因此高液限土必须含水率范围。其具体数据如表 2 所示,其 CBR – 含水率关系如图 2 所示。

试样编号	1-1	1-2	1-3	2-1	2-2	2-3	3-1	3-2	3-3
击实次数		98			50			30	
承载比 (%)	3.2	4.3	4.3	2.2	2.0	2.6	1.3	1.8	1.8
承载比平均值 (%)		4.3			2.1			1.8	
压实度 (%)		100			93.9			90.5	

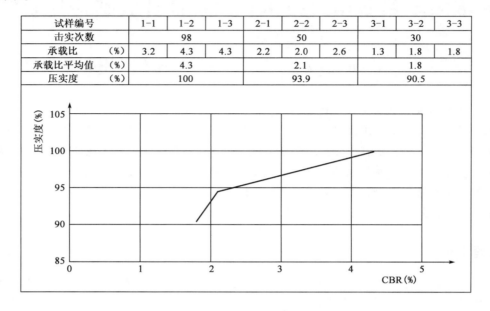

图 1　CBR 及压实度关系

含水率与 CBR 值　　　　表 2

天然稠度 0.96		天然稠度 1.19		天然稠度 1.38	
含水率(%)	CBR(%)	含水率(%)	CBR(%)	含水率(%)	CBR(%)
20	1.5	20	1.6	20	0.9
25	3.8	25	4.4	25	3.1
30	4.3	30	5.1	30	2.8
35	2.4	35	3.2	35	1.7
40	1.2	40	1.6	40	0.3

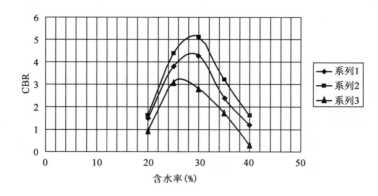

图 2　含水率与 CBR 关系图

2　高液限土的判定

2.1　高液限土一般规定

高液限土指土的液限含水量 $\omega_L \geq 50\%$ 的土,按照《公路路基施工技术规范》的要求,这样的土不得直接作为路堤的填料,需要使用时应经过必要的技术处理。常见的高液限土有高液限粉土(MH)和高液限黏土(CH)。其中具有代表性的有膨胀土(CHE)及红黏土(MHR)均属于高液限土。对于高液限土施工前必须进行土工试验,具体试验项目有:CBR、液限、塑限、稠度、颗粒大小、自由膨胀率和矿物成分。

对于湿黏土、红黏土和中、弱膨胀土作为填料直接填筑时应满足:填料液限在40%～70%间且填料最小强度(CBR)满足规范要求(用于上路堤时≥4;用于下路堤时≥3);碾压时填料稠度控制在1.1～1.3之间;压实标准可比施工规范的规定值降低1%～5%,具体数值必须根据不同土质等情况通过试验确定,土质的最大干容重应按湿土法制件;不得作为路床、零填及挖方0～800mm内的填料。

2.2 高液限土的试验认定

在实际施工中,可以采取以下步骤来判断CBR值是否满足《公路路基施工技术规范》(JTG F10—2006)的相关条文规定。

(1)分析天然土样的天然含水率、天然稠度。

(2)取天然土样,采用湿土法制作不同含水率(一般可选择相当于稠度在0.9～1.4范围内)的试样,按照《公路土工试验规程》(JTG E40—2008)中承载比(CBR)试验(T0134)测试其CBR值。

(3)绘制"CBR-含水率"关系图,根据《公路路基施工技术规范》表2的规定得出路基不同部位填料的含水率范围。

(4)如果该种天然土的天然含水率处于步骤(3)所确定含水率范围内,那么该种天然土可作为填料。

上述仅仅确定了天然土是否可作为填料,在实际施工中应特别注意,天然土在碾压前稠度(含水率)必须同时满足两个条件:一是该土的稠度在1.1～1.3之间;二是该土的含水率,应处于上述所确定的含水率范围内。如果天然土在运输、摊铺后不能满足以上两个条件,则应均匀调整含水率(一般采用晾晒或者均匀洒水的方式)方可进行碾压。

《公路路基施工技术规范》(JTG F10—2006)条文规定"碾压时稠度应在1.1～1.3之间",该稠度所对应的含水率是采用烘干法(T0103)所测得的。酒精燃烧法(T0104)所测得的含水率与烘干法有一定的差值,一般在2个百分点左右。烘干法为含水率试验的标准方法。

《公路路基施工技术规范》(JTG F10—2006)条文规定"压实度标准可比表1的规定值降低1%～5%",应根据本项目的水文地质情况,做出该土可直接碾压的含水率范围内的重型击实曲线,选择该条曲线的最大干密度与该种土在最佳含水率对应的最大干密度的比值作为压实标准,由总监办及中心试验室进行验证试验后报公司工程部批准执行。这里的"可直接碾压的含水率"是指稠度在1.1～1.3之间并且含水率处于上述所确定的含水率范围内。

3 高液限土的危害

高液限土由于其液限高、最佳含水率高、天然稠度偏低、最大干密度偏低等特性,作为路堤填料会存在以下特征:

(1)天然含水率高,常结成塑性很高的团块,很难晾干,若在不利季节施工时,对施工进度有较大的影响。但水分散失时,土体又很坚硬,难于压实。

(2)吸水量和持水性高,并具有很高的可塑性和黏聚性。

(3)高液限土保水作用好,毛细作用强,在毛细水的作用下,土体体积向上隆起,会引起路面基层破坏等现象。

高液限土的以上特征导致利用该类土作为路基填料时,会存在以下质量隐患:

(1)路基沉陷。高液限土液限高,在工期较紧的情况下,没有充裕的时间晾晒,导致无法在最佳含水率下进行压实。且成型的路基含水率高,路面在通车过程中容易出现弹簧现象,导致路基变形、路面沉陷。

(2)纵向开裂。由于路肩部位与大气直接接触面积更大,受到大气环境的影响更为明显,夏天气温较高时,水分蒸发比其他部位更多,收缩体积较大。在雨季又相比其他部位吸水多,土体膨胀量较大,这个部位沿着行车方向形成带状薄弱面,在干湿交替、收缩膨胀反复作用下容易产生纵向开裂。

(3)路基稳定性较差。高液限土的细粒含量大,保水能力强,路基中储存的水不能快速排出路基范围,导致路基稳定性较差。

(4)下边坡坍塌。高液限土路堤边坡位置一般为超宽填筑部分,压实度不足,虽然均采取有防护措施,但当植物根系不发达时,在地表水的冲蚀作用下,边坡中部或者坡脚表层土体在一定范围内容易产生开裂坍塌现象。

4 靖那路高液限土的施工控制

4.1 传统处理工艺介绍

高液限土具有上述诸多危害,若原设计为弃方,高液限土应首先做弃方处理。若原设计为利用土填方,由于造价、环保、景观等方面的要求时,需采用高液限土填筑路基时,必须采取工程技术措施消除不利于路基利用的特性,保证高液限土路基的安全、耐久。目前,高液限土路基处理主要有以下方法:

(1)物理改性。主要为掺砂处治,通过在高液限土中掺加20%~40%的砂(体积比)来改善土体的颗粒级配,降低其含水量,从而改变土体的压实性质。

(2)化学改性。掺石灰或掺水泥,或掺其他化学材料,外掺剂与高液限土发生化学反应后高液限土的压实度和强度等技术指标满足路基用料的要求。

(3)不改性。一般是采用包边密封法处治方式,主要是利用液限较低、水稳定性好的土包裹在路堤边缘两侧,中间填筑高液限土,形式封闭式包裹。

4.2 经济效益分析

通过对比分析,废弃并采用合格材料施工的工序最少,但因其需要借土废土,需要的费用最高。物理及化学改性需要增加晾晒工序,增加人工及机械费用。而包边密封法处置方式造价最低,且有益于减少弃土取土方量,减少土地用量,不破坏环境。根据土样的土工试验结果,本路段高液限土施工主要是采用包边密封的处置方式,并改善施工工艺,提高压实功效,确保填筑质量。

4.3 高液限土的施工工艺

高液限土要成为可以利用的路基填料,主要是要提高高液限土路基的强度和稳定性,而决定路基强度和稳定性主要是土的种类和填筑质量。确定填筑质量的主要两个因素是击实含水量和击实能。所以,在高液限土施工过程中,最重要的是解决在什么击实含水量和什么样的击实能的情况下进行施工。靖那路在K29+600~K30+000段下路堤进行高液限土施工试验,主要施工工艺如下:

(1)施工前准备。进行必要的土工试验,了解土样的物理力学指标,特别是土源的天然含水量;当土源的天然含水量不满足要求时,可以考虑必要的措施予以翻松、晾晒或掺水闷料。配备数量相当的运输车辆、推土机、平地机、挖掘机、压路机(最大激振力25t以上)、冲击式压路机等施工机械设备。

(2)含水量控制。根据含水率-CBR关系图中得出的数据,在确保填筑路基下路堤CBR值不小于3%的前提下,土源的含水率控制24.4%~33%。含水量检测点布设范围,每2000m²不少于4个,取样时应有代表性,每个检测点的土样重量不少于100g。

(3)松铺厚度控制。填料土经翻松运至路基现场后进行摊铺,经推土机初平、平地机精平后,每层的松铺厚度宜为25~30cm。

(4)路拱坡度控制。应在2%~4%之间,并应保证路拱纵、横方向的平整度。

(5)碾压工艺控制。碾压路线应从路缘向路基中心逐步碾压,压路机错位时的横向重叠宽度不得小于40cm,纵向接头重叠长度不得小于150cm。碾压时,先静碾1~2遍,然后再用最大激振力25t的振动压路机碾压3~5遍,后采用冲击式压路机碾压10~20遍,并视具体情况在路基表面出现软弹、剪切破坏之前中止碾压。碾压区范围内应达到无漏压、无死角,保证碾压均匀;同时强调连续施工的必要性,在压完一层经检测合格后,必须马上进行下一层的摊铺,以防本层土被晒干后开裂。冲击式压路机碾压施工如下图3所示。

(6)进行包边土的施工及碾压,按照正常合格土料的施工工艺进行摊铺碾压。

(7)碾压速度控制。压路机在碾压过程中,行驶速度应控制在3km/h左右;冲击式压路机行驶速度控制在10~12km/h。

(8)变形观测。对于路基填筑高度大于6m的路段,需要预先埋设必要的沉降观测板,进行路基沉降变形观测。

(9)排水、防护。及时疏通路基边沟排水和采取必要的路基防护辅助措施,一方面防止路基被雨水浸泡,另一方面防止路基施工完成后,遭暴晒而产生干裂。

图3　冲击式压路机施工

4.4　质量控制及检查

试验路段质量控制主要有两个重要环节,一是确保高液限土碾压前的含水率。必须经过晾晒等途径将高液限土的天然含水率降低到符合CBR-含水率关系图及《公路路基施工技术规范》表2的要求。二是确保高液限土路堤碾压的功效,其中冲击式压路机的碾压至关重要。本试验路段是摊铺厚度约为25~30cm,先用振动压路机进行碾压,检测其压实度达到的范围。若不满足规范要求,采用多少遍的冲击式压路机碾压才能确保达到要求的压实度。在大面积路基施工中,不一定需要每层路堤碾压均采用冲击式压路机,可根据实际结合试验情况再另外进行确定。

目前常用的压实机有25KJ-T3三边形和15KJ-T5五边形两种压实机。25KJ压实机用于原位碾压和层厚1m以下填料碾压以及碾压质量的检验。15KJ压实机用于层厚50~75cm的填料碾压,由于是五边形轮子,可比25KJ压实机用较少遍数获得所需的密实度。冲击压路机由于较大地增加了压实功,25KJ三叶形冲击压路机的压实功是振动压路机的10倍,所以压实影响深度及有效压实度都有成倍增加。压实影响深度是5m,有效压实厚度1.0~1.5m,可广泛应用于土石路基的填筑及补强,尤适合于补强。

根据试验路检测数据情况,在采用冲击式压路机碾压至15遍时,压实度等指标满足了相关技术规范要求。

5　结语

在高速公路的建设过程中,会经常会遇到高液限土,如何在确保填筑质量的前提下经济合理地对其处治仍在探索中。本文探讨了几种常规的高液限土处治方法、适用情况及其实施效果,并通过试验路段总结了高液限土作为路基填料的施工工艺及质量控制方法,为经济合理地利用高液限土提供参考。

参考文献

[1] 刘鑫,洪宝宁.高液限土工程特性与路堤填筑方案[J].河海大学学报(自然科学版),2011,39(4):436-443.

[2] 车竞.高液限土地区公路路堤修筑技术研究[D].重庆交通大学,2008.

[3] 卢剑雄.高液限土路堤土质特性与施工工艺研究[J].黑龙江交通科技,2010,33(7):19-20.

[4] 龙森.高液限土工程特性及其路堤填料改良技术研究[D].河海大学,2008.

[5] 李振.高液限土填筑路基的处理技术[J].公路交通技术,2005,(1):14-16,51.

[6] 满玉,西丙辰.高液限土在路堤填筑中的改良应用[J].黑龙江交通科技,2008,31(2):18-19.

[7] 梁庆东.高液限土在路堤填筑中的改良应用[J].广西交通科技,2003,28(6):83-84.

[8] 樊永华,李健.高液限土路堤填筑处治方案设计与比较[J].北方交通,2010,(9):1-3.

靖那高速公路石质边坡生态混凝土喷播植被防护技术研究

谢宗运　胡浩

（广西交通投资集团百色高速公路运营有限公司，广西　百色　533000）

摘　要　目前在建高速公路项目的石质边坡基本无有效的绿化防护设计方案，大多采用传统的喷射混凝土、主动或被动防落网的防护方式，存在岩石裸露，水土流失现象，达不到绿化美化效果。本文采用生态混凝土喷播植被防护技术，在靖西至那坡高速公路裸露岩石边坡上进行绿色护坡，并进行养护跟踪监测，验证绿化效果，总结绿化防护技术经验，为今后进一步推广提供依据。

关键词　道路工程；高速公路；石质边坡；生态混凝土喷播；植被防护

0　引言

目前在建高速公路项目的石质边坡基本无有效的绿化防护设计方案，大多采用传统的喷射混凝土、主动或被动防落网的防护方式，存在岩石裸露，水土流失现象，达不到绿化美化效果。为打造广西高速公路"生态路、景观路、经济路"的人文景观，实现"交工成型、一年变美、两年成景"的目标，在靖西至那坡高速公路选择具有代表性的石质边坡开展绿化防护试验，采用"以绿为主，乔灌草结合，多树种、多层次结构"的快速绿化、护坡和修复植被景观的原则，寻求绿化效果好、费用较低的绿化防护方式，取代目前常用的喷射混凝土、主动（被动）防落网的防护方式，以便今后在石质边坡绿化防护工程中大面积推广，为广西高速公路石质边坡绿化防护工程积累经验。

1　试验段工程概况

靖西至那坡高速公路石质边坡生态混凝土喷播植被防护试验地点选择在 K47+170～K47+300 上边坡，位于靖西县安德镇外约 2km 处。开挖边坡长约 130m，坡面斜高 30～50m，边坡坡度为 45～70°，坡面面积约为 3 500m²。

靖西至那坡高速公路 K47+170～K47+300 上边坡主要由为块状灰岩及残积碎屑土构成，改造前全貌如图1。受气候影响而风化剥落，坡面的风化程度多为强风化，部分坡面已经完全风化，在坡面及坡脚有大量的风化碎屑体堆积。边坡中部受雨水冲蚀严重，局部有裂隙水出露。坡体有部分孤岩出露，其中不少孤岩后沿已经形成明显的裂隙，极易垮塌。坡面上还有风化岩石垮塌后形成的倒坡和凹坑。坡体后沿山体植被覆盖度高。

通过现场调研可知，该边坡浅层稳定性较差，坡面极易风化，坡上掉落的碎屑会对过往车辆行人

图1　K47+170～K47+300 上边坡防护前全貌

构成危险。边坡生态环境恶劣，不具备为植物基本生存繁衍的条件。边坡存在地质风险，可能形成地质灾害；也存在生态风险，边坡的植物将日益退化。因此，需要对边坡进行加固处理，在保证坡体稳定的基础上，营造一个满足植物生长需求的植生层，再进行植被恢复及景观绿化，K47+170～K47+300 上边

坡防护前全貌如图1所示。

2 实体工程的气候条件

百色市靖西县境内有平原台地、丘陵、山地3种地形。最高山峰海拔1 250.8m,最低海拔250m。南部石山区为喀斯特岩溶地貌,北部土山区为砂页岩地貌。靖西县地处低纬度,靠近北回归线,属南亚热带季风气候。气候总的特点是:雨热同季、热量丰富、夏长冬短、夏热冬暖、天气炎热、暑热过半、无霜期长、光热充足、四季常青、雨量偏少、蒸发量大于降雨量,为广西最旱的三大旱区之一。

2.1 日照

靖西县是广西太阳光能最高值县份之一,年平均日照率为43%,最高达56%,最低为30%。每年农作物生长季节的3~10月份,日照时数达1 448.6小时,占全年总日照的75.8%,对农作物的光合作用十分有利。辐射量年平均为115.77C/cm^2。

2.2 气温

因太阳辐射强,气温高,靖西县年平均气温21℃。分布特点是以右江河谷为中心,分别向南北递减,南北山区气温比河谷平原低约2~3℃。日平均≥10℃年活动积温达6 000~7 835℃,持续天数为300~350天。喜温作物的生长期长,热量均可满足一年三熟制的需要。

2.3 降水

靖西境内各地年降水量平均在1 100~1 350mm之间。降水主要集中在4~9月,各地在这一期间的降水量占全年总降水量82%~88%。雨季开始时期正是气温迅速升高的月份,雨季结束时间正是气温明显下降阶段。雨热同季对发展农作物生产极为有利。

3 试验植被类型的选择

靖西县地属南亚热带,县境内植物资源有900多种,其中,常见天然阔叶树乔木主要树种有杉木、松树、桉树、荏荁树、苦栋、香椿、桦木等;灌木树种有杨梅、盐肤木、羊蹄甲;草本植物有望江南、金银花、天冬、杪椤等;竹类有吊丝竹、金竹、大头竹、黄竹、甜竹等;粮食作物有水稻、玉米、黄豆等;经济作物有烤烟、甘蔗、桑树、八角、油茶、油桐、玉桂、大果山楂、茶叶等。

进行植被恢复最为关键的一点是所选的植物能否适应当地的气候条件。防护植被应具有根系发达,固坡能力强等特点。在选种设计时要考虑选用具有较强的抗旱、抗风、抗寒、抗贫瘠、少病虫害等抗逆性能的植被;绿化覆盖地表快、具有种间依存度好、先锋种和建群种相结合、群落功能相辅相成者优选。因此,在充分考虑工点的综合条件和适应性的前提下,选择植物种群类型为草灌型,推荐的草本植物主要为:狗牙根、高羊茅、波斯菊。灌木主要为:木豆、猪屎豆、银合欢。

4 生态混凝土喷播植被防护试验方案

生态混凝土喷播植被防护技术主要针对岩石边坡的植被防护而开发,属于一种客土喷播绿化技术。岩石边坡不同于土质边坡,目前常用的植被护坡方法(如撒播、液压喷播、植生带等)无法应用于岩石边坡,其原因主要有:

(1)无植物生长所需的土壤环境,由于岩石坡度较大,即使坡面有少量因岩石风化产生的土壤母质,也因雨水的冲刷而流失。

(2)无法供给植物生长所需的水分。

(3)无法供给植物生长所需的养分。

生态混凝土喷播植被防护技术则通过在坡面喷附较厚一层结构类似于自然土壤且能够储存水分和养分的植物生长所需的基层材料,解决了岩石边坡无土壤无法生长植物的难题。生态混凝土喷射植被护坡的基本构造如图2所示,主要由锚杆、网和生态混凝土混合物3部分组成。

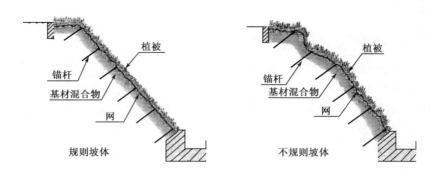

图2 生态混凝土喷射植被护坡基本构造示意图

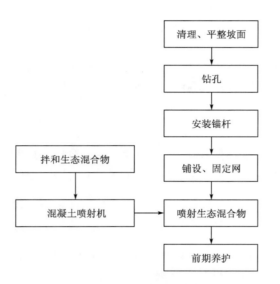

图3 生态混凝土喷射植被护坡施工工序

（1）锚杆。用于深层稳定的边坡，其主要作用是将网固定在坡面上，根据岩石坡面破碎状况，长度一般为30~60cm；用于深层不稳定的边坡，其作用首先是加固不稳定边坡，其次是固定网，依据受力分析设计选型。

（2）网。依据边坡类型选用普通铁丝网、镀锌铁丝网或土工网。

（3）生态混凝土混合物。由绿化生态混凝土、种植土、纤维和植被种子按一定的比例混合而成，其中绿化生态混凝土是本项技术的核心。

生态混凝土喷播植被护坡的施工原理如下：首先通过混凝土搅拌机或砂浆搅拌机把绿化生态混凝土、种植土、纤维及混合植被种子搅拌均匀，形成生态混凝土混合物，然后输送到混凝土喷射机的料斗，在压缩空气的作用下，生态混凝土混合物由输送管道到达喷枪口与来自水泵的水流汇合使生态混凝土混合物团粒化，并通过喷枪喷射到坡面，在坡面形成植物的生长层。其工序流程及施工示意图如图3、图4所示。

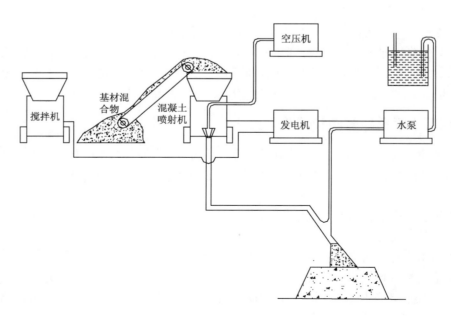

图4 生态混凝土喷射植被护坡施工示意图

5 生态混凝土喷播植被防护试验过程控制

（1）提前做好技术准备工作，包括图纸审核、分部分项工程施工技术交底等，确保施工过程得到有效控制；加强质量通病的预防。

（2）认真审图，将影响质量的问题消灭在施工前。对于本工程的施工重点，认真研究工程特点和设计要求，并向操作人员进行交底。

（3）加强工程施工全过程的质量监控，尤其是被列入关键工序和特殊过程的工序要从材料采购、进场检验、施工过程检查、重点难点的技术攻关、所用机械设备的能力鉴定、工序验收等各个环节予以全过程控制，保证工程质量。

（4）在工程施工中，做到防患于未然。加强施工的过程监督、检查，严格实行"三检制"，工序交接必须经质量检查员的检验合格后由有关人员的签字方可进行。

（5）加强对原材料质量的控制。所有采购的材料，都要满足设计和规范的要求，并提供产品合格证明及检验材料。实行材料供应"四验"（即验规格、验品种、验质量、验数量）和"三把关"（材料人员把关、技术人员把关、施工操作者把关）制度；确保只有检验合格的原材料才能进入下一道工序，为提高工程质量打下一个良好的基础。建立有监理见证抽检制度，所有材料的检验报告必须上报监理，严把材料质量关。

（6）施工中对质量控制要求。每个程序严把关，坡面修整无浮石、浮土，凹凸不能太大。配合、拌和基材必须符合规定要求，严禁使用不合格材料。配合比必须按设计要求准确计量，水泥、绿化基材、植壤土拌和均匀做好搅拌和记录。喷射基材混合物前，必须充分湿润坡面以减少坡面岩体对基材混合物水分的快速吸收，保持尽量多的水分，应间隔200cm设置一个标桩，保持基材喷射厚度应满足设计要求。喷枪应与坡面垂直，避免仰喷，保持基材混合物密度一致。在雨天或可能降雨、暴风、台风来临时，喷射作业无法保证质量及安全隐患，应尽量避免施工。施工后必须用无纺布覆盖。盖好无纺布后浇水养护，病虫害防治，以"预防为主，定期喷药"原则，进行综合防治直到草成坪。

（7）旱季施工。在干旱少雨的季节施工，施工时应特别重视前期的养护和管理；一般配制两台符合工程施工及养护用水量要求的抽水机组，从工程地就近抽取符合标准的水或临时设置储水池或直接用水车供应保证；坡面植被除选择抗旱性优良植被品种外，在长时间干旱条件下，为保持坡面植被的绿色效果应及时浇水；在干旱季节，每天应增加1~2次养护，每次湿润深度1~2cm，以降低坡面湿度，或采取遮荫措施。

（8）雨季施工。应采取大雨停小雨干的办法，提前关注天气预报，因天气因素无法施工、必须停止作业。雨天施工，做好材料集中保管，覆盖防雨布。做好场地排涝措施，防止场地积水。机电设备必须加盖防雨罩，以免雨水损坏设备，手持动力工具安装漏电保护装置，雨后要对机电设施进行检查。

（9）各道工序同步进行施工。只有这样才能有效加快进度和确保总体任务的按期完成。实行分阶段施工和集中施工相结合，根据工程进度合理调配人力及机械设备的使用。在设备和场地允许的情况下，安排足够的人力资源。合理的运用人力和设备，轮流不间断施工，保证安全情况下夜间也组织进行施工作业。合理安排工期，各工序交叉施工。

6 结语

本文采用新型生态混凝土喷播植被防护技术，在靖西至那坡高速公路裸露岩石边坡上进行绿色护坡，取得了不错的工程效果。后期还将进行养护跟踪监测，验证绿化效果，总结绿化防护技术经验，为今后进一步推广提供依据。

参考文献

[1] GB 50021—2001 岩土工程勘察规范[S].北京:中国建筑工业出版社,2001.

[2] GB 50330—2002 建筑边坡工程规范[S].北京:中国建筑工业出版社,2002.
[3] GB 50086—2001 锚杆喷射混凝土支护技术规范[S].北京:中国计划出版社,2001.
[4] 廖乾旭,李阿根,徐礼根,辜再元.高速公路边坡生态恢复的问题与策略[J].中国水土保持科学,2006,4:100-102.
[5] 邓辅唐,吕小玲,邓辅商.高速公路边坡生态恢复研究进展[J].中国水土保持,2005,11:48-50.
[6] 潘树林,王丽,辜彬.论边坡的生态恢复[J].生态学杂志,2005,24(2):217-221.
[7] 陈志明,仲童强.高速公路岩石边坡客土喷播施工技术[J].草业科学,2009,26(12):157-160.
[8] 马万权,沈康健.客土喷播技术对石质边坡防护的运用[J].云南交通科技,2003,19(3):7-10.

靖那高速公路滑坡治理关键技术研究

胡 浩 谢宗运

(广西交通投资集团百色高速公路运营有限公司,广西 百色 533000)

摘 要 针对靖西至那坡高速公路工程滑坡问题,通过现场勘测边坡的水文地质基本情况,结合滑坡机理分析及稳定性分析,分别采用以抗滑桩为主,清方卸载和固坡脚为辅的方案和桩板墙支挡桩加锚杆格梁的方案对两段滑坡进行治理,达到了预期效果,并对相关施工技术进行了研究,研究成果可供类似工程参考。

关键词 道路工程;靖那高速公路;边坡;抗滑桩;滑坡治理

0 引言

滑坡作为一种自然地质灾害,常常会造成巨大的生命财产损失,其危害性已经成为仅次于地震的第二大自然灾害。尽管国内外岩土界的专家学者在滑坡预报的理论研究和实际工作方面都做了大量的工作,研究了滑坡孕育、发展、变形破坏的过程、规律及其影响因素等,取得了显著的成绩,但由于滑坡问题的复杂性,在实际工程中还是会出现多次重复治理的现象。因此,必须对边坡稳定状态进行科学的分析,从而进行有效的处治。

1 滑坡工程概况

靖西至那坡高速公路第二合同段 S321 省道改路 GK0+050~GK0+150 段施工过程中于 2011 年 11 月上旬左侧边坡产生了滑塌破坏,本段位于古滑坡段,施工开挖古滑坡前缘造成了部分滑坡体复活,滑坡复活体位于古滑坡右前部,其前缘剪出口与古滑坡剪出口重合,后缘坡口开挖线 0~18m 产生多条裂缝,滑塌裂缝组(2 号裂缝组)宽约 25cm 左右,已贯通,坡口开挖线后缘 28~35m 产生的张拉裂缝(1 号裂缝)宽约 1cm,未贯通,中前部已变形坍塌,坍塌体下降高度最大约 2.5m,设计变更范围 GK0+020~GK0+226 如图 1~图 4 所示。

图 1 滑坡体全貌

图 2 滑坡体裂缝

图3 二级平台裂缝　　　　　　　　图4 一级边坡剪出

ZK68+045~ZK68+258段段边坡最高46.7m,分三级,原设计一级为外露18m桩板墙,二级、三级为锚杆框架梁,二级坡率1:0.5,三级坡率1:0.75。抗滑桩施工完成清理桩前土石方过程中,发现坡顶机耕路产生裂缝,2012年2月23日开始对1号~32号桩间隔进行了桩顶位移监测,累计位移16cm,随后进行了桩前回填土,桩顶位移减缓,截止(8月28日)桩顶最大位移63cm。监测显示位移较大主要为ZK68+080~ZK68+125段(7号~15号桩),桩顶位移均在40cm以上,7~14号桩桩间出露全风化硅质灰岩,岩体破碎,岩层杂乱扭曲,3~7号和16~24号桩桩间出露全~强风化硅质岩,岩体呈层状,此次观测位移介于10~40cm,桩顶位移小于10cm的只有1号、2号、27~32号。由于桩顶位移过大,桩的受力与原设计相差较大,故提出此加固变更方案。

2　GK0+125~GK0+2215段治理方案设计

2.1　设计思路

滑坡体前缘为阻滑段,采用较陡边坡,滑面以上土体自重较大,抗滑力增加;增大滑坡体中部平台宽度,使得滑坡体后缘清方量增大,减小下滑力;由于滑坡体后缘坡面地形较陡,且要保留坡顶既有机耕路的改路空间,故边坡斜率不能过缓,采用了1:2.0的边坡,设计的坡顶线靠近古滑坡体后边缘线,对剩余下滑力影响较小。由于滑面位置较高,抗滑挡土墙方案不经济,考虑采用抗滑桩方案,滑坡体剩余下滑力由抗滑桩承担。

2.2　设计方案

第一级边坡高10m,坡脚设置挡土墙,外露墙高2m,加固坡脚,墙顶平台宽1.5m,墙以上坡率1:1.25,挖方平台宽4.5m;第二级边坡高6m,边坡斜率1:1.5,挖方平台宽4~27m;第三级边坡高6m,坡率1:2.0,挖方平台宽3m;第四级边坡高6m,边坡斜率1:2.0,挖方平台宽2m;第五级边坡斜率1:2.0,一直到顶。

各级边坡斜率及平台宽度的取值根据剩余下滑力进行反复,以争取剩余下滑力最小。设计中根据岩土勘察报告提出的3个地质剖面分别计算,3个剖面间坡率及平台线性平滑过渡。

第一级边坡坡脚设置外露2m挡土墙,墙顶宽0.8m,底宽1.68m,面坡1:0.5,背坡1:0.25,墙趾宽0.3m,墙趾高0.5,墙顶以上采用三维植被网植草。

第一级边坡顶平台GK0+125~GK0+2215段设置19根抗滑桩,桩尺寸1.75m×2.25m,桩间距5m,桩长18m。第二、三、四级边坡采用拱形骨架+植草防护,第五级坡面采用三维植被网植草,挖方平台采用植草防护,第二至第五级挖方平台设置Ⅰ型40cm×40cm矩形挖方平台截水沟。第二级及第三级平台截水沟顶30cm设置仰斜式排水孔,以排除坡体渗水。

抗滑桩设计:设计中根据岩土勘察报告提出的三个典型地质剖面,Ⅰ-Ⅰ剖面滑动面相对路面位置较高,采用抗滑桩边坡加固不经济,设计中采用清方卸载,经过下滑力计算可自稳;Ⅱ-Ⅱ剖面及Ⅲ-Ⅲ剖面首先上部清方卸载,剩余下滑力由抗滑桩承担,抗滑桩设置在一级平台。设计中分别对3个剖面的桩后剩余下滑力进行计算。

2.3 计算说明

本段滑坡的滑体土及滑面物理力学参数根据滑坡工程地质勘查报告建议值取值,剩余下滑力计算时的安全系数根据《公路路基设计规范》及道路等级取值1.2,分别依据三个地质剖面作为代表断面进行滑坡推力计算及抗滑桩验算。

Ⅰ-Ⅰ剖面下滑力计算中C取值19kPa,ϕ取值9°;Ⅱ-Ⅱ剖面及Ⅲ-Ⅲ剖面下滑力计算中根据最新补勘结论,C取值8kPa,ϕ取值11.3°。根据钻孔揭示的地下水位,地下水位线以上土天然重度20kN/m³,水位线以下饱和重度25kN/m³。

抗滑桩采用"m"法计算桩身内力、桩身配筋按受弯构件计算,通过地基校核和桩身变位控制修正桩身结构设计。根据地质勘察报告中地下水腐蚀性评价为对混凝土具微腐蚀性,环境类别属Ⅱ类,抗滑桩水泥混凝土保护层厚度采用7.5cm。

3 ZK68+045~ZK68+258段治理方案设计

3.1 原因分析

对比前后两处勘察结果,相距20m地层岩性及风化程度发生了较大变化,说明该段地层岩性混杂,岩层界面变化频繁,岩体相比其他段落整体性差,风化强烈,边坡开挖后,在桩后山体土压力下桩顶发生位移,引起坡顶机耕道开裂,2012年5月份之前只有7~14号桩顶位移超过10cm,最大的18cm,6~8月连续降大雨,雨水的下渗引起坡体土强度进一步降低,桩顶位移加剧,截止(8月28日)桩顶最大位移63cm(11号桩),7~14号桩顶位移均达到了40cm以上。桩顶位移过大,桩的受力已与原设计发生了较大变化。

3.2 设计方案

针对边坡的地形地质条件及滑塌情况,根据专家意见,采用如下处治方案。

(1)桩顶位移超高50cm的桩不考虑桩的受力,按大地梁使用,超过20cm的桩可适当受力。

(2)按变更阶段的勘察断面ZK68+120作为代表断面计算(13号桩位置),根据现场踏勘及地质钻孔资料,桩后土体主要为全风化硅质岩,底部为强风化硅质岩,坡体还未形成软弱滑动面,所以按库伦土压力控制,计算土压力与破裂面,桩后土体综合摩擦角采用36.5°,水平向主动土压力为2 824kN,主动土压力破裂角41°。

(3)主动土压力计算为极限平衡状态,边坡加固设计采用安全系数$K=1.25$,采取的支挡措施需要提供约3 530kN的抗力。现状支挡桩抵抗下滑力原则上不计。

(4)拟定加固方案:首先考虑原设计的防护已施工,对边坡稳定有一定的作用,维持原设计坡率与防护形式,针对抵抗力不足采用在边坡加设锚索的方案进行支挡加固。

一级边坡支挡桩上设五束锚索,支挡桩间设置锚索地梁,地梁上设置五束锚索。二、三级边坡已施工锚杆框架梁,在框架梁上设置地梁,地梁上设置锚索,拟定单束锚索设计锚固力$P_d=730$kN。

(5)根据以上方案计算锚索根数、锚固长度、钻孔直径、地梁尺寸及配筋,岩体与注浆体界面黏结强度取240kPa(全风化硅质岩,软岩较低值)。考虑一级锚索地梁设置在桩间挡土板上,挡土板对地基容许承载力有提高,二级、三级边坡地梁设置在原锚杆框架梁上,原锚杆框架梁对地基容许承载力有提高,边坡地基土容许承载力取值为280kPa。

根据拟定的方案,经过计算ZK68+120断面边坡锚索提供的抗滑力为3 490kN,相比设计总抗滑力3 530kN,不足部分40kN可由支挡桩承担。计算结果如表1所示。

边坡锚索方案　　表1

项　目	支挡桩锚索	支挡桩间锚索地梁	二级边坡锚索地梁	三级边坡锚索地梁
设计锚固力(kN)	730	730	730	730
锚索孔数	5	5	3	5
锚索根数	8	8	8	8
锚孔直径(mm)	150	150	150	150
锚固长度(m)	13	13	13	13
地梁尺寸(宽×高)(m)		0.8×0.5	0.9×0.5	0.8×0.5

3.3 工程措施

ZK68+045~ZK68+258段支挡防护工程中,锚杆框架梁已施作完毕,一级边坡桩板墙支挡桩已施作完毕。

(1)一级边坡在支挡桩上设置锚索,8~18号桩布置5排,7号及19号桩布置4排,6号及20号桩布置3排,4号、5号及21~30号桩布置2排。支挡桩间锚索地梁上设置锚索,7~20号桩间地梁布置5排,4~5号桩间及22~23号桩间地梁布置2排,5~6号桩间及21~22号桩间地梁布置3排,6~7号桩间及20~21号桩间地梁布置4排。随着边坡高度的降低,桩顶位移的减小,加固措施也逐渐递减,锚索与地梁布置详见《立面设计图》。

(2)在对ZK68+045~ZK68+258段二级及三级边坡已施工的锚杆框架梁间每隔3m增设一根地梁,地梁置于已施作的框架梁上,锚索孔位于框中心位置。

(3)锚索孔径ϕ150mm,单孔锚索设计锚固力730kN,锚索与水平线夹角(俯角)15°。锚固段长13m,考虑防止形成群锚破坏效应,间隔一层锚固段采用16m,每束锚索采用8根ϕ15.2mm钢绞线组成。鉴于该段岩性变化频繁,锚索长度可随入岩深度适当调整,详见设计图纸。

(4)边坡平台采用C20混凝土封闭。每级边坡平台设置截水沟,与坡面截水沟连通,形成完整的排水系统。

(5)坡顶机耕道内侧水沟采用M7.5浆砌片石硬化,厚度20cm,硬化长度150m。

4 施工技术与质量控制

4.1 清方施工注意事项

(1)首先对溜塌边坡进行清方,清方按照设计边坡线自上而下线进行清方,清方一级防护一级,并施工截水沟。

(2)清方时做好临时防排水措施,雨季时未清方坡面及还未施工拱形骨架坡面,覆盖塑料薄膜,以免造成边坡大面积坍塌,导致边坡次生灾害的发生。

(3)路堤边沟底部设置纵向渗沟,渗沟底部采用C15混凝土,及带孔PVC管。在第二级及第三级边坡坡脚设置仰斜式排水孔,出口与平台截水沟相连。

(4)施工需按设计坡率先清方,然后施工挡土墙,基坑不能全段开挖,应采用跳槽间隔分段开挖,以保证施工安全。

4.2 浆砌挡土墙施工注意事项

(1)挡土墙采用M7.5浆砌片石砌筑,片石抗压强度不小于30MPa,片石应具有两个大致平行的面,其厚度不小于15cm,质量不小于30kg。

(2)墙身外露部分用M10砂浆勾缝,墙顶用M10砂浆抹面。

(3)施工前应作好地面排水系统,保持基坑干燥;基坑开挖后,基底应按设计夯实,施工时若发现地质情况与设计有出入及基地承载力不满足设计要求时,应报告监理及设计代表以便做出相应的处理措施。

（4）在墙尺寸变化处应设置沉降缝或伸缩缝，其他位置可沿墙长每隔10～15m按实际需要适当调整，缝内沿墙的内、外、顶三侧填塞沥青麻筋或沥青木板等有弹性的材料，塞入深度不小于0.15m。

（5）挡墙排水：挡墙每隔一般为2～3m设一泄水孔，上下交错布置，最下一排泄水孔应高出地面0.3m，在挡墙砌筑时埋入5cm孔径的PVC泄水管，横坡采用4%。入水口应设置不小于0.3m厚的碎石反滤层，最底排泄水孔下部设置黏土隔水层。

（6）施工需按设计坡率先清方，然后施工挡土墙，基坑不能全段开挖，应采用跳槽间隔分段开挖，以保证施工安全。

4.3 锚索制安施工要点

锚索的制作应搭建高于地面50cm以上与锚索设计长度相适应的制作台及简易防晒防雨棚，同时应做好防晒防雨措施。锚索下料应整齐准确，误差不大于±50mm，预留张拉段钢绞线长度1.5m。设计预应力锚索锚筋材料采用高强度低松弛钢绞线。扩展环与紧箍环间距为1.0m，交错布置。应准确定位，绑接牢固，锚孔孔口位置必须设置一个扩展环。注浆管穿索安装准确定位，绑扎结实牢固，应深入导向帽5～10cm。导向帽应留有溢浆孔，保证孔底返浆。

自由段的钢绞线不能水泥浆黏结，自由段锚索用聚乙烯塑料套管隔离防护，以满足钢绞线的自由伸缩，水泥浆只能使套管和孔壁黏结成一体，以满足钢绞线的自由伸缩。在制锚时，对此段钢绞线先做除锈处理，再涂刷特种防腐剂，保护钢绞线，再涂刷黄油并套用聚乙烯管和外界隔离。

锚索体摆放顺直，不扭不叉，排列均匀。锚索体经检验合格后，方可运输至相应孔位进行安装。水平运输时，各支点间距不小于2m，且转弯半径不宜太小；垂直运输时，除主吊点外，其他吊点应使锚筋体快速安全脱钩。锚索体安装时应按设计倾角和方位平顺推进，严禁抖动、扭转和串动，防止中途散束和卡阻。安装完成后，不得随意敲击锚索或悬挂重物。锚索体的安装，必须在现场监理旁站的条件下进行。

锚索注浆材料采用1∶1水泥砂浆，水灰比0.4～0.5，砂浆标号M35。在注浆浆体与台座混凝土强度达到设计强度80%以上时，方可进行张拉锁定作业。如为选定进行验收试验的锚孔，应在达到设计强度的条件下，待验收试验结束并经检验合格后再进行。锚具安装应与锚垫板和千斤顶密贴对中，千斤顶轴线与锚孔及锚筋体同轴一线，确保承载均匀。锚筋的张拉必须采用专用设备，设备在张拉作业前应进行标定，锚具、夹片等检验合格后方可使用。锚索正式张拉前，应取15%～20%的设计张拉荷载，对其预张拉1～2次，使其各部位接触紧密，钢绞线完全平直。锚索的预应力在补足差异荷载后分5级按有关规范或规定施加，即设计荷载的25%、50%、75%、100%和115%。每级需稳定5min，最后一级稳定10～15min，并分别记录每一级荷载锚索的伸长量，卸荷锁定。锚索锁定后48小时内，若发现明显的预应力损失现象，则应及时进行补偿张拉。

4.4 边坡监测

坚持地表位移监测与桩顶位移监测，以坡体变形数据来修正设计，指导施工，以确保施工安全，并且检验工程效果。在山体正中，桩长最长、锚固段埋置最深处（锚索最长）埋设BHR1500传感器，用EMS-1锚索预应力测量仪检测锚索应力的变化。

运营期的监测有地表位移监测、地下位移监测及锚索预应力监测等，监测周期为坡体开挖至建成营运后不少于2年，监测的频率如下。

施工期间：

(1) 地表位移监测2～3次/周，变形时1次/天，变形剧烈时每天数次。

(2) 地下位移监测1～2次/月，变形时1～2次/周，变形剧烈时1次/天。

(3) 锚索应力监测在张拉锁定后头两个月内1次/周，其后2～3次/月。

运营期间：原则上1次/月，变形（或应力）异常、连续降雨、强降雨后等加密监测。

5 结语

研究中结合滑坡机理分析及稳定性分析,分别采用以抗滑桩为主,清方卸载和固坡脚为辅的方案和桩板墙支挡桩加锚杆格梁的方案对两段滑坡进行处治,并对相关的施工技术及质量控制进行了分析。经过观测,处治后的滑坡目前尚未出现裂缝、下挫滑移等边坡失稳状态,表明该处治方式取得了明显的效果。但滑坡作为一种复杂的地质病害,在科学判断并选择正确方案进行处治的同时,应继续做好观测,收集相关数据,为滑坡预测提供准确的相关参数,从而避免滑坡造成生命财产损失。

参考文献

[1] 郑颖人,陈祖煜,王恭先,等.边坡与滑坡工程治理[M].北京:人民交通出版社,2007.

[2] GB 50330—2002 建筑边坡工程规范[S].北京:中国建筑工业出版社,2002.

[3] 章勇武,马慧民.山区高速公路滑坡与高边坡病害防治技术实践[M].北京:人民交通出版社,2007.

[4] 文海,谭先军.浅谈滑坡处治设计中的几个关键问题[J].公路交通科技(应用技术版),2012,2:121-123.

[5] 孙英勋.滑坡的处治分类与治理模式探讨[J].地质与勘探,2006,42(1):85-88.

[6] 刘伯莹.公路滑坡处治工程的施工控制[J].公路,2001,4:11-15.

[7] 胡敏,高宏,李炘彤.预应力锚索桩板墙处治路堑边坡的工程实例[J].中外公路,2009,29(6):65-67.

[8] 杜文杰,鲁高群,李振存.基于力学分析的预应力锚索桩板墙施工工法研究[J].公路工程,2011,36(4):158-160.

[9] 刘新荣,梁宁慧,黄金国,钟和平.抗滑桩在边坡工程中的研究进展及应用[J].中国地质灾害与防治学报,2006,17(1):56-61.

[10] 张友良,冯夏庭,范建海,方晓睿.抗滑桩与滑坡体相互作用的研究[J].岩石力学与工程学报,2002,21(6):839-842.

[11] 高永涛,张友葩,吴顺川.土质边坡抗滑桩机理分析[J].北京科技大学学报,2003,25(2):117-122.

桩板墙在深路堑加固中的应用技术

张建武[1]　童建勇[1]　张之发[2]

(1.中国中铁一局集团有限公司,陕西　西安　710000;
2.广西桂通工程咨询有限公司,广西　南宁　530021)

摘　要　结合靖那高速深路堑桩板墙加固施工实践,对桩板墙施工准备、桩身开挖、钢筋笼制作及桩身混凝土灌筑、桩间土体开挖与桩身护壁混凝土的清除、桩间板制作及安装等几方面对桩板墙施工技术进行阐述。研究表明,为保证桩身强度,桩身开挖完后应及时制作钢筋笼灌筑桩身混凝土,灌筑1天后才能进行邻桩开挖;相比只在护壁面铺设薄膜,采用灌筑前用PVC板内贴护壁面与桩身混凝土隔开的施工方案更优。研究可供同行参考。

关键词　道路工程;桩板墙;护壁;挡土板;施工技术

0　引言

桩板式挡土墙由抗滑桩和挡土板构成,主要承受滑坡推力、土体抗力等水平作用力。未来的高速公路建设将跨越崇山峻岭,越来越复杂,作为防止滑坡的一种结构物,将在西部地区会越来越普遍。

靖那3标段ZK69+890~ZK70+280段深路堑左侧采用桩板墙加固,共计45根桩,桩长20~25m,其中地面以上长12~16m,地面以下长8~9m,桩间距(中-中)6.0m,桩身截面尺寸2.5m×3.0m,桩身采用C30钢筋混凝土,护壁采用C20混凝土,桩间采用槽形预制挡板,挡板尺寸(高×厚×长)为:0.5m×0.3m×3.4m。桩顶后留2m宽平台。

靖那高速K29+360~K29+498.4段桩板式挡土墙位于靖西县禄峒乡泗院村大利屯,该处边坡为挖方段高边坡,原设计为锚杆格梁防护,由于边坡为高液限过湿土质边坡,在边坡开挖过程中,边坡整体出现轻微裂痕。为确保坡顶上村民生命及财产安危,设计拟定采用桩板式挡土墙进行加固防护。桩基础采用2m×3mC30混凝土方桩,桩长为20m,桩中心距5m,要求桩基础基底嵌入路面以下12m。该段桩板式挡土墙共设计有28根桩,共长560m,挡土板为C20混凝土预制件共216块。桩基础设计采用人工挖孔。

1　桩板墙施工准备

1.1　施工便道修建

便道修建原则需便于混凝土运输至桩顶灌注混凝土(ZK69+890~ZK70+280段深路堑桩板墙,因桩45根每根桩混凝土189方,共需混凝土8523方)及桩身开挖机械设备及桩身钢筋运进,所以将专修一支便道至桩顶。

1.2　桩顶施工作业平台建立

桩顶施工作业平台只需对桩顶路堑土体开挖后,对坡面按设计要求作好防护即可形成。桩顶作业平台修建方便机具设备材料存放及混凝土运输车辆通行,施工完成后的ZK69+890~ZK70+280桩顶施工作业平台如图1所示。

图1 施工完成的 ZK69+890~ZK70+280 桩顶施工作业平台

2 桩板墙加固施工技术

2.1 ZK69+890~ZK70+280段桩身开挖及灌筑

2.1.1 桩板墙桩身开挖

(1)确定开挖顺序。桩身跳桩开挖,根据设计跳两根,制定桩开挖顺为:

先开挖 1#-4#-7#-10#-13#-16#-19#-22#-25#…桩,待上述根桩灌注完成后,再开挖 2#-5#-8#-11#-14#-17#…桩灌筑后,最后开挖 3#-6#-9#-12#-15#-18#-21#桩……。

(2)桩身开挖。开挖前充分准备开挖施工机具:如空压机、风镐、出碴提升架等。用全站仪定出桩位(在桩两侧引出十字护桩待第一节护壁浇筑完成后引至护壁顶做好标识)后开挖,根据规范确定分节开挖,分节开挖高度为1m,马上支模灌注护壁C20混凝土(护壁模板支撑左灌注后24h才能拆除,锁中护壁混凝土内增加钢筋),护壁混凝土凝后才开挖下一节桩身开挖,开挖时爆破采取减震措施,碴提升出桩后立即运至弃碴场。桩身开挖过程中要注意对滑坡进行变形、移动观测,而且要对桩孔开挖中心位置、孔底高程、护壁净空尺寸、壁面垂直度进行检查,其允许偏差如表1。

检查点情况调查　　　表1

序号	项目	弃许偏差	检验数量 范围	检验数量 点数	检验方法
1	净空尺寸	-50mm	每孔	6	尺量,孔上、中、下部纵横各1点
2	壁面垂直度	H≤5m,50mm;H>5m,1%H,但不得大于250m	每孔	3	吊线尺量
3	桩顶中心位移	纵向±100mm 横向+100mm~-50mm	每孔	2(纵横向各1)	经纬仪测、尺量
4	桩顶高程	±50mm	每桩	1	水准仪测
5	桩身断面尺寸	±50mm			以桩孔净空尺寸检验

2.1.2 桩身钢筋笼制作

桩身开挖到设计标高后,立即核对地质情况报验后,马上对加工桩身钢筋。桩身钢筋最大直径为

32mm，而且钢筋全靠坡面，如在桩外加工成形钢筋，吊装易变形，场地较窄且桩顶侧不能承重过大吊装机械也不能进场，于是确定在桩孔内加工制作钢筋笼。

2.1.3 桩身混凝土灌筑

桩身前16m外侧3面需在土体开挖将护壁凿除外露，为此桩身混凝土灌筑前需考虑桩身前16m护壁面是否平整及护壁与桩身混凝土是否容易凿除，对此确定两种方案：将桩身16m护壁内面用砂浆找平后：

（1）用保利板或PVC板将护壁混凝土与桩身混凝土隔开，这样护壁较易拆除，桩身混凝土在拆除护壁后也较外观平顺。

（2）只在找平后的护壁面涂刷脱模剂。

（3）在找平后的护壁面铺设塑料薄膜。

但是考虑到保丽板或PVC板不能重复使用，造价太高，脱模剂在混凝土与混凝土之间效果并不是很好，最后决定用第3种方案。

2.1.4 桩间土体开挖及桩身护壁的清除

桩外侧开挖完后，对桩间土体间隔开挖，桩间土体需自上而下开挖，土体开挖后，立即对凿除护壁。因护壁较厚：30cm，但是护壁与桩身混凝土间虽然灌注前铺设了薄膜局部桩身混凝土与护壁间还是结合紧密，所以每根桩采用液压炮击将护壁混凝土凿除，在对耳朵位置破除时造成了不同程度的损坏，桩身也受到了损坏（图2）。

a) 桩间土体开挖　　　　　　　　　　b) 护壁清除

图2　桩间土体开挖及桩身护壁的清除施工

2.2 桩间板制作及安装

桩间板制作在桩间土体开挖前应预制完成，但现场实际情况不适合预制吊装，因为桩身耳朵处遭到了破坏，预制板根本无法安装进去，经过考虑对预制板方案及时调整，采用现浇，并且在耳朵处植入钢筋来连接现浇挡土板。图3为现浇挡土板。

2.3 外观装饰

由于抗滑桩护壁破除后，桩身整体外观很差，为了创造亮点工程，挡土板施工完成后对抗滑桩外面进行批挡抹面装修。经过装修，抗滑桩外观大大提升（图4、图5）。

图3　桩间板制作及安装

图4 破除护壁后抗滑桩外观情况

图5 板桩墙整体效果

3 桩板墙施工安全控制

施工过程中,监测应与施工同步进行,一旦发现边坡变形过大,必须暂停施工及时上报,采取加固措施,以避免塌方,严禁为赶工期,盲目施工;还应成立事故应急小组,明确职责分工,做好应急资源配置,开展事故应急救援知识培训。

施工中孔口必须设置围栏、铺盖,以防杂物或人员掉入孔内,严禁无关人员进入现场;井下工作人员必须戴安全帽,不超过2人,相关要求按深基坑作业规定进行;每日开工前必须检测井下的有害气体,使用通风设施向作业面送风,保证孔内氧气含量;井下照明必须采用36V安全电压,进入井内的电气设备必须接零接地,并装设漏电保护装置;井内爆破应按照《爆破安全规程》进行;坡顶必须挖好截水沟将流向坡面的汇水引出边坡;施工期间设专人抽水,现场布置应符合防火、防雷、防洪、防触电等安全规定及施工要求,施工材料不得乱堆乱放;现场道路平整、坚实、畅通,危险地点应悬挂安全标牌,夜间设红灯示警;吊装作业,应统一指挥,汽车吊机的吊挂钢丝绳应符合要求,施工期间应有专人检修。

4 结语

(1)桩板式挡土墙适用于大部分高差较大的边坡支护,其施工简便,竣工后维护费用低。

(2)所有桩桩身开挖不能同时进行,为加快施工进度,必顺加多投入力加快现有正在开挖桩的开挖进度。桩身开挖完后,及时制作钢筋笼灌注桩身混凝土,灌注1天后才能进行邻桩开挖。

(3)桩身混凝土如只在护壁面铺设薄膜,护壁混凝土的凿除较困难,如灌注前用PVC板内贴护壁面与桩身混凝土隔开,那样造价较高;但两者总体比较,还要选择后者,因为后期装修的费用也很高,并且对工期也造成了影响。

(4)桩板挡土墙施工时应结合地勘报告,做好施工质量安全的动态监控;施工期间,合理组织人、材、机各资源,做好事故应急预案。

参考文献

[1] 魏志刚.哈西客站预应力锚索桩板墙施工技术探讨[J].中国新技术新产品,2012,(9):49-49.
[2] 周世斌.桩板式路堑挡土墙施工技术[J].城市建设理论研究(电子版),2013,(13).
[3] 梁枫.浅析桩板墙施工技术[J].世界华商经济年鉴·城乡建设,2013,(2):36.
[4] 史常青.路堑锚索桩板墙施工技术[J].铁道勘察,2007,33(3):123-126.
[5] 齐巧男.锚索桩板墙施工技术与应用[J].黑龙江交通科技,2013,(6):67-67.
[6] 殷鹏飞.桩板墙施工关键技术探讨[J].城市建设理论研究(电子版),2013,(26).
[7] 张鹏利.公路桩板墙施工技术[J].中国科技博览,2010,(31):12-14

靖那高速公路沥青路面施工标准化与质量控制技术研究

黄耀文

(广西路桥建设有限公司,广西 南宁 530001)

摘　要　为避免沥青路面出现车辙等早期损坏,对集料加工生产与质量控制、沥青混合料级配优化设计、沥青路面施工工艺等方面开展标准化管理,提出在源头控制集料加工指标,采用均匀防离析-骨架稳定密实型沥青中、下层混合料和优化的抗滑表层沥青混合料。研究结果表明:优化设计的沥青混合料高温性能优良,适用于广西高温湿热地区;集料是影响沥青路面施工质量的最重要因素,有效地控制集料的认同特性和资源特性,有利于沥青混合料生产配合比及施工配合比的优化设计、生产稳定性、连续性及可靠性。研究结果可为同类工程提供参考。

关键词　道路工程;沥青混合料;集料;级配优化;质量稳定性

0　引言

车辙、开裂、泛油、推移和拥抱是沥青路面的主要破坏现象,华南高温湿热地区车辙病害尤为明显。影响车辙的主要外因是:行车荷载、交通量和渠道化程度、荷载作用时间和水平力、路面温度、半刚性基层质量;内因是沥青混合料的抗车辙能力、路面结构类型和沥青面层厚度及沥青混合料的压实度和空隙率。沥青混合料的高温抗车辙能力60%依赖于矿料级配的嵌挤作用,40%来源于沥青结合料的黏结性能。因此,在沥青混合材料设计中,矿料级配设计研究具有举足轻重的地位[1-3]。沥青路面的压实度与匀质性受混合料级配和工艺过程控制水平所决定,不同地区施工关键控制技术各不相同。为保证沥青路面质量,提高沥青路面路用性能并延长使用寿命,应以"工艺上易于保证施工质量、实现设计意图"为主线,考虑当地交通、气候环境特点,对路面结构组合设计、材料设计、工艺控制进行"一体化设计"。本文结合广西自然条件,重新检验施工工艺和各项技术措施,细化明确了原材料技术要求、沥青混合料配合比设计、沥青路面施工机械设备要求、标准化施工工艺、沥青路面施工过程中的质量管理与检查技术要求。

1　集料加工质量稳定性控制技术

1.1　粗集料控制

中、下面层沥青混合料(AC-20、AC-25)用集料一般在公路沿线就近选取优质石灰岩破碎的碎石。上层沥青混合料用粗集料宜采用质地坚硬、表面粗糙、耐磨、具有良好嵌挤性能的玄武岩、辉绿岩等石料破碎的碎石。碎石应洁净、干燥、无风化、无杂质,其颗粒形状应具有多棱角,接近立方体。为确保粗集料的颗粒形状符合要求,沥青面层用粗集料应严格采用二破工序,初破采用颚式破碎机加工,二破采用反击式、圆锥式或锤式破碎机破碎,必要时增加整形机(即立式冲击破碎机)整型。

1.2　细集料控制

上层沥青混合料用细集料(0.075~3mm)必须采用优质机制砂,为保持黑色沥青路面持续的美观性,建议优先选用玄武岩、辉绿岩或青色、黑色的石灰岩材质机制砂;中、下面层用细集料宜采用制砂机破碎的石灰岩机制砂,或采用经除尘的、质量良好的、具有较好颗粒形状的石灰岩石屑。细集料应干净、坚硬、干燥、无风化、无杂质和其他有害物质,并具有适当的颗粒级配。

1.3 集料加工质量控制

为充分发挥沥青混合料拌和楼的工作效率,集料应按"稳定性、规格、颗粒形状、洁净度、可利用率"等技术指标进行施工全过程控制。通过合理设置碎石加工、沥青混合料拌和的筛网尺寸,加强碎石加工质量的管理,可有效地减少沥青混合料生产过程中的溢料,确保沥青混合料拌和的质量稳定可靠及生产效率,提高经济效益和社会效益。为了控制混合料级配的稳定性,沥青路面上、中、下面层建议按照表1所示的四档规格备料,以实现3种效果:一是中下面层可统一规格、同时同场地备料,适当减少备料场地;二是将0~5mm细料分为3~5mm、0.075~3mm两档,可大幅降低混合料生产时拌和楼中4~7mm热料的溢料;三是备料时可不采购或最低限度采购3~5mm集料,避免浪费。沥青混合料粗、细集料的粒径规格及级配要求分别见表2和表3[4-5]。

沥青混合料用集料分档规格选用表　　　表1

沥青混合料类型	集料规格(mm)					
	1#料	2-1#料	2-2#料	3-1#料	3-2#料	4#料
AC-25	19~26.5	9.5~19	—	4.75~9.5	—	0.075~2.36
AC—20	19~26.5	9.5~19	—	4.75~9.5	—	0.075~2.36
AC—13	—	—	9.5~13.2	4.75~9.5	2.36~4.75	0.075~2.36

注:①间歇式拌和机用振动筛的筛网设置建议上、中、下面层混合料尽量共用一套筛;
②表面层AC-13采用四种筛网,分别为16mm、11mm、6/7mm、3.5/4mm;
③中、下面层AC-20采用五种筛网,分别为30mm、22mm、16mm、11mm、6/7mm、3.5/4mm。

沥青混合料用粗集料规格　　　表2

规格名称	公称粒径(mm)	通过下列筛孔(mm)的质量百分率(%)						
		31.5	26.5	19.0	16.0	13.2	9.5	4.75	2.36
HS2	19~26.5	100	90~100	0~15					
HS3	9.5~19			100			0~10		
HS4	9.5~13.2					100	0~10		
HS5	4.75~9.5						100	0~10	
HS6	2.36~4.75							100	0~10

沥青混合料用机制砂或者石屑的规格　　　表3

规格名称	公称粒径(mm)	通过下列筛孔(mm)的质量百分率(%)						
		4.75	2.36	1.18	0.6	0.3	0.15	0.075
HS1	0.075~2.36	100	85~100					0~10

注:①沥青路面各标段必须增加带有除尘装置的机制砂0.075~2.36mm生产线;
②若细集料含泥量超标,则必须采用水洗机制砂、水洗石屑或者在沥青混合料拌和过程中加大风门除尘。

为实现节能减排的目的,提高集料的利用率,减少沥青混合料拌和过程中热料仓溢料现象的发生,根据表4集料规格与分级的要求,碎石加工振动筛与筛网的尺寸规格宜按28mm、23mm、12mm或11mm、7mm、3.5mm组合配置。

根据六钦、钦崇等高速公路沥青路面施工经验,中下面层路面集料备料比例约为20%的19~31.5mm石灰岩粗集料,40%的石灰岩9.5~19mm粗集料,9%的4.75~9.5mm石灰岩粗集料;35%的石灰岩0~2.36mm细集料。碎石场生产所剩的4.75~9.5mm、2.36~4.75mm的集料部分用来生产机制砂外,部分考虑外销或作他用。表面层约按65%的耐磨粗集料和35%的0~2.36mm石灰岩机制砂细集料的比例备料。

沥青混合料拌和楼、集料堆料场的地形地貌要尽可能适合工艺流程的需要。除满足必需的场地面积要求外,平地建场时,场地应有4%~5%的天然坡度为宜,堆料场地及进出场道路要硬化,做到场内排水通畅无积水。各种规格集料标识清晰,并砌筑隔墙有效分隔。细集料需搭设防雨棚,防止雨淋和粉尘污染。

2 沥青原材料质量稳定性控制技术

2.1 原油品质控制

原油品质和炼制工艺是影响沥青性质的2个主要因素。高等级沥青路面用的沥青应选择溶—凝胶型结构类型的环烷基稠油的直馏沥青或半氧化沥青。对沥青材料品牌的选择,既要重视沥青的技术指标,但也不能唯指标论,还要对沥青品牌、供应商的信誉进行比选。SBS改性沥青生产质量控制的关键在于改性沥青加工设备的先进程度和沥青与SBS改性剂的配伍性。

2.2 沥青运输及存储过程控制

为加强对沥青原材料运输、储存及安全防护,沥青必须使用特制的车、船等运输工具运输,以保证沥青优良的使用性能。用火车、船等长途运输时基质沥青储罐的最高温度不得超过150℃。沥青必须储存在特制的储存罐内,其储罐必须装配导热装置并装配准确的温度传感器,以尽量减少沥青过热的危险。每个储罐必须标明所储存沥青的级别标号,变更沥青存储种类时,要确保将罐清除干净,及时更改标志。沥青的运输和储存应防止泄漏,以免对环境和人造成危害。产品要附有物理性能或化学成分合格证书、质保证书或验收试验报告。沥青到站时,每车必检,在抽检软化点指标合格后,方可卸车。同时测试薄膜烘箱后的沥青在60℃时的黏度值、残留针入度比、残留延度。

3 沥青混合料级配优化设计路用性能

3.1 沥青混合料级配优化设计

传统AC型沥青混合料为悬浮－密实型结构由于其中粗集料不能互相靠拢形成骨架,高温稳定性存在不足,易产生车辙。基于广西气候条件,通过工程实践验证,建议在广西采用骨架密实级配理论对沥青混合料级配进行优化设计。优化的宗旨是减少下面层沥青混合料AC－25C的离析,使AC－25C组成设计向"AC－20C"转化,同时为增强中面层沥青混合料AC－20C的抗车辙能力,把AC－20C组成设计向"AC－25C"适当靠拢。优化得出的中下面层沥青混合料配合比级配曲线由传统的"S"曲线变成了"弓形"曲线,其主要技术特点是最大公称粒径、0.075mm用量相对不多,3~5mm用量控制在6%左右或者断掉不用,中间档粗骨料用量相对较多,集料之间能形成均匀骨架稳定密实的结构,提高了中下面层的高温稳定性。为增强表面层沥青混合料AC－13C的抗滑能力和抗车辙能力,对表面层沥青混合料AC－13C进行了增粗化设计,在表面层施工中减少了3~5mm石灰岩细集料的用量,增加了4.75mm以上辉绿岩集料用量,不但增强了表面层的高温抗变形能力、路表粗糙度和抗滑能力,提高了行车安全性,而且,由于石灰岩总量比例下降,大粒径辉绿岩含量增多,使得路表面粗骨料增多,也减缓了通车运营后路面石灰岩集料经过车轮反复磨损"变白"的速度。

根据规范要求[5-6]及工程实践,建议整个配合比设计从规范要求的"3阶段"上升为"4阶段"设计:即需要经过目标配合比设计、生产配合比设计、生产配合比验证、施工标准配合比共4个流程。即目标配合比设计:根据冷料规格初步确定目标级配曲线、最佳沥青用量及冷料掺配比例;生产配合比设计:根据拌和楼热料规格,初步确定热料比例;生产配合比验证:拌和楼试生产确定各个生产参数,并进行试验路铺筑,视试验路铺筑情况,适当调整生产配合比;施工标准配合比确定:经过一段时间的生产施工,拌和楼热料仓生产料位稳定后,可以确定稳定的施工标准配合比,做到不溢4.75mm以上的粗集料,充分发挥沥青混合料拌和效率。若集料规格发生较大变化,经试验验证并获相关单位同意后方可调整。

3.2 骨架密实级配优化设计效果

经级配优化设计后,实体工程中沥青混合料高温性能有了较大提升,如表4~表6所示。

钦崇 D 标沥青混合料 AC-25C 的高温稳定性试验结果(60℃)　　表4

油石比(%)	变形量(mm)		DS(次/mm)	平均(次/mm)	S	Cv(%)
	45min	60min				
3.8	2.81	3.034	2814	3220	366	11.4
	2.062	2.252	3323			
	1.685	1.864	3523			
	技术要求		≥1000	—		≤20

钦崇 D 标沥青混合料 AC-20C 的高温稳定性试验结果(60℃)　　表5

油石比(%)	变形量(mm)		DS(次/mm)	平均(次/mm)	S	Cv(%)
	45min	60min				
4.1	1.530	1.613	7590	>6000	580.53	8.3
	1.485	1.583	6429			
	1.125	1.215	7000			
	技术要求		≥2800	—		≤20

玉铁 C 标(玄武岩)沥青混合料 AC-13C 的高温稳定性试验结果(60℃)　　表6

油石比(%)	变形量(mm)		DS(次/mm)	平均(次/mm)	S	Cv(%)
	45min	60min				
4.9	1.32	1.395	8400	>6000	1385.6	18.2
	1.335	1.44	6000			
	1.395	1.47	8400			
	技术要求		≥2800	—		≤20

针对广西地区高温时间长的特点,为验证优化设计的改性沥青混合料的高温性能,在规范要求的60℃基础上,在生产和施工过程中对改性沥青混合料的高温性能试验温度提高到70℃或75℃,正式生产(施工)配合比优化设计后的沥青混合料高温性能如表7和表8所示。

六钦 A 标中面层沥青混合料 AC-20C 的车辙试验结果(75℃)　　表7

油石比(%)	试验温度(℃)	变形量(mm)		DS(次/mm)	平均(次/mm)	S	Cv(%)
		45min	60min				
3.8	75	2.89	3.09	3015	3769	—	
	75	1.61	1.75	4522			
	规范中对75℃车辙试验无对应技术要求				—		≤20

六钦 A 标表面层沥青混合料 AC-13C 的车辙试验结果(75℃)　　表8

油石比(%)	试验温度(℃)	变形量(mm)		DS(次/mm)	平均(次/mm)
		45min	60min		
4.6	75	1.60	1.73	4846	
	75	1.29	1.39	6000	>3000
	75	1.28	1.36	8290	
	75	1.66	1.78	5250	
	75	1.52	1.78	3315	>3000
	规范中对75℃车辙试验无对应技术要求				—

在性能得到提升的基础上,与传统型级配相比,优化型配合比的施工成本也有所降低。

4　沥青路面规范稳定的机械化施工过程控制技术

规范稳定的机械化沥青路面施工过程控制包含混合料拌和生产、运输、摊铺、碾压等关键环节,各个环节环环相扣,紧密相连,任何一个环节出现问题,都会影响整个路面连续施工[7-8]。在沥青混合料拌和过程质量稳定可靠、高效的前提下,还要控制好运输、摊铺、碾压等关键工艺。其控制要点包括:

(1)拌和楼的称量精确度及稳定性控制,主要控制沥青计量准确度,除尘效果的稳定性。每工作日结束后应打印生产记录并签字确认。

(2)温度控制,视天气、风速、运距情况,分别向上下限倾向控制:下面层基质沥青混合料AC-25出料温度控制在158~163℃,中面层与表面层改性沥青混合料出料温度控制在175~185℃。

(3)运输过程控制,沥青混合料运输车必须采用大吨位的货车,采用植物油作为隔离剂,运输卸料全过程均须采用篷布全覆盖。运输通道要做到零污染、线路指示明确。工人指挥有序,运输车辆进出摊铺机过程要做到快捷、有效、安全。

(4)前场摊铺速度控制,下面层施工摊铺速度一般控制在2.0~2.5m/min,中面层摊铺速度控制在3.0~3.5m/min,表面层摊铺速度控制在4.0~4.5m/min,视拌和楼生产出料能力与运距作适时调整,尽量避免摊铺机停机,实现连续施工。

(5)碾压控制,关键做到钢轮及时紧跟摊铺机,作业区段控制在30~40m,通过及时碾压,封闭沥青混合料的空隙,减缓沥青混合料温度的下降。钢轮与胶轮力争在15min内完成初压和复压为最佳。中、下面层施工采用钢轮与胶轮同进同退工序,及时紧跟慢压,钢轮碾压3~4遍,胶轮碾压不少于3遍。表面层施工:推荐采用全钢轮的碾压组合,钢轮碾压5~6遍。

(6)压实度检测验证,施工成型的沥青路面,以计算最大理论密度控制压实度,除下面层局部离析部位,要控制在94%~96%范围内,沥青路面残留空隙率控制在4%~6%范围内。

5 结语

(1)优化设计的沥青混合料高温性能优良,适用于广西高温湿热地区。普通沥青混合料AC-25C动稳定度(60℃车辙试验)可达2 000次/mm以上,SBS改性沥青混合料AC-20C与SBS改性沥青混合料AC-13C动稳定度(75℃车辙试验)可达3 000次/mm以上,均远远超过技术规范要求。

(2)集料是影响沥青路面施工质量的最重要因素,有效地控制集料的认同特性和资源特性,有利于沥青混合料生产配合比及施工配合比的优化设计、生产稳定性、连续性及可靠性,有利于提高沥青路面施工质量和降低工程成本,具有重要的现实意义。规范标准的集料生产加工与分档备料控制技术,有利于料源组织,大大减少了(4~7mm)集料的溢料,可节约工程成本,提高经济效益。

(3)科学合理选择摊铺工艺、碾压工艺,减少沥青路面离析等质量不均匀性,提高了路面压实度,从而大幅提高沥青路面的施工质量稳定性,提高了施工效率,合理控制机械成本,实现"安全、优质、经济"的路面建设目标。

参考文献

[1] 沈金安.沥青与沥青混合料路用性能[M].北京:人民交通出版社,1993.
[2] 王端宜,张肖宁,王绍怀,等.级配对沥青混合料体积特性的影响[J].华南理工大学学报(自然科学版),2002,30(3):53-56.
[3] 王端宜,张肖宁,王绍怀,等.用虚拟试验方法评价沥青混合料的级配类型[J].华南理工大学学报(自然科学版),2003,31(2):48-51.
[4] 张登良.沥青路面工程手册[M].北京:人民交通出版社,2003.
[5] JTG F40—2004 公路沥青路面施工技术规范[S].北京:人民交通出版社,2004.
[6] JTG E—20—2011 公路工程沥青及沥青混合料试验规程[S].北京:人民交通出版社,2011.
[7] 马登成."十漫"高速公路沥青路面机械化施工过程质量控制[D].长安大学,2008.
[8] 刘洪海.高性能沥青混合料材料特性与施工技术研究[D].武汉理工大学,2008.

靖那高速公路路面同步碎石封层施工技术研究

张之发

(广西桂通工程咨询有限公司,广西 南宁 530021)

摘 要 以广西靖那高速公路建设为例,从同步碎石封层施工前准备、施工工艺流程、施工技术要点、同步碎石封层施工注意事项等方面,对同步碎石封层施工程序及施工技术进行阐述。研究表明,同步碎石封层能够增大胶结料与碎石之间黏结力,提高沥青面层与下承层之间的抗滑性能。在施工中采用单一粒径碎石最为理想,而集料的粒径、沥青的种类及用量等相关规范还需进一步明确。研究可供广西高速公路沥青路面工程实践提供参考。

关键词 道路工程;同步碎石封层;施工技术;单一粒径

0 引言

同步碎石封层,就是指用专用设备即同步碎石封层车及黏结材料(改性沥青或改性乳化沥青)同步铺洒在路面上,通过自然行车碾压或轮胎压路机碾压形成单层沥青碎石磨耗层。该技术源于法国,在欧美及澳大利亚应用广泛,我国在2002年引进,相比于普通碎石封层也称异步碎石封层,胶结料的洒布与碎石的撒布之间时间间隔小,使得胶结料与碎石之间黏结力提高,提高沥青面层与下承层之间的抗滑性能。

1 工程概况

靖那高速主线和匝道封层设计采用1cm沥青同步碎石封层,材料要求:

(1)沥青采用A级70号道路石油沥青,其质量应符合《公路沥青路面施工技术规范》JTGF 40—2004的要求,沥青用量为$1.5 \sim 1.8 kg/m^2$。

(2)集料采用粒径为9.5~13.2mm的满足规范要求的经除尘的碎石,压碎值不大于25%,坚固性不大于12%,针片状颗粒不大于10%,洛杉矶磨耗损失不大于28%,表观相对密度不于2.60,吸水率不大于2%,粉尘含量不大于1%、干燥、无风化、无杂质。其用量为$7 \sim 9 m^3/1\,000 m^2$。

2 同步碎石封层施工工艺

2.1 同步碎石封层施工前准备

(1)原材料的质量检验。沥青采用湖北国创高新材料股份有限公司A级70号石油沥青。

集料:采用靖西泗梨石场生产的9.5~13.2m单一级配碎石。经试验压碎值不大于20.3%,针片状7.7%,洛杉矶磨耗损失16.2%,表观相对密度不于$2.72g/m^3$,吸水率0.2%,粉尘含量0.2%,级配符合《公路沥青路面施工技术规范》(JTG F40—2004)中表1中S10规格要求,与沥青的黏附性等级经检测为4级。

(2)施工前,应对已喷洒透层的基层顶面进行检查,有破损地方应进行修补;若有其他污染或杂物应清洁干净,只能在干燥洁净的基层顶面进行同步沥青碎石封层的施工。

A 级道路用石油沥青技术要求　　　　　　　　　　　　　　　表1

试验项目		单位	技术要求	实测数据
针入度(25℃,100g,5s)		0.1mm	60~80	63
针入度指数 PI			-1.5~+1.0	-0.954
延度(5cm/min,10℃)		cm	≥15	45
延度(5cm/min,15℃)		cm	≥100	>100
软化点(R&B)		℃	≥46	49.5
闪点		℃	≥260	313
动力黏度(60℃)		Pa·s	≥180	212
含蜡量(蒸馏法)		%	≤2.2	1.6
溶解度(三氯乙烯)		%	≥99.5	99.74
密度(15℃)		g/cm	实测记录	1.039
薄膜烘箱试验 163℃×5h	质量变化	%	≤±0.8	-0.18
	残留针入度比	%	≥61	71
	残留延度(10℃)	cm	≥6	8
	残留延度(15℃)	cm	≥15	26

2.2 同步碎石封层施工程序及方法

2.2.1 施工工艺流程

在透层油完全渗透、表面干燥并经过清理干净后,用同步封层车同时撒布沥青和碎石,并用胶轮压路机碾压。作业流程如图1所示。

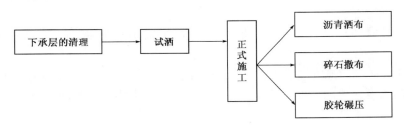

图1 施工工艺流程图

2.2.2 施工技术要点

(1)施工前必须做好施工现场封闭维护,在警告区设置临时禁令标志、警告标志、指示标志;从上游过渡区开始位置用反光锥筒进行施工作业区封闭包括上游过渡区、缓冲区、作业区、下游过渡区与终止区。

(2)施工气温不得低于10℃,大风、浓雾或雨天不得施工。

(3)施工时,为保证雾状喷洒而形成均匀等厚度的沥青膜,必须保证同步沥青碎石封层洒布温度在160℃以上。

(4)必须严格控制碎石粉尘及针片状含量在设计要求范围内。

(5)洒布时,应先在空地试洒试验,建立沥青用量与同步碎石封层车的车速及洒布量的对应关系。通过试洒确定后且在施工过程中不得随意更改。同步沥青碎石封层车应以适宜的速度匀速行驶,在此前提下石料和沥青两者的撒布率必须匹配,并通过调喷嘴高度使得沥青膜厚度适宜和均匀。同步沥青碎石封层车的行驶速度应控制在5~8km/h左右,沥青洒布量的参数设定应使洒布量控制在设定值,误差控制在4%~5%以内,碎石撒布量应根据现场试验检测,通过控制车速确定,施工过程如图2、图3所示。

图2 现场试洒试验

图3 同步碎石封层车电脑控制屏

(6)沥青和碎石洒布后,应立即进行人工修补或补撒,修补的重点是起点、终点、纵向接缝、过厚、过薄或不平处。应派专人手拿竹扫帚紧跟同步碎石封层车后边,及时把弹出摊铺宽度。

(7)洒布量的检查:同步碎石封层车空车重量记作 M_1;同步碎石封层车装沥青(未装碎石前)过磅称重,空车+沥青重量记作 M_2;装完碎石过磅称空车+沥青+碎石重量记作 M_3;洒布时碎石一般洒完,再称重一次空车+剩余沥青重量记作 M_4;根据现场长度和洒布宽度计算出面积 S。计算碎石洒布量 = $(M_3 - M_2)/S$;沥青洒布量 = $(M_2 - M_4)/S$。

2.3 同步碎石封层施工注意事项

(1)同步碎石封层行车速度控制不好,容易造成碎石重叠,导致沥青下面层施工中沥青混合料难渗入,形成空洞。

(2)在同步碎石封层的起始点和终点铺设油毛毡,实现无缝对接,易在接缝处出现洒布重叠的情况。

(3)同步碎石封层车洒布热沥青易出现堵管,沥青温度必须达到160℃要求才能有效保证沥青层的均匀度,且洒油管的高度应使同一地点接受2个或3个喷油嘴喷洒的高度,同步碎石封层车的洒布高度如图4所示。

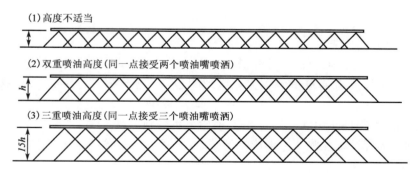
图4 同步碎石封层车的洒布高度

(4)很多同步碎石封层车电脑控制系统存在显示存在问题,必须进行试洒及标定后才能正式施工。

(5)在行车作用下,容易产生集料松散、脱落,产生扬尘;同时,集料脱落也可能引起推移、波浪、泛油等其他问题。

(6)洒布中易不到边,与路缘石及其他构筑物应密贴接顺。

(7)施工单位出于节约成本的考虑,洒布后往往不用胶轮压路机碾压,需加强控制,施工过程易出现的问题如图5~图8所示。

图5 洒布量不均匀,封层脱皮

图6 封层集料粉尘含量超标

图7 漏洒现象

图8 封层集料重叠

3 结语

同步碎石封层设计厚度虽然只有毫不起眼的1cm,但是在避免路面水损害起重要作用。碎石采用单一级配碎石最为理想。优点主要表现在:

(1)车轮和路面之间的摩擦系数达到最大。

(2)沥青的用量容易确定,泛油机率小。

(3)碎石之间表面有顺畅的通道,能够快速排走积水。本项目设计沥青用量$1.5\sim1.8kg/m^2$易泛油,施工中以$0.9\sim1.2kg/m^2$为宜;目前全国应用同步碎石封层车施工已较普遍,但对集料的粒径、沥青的种类及用量相关规范应明晰。

参考文献

[1] 薛跃武,贾广平.同步碎石封层施工技术应用[J].筑路机械与施工机械化,2012,29(3):57-59.

[2] 张卫华.沥青路面同步碎石封层施工的几个要点[J].中小企业管理与科技,2011,(22):174-175.

[3] 乔钧.橡胶沥青同步碎石封层施工方案探讨[J].山西建筑,2013,39(6):118-120.

[4] 孙志林.浅谈改性乳化沥青同步碎石封层施工[J].价值工程,2013,(34):93-94.

[5] 陈春明.SBS改性沥青同步碎石封层施工体会[J].建设机械技术与管理,2010,23(7):100-102.

[6] 蓝青.同步碎石封层施工技术分析[J].交通世界(建养机械),2011,(1):98-99.

[7] 李爱国,吕新成,杨帆等.SBS改性沥青同步碎石封层施工工艺及质量控制[J].公路,2009,(6):53-55.
[8] 何耀辉.同步碎石封层施工质量控制及检测[J].筑路机械与施工机械化,2011,28(7):72-73,76.
[9] 孙行营.改性乳化沥青同步碎石封层技术在沥青混凝土路面预防性养护中的应用[J].公路,2013,(10):219-223.

桥梁结构耐久性影响因素分析与施工控制措施

张 翼 潘伟宏

(广西红都高速公路有限公司,广西 南宁 530001)

摘 要 钢筋劣化、预应力钢筋劣化和混凝土劣化是影响桥梁耐久性的3个最主要因素。研究过程中,综合现有研究文献和靖那高速公路自身特点,重点分析了钢筋锈蚀、预应力钢筋锈蚀和混凝土裂缝对桥梁耐久性的影响,并分析了产生这些工程病害的原因及对桥梁耐久性的影响机理;结合国家规范、项目部技术管理文件和工程施工经验,提出了适用于实体工程的解决方案。

关键词 桥梁工程;预应力混凝土;钢筋锈蚀;预应力钢筋锈蚀;混凝土裂缝

0 引言

目前公路桥梁结构耐久性和使用寿命越来越引起社会的重视,若在现场施工管理中不重视对桥梁耐久性施工控制,在桥梁建成后随着使用年限的增长,交通量和车辆载重不断增加,钢筋混凝土桥梁的使用寿命将会受到影响,维修、维护费用也将大幅增加。故在施工现场管理中采取相应的管理措施以提高钢筋混凝土桥梁结构的耐久性,具有十分重要的意义。

预应力钢筋混凝土桥梁结构由预应力钢筋、普通钢筋和混凝土等几种主要材料构成,目前国内外很多学者研究认为影响桥梁结构耐久性的因素很多:包括设计方法、施工质量、构造措施、材料性能、周边环境等。钢筋的锈蚀和混凝土裂缝的扩展以及结构疲劳效应,是影响结构耐久性的关键因素。相关资料分析表明,预应力钢筋混凝土桥梁的耐久性不足主要是由反复荷载作用下的预应力钢筋或普通钢筋的锈蚀及混凝土裂缝引起的。本文从普通钢筋、预应力钢筋和混凝土的劣化这3个方面,对预应力桥梁的耐久性能进行分析。

1 钢筋劣化对桥梁结构耐久性的影响

1.1 钢筋锈蚀对桥梁结构物的影响

钢筋的劣化主要是指钢筋的锈蚀。钢筋锈蚀是造成钢筋混凝土桥梁耐久性损伤的最主要因素,也是预应力混凝土桥梁耐久性破坏的主要形式之一。钢筋锈蚀的直接结果是钢筋的横截面积减少,导致钢筋内部应力增加;不均匀锈蚀导致钢筋表面凹凸不平,产生应力集中现象,使钢筋的力学性能退化,如强度降低、脆性增大、延性变差。同时表面的锈斑使得钢筋与混凝土的粘结强度下降,造成钢筋与混凝土剥离,这不仅仅会使得构造物承载能力下降,而且会进一步加剧钢筋的锈蚀。造成桥梁中钢筋锈蚀的因素主要有以下几个方面:

(1)混凝土的保护层厚度及完好程度。
(2)混凝土的密实度。
(3)混凝土的碳化程度。
(4)所处环境条件。
(5)氯离子的影响。

1.2 现场施工中防止钢筋锈蚀的方法

在实际施工中,混凝土保护层厚度控制与钢筋存放环境条件是防止钢筋锈蚀的主要控制方法。在靖西至那坡高速公路桥梁工程质量管理中,主要采取了以下措施来防止或延缓钢筋锈蚀的发生:

（1）加强混凝土保护层的控制与检查。指挥部制定了《靖西至那坡高速公路桥梁标准化施工》方案，明确规定桥梁保护层垫块数量不得少于4块/m^2，并且必须为砂浆垫块，不得采用塑料、石子等材料制作。垫块必须绑扎牢固，经监理验收合格后才可安装模板。因此，混凝土保护层控制处于较好水平，在质监站、高投公司等多次检查中桥梁保护层工后控制合格率一直在90%以上，有效保证了桥梁结构的耐久性。

（2）环境对钢筋锈蚀的影响。主要包括以下几个方面：湿度、温度、二氧化碳（CO_2）浓度、氧气（O_2）浓度以及其他侵蚀性介质浓度，其中影响最大的是湿度。在实际现场管理中，《靖西至那坡高速公路场站建设标准化》中明确规定了钢筋加工厂及现场钢筋存放、加工标准，若是结构外露的钢筋必须采取涂抹水泥浆的措施进行防锈处理，生锈的钢筋使用前必须经除锈处理，除锈后仍不达标的直接废弃处理，从而最大限度地避免了钢筋在存放与使用过程中发生锈蚀的情况。

2 预应力钢筋劣化对桥梁耐久性的影响

2.1 预应力钢筋锈蚀对桥梁耐久性影响

预应力钢筋的锈蚀会造成预应力损失，预应力钢筋的受力状态将发生改变。预应力混凝土桥梁在长期的服役使用过程中由于混凝土的徐变、钢筋应力松弛等原因预应力会逐渐下降，甚至可能会比设计时的应力减小许多。预应力的下降会使预应力混凝土桥梁逐渐转变为普通钢筋混凝土桥梁，在外部荷载的作用下桥梁的裂缝会迅速发展，数量和宽度都会随之增长。裂缝的出现会使空气中的有害气体或物质容易渗入混凝土内，致使预应力钢筋钝化膜较早破坏，进一步加剧预应力钢筋的锈蚀，加速桥梁损坏。

2.2 现场施工中防止预应力钢筋劣化的方法

（1）避免预应力钢筋锈蚀的方法

在施工过程中必须严格注意对预应力钢筋的保护。与对普通钢筋保护相似，预应力钢筋在存放、加工等方面都必须严格遵守项目规定，认真操作，尤其在预应力钢筋穿束还未张拉阶段，要求承包人必须加套波纹管或塑料布等方式进行严格保护以防止锈蚀。在大梁顶部负弯矩区，要求承包人必须对槽内开孔以便迅速排出积水，避免负弯矩区的预应力钢筋和锚具产生锈蚀。

（2）减少预应力损失的方法

根据引起预应力损失因素的分析结果表明，在施工中对预应力钢筋的张拉与压浆控制是减少预应力损失的关键，必须加强工序过程的管理和控制，确保张拉与压浆操作满足相关规范要求。在张拉与压浆操作中除满足相关规范要求外，还加强过程控制，对张拉与压浆全程予以视频监控。同时加强对张拉压浆工序衔接的控制，尽量压缩预应力钢筋安装后至压浆时的间隔时间，一般不应超过15h，张拉锚固完毕并经检验确认合格后，方可切割端头多余的预应力钢筋，切割应采用砂轮锯，严禁采用电弧进行切割，同时不得损伤锚具，切割后预应力钢筋的外露长度不应小于30mm，且不应小于1.5倍预应力筋直径。严格执行新版的《公路桥梁施工技术规范》（JTG/T F50—2011）中对压浆材料的使用，采用专用压浆料或专用压浆剂配制的浆液进行压浆，提高压浆材料的浆液性能；采用新型高转速制浆设备和真空辅助压浆技术工艺，搅拌机的转速不低于1000r/min，真空泵应能达到0.10MPa的负压力，确保压浆的密实和强度，有效减少预应力的损失，提高桥梁结构的耐久性。

3 混凝土的劣化对桥梁结构耐久性的影响

混凝土的劣化对桥梁结构的耐久性也有极大的影响，劣化因素主要有：
（1）混凝土碳化。
（2）混凝土的冻融破坏。
（3）混凝土裂缝。

混凝土的碳化与冻融破坏是由外界环境长期作用所导致,影响因素也较为复杂。本文主要探讨混凝土裂缝对桥梁结构耐久性的影响及相关技术管理措施。

3.1 混凝土裂缝对桥梁结构耐久性的影响

预应力混凝土结构中裂缝现象很普遍。尽管多数裂缝宽度在0.2mm以下,不会影响结构安全及其使用功能,但混凝土裂缝增大了混凝土的渗透性,使外界的有害气体和有害物质容易渗入混凝土,致使钢筋钝化膜较早破坏,钢筋容易产生锈蚀。裂缝越宽,混凝土中的钢筋锈蚀发生越早,锈蚀越严重。裂缝的间距和开裂程度对结构的抗力会产生不利影响,影响结构的使用寿命,因此混凝土裂缝对预应力结构耐久性影响很大。不管何种原因产生的裂缝,都应引起工程建设人员的重视,把裂缝作为主要病害之一进行综合防治,减少和避免裂缝现象的出现。

3.2 现场施工中控制混凝土裂缝的措施

对于桥梁结构尤其是桥梁上部大梁预制,采取了严格的质量控制措施与手段,以减少或延缓出现混凝土裂缝。

(1)严格的钢筋间距控制。钢筋间距对于混凝土裂缝控制有重要关系,若大梁钢筋间距不均匀,则混凝土在收缩徐变中会产生不均匀内部应力,造成结构表面容易产生细微裂缝。在施工中为了控制好钢筋骨架的间距,加工钢筋时使用数控设备,保证钢筋加工的尺寸精度,同时要求承包人必须制作钢筋间距定位架,严格按照定位架进行钢筋骨架的绑扎,同时现场质检人员及监理必须认真对钢筋骨架间距进行认真检查和验收,确保钢筋间距合格率控制在90%以上。

(2)严格实行模板准入制。模板对于混凝土的外观质量的好坏有直接的影响,《靖西至那坡高速公路桥梁标准化施工》对于模板进行了专门的规定与要求,大梁混凝土必须采用定型钢模板,厚度不得小于1cm,模板第一次使用前必须经过试拼装,在指挥部、监理现场验收合格后方可用于实体工程。

(3)混凝土集中拌和供应。混凝土本身的质量对于混凝土结构的耐久性有着重要的影响,必须从源头上加强控制,严格实行混凝土集中拌制,统一运输配置,以便对混凝土质量进行严格监控。在开工前,应按照"工厂化、集约化、专业化、规范化"的要求进行拌和站建设,原则上按10~15km路段设置一座大型拌和站,并制订建设方案,内容包括位置、占地面积、服务内容、功能区划分、场内道路布置、排水设施布置、水电设施及施工设备的型号、数量等。混凝土拌和采用50m^3/h以上强制式拌和机,输送带要设封闭装置,料仓设置防尘防雨棚,料仓之间隔板高度不小于50cm,散装水泥储存能力≥400t。

(4)混凝土浇筑环节质量控制措施。在混凝土浇筑过程中,要严格按照工艺标准进行浇筑,加强混凝土浇筑施工管理和质量监控,采取措施,控制混凝土有害裂缝的产生,提高混凝土结构的耐久性。具体措施主要有:一是推广高性能混凝土的使用,提高混凝土抗渗防水能力,严格控制混凝土原材料的使用,选择含碱量低的水泥,不使用碱活性的集料,防止混凝土碱集料反应引起的混凝土开裂;严格控制含氧化镁或硫酸盐等膨胀集料或生石灰碎块混入集料中,防止集料膨胀反应,引起的混凝土裂缝的产生;二是完善混凝土养护措施,防止温度应力引起混凝土表面和内部产生裂缝,混凝土在浇筑完成后进行应及时覆盖洒水养生,加强洒水频率的控制。墩柱可采用滴灌设备、预制梁采用自动喷淋养护系统,确保混凝土表面湿润养护,且养护期不应少于7天;对于大体积混凝土,应进行水化热验算分析,采取有效降温措施,如选用低水化热水泥、优化配合比设计、降低水泥用量、布设降温管等;三是加强混凝土摊铺、振捣过程的控制,杜绝离析、漏振和缺振的发生,以确保混凝土的密实性与均匀性。

4 结语

论文在参考相关研究文献的基础上,结合靖那高速公路的特点,对影响预应力混凝土桥梁耐久性的两个主要因素:钢筋及混凝土劣化和预防措施进行了探讨,并提出了现场施工中控制混凝土裂缝的措施,具有实际工程价值。要延长桥梁的使用寿命,还需从设计、施工、混凝土特性、使用环境和维修养护各个方面对其耐久性加以关注,对有利于加强混凝土桥梁耐久性的规范与要求,要切实理解与执行,以确保创造出优良工程。

参考文献

[1] 刘世同,姜竹生.预应力混凝土桥梁的耐久性探讨[J].公路,2004,5:78-80.

[2] 丁晓东.预应力混凝土结构耐久性的影响因素和对策[J].山西建筑,2007,33(35):183-184.

[3] 刘椿,朱尔玉,朱晓伟.预应力混凝土桥梁的发展状况及其耐久性研究进展[J].铁道建筑,2005,11:1-2.

[4] 张德峰,吕志涛.现代预应力混凝土结构耐久性的研究现状及其特点[J].工业建筑,2000,30(11):1-4.

[5] 陈勇,房贞政.预应力混凝土结构耐久性研究现状[J].福建建筑,2010,8:44-46.

[6] 张晓宇,傅玉罗.预应力施工对桥梁结构耐久性的影响分和对策[J].公路交通科技,2013,1:51-55.

大跨度连续刚构桥施工质量控制研究

童建勇　蒋进波

(中国中铁一局集团有限公司,陕西　西安　710054)

摘　要　针对广西靖西至那坡高速公路百大特大桥施工质量控制特点,阐述了大跨度连续刚构桥施工质量控制要点,百大特大桥是主跨150m,主墩高度达91m的连续刚构桥,其悬臂施工节段多、时间长,影响因素多,拥有边跨现浇段较长,墩高较高,地形复杂,地基处理困难等特点,研究过程中主要探讨在大跨度连续刚构桥施工过程中如何保证施工安全、质量、进度。

关键词　桥梁工程;大跨度连续钢构桥;百大特大桥;施工质量控制;控制措施

1　工程概况

百大特大桥是靖西至那坡高速公路的一座重点特大桥,主桥范围左右分幅设计,主桥平面位于"S"线上,桥上纵坡为3.5%,横坡为单向2%。

主桥共两联,第一联为(85+3×150+85)m连续刚构桥,第二联为(85+150+85)m连续刚构桥。单幅桥面宽度12.75m。主桥箱梁采用单箱单室结构,C50混凝土,三向预应力体系,箱梁顶板宽12.75m,底板宽7m,桥墩处梁高8m,跨中梁高3m。6#、7#、8#、9#、15#、16#主墩采用薄壁空心墩,C40混凝土,其中6#、9#墩墩顶设置支座,7#、8#、15#、16#墩采用墩梁刚性连接。5#、10#、14#墩为边墩,靠近主桥侧,5#墩现浇段距地面高度38m,10#墩现浇段距地面高度为38.5m,14#墩现浇段距地面高度为45m,均处于陡峭的山体上,施工相当困难。

2　连续钢构桥施工方案

百大特大桥连续刚构施工分0#~1#块托架施工、2#~18#块挂篮悬臂施工、边跨现浇无平衡托架施工、合拢吊架施工4个阶段。

2.1　0#~1#块托架施工方法及结构计算

箱梁0#~1#段梁长12m,截面梁高8m,顶板厚度0.3m,腹板厚度0.4~0.65m,底板厚度0.3~0.9m,梁段体积302.2(333.7)m³,梁段重量785.72(867.62)t。0#~1#段施工采用在墩顶侧面设托架,以托架为依托安装纵梁、模板等,混凝土浇筑分两次完成。除墩顶部分混凝土外,其他部分的混凝土及模板重量由12个临时托架承受,托架采用预埋钢板和预留PVC管孔的方式,把托架和预埋钢板焊接在一起,然后采用φ32的精扎螺纹钢对拉紧固,托架上铺设横梁及木楔块,再在其上铺设底模桁架,桁架上铺设箱梁底模,然后安装侧模,堆载预压(按荷载120%预压),绑扎底板、隔墙、腹板钢筋,安装内侧模,浇筑第一次箱梁混凝土(底板以上4.8m),养生,然后安装顶板模板,绑扎顶板钢筋,浇筑第二次箱梁混凝土,养生,然后进行后续施工,0#~1#块托架施工设计如图1所示。

结构计算采用MIDAS CIVIL 2010有限元软件,整体0#块支架系统计算包括两大部分:底模板计算,分配梁及牛腿托架计算,在此只分析分配梁及牛腿托架。

(1)分配梁及牛腿托架计算

①受力计算模型:分配梁及牛腿托架均采用梁单元,为进行面荷载传递,设置虚拟板单元,板单元容重设为0,弹性模量设为$1.0×10^{-4}$MPa;分配梁与板单元共用节点,横向分配梁与底模桁架之间约束采用"弹性连接——仅受压",其余分配梁与分配梁、分配梁与托架之间约束均采用"弹性连接——刚性",

托架与薄壁墩约束采用"一般支承"。面荷载直接施加在虚拟板单元上,荷载单位为 kN/m²;集中荷载施加在侧模纵梁上,荷载单位为 kN。模型共计节点 764 个,单元 1526 个(其中梁单元 1386 个,板单元 140 个),计算模型如图 2~图 6 所示。

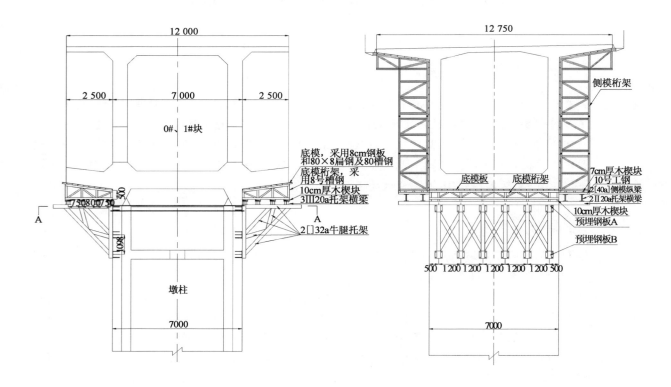

图 1　0#~1#块托架施工设计图(尺寸单位:mm)

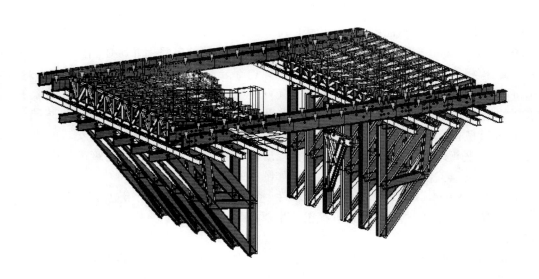

图 2　分配梁及牛腿托架计算模型立体图(荷载组合Ⅰ)

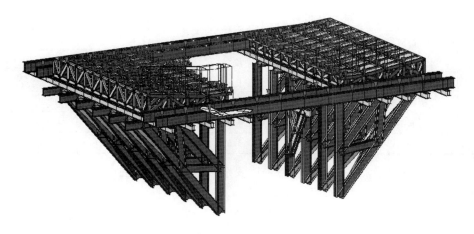

图3 分配梁及牛腿托架计算模型立体图(荷载组合Ⅱ)

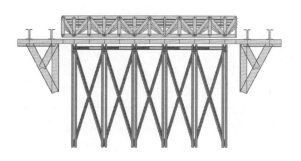

图4 分配梁及牛腿托架计算模型立面图

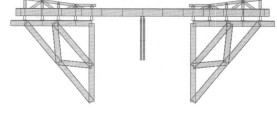

图5 分配梁及牛腿托架计算模型侧面图

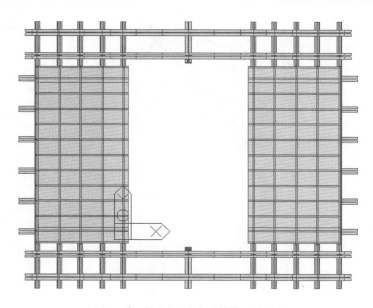

图6 分配梁及牛腿托架计算模型平面图

②计算结果及结果分析:计算结果中,位移单位:mm,负为向下,正为向上;应力单位:N/mm²,拉为正,压为负。

(2)强度计算。各构件强度计算结果如表1所示。

各构件强度计算结果汇总表　　　　　　　　　　　　　　　　表1

系统	构件名称	梁单元组合应力 $\sigma_{组}$		梁单元剪应力 τ		备注
		最大值(MPa)	安全系数 K	最大值(MPa)	安全系数 K	
分配梁	工字钢横梁	180.8	1.04	37.4	2.95	$K>1$
	侧模纵梁	103	1.83	20	5.53	$K>1$
	底模桁架梁	133.9	1.41	57	1.94	$K>1$
三角牛腿	横桥向牛腿	174	1.08	64.3	1.72	$K>1$
	顺桥向牛腿	44.7	4.22	27.6	4.00	$K>1$
	连接件	51.3	3.67	0.9	122.80	$K>1$

由表1数据可知,分配梁及牛腿托架构件强度安全系数均大于1,强度满足要求。

(3)刚度计算。各构件变形计算结果如表2所示。

各构件变形结果汇总表　　　　　　　　　　　　　　　　表2

系统	构件名称	变形(mm)	跨度或长度(mm)	实际挠跨比	容许挠跨比	备注
分配梁	工字钢横梁	5	2 250	1/450	1/400	满足
	侧模纵梁	2	2 700	1/1 350	1/400	满足
	底模桁架梁	2	850	1/425	1/400	满足
三角牛腿	横桥向牛腿	1	1 822	1/1 822	1/400	满足
	顺桥向牛腿	0.4	1 500	1/3 750	1/400	满足
	连接件	1.4	1 920	1/1 371	1/400	满足

由表2数据可知,分配梁及牛腿托架构件刚度均满足要求。

(4)其他计算。三角牛腿上、中、下锚固点支反力计算,通过 midas civil 2010 建模计算可知,横向外侧牛腿支架受力最不利,最大支反力和反力矩计算如图7和图8所示。

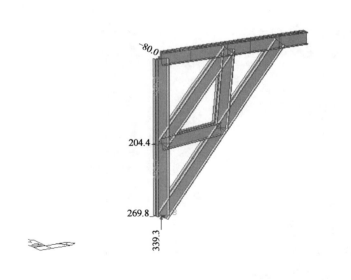

图7　反力计算图

三角牛腿上锚固点受力最不利状况:
$$N=210\text{kN}(拉), V=424.3\text{kN}, M=81.2\text{kN}\cdot\text{m}$$

三角牛腿中锚固点受力最不利状况为:

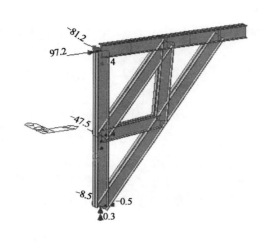

图8 反力矩计算图

$$N = -204.4\text{kN}(压), V = 343.7\text{kN}, M = 47.5\text{kN}\cdot\text{m}$$

三角牛腿下锚固点受力最不利状况为：

$$N = -269.8\text{kN}(压), V = 339.3\text{kN}, M = 8.5\text{kN}\cdot\text{m}$$

(5)精轧螺纹钢承载力计算。以横向外侧三角牛腿最不利情况考虑,三角牛腿上锚固点通过张拉4根 $\phi32$ 精轧螺纹钢进行固定,单根精轧螺纹钢轴应力大小 $\sigma = N/A = 210 \times 10^3/(4\times\pi/4\times32^2) = 65.3\text{MPa} < R_y = 750\text{MPa}$,满足要求。

(6)三角牛腿2[32a]竖向槽钢与钢板连接焊缝计算。焊缝宽度 $h_f = 10\text{mm}$,焊缝计算如图9所示。

图9 焊缝计算示意图

焊缝截面形心计算,焊缝形心距截面下缘距离计算如下所示。

$$a = 400 - \frac{(7\times88\times3.5 + 393\times7\times203.5\times2)}{(7\times88 + 393\times7\times2)}$$
$$= 217\text{mm}$$

焊缝截面抗弯截面模量 W_w 计算如下所示。

$$I = 2\times(1/12\times88\times7^3 + 88\times7\times179.5^2 + 2\times1/12\times7\times392^2 + 2\times7\times393\times20.5^2) = 1.86\times10^8\text{mm}^4$$

$$W_w = 1.86\times10^8/(400 - 217) = 1.02\times10^6\text{mm}^3$$

上锚固点计算如下所示。

$$N = 210\text{kN}(拉), V = 424.3\text{kN}, M = 81.2\text{kN}\cdot\text{m}$$

在弯矩 M 作用下,垂直于焊缝长度方向产生的应力 $\sigma_{fx}M$ 计算如下所示。

$$\sigma_{fx}M = M/W_w = 81.2\times10^6/(1.02\times10^6) = 79.6\text{MPa}$$

在剪力 V 作用下,平行于焊缝长度方向产生的应力 $\tau_f V$ 计算如下所示。

$$\tau_f V = V/(2h_elw) = 424.3\times10^3/(4\times0.7\times10\times400) = 37.9\text{MPa}$$

在轴力 N 作用下,垂直于焊缝长度方向产生的应力 $\sigma_{fx}N$ 计算如下所示。

$$\sigma_{fx}N = N/(2h_elw) = 210\times10^3/(4\times0.7\times10\times444) = 16.9\text{MPa}$$

组合应力计算如下所示。

$$[(\sigma_{fx}M + \sigma_{fx}N)/\beta_f]\times2 + (\tau_f V)\times2]\times1/2 = [(79.6 + 16.9)/1.22\times2 + (37.9)\times2]\times1/2 = 87.7\text{MPa} \leq f_f^W = 160\text{MPa}(满足要求)$$

(7)中、下锚固点计算。中、下锚固点受力小于上锚固点,不予计算。

三角牛腿钢板位置混凝土(C40)局部压应力 σ_a 计算,按精轧螺纹钢单根预张拉30t考虑,则:

上锚固点:
$$\sigma_a = (4 \times 300 - 210) \times 10^3/(400 \times 400) = 6.2 \mathrm{MPa} < 19.1 \mathrm{MPa}(满足要求)$$

中锚固点:
$$\sigma_a = (204.2 \times 10^3)/(400 \times 400) = 1.3 \mathrm{MPa} < 19.1 \mathrm{MPa}(满足要求)$$

下锚固点:
$$\sigma_a = (269.8 \times 10^3)/(400 \times 400) = 1.7 \mathrm{MPa} < 19.1 \mathrm{MPa}(满足要求)$$

2.2 2#~18#块挂篮悬臂施工方法

采用在0#~1#号块上安装挂篮,挂篮安装完成后进行预压,预压重量按照最大节段混凝土重量的1.2倍,预压完成后及时总结挂篮杆件的弹性变形及非弹性变形,结合理论数据指导各阶段挂篮调模标高,本桥施工时采用了三角挂篮和菱形挂篮两种形式。其结构形式如图10和图11所示。

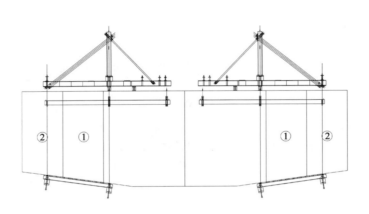

图10 三角挂篮设计图

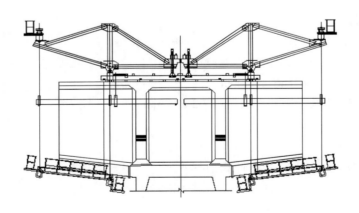
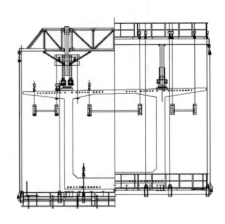

图11 菱形挂篮设计图

2.3 边跨现浇施工方法

边跨现浇段位于5#、10#、14#、17#墩位,除17#墩位处边跨现浇箱梁处于近地面位置外,其余均处于高墩上,离地面高度较高。难以采用传统的满堂支架施工法。项目部经过现场实际勘察,和设计院充分沟通决定在5#、10#、14#高墩处的边跨现浇采取在薄壁墩上安装三角临时托架,上设承重梁,托架方案与0#块托架相似。承重梁安装完成后,在其上安装模板、钢筋,采取一次性浇筑完成混凝土,具体如图12所示。

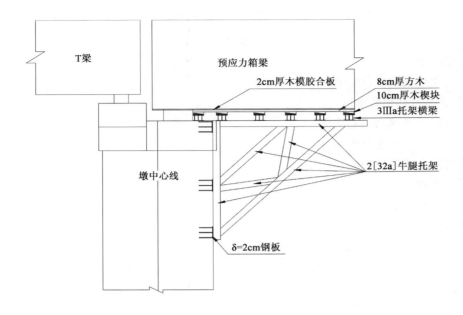

图 12　托架设计图

(1) 施工荷载计算

①边跨现浇段混凝土方量计算数据图 13～图 16 所示。

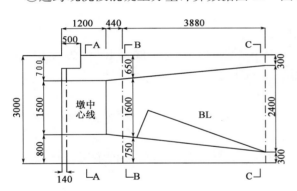

图 13　立面图(尺寸单位:mm)

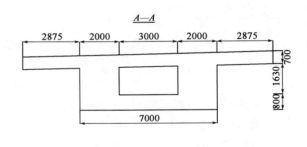

图 14　断面图 1　$S = 20.53\text{m}^2$(尺寸单位:mm)

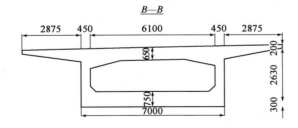

图 15　断面图 2　$S = 14.3\text{m}^2$(尺寸单位:mm)

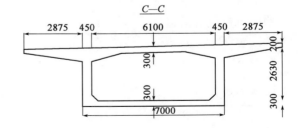

图 16　断面图 3　$S = 9.41\text{m}^2$(尺寸单位:mm)

墩顶 1.64m 范围内混凝土重量计算如下所示。

$$(20.53 \times 1.16 - 0.36 \times 0.3 \times 12.75) + \left(\frac{20.53 + 14.3}{2}\right) \times 0.44 = 30.1\text{m}^3$$

$$30.1 \times 26 = 783\text{kN}$$

剩下悬挑 3.86m 范围内混凝土重量(外加 2 个齿板)计算如下所示。

$$\left(\frac{14.3+9.41}{2}\right) \times 3.86 + 1.84 \times 2 = 49.44 \text{m}^3$$

$$49.44 \times 26 = 1285 \text{kN}$$

②模板及临时支架重量

侧模板采用大块钢模板:13.05kN/m

托架采用32a槽钢:106kN

横梁采用20a工字钢:28kN

底模及内模采用竹胶板忽略不计。

③人群及机具荷载取2.5kPa

④施工振捣力取2.0kPa

⑤风荷载取0.8kPa。

(2) 托架检算

托架主要承受悬挑梁段的混凝土重量:49.44m³

而6#、9#墩3.5m长2#号梁段混凝土为64.7m³>49.44m³,在此不予计算,可以参考百大特大桥0#托架计算书。

(3) 抗倾覆检算

①边跨现浇对分隔墩总体倾覆力矩(对于墩身形心对称轴)计算图如图17所示。

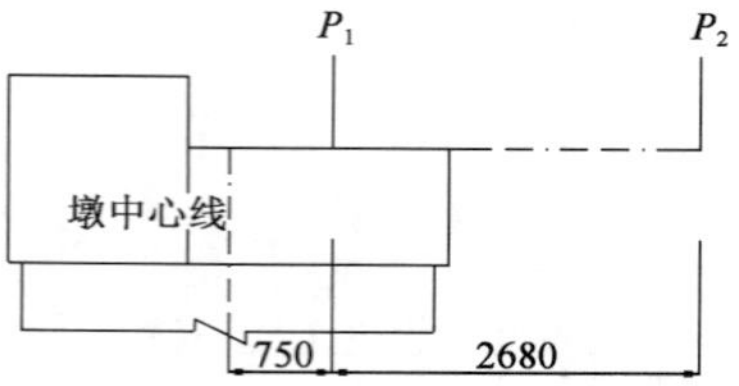

图17 分隔墩总体倾覆力矩计算图

作用在墩顶的力计算如下所示。

$$P_1 = 783 + (2.5+2) \times 12.75 \times 1.74 + 0.8 \times 3 \times 1.74 = 814 \text{kN}$$

作用在支架上的力计算如下所示。

$$P_2 = 1285 + (2.5+2) \times 13.05 \times 3.86 + 106 + 28 + 0.8 \times 3 \times 3.86 = 1655 \text{kN}$$

总力矩计算如下所示。

$$M = 0.75 \times 814 + (0.75 + 2.68) \times 1655 = 6287.2 \text{kN}$$

②40mT梁架设对分隔墩的倾覆力矩。

因为我标段有小于该截面的墩(11#),在设计时考虑利用架桥机架设40mT梁的情况,对此进行分析,作用在分隔墩顶的梁的重力计算如下所示。

$$P_4 = \frac{1430 \times 6}{2} = 4290 \text{kN}$$

对墩最不利荷载状况为架桥桥机已过孔并架设下一孔第一片梁对后面的墩的倾覆力矩最不利。

架桥机自重及梁重计算如下所示。

$$\frac{1600 + 1430}{2} = 1515 \text{kN}$$

倾覆力矩为

$$(4290 + 1515) \times 1.1 = 6385.5 \text{kN} \cdot \text{m}$$

边跨现浇与40mT梁架设对墩的倾覆力矩基本相当,因此无需在施工中采取措施。

2.4 合拢段施工

左右幅共设16个合拢段,4个中跨合拢段,4个次边跨合拢段,8个边跨合拢段。合拢顺序为中跨→次边跨→边跨,所有合拢段均采用吊架施工。合拢段箱梁截面与现浇段相同,每个合拢段长2.0m。合拢温度符合设计20℃±2℃要求。合拢段两端悬臂标高允许偏差2cm,轴线允许偏差1cm。箱梁体系转换,是控制全桥受力状态和线形的关键工序,箱梁合拢顺序、合拢温度和合拢工艺必须严格控制。

平衡设计:合拢段施工时,每个T构悬臂加载尽量做到对称平衡。合拢前,悬臂受力以弯矩为主,故平衡设计遵循对墩位弯矩平衡的原则。平衡设计中考虑如下几种施工荷载:

①挂篮自重及混凝土浇筑前作用于挂篮的荷载。其中混凝土浇筑前作用于挂篮的荷载包括合拢段普通钢筋、竖向预应力粗钢筋、横向预应力钢绞线。

②直接作用于悬臂的荷载。直接作用于悬臂的荷载包括底板束及合拢段位置底板束管道芯模重、临时预应力束重、劲性骨架重,根据荷载布置及大小可计算 W 值及对墩位的相应弯矩 M 值。

③合拢段混凝土重(C50混凝土结构容重取为 $26.5kN/m^3$)。合拢段混凝土凝结前重量由挂篮承受。在混凝土浇筑前,其重量由近端配重替代,在混凝土浇筑过程中,根据混凝土浇筑重量逐渐卸去悬臂端的配重。

(1)中跨合拢段施工。4个中跨合拢段位于7#～8#墩、15#～16#墩之间,中跨合拢采用吊架施工,合拢吊架利用挂篮的底篮及模板系统,具体是7#墩、8#墩、15#墩、16#墩大小里程挂篮同时对称向前滑移 0.8m,7#墩大里程和8#墩小里程、15#墩大里程和16#墩小里程空系部分采用在两个挂篮的前下横梁上铺设型钢,型号和间距与挂篮底纵梁相同。

施工吊架方案图如图18所示。

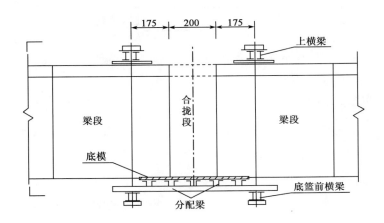

图18 合拢段施工吊架图(尺寸单位:cm)

然后在7#墩、8#墩、15#墩、16#墩大小里程18梁段顶对称设置水箱,水箱采用钢板焊接而成,按照合拢段混凝土重量的1/2重量进行注水配重。配重完成后安装合拢段劲性骨架,张拉合拢预应力索HZ,绑扎钢筋,安装预应力管道及内模;浇筑混凝土时按照混凝土浇筑速度,相应的对中跨处的水箱同时放水,达到卸载配重的目的。待混凝土强度达到要求后张拉部分底板预应力索Z1、Z2,拆除合拢段劲性骨架、合拢预应力索HZ和合拢段挂篮。具体见图19和图20所示。

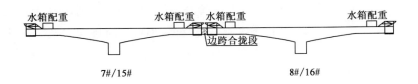

图19 中跨合拢示意图

(2)次边跨合拢段施工。4个次边跨合拢段位于6#～7#墩、8#～9#墩之间,次边跨合拢采用吊架施工,合拢吊架利用挂篮的底篮及模板系统,具体是7#～8#墩之间中跨合拢后,7#墩小里程侧、8#墩大里程侧挂篮不动,向前移动6#墩、9#墩大小里程侧挂篮 0.8m,8#～9#墩、6#～7#墩之间空系部分采用在两个挂篮的前下横梁上铺设型钢,型号和间距与挂篮底纵梁相同。左幅或右幅2个次边跨同时对称均匀的进行混凝土浇筑。

然后在6#墩、9#墩大小里程18号梁段顶对称设置水箱,水箱采用钢板焊接而成,按照合拢段混凝土重量的1/2重量进行注水配重。配重完成后安装合拢段劲性骨架,张拉合拢预应力索HZ,绑扎钢筋,安装预应力管道及内模;浇筑混凝土时按照混凝土浇筑速度,相应的对次边跨处的水箱同时放水,达到卸载配重的目的。待混凝土强度达到要求后张拉部分底板预应力索Z1、Z2,拆除合拢段劲性骨架、合拢预应力索HZ和合拢段挂篮。具体如图21所示,其他和中跨合拢方式基本相同。

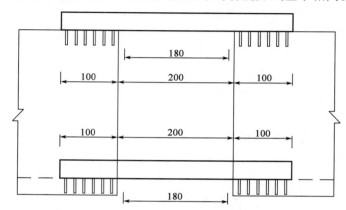

图20 合拢段合拢锁定布置图(尺寸单位:mm)

图21 次边跨合拢示意图

(3)不对称悬臂施工。4个不对称悬臂段位于6#墩小里程和9#墩大里程侧。施工时同时对称迁移挂篮,利用挂篮工艺进行施工。具体参照挂篮施工方案。

(4)边跨合拢段施工。8个边跨合拢段位于5#~6#墩,9#~10#墩,14#~15#墩、16#~17#墩之间。边跨合拢采用吊架施工。合拢吊架利用挂篮的底篮及模板系统,在距离现浇段混凝土前端50cm处对应挂篮前吊杆位置预埋吊杆孔,对应挂篮向前移动至前横梁和现浇段预留孔位置,通过预留孔安装前横梁4根吊杆。挂篮前移前张拉合拢预应力索HB,之前次边跨合拢时加载的配重不动,安装合拢段劲性骨架,绑扎钢筋,安装预应力管道及内模;浇筑混凝土时按照混凝土浇筑速度,相应的对边跨处的水箱同时放水,达到卸载配重的目的。待混凝土强度达到要求后张拉边跨底板预应力索B3、B4、B6、B7,拆除合拢段劲性骨架和合拢段吊架,拆除顶板临时预应力束。其他和中跨合拢方式基本相同。具体如图22所示。

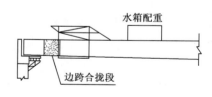

图22 边跨合拢段示意图

3 监测计算

为确保桥梁安全,方案优化前,项目联合监测单位长沙理工大学及设计院对全桥各施工阶段进行了模拟计算,结合现场实际监测数据有效指导了现场施工。具体计算如下文所示。

3.1 计算参数取值

(1)材料参数

①主桥箱梁C50混凝土,桥墩采用C40混凝土,混凝土计算参数见表3所示。

混凝土材料参数表　　　　　　　　　　　　　　　　　　　　　　表3

混凝土种类	标准强度（MPa）		设计强度（MPa）		弹性模量（MPa）	容重（kN/m³）
	f_{ck}	f_{tk}	f_{cd}	f_{td}		
C50	32.4	2.65	22.4	1.83	3.45×10^4	26.5
C40	26.8	2.40	18.4	1.65	3.25×10^4	26.0

混凝土线膨胀系数0.00001。

②预应力钢材及普通钢筋材料如表4、表5所示。

预应力钢材材料参数表　　　　　　　　　　　　　　　　　　　　　表4

钢材种类	标准强度（MPa）	设计强度（MPa）		张拉控制应力（MPa）	弹性模量（MPa）	公称面积（mm²）
	f_{pk}	f_{pd}	f'_{pd}	σ_{con}		
$\varphi^s 15.2$ 钢绞线	1 860	1 260	390	1 395	1.95×10^5	139.0
JL32 精轧螺纹钢筋	930	770	400	837	2.0×10^5	804.2

普通钢筋参数表　　　　　　　　　　　　　　　　　　　　　　　　表5

钢材种类	标准强度（MPa）	设计强度（MPa）		弹性模量（MPa）
	f_{sk}	f_{sd}	f'_{sd}	
HRB335	335	280	280	2.0×10^5
R235	235	195	195	2.1×10^5

（2）预应力损失计算参数

①管道偏差系数 $k = 0.0015$

②管道壁摩擦系数 $\mu = 0.25$

③锚具回缩 $\Delta = 6mm$

④钢筋松弛系数 $\xi = 0.3$

3.2　荷载分析

根据桥梁施工阶段分析，确定各施工阶段的荷载类型和荷载大小。桥梁承受的荷载可从四个阶段进行分析，即悬臂浇筑施工阶段、合拢施工阶段、桥面系施工阶段和使用阶段。

（1）悬臂浇筑施工阶段

①挂篮荷载

a. 挂篮自重：一个施工挂篮（含内外模板）总重按720kN计，挂篮重心作用于梁段前端。

b. 挂篮脱落引起不平衡弯矩：在悬臂浇筑施工过程中，一侧挂篮脱落使桥墩产生附加弯矩。最大附加弯矩产生在箱梁最大悬臂状态，因此在桥梁施工阶段验算时，取最大悬臂状态进行计算。

②梁段混凝土自重

a. 混凝土容重为26kN/m，预应力钢绞线容重7 850kN/m。

b. 悬臂浇筑时，两对称梁段混凝土浇筑相差按0.5倍梁段自重计算。

③预应力荷载。顶板束、底板束及腹板下弯束采用19ϕ^s15.2。纵向预应力钢绞线均为群锚锚固体系，设计张拉吨位为3 710kN。

（2）合拢施工阶段

①合拢段吊架重：中跨合拢段吊架（含内外模板）重200kN，边跨合拢段吊架（含内外模板）重200kN。在张拉部分底板预应力筋后，合拢段吊架拆除。

②合拢段配重：配重按合拢段重量的1.2倍计算。

3.3 整桥计算模型

（1）计算模型：本桥验算采用ASCB程序进行计算，箱梁和桥墩均采用平面曲线梁单元进行建模。桥梁约束条件、作用荷载均根据实际作用位置输入。箱梁承载能力按曲线梁单元进行验算，桥墩按平面梁单元进行验算。

（2）单元划分：主桥上部箱梁共划分168个单元，悬臂浇筑梁段单元长度与设计文件一致，边跨现浇段和0#块单元进行细化。1号墩划分19个单元，2号墩划分20个单元，根据截面型式不同，单元划分长度从1~4.5m不等。全桥墩、梁共计207个单元。

（3）边界条件：桥墩底部采用固结约束，桥墩顶与主梁采用刚性连接，两个边跨梁端采用竖向和横向约束。

3.4 整桥计算结果

设计计算时分施工阶段箱梁应力验算、正常使用极限状态正截面应力验算、正常使用极限状态斜截面应力验算、持久状况承载能力极限状态验算四种情况，在此只阐述施工阶段箱梁应力验算，验算箱梁施工阶段顶、底板最大法向压应力和拉应力，施工阶段法向应力按下面规定控制：

压应力：
$$\sigma_{cc}^t \leq 0.70 f_{ck}'$$

拉应力：当 $\sigma_{ct}^t \leq 0.70 f_{tk}'$ 时，纵向钢筋配筋率不小于0.2%时；

当 $\sigma_{ct}^t = 1.15 f_{tk}'$ 时，纵向钢筋配筋率不小于0.4%时；

当 $0.70 f_{tk}' < \sigma_{ct}^t < 1.15 f_{tk}'$ 时，纵向钢筋配筋率介于0.2%~0.4%间时采用直线内插。

在施工阶段验算过程中，对每个阶段应力均进行验算，由于计算结果数据量很大，在编制验算报告时，仅给出最大悬臂状态、中跨合拢阶段、不对称悬臂施工阶段和边跨合拢阶段应力验算结果。计算结果如表6所示。

整桥计算结果（MPa） 表6

状 态	上缘最大应力	上缘最小应力	下缘最大应力	下缘最小应力	控制压应力	控制拉应力
最大悬臂状态	12.55	1.09	11.24	-0.6	22.68	-3.05
中跨合拢阶段	12.35	0.07	11.98	-0.74	22.68	-3.05
次边跨合拢阶段	12.63	-0.75	12.04	-1.01	22.68	-3.05
不对称悬臂阶段	12.73	-1.34	14.88	-1.61	22.68	-3.05
边跨合拢阶段	17.13	0.18	19.42	2.39	22.68	-3.05

根据表6中数据可以看出，施工阶段不同状态下各部位受力均满足要求。

4 结语

百大特大桥作为大跨度桥梁施工过程复杂，施工过程中各种影响结构变形和内力的参数（如梁重、结构刚度、温度场、有效预应力等）存在误差，如果不加以控制调整，这些误差会导致结构变形和受力严重偏离理论计算轨迹，成桥后主梁的线形和结构中内力都将难以满足设计要求，并且施工过程中很易导致超应力情况，造成严重后果。通过对百大特大桥连续刚构的施工监控得出如下结论：

（1）详细阐述了连续刚构施工方案，提出了连续刚构施工的工艺工法，为同类型的连续刚构施工提供了参考。

（2）通过施工过程的数据采集和优化控制，在施工中逐步做到把握现在，预估未来，避免施工差错，缩短了工期,节省了投资。

参考文献

[1] 周永兴.路桥施工技术手册[M].北京:人民交通出版社,2001.
[2] JTG F50—2011 公路桥涵施工技术规范[S].
[3] 李孝才.高墩提升架施工技术[J].科技致富向导,2011,(6):198-199.
[4] 冉斌,郭斌.简易提升架高墩施工工艺[J].科技信息,2009,(27):983-984.
[5] 许庆伟,赵超,郭子慧等.整体式提升脚手架倒模施工法的应用[J].人民黄河,2002,24(8):44-45.
[6] 肖明华.山区50m高桥梁墩柱免塔吊全支架施工[J].铁道建筑技术,2009,(z1):16-18.
[7] 杨士国,臧孟军.胡家沟大桥高墩身模板设计与施工[J].城市建设理论研究(电子版),2012,(26).
[8] 李树海,徐长生.苏通大桥主塔挂索用提升爬架[J].建筑机械化,2006,27(11):56-57.
[9] 桥梁施工百问[M].北京:人民交通出版社,2003.

拱顶盖板法在浅埋与超浅埋公路隧道施工中的应用

黄忠财[1]　马国民[1,2]

(1. 广西红都高速公路有限公司,广西　南宁　530028;
2. 长安大学,陕西　西安　710064)

摘　要　浅埋、超浅埋隧道施工方法主要有明挖(盖挖)法和暗挖法两大类。针对隧道埋深浅不能有效形成承载拱,施工不当容易引起坍塌或地面下沉等安全事故的技术难题,结合广西靖西至那坡高速公路那圩隧道工程实例,介绍拱顶覆盖层半揭盖加钢筋混凝土盖板处理浅埋、超浅埋隧道施工工法的概念、施做方法及适用条件。实践证明,采用拱顶覆盖层半揭盖加钢筋混凝土盖板法对隧道拱顶浅埋软弱土层进行治理是行之有效的。该方法可为其他类似隧道的施工提供借鉴和参考。

关键词　隧道工程;浅埋公路隧道;半揭盖加钢筋混凝土盖板;那圩隧道

0　引言

受地形和线路高程的限制,浅埋、超浅埋隧道在山区高速公路建设过程中较为常见。浅埋、超浅埋隧道常因覆盖层较薄、围岩条件差等,很难形成承载拱,施工过程中极易发生地表沉降开裂、塌方冒顶、初期支护开裂变形、二衬开裂、渗水等病害,施工难度大。综合考虑隧道所处的位置、穿越的围岩类型、地质和水文等因素后,选择适宜的施工方法对保证浅埋、超浅埋隧道施工质量和安全与进度极为重要,目前常用施工方法是明挖法和暗挖法[1-4]。靖西至那坡高速公路那圩隧道位于广西与云南交界处,广西和云南各建一段,因云南段富宁至拢留高速公路先于广西段设计,先确定了两省区高速公路的连接位置,致使靖西至那坡高速公路在设计时不得不抬高高程与云南段对接,最终导致那圩隧道右线约有350m长段落不得不穿越超浅埋、浅埋段。因该隧道围岩、地质、水文等较特殊,不具备明挖的条件,先按照传统的暗挖法施工,但无法通过该不利地质段,后采用拱顶覆盖层半揭盖加钢筋混凝土盖板法施工才得以顺利通过该段。实践证明,用该法处理类似那圩隧道的超浅埋、浅埋隧道是行之有效的。本文以那圩隧道为实例,对该工法的适用条件、施做方法等进行介绍,为其他高速公路施工过程中遇到类似隧道提供借鉴。

1　拱顶覆盖层半揭盖加钢筋混凝土盖板法简述

拱顶覆盖层半揭盖加钢筋混凝土盖板法,即先将隧道拱部覆盖层挖除至拱顶往上约1m,开挖宽度为隧道开挖宽度左右边缘各往外1.5~2m,两侧开挖面按不小于1:0.5坡比放坡,并对两侧的坑壁进行防护,然后再在开挖出的坑槽里浇筑一定厚度的钢筋混凝土盖板,最后在钢筋混凝土盖板的支护作用下按照"管超前、严注浆、短进尺、强支护、早封闭、勤量测"的十八字方针进行洞内掘进[5-6]。

2　工程实例

2.1　工程概括

广西靖西至那坡高速公路那圩隧道位于广西与云南交界处,是一座双向四车道分离式隧道,2-10.75m×5m(宽×高),设计时速100km/h。那圩隧道左线起讫桩号为ZK84+680~ZK85+760,全长为1080m,其中广西段长671m,云南段长409m;右线起讫桩号为K84+690~K85+742,全长为1052m,广西段长652m,云南段长

400m。隧址区海拔相对较高,常年降水较多,夏季和秋季前期大暴雨频繁。因云南段富宁至拢留高速公路先于广西段设计,先确定了两省区高速公路的连接位置,致使靖西至那坡高速公路在设计时不得不抬高高程与云南段对接,最终导致那圩隧道右线约有350m长拱顶覆盖层仅有8~22m,属超浅埋、浅埋型[6-8];围岩以红褐色黏土为主,遇水呈饱和状态,稳定性非常差,部分段落还夹杂有孤石;且该段正好穿越一四周高、中间低的漏斗状凹槽地,降水又不能及时排走,最大积水深度能达2m,施工难度非常大。那圩隧道右线地质纵断面图如图1所示,那圩隧道右线浅埋、超浅埋段地形如图2所示。

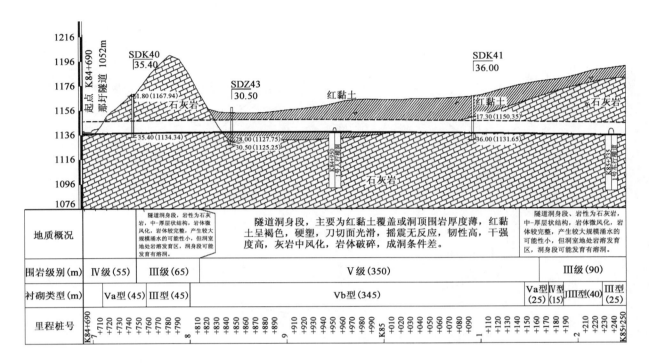

图1 那圩隧道右线地质纵断面图

图2 那圩隧道右线浅埋、超浅埋段地形图

2.2 原设计施工方法

那圩隧道右线 K84+825~K84+890 段原设计采用暗挖法,衬砌型式为 Vb 型。如图3所示。在按

Ⅴb衬砌形式施工K84+810～831段时,因覆盖层较薄(该段平均厚约8m),围岩条件差,岩溶发育,且受连续强降水作用,开挖过程中多次出现较大塌方冒顶;初期支护施工做完后,监测沉降速率非常快,累计沉降量大,致使较长段落初期支护开裂倾斜后换拱,施工进度慢、风险大,且需增加较大投资,那圩隧道Ⅴb型衬砌形式设计如图3所示。

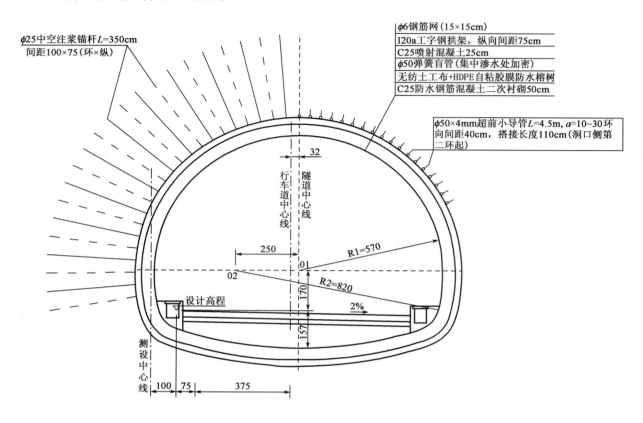

图3 那圩隧道Ⅴb型衬砌形式设计图(尺寸单位:cm)

2.3 方案比选

为保证K84+831往大里程方向的施工进度、安全与质量,针对如何穿越那圩隧道右线K84+831～K84+890段超浅埋段,提出了明挖法、地表劈裂注浆固结法和拱顶覆盖层半揭盖加钢筋混凝土盖板法3种方案进行研究、论证和比选。

(1)明挖法:将拱部覆盖层全部挖除,两侧按一定坡比放坡,然后将暗洞变为明洞施做,最后在明洞拱顶回填土至原地面。

(2)地表劈裂注浆固结法:先对地表采用高压劈裂注浆进行固结加固隧道拱顶覆盖层土体,然后洞内再采用3台阶预留核心土法按原设计进行施工。

(3)拱顶覆盖层半揭盖加钢筋混凝土盖板法:为减小软弱土层浅埋隧道拱部荷载,采用先将拱部红黏土覆盖层挖除至拱顶往上1m,开挖宽度为隧道开挖宽度左右边缘各往外1.5～2m,四周按不小于1:0.5坡比放坡,并对线路两侧坑壁根据实际情况采用锚喷适当防护,然后再浇筑1m厚的钢筋混凝土盖板,并在盖板范围四周按一定间距打入4.5m长的ϕ22砂浆锚杆(锚杆打入3.5m,外露1m与盖板内钢筋焊接或绑扎牢固),待拱部钢筋混凝土盖板达到一定强度后再按照"十八字"方针进行洞内施工。表1是3种处理方案优缺点对比情况。

根据以上3种施工方法的优缺点,结合施工安全风险、工期和造价等方面综合比较和充分论证后,优选拱顶覆盖层半揭盖加钢筋混凝土盖板法对浅埋、超浅埋段进行处理。

3 种施工工法对比表　　　　　　　　　　　　表1

施工方法	优　点	缺　点
明挖法	施工工艺简单，工序之间干扰较少	1. 投资额增加适中； 2. 对地表破坏大，不利于生态环保； 3. 地表开挖宽度较宽，边坡高度较高，右侧垂直高度达25m以上，不利于边坡稳定； 4. 开挖方量大，拱顶无足够地方堆土，将土运走，运输条件又非常困难； 5. 二衬施做完成后需重新回填土至原地面，较麻烦； 6. 开挖出的深基坑无法及时有效排水
地表劈裂注浆固结法	受降水影响较小，注浆完成后，洞内施工无干扰，有效保障施工安全	1. 投资最大； 2. 施工技术及设备要求较高； 3. 喀斯特地区围岩裂隙发育，注浆效果受地质情况影响较大，注浆效果很难保证； 4. 施工进度较慢
拱顶覆盖层半揭盖加钢筋混凝土盖板法	1. 能有效减少拱顶荷载，控制围岩沉降变形及避免初支倾斜； 2. 钢筋混凝土盖板浇筑后洞内施工受降水影响较小，洞内施工干扰少； 3. 拱部发生塌方冒顶概率大大减小，施工安全有保障； 4. 施工进度较快	1. 投资增加额适中； 2. 在钢筋混凝土盖板没有浇筑完成之前受降水一定影响；对地表有一定破坏，不利于生态环保； 3. 二衬施工做完成后重新回填土至原地面，较麻烦； 4. 重新回填的土体在拱部全部变成荷载，加大拱部永久荷载

2.4 拱顶半揭盖加钢筋混凝土盖板法施工要点及处理效果

那圩隧道右线K84+831～890段采用拱顶覆盖层半揭盖加钢筋混凝土盖板法治理浅埋软弱土层，共分三段施工：第一段K84+825～845，第二段K84+845～865，第三段K84+865～890。每段之间纵向钢筋均焊接牢固，并适当凿出旧混凝土端头面使得新旧混凝土能更多地结合在一起，三段钢筋混凝土板形成一个完成稳定整体。在洞顶盖板的支护下，洞内按照"十八字"方针进行施工。那圩隧道浅埋、超浅埋段揭盖施工钢筋混凝土盖板如图4所示。

图4　那圩隧道浅埋、超浅埋段揭盖施工钢筋混凝土盖板

采用拱顶覆盖层半揭盖加钢筋混凝土盖板法对浅埋、超浅埋隧道进行处理时，应注意以下几点：

(1)针对浅埋、超浅埋隧道段较长的隧道，一次揭盖的距离不能太长，一般以为15～25m为宜，并及时浇筑钢筋混凝土盖板，以免坑槽积水坍塌。

(2)拱顶揭盖基坑开挖完成后，需根据实际开挖面的稳定情况进行必要的防护，确保施工安全。

(3)紧邻节段施工时，需将上一阶段的混凝土端头凿出，后一节段的钢筋与上一节段凿出露的钢筋焊接或搭接牢固,使前后段盖板形成整体受力。

　　采用拱顶覆盖层半揭盖加钢筋混凝土盖板法施工可避免发生大的塌方,保证洞内施工安全;因揭盖后拱顶荷载减小,洞内施工做的初期支护沉降量明显减小。那圩隧道右线K84+831~890段最大沉降量不到17cm,较之采用该法前的累积沉降40~65cm下降明显。现右线K84+865~890段洞内二次衬砌已全部施工完成,洞顶凹坑也已全部回填至原地面,经过一个雨季,经观测该段洞内二次衬砌和仰拱均非常稳定,没有出现下沉开裂现象。

3　结语

　　拱顶覆盖层半揭盖加钢筋混凝土盖板法对隧道拱顶浅埋软弱土层进行治理,在那圩隧道右线浅埋、超浅埋段的应用取得了良好效果。该法能有效避免在开挖支护过程中拱部塌方风险,又有效避免雨季时洞顶积水对洞内施工的影响,确保了质量、安全与进度。实践证明,采用拱顶覆盖层半揭盖加钢筋混凝土盖板法对隧道拱顶浅埋软弱土层进行治理是行之有效的。该法可为其他隧道类似问题治理提供参考。

参考文献

[1] 王迎超,尚岳全,严细水等.降雨作用下浅埋隧道松散围岩塌方机制[J].哈尔滨工业大学学报,2012,44(2):143-148.

[2] 赵永国,谷志文,韩常领,等.浅埋、超浅埋隧道的设计与施工技术[J].公路,2009,(10):323-327.

[3] 张帆.富水围岩条件下浅埋暗挖隧道施工关键技术研究[D].湖南:湖南科技大学硕士学位论文,2011.

[4] 赵永国,张稚光,韩常领,等.既有公路下超浅埋、偏压小间距隧道的设计与施工技术[J].中外公路,2009,29(4):359-364.

[5] 王梦恕.隧道工程浅埋暗挖法施工要点[J].隧道建设,2006,26(5):1-4.

[6] 韩玫.浅埋隧道施工技术浅议[J].北方交通,2007,(12):79-81.

[7] 黄兴华.软弱围岩条件下的浅埋隧道施工研究[D].湖南:湖南大学硕士学位论文,2009.

[8] 姜同虎.浅埋破碎岩层隧道施工关键技术研究[D].陕西:长安大学,2012.

LED 灯隧道照明节能技术研究与应用

邓祥明　黄忠财

(广西红都高速公路有限公司,广西　南宁　530028)

摘　要　针对在保障行车安全的前提下,如何使隧道照明最大限度的节能降耗等问题,研究将高压钠灯与白光灯具(LED)进行对比,分析 LED 灯的优势,并结合广西靖西至那坡高速公路段隧道类型,将隧道照明初步设计"高压钠灯 + LED 灯混合照明方式"的方案进行优化变更。研究表明,LED 灯在建设期初装成本投入比高压钠灯高,但其具有能耗低、寿命长、光指向性好、抗振动、响应快、无辐射、无污染、显色性好等特点,既节能(在相同照明效果下比传统光源节能 50% 以上) 又环保,具有一定的经济及社会效益,研究可供同行参考。

关键词　隧道工程;高速公路;隧道照明;LED 灯;工程应用

1　工程概况

靖西至那坡高速公路(以下称"靖那路")是广西高速公路网布局中"横 6"合浦(山口)至那坡(省界)高速公路的重要组成部分。本项目位于广西西南部,是云南通往广西沿海和广东、海南最便捷的公路通道,跨越桂南、桂西 2 个经济区,连通 3 个沿海城市和 4 个国家一类口岸。靖那路主线全长 90.371km,全线采用双向四车道标准建设,设计速度 100km/h,全线共 20 座隧道,单洞全长 30.97km,隧道占线路总长的 17.27%,其中长度 $L \leqslant 500m$ 的 11 座,$500m < L \leqslant 1\,000m$ 的 4 座,$1\,000m < L \leqslant 2\,000m$ 的 3 座,$2\,000m < L \leqslant 3\,000m$ 的 1 座,$L > 3\,000m$ 的 1 座,全线最长的各固隧道左线长 3 745m,右线长 3 725m。靖那路隧道照明若采用传统的钠灯照明系统往往会造成巨大的电力消耗,特别是长大隧道,运营成本压力将非常大,若采用先进的 LED 半导体照明系统,可极大地降低电力消耗,达到节能减排的目标,也有利于能源的可持续发展。

2　隧道照明初步设计方案

根据本项目隧道的具体情况和《公路隧道通风照明设计规范》(JTJ 026.1—1999)的相关要求,全线隧道均设置照明设施。照明设施的设置内容为:主洞照明、紧急停车带照明、横通道照明、洞外引道照明、避灾引导照明、应急照明。原设计隧道照明方式为"高压钠灯 + LED 混合照明"式,即基本照明及应急照明采用 60W LED 灯,加强照明和洞口引道路灯光源采用高压钠灯,人行横洞照明采用无极灯,原设计灯具共 16 021 盏(其中 LED 灯 60W 6 404 盏,高压钠灯 400W 5 180 盏、250W 2 495 盏、150W 1 298 盏、100W 412 盏,无极灯 120W 149 盏、60W 83 盏),灯具总功率 3 338 750W。照明设计标准是 100km/h 和 80km/h 来控制,主线照明入口段光亮度设计参数分别为 141.56cd/m² 和 134.5cd/m²,计算行车速度光亮度为 134.5cd/m²,其他过渡段、中间段和出口段根据隧道长度等相关因素进行设计。经计算:隧道内不同设计行车速度及各区段照明亮度如表 1、表 2 所示。

设计行车速度为 100km/h 各区段照明光亮度表　　　　表1

区　段		设计光亮度(cd/m²)	长度(m)
入口段		141.56	通过计算确定
过渡段	过渡段 1	63.17	106
	过渡段 2	17.42	111

续上表

区　段	设计光亮度(cd/m²)	长度(m)
中间段	5.72	按照计算确定
出口段	34.84	按照计算确定

设计行车速度为 80km/h 各区段照明光亮度表　　　　表2

区　段		设计光亮度(cd/m²)	长度(m)
入口段		134.5	通过计算确定
过渡段	过渡段1	40.35	106
	过渡段2	13.45	111
	过渡段3	4.71	167
中间段		5.72	按照计算确定
出口段		28.6	60

选用灯具的功率及光源光通量要求如表3所示。

选用灯具的功率及光源光通量要求　　　　表3

光源类型	灯具功率(W)	光通量(lm)
高压钠灯	100	9 000
	150	16 000
	250	28 000
	400	48 000
无极灯	60	3 700
	120	9 200
LED 灯	60	5 400

3　高压钠灯与 LED 灯对比

3.1　LED 灯的优缺点

(1)优点。LED 灯无频闪、无辐射,是典型的绿色照明,更是护眼新光源。LED 不靠钨丝发光,而是以特殊半导体 P-N 材质制成。通过电子运动而发光。其光谱中没有紫外线和红外线,因而不会有闪频和辐射,对眼睛起到保护作用。其主要优点集中在以下几点:

①发光效率高。LED 灯有电压低、电流小、亮度高的特性。一个 10~12W 的 LED 光源发出的光能与一个 35~150W 的白炽灯发出的光能相当。同样照明效果 LED 比传统光源节能 80%~90%,是白炽灯的 4~8 倍。

②耗电量极小。在同样亮度下,耗电量仅为普通白炽灯的 1/8~1/10。

③寿命长。LED 利用固态半导体芯片将电能转化为光能,外加环氧树脂封装,可承受高强度机械冲击,LED 单管寿命 100000h,光源寿命在 20 000h 以上,按每天工作 12h 寿命也在 5 年以上。

④可靠耐用,便于长途运输。由于体内无钨丝以及玻璃壳等易损部件,基本不受运输影响,正常报废率很小,维护费用极低。

⑤启动响应快、无黑头、免除频换灯管之烦。LED 启动响应极快,因而电流对其冲击甚微。而普通白炽灯或节能管受启动电流的作用,灯头很易发黑而需更换。

⑥由于 LED 管是由十多只或几十只组成,即使个别损坏了也不会对正常照明产生太大影响,不像高压钠灯损坏时全灯熄灭,因此 LED 灯的可靠性比高压钠灯的可靠性提高了许多倍。

⑦光源中不添加汞,有利于环境保护。

（2）缺点。LED灯缺点在于发光效率随光源功率的增加而迅速衰减；大功率光源难以制造；初始安装成本投入比高压钠灯高很多；产品质量参差不齐；散热性能不够好，而散热直接影响LED的寿命和光衰提前；维护成本较高。

3.2 高压钠灯

（1）优点。是目前发光效率最高的照明光源，平均发光效率一般可达98lm/W，且高功率光源的发光效率更高，寿命较长，技术成熟，价格低，初始安装成本投入低。

（2）缺点。显色性较差，但其发出的黄色光对于烟雾的穿透力最强，对恶劣气候的适应性好。

3.3 LED隧道灯与高压钠灯对比

（1）LED作为点光源，很大程度上可以直接解决传统球状光源必须靠光发射来解决的二次取光及光损耗问题。

（2）对光照射面的均匀度可控。理论上可以做到在目标区域内完全均匀，这也能避免传统光源"灯下亮"现象中的光浪费。

（3）色温可选。这样在不同场合应用中，也是提高效率、降低成本的一个重要途径。LED作为一种发光器件，既可以通过电流的变化控制亮度，也可通过不同波长LED的配置实现色彩的变化与调节。这使得隧道在不同的环境下进行照明模式的转化变得非常容易。

（4）更节能。目前白光LED的发光效率约为80lm/W，较传统高压钠灯可以节电50%~60%，随着LED效率的快速提升，LED隧道灯在节能方面显示出了巨大的潜力。

（5）低维护成本。以目前的技术水平和测试结果推算，大功率LED光源可以正常使用5~10年不用更换，而传统高压钠灯平均2年左右就要更换一次，使用LED光源可以大大降低维护成本。

（6）显色性更佳。LED的显色指数高（显色指数一般为75~80），路面看起来更明亮，感觉更舒适，驾驶人员也感觉更安全。而高压钠灯光谱窄，显色性差（显色指数一般为20~40），感觉昏暗。

100W的LED灯输出光通量大约只有6 250lm，到达路面时仍为6 000lm左右，而路面的平均光照度可以达到16lx（12m高杆）。200W高压钠灯的输出光通量为16 000lm，但到达路面的就只有6 000lm，路面的光照度大约为30~40lx，由于显色系数的差别，LED的照度修正系数为2.35倍，高压钠灯的修正系数为0.94倍。所以100W的LED经过修正以后，地面的照度为37.61lx，而200W高压钠灯的修正后照度为28.2~37.61lx，二者相当。因此100W的LED可以取代约200W的高压钠灯，从实际的发光效果来看，LED灯比高压钠灯好得多。高压钠灯与LED灯技术指标对比见表4。

灯具性能和技术指标 表4

参 数 名 称	高压钠灯	LED灯
光源发光效率(lm/W)	120	90~110
光源光通量(lm)		>100（单芯片LED）
发光色温(K)	2000~2500	2600~10000
发光显色指数(Pa)	23	70~80
光衰指标	20 000h 光衰<50%	50 000h 光衰<30%
功率因素	0.6~0.95	0.95
电源效率	>0.8	>0.9
灯具效率	>0.7	>0.85
利用系数	0.4~0.5	0.8~0.9
养护系数	0.6~0.7	0.85
灯具有效发光效率(lm/W)	40~50	60~80
工作电压(V)	AC200~230	AC175~265

续上表

参 数 名 称	高压钠灯	LED 灯
环境温度(℃)		-25 ~ +50
启动特性(S)	300	<2
发热量	大	小
光源使用寿命/h	20 000	>50 000
灯具使用寿命/h	<10 000	>20 000
防护等级	IP65	IP65
防触电保护	I 类	I 类
呼吸过滤系统	需要	不需要

4 项目优化后隧道照明方案

为了在确保行车安全的前提下,最大限度地降低运营期的隧道照明成本,达到节能环保目的,靖那路全线隧道照明方式由原设计"高压钠灯+LED 灯混合照明方式",变更为"1 公里以下隧道全部采用 LED 灯照明方式":即入口段加强照明采用 200W 和 130W 的 LED 灯,基本照明和应急照明采用 60W 的 LED 灯,人行横洞照明采用 60W 无极灯,车行横洞、紧急停车带照明采用 120W 无极灯,洞口引道采用 200W 的 LED 灯;1km 以上隧道采用高压钠灯+LED 灯混合照明方式:即隧道进口加强照明采用 400W 和 200W 的高压钠灯,过渡段加强照明采用 200W 和 130W 的 LED 灯,基本段、出口段基本照明和应急照明采用 60W 的 LED 灯;设计照明时速标准统一调整为 80km/h。隧道各区段照明光亮度及布置表详见表 5~表 8。

$100 < L \leqslant 300m$ 隧道各区段照明光亮度表　　表 5

区　段		设计光亮度(cd/m²)	区段长度(m)	布灯间距(m)	灯具规格
入口段		85.5	根据现行规范计算结果长度减半	1.5	200W LED 隧道灯
过渡段	过渡段 1	12.83	36	2.5	60W LED 隧道灯
	过渡段 2	4.28	45	5	60W LED 隧道灯
中间段		3	计算确定	10	60W LED 隧道灯
出口段	直线隧道	不设置出口段	不设置出口段照明	3.5	60W LED 隧道灯
	曲线隧道	10	30		60W LED 隧道灯

$300 < L \leqslant 500m$ 隧道各区段照明光亮度表　　表 6

区　段		设计光亮度(cd/m²)	区段长度(m)	布灯间距(m)	灯具规格
入口段		85.5	根据现行规范计算结果长度减半	1.5	200W LED 隧道灯
过渡段	过渡段 1	12.83	36	2.5	60W LED 隧道灯
	过渡段 2	4.28	45	5	60W LED 隧道灯
中间段		3	计算确定	10	60W LED 隧道灯
出口段	直线隧道	10	30	3	60W LED 隧道灯
	曲线隧道	10	60	3.5	60W LED 隧道灯

500 < L ≤ 1000m 隧道各区段照明光亮度表　　　　表7

区　段		设计光亮度(cd/m²)	区段长度(m)	布灯间距(m)	灯具规格
入口段	入口段1	85.5	根据现行规范计算结果长度减半	1.5	200W LED 隧道灯
	入口段2	42.8	根据现行规范计算结果长度减半	1.5	130W LED 隧道灯
过渡段	过渡段1	12.83	72	2.5	60W LED 隧道灯
	过渡段2	4.28	89	5	60W LED 隧道灯
中间段		2	计算确定	10	60W LED 隧道灯
出口段		10	60	3.5	60W LED 隧道灯

L > 1 000m 隧道各区段照光亮度表　　　　表8

区　段		设计光亮度(cd/m²)	区段长度(m)	布灯间距(m)	灯具规格
入口段	入口段1	85.5	根据现行规范计结果长度减半	1.5	400W 高压钠灯
	入口段2	42.8	根据现行规范计结果长度减半	2	250W 高压钠灯
过渡段	过渡段1	12.83	72	2.5	60W LED 隧道灯
	过渡段2	4.28	89	5	60W LED 隧道灯
中间段		2	计算确定	10	60W LED 隧道灯
出口段		10	60	3.5	60W LED 隧道灯

由于高压钠灯功率因数较低,所以设计要求选用带补偿电容器的灯具,经补偿后,其功率因数应达0.9以上。由于隧道环境污染严重,维护系数取0.7。

照明组合方式:本着节约电能的设计理念,1km 以上隧道(隧道监控系统设有现场PLC)照明调光按晴天、云天、阴天、重阴天、夜间、下半夜分为六档,做到六级控制(应急照明在此控制方式中归属为基本照明的一部分)。

晴天:基本灯全开,加强灯全开,紧急灯全开,洞外路灯关闭;
云天:基本灯全开,加强灯开1/2,紧急灯全开,洞外路灯关闭;
阴天:基本灯全开,加强灯开1/4,紧急灯全开,洞外路灯关闭;
重阴天:基本灯开1/2,加强灯开1/4,紧急灯全开,洞外路灯开启;
夜间:基本灯全开,加强灯全关,洞外路灯开启;
下半夜:基本灯只开一部分,加强灯全关,洞外路灯开启。
1km 以下隧道采用无极调光模式。

5　方案优化前后效果对比

优化后隧道照明灯具共14 056盏,其中高压钠灯400W492盏、250W484盏,LED 灯200W1 999盏、130W506盏、60W10 437盏,无极灯60W83盏、120W55盏,灯具总功率1 421 180W。灯具总数比原设计少1 965盏,减少12.27%,总功率比原设计少1 917 570W,减少57.43%。原设计本项目隧道照明系统计入供配电设施的综合建设费总造价为7 105万元,优化后隧道照明系统综合建设费总造价为7 609万元,总造价增加504万元。根据2012年天气统计情况降水天有108天、阴天105天、晴天有152天计算,原设计全线隧道照明一年用电量约为10 245 069kW·h,按商业用电0.95元/(kW·h)计算,一年用电费用约973万元;优化后全线隧道照明一年用电量约为6 435 030kW·h,按商业用电0.95元/(kW·h)计算,一年用电费用约611万元,优化后一年照明电费比优化前减少约362万元。另在维护成本方面LED灯维护成本也比高压钠灯低很多,据资料统计从第二年开始LED灯每年维护费仅约为灯具初装费用的1%,而高压钠灯每年维护费用约为灯具初装费用的25%。因此,LED灯在功耗和寿命上的优势,极大地降低了运营期间的耗电费用和维护费用,与优化后系统每年直接节省用电费用362万元相比,本项目建设期隧道照明综合建设费用一次性投入增加504万元是非常值得的。根据专家统计每节约1kW·h,就相应节约了0.4kg标准煤,同时减少污染排放0.272kg碳粉尘、0.997kg二氧化碳、0.03kg二氧化硫、0.015kg氮氧化物。据此,此靖那路隧道照明系统优化后一年可减少用电量约381万kw/h,相当于减少燃煤1 524吨,减少CO_2排放量3 798吨,减少SO_2排放量114吨,带来较大的经济效益同时,获得同样巨大的社会效益。

6 结语

在实际使用过程中,隧道照明控制系统还应与隧道通风系统、火灾报警系统及环境监测系统互联,综合考虑,以达到最佳的控制效果。目前LED节能照明技术在广西高速公路隧道照明的应用还较少,而在建高速公路项目和以后修建的高速公路项目隧道所占比重会越来越大。LED隧道照明控制系统以其良好的控制性能和有效节能降耗优势,并随着LED节能照明技术不断地改善和提高,以及合理取值和精细设计,必将在广西高速公路隧道照明系统得到广泛应用,大大降低高速公路运营单位隧道照明运营成本,LED节能照明技术在隧道照明方面的应用前景将一片光明。

参考文献

[1] 刘英婴.光源光色对隧道照明效果的影响[J].土木建筑与环境工程,2013,35(3):32-33.
[2] 涂耘.西汉高速公路隧道照明系统评估研究[J].照明工程学报,2010,21(5):17-20.
[3] 孙发恩.高速公路隧道照明控制系统设计与研究[D].广州:华南理工大学,2012.
[4] 丁晓明.隧道照明控制系统的研究与设计[D].长安大学,2012.
[5] 刘翠萍.基于LED的公路隧道照明设计与中间视觉下LED隧道照明研究[D].中国海洋大学,2012.
[6] 张亚林.高速公路中短隧道照明研究[D].湖南大学,2008.
[7] 潘海龙.LED隧道照明智能控制系统[J].测控技术,2011,30(8):31-34.
[8] 杨超.LED在隧道照明工程中的应用研究[J].照明工程学报,2011,22(2):26-28.

整体提升架在薄壁空心高墩施工中的应用研究

王爱华

(育才-布朗交通咨询监理有限公司,湖南 长沙 410004)

摘 要 针对广西壮族自治区靖西至那坡高速公路第3合同段空心薄壁高墩数量多,研究采用整体提升脚手架对空心薄壁高墩进行翻模施工。并以下孟1号大桥空心薄壁墩施工为例,从支架、模板设计、施工工艺以及施工安全防护措施及注意事项几个方面对施工过程进行具体阐述。研究表明,整体提升脚手架翻模施工利用整体脚手架作为施工平台,能够有效提高施工质量,加快施工进度,且成本较低,具有一定经济及推广价值。研究结果可供同行参考。

关键词 桥梁工程;空心薄壁高墩;整体提升架;施工工艺;工程应用

1 工程简介

广西壮族自治区靖西至那坡高速公路第3合同段位于百色市那坡县境内,主线总长15.489km。本路段山体绵延起伏,沟壑纵横,工程量以桥隧为主,主线共有特大桥1座,大桥9座,全线薄壁空心墩共有68个,计3344m,墩高28.5~91m。可见,空心薄壁高墩数量多,且墩高最高达到91m,高墩施工是标段内重点控制工程之一。下孟1号大桥位于那坡县城厢镇下孟屯附近,为跨越一U形沟谷地带和818县道而设置,桥梁上部为2×(4m×40m)+(3m×40m)装配式预应力混凝土连续T梁,桥长449m,全桥共有14个空心薄壁高墩,桥墩高36~50m。

2 提升脚手架施工方案

薄壁空心高墩整体提升脚手架施工工法是以墩身预埋件作为墩身施工内外脚手架的支承点,利用倒链滑车作为提升设备,每施工完成一个墩身节段,将脚手架提升一个节段高程,同时模板由下部拆除往上安装,从而形成整体上升的施工方法。

2.1 支架、模板设计方案

结合下孟1号大桥工程特点、现有材料和施工成本,本工程支架、模板系统设计方案如下。

(1)支架系统。采用整体式脚手架作为模板安装、钢筋安装、混凝土浇筑的施工平台。

(2)模板系统。预先加工定型的大块钢模板,采用内外两套模板,外模采用整体钢模板,组合类型为面板A(7m×1.5m),面板B(5m×1.5m),面板C(3m×1.5m),面板D(2.2m×1.5m)。内模采用1m×1.2m的定型钢模板。由于墩身高,模板倒用次数多,钢外模面板使用6mm厚钢板制作,模板设有[16槽钢竖肋及[12槽钢后架,竖肋和后架皆组焊而成,后架为施工提供较为宽阔的操作平台,同时多层后架通过螺栓连接后组成空间桁架,保证了翻模模板的空间刚度,确保了因模板使用次数多而容易变形的弊端。用翻模法进行墩身施工,模板标准节宽度与墩身相应边宽度相同,高为4.5m,竖向分3节,拼接好后高为6m,采取预留一节在已浇段作为持力部分,上面3节作为待浇段,翻模时将下3节翻至第4节之上拼接,重复循环攀身至墩顶。

2.2 施工工艺

薄壁空心高墩整体提升脚手架结合翻模法施工工艺的总体思路是:在塔吊及步梯或电梯的配合下,墩身外安装一套整体式脚手架,脚手架与模板之间预留约80~100cm间距,脚手架作为模板安装、拆除和钢筋绑扎及混凝土浇筑的施工平台,而且还可作为墩身施工时的全封闭安全防护装置。

2.2.1 整体式脚手架设计

整个滑架系统由支承系统、底座、脚手架系统、安全网四部分组成，下孟1号大桥薄壁空心墩提升架设计如图1所示。

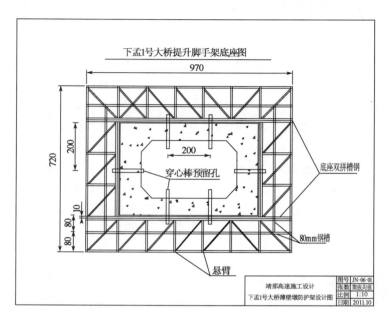

图 1　下孟1号大桥薄壁空心墩提升架设计图

（1）支承系统。滑架的支承系统共由6根钢棒组成，钢棒直径为80mm，插在墩身预埋孔内，钢棒两端设限位装置，使其与墩身锁定。钢棒长1.5m，每次浇筑均须在基模0.6m以下设置预留孔。

（2）底座。提升架底座采用8根20槽钢双拼组成，槽钢环抱墩身，与墩身净距为5cm，且4根双排槽钢伸出4个悬臂，形成"#"型框架，槽钢用以支承上部脚手架系统，脚手架底座支承在钢棒上。为了方便钢棒的安装与拆除，在脚手架底支承点的下面安装吊篮。

（3）脚手架系统。由于提升架的主要重量是脚手架系统，为了降低提升架自重，采用刚度大、重量轻的钢管作脚手架系统，即用 $\phi 48$mm，壁厚3.5mm的扣件式钢管通过扣件联结成脚手架系统。脚手架系统结构如图2~图4所示。

图 2　提升脚手架底座1

图 3　提升脚手架底座2

①墩身每次浇筑标准高度为4.5m，钢筋一次性接长6m，提升架高度为12m（1.2m+6m×1.8m）。
②框架外形尺寸为9.7m×7.2m，系统以 $\phi 48$mm 竖向钢管作支承，与底座上的承载梁8cm槽钢焊接。

③垂直方向：顺、横桥向单边均布置两排，间距为80cm；水平方向：6×1.8m+1.2m，共6层。
④每层框架顶面上铺设竹条板，分层框架之间设上下人梯。
⑤框架外侧及底座下设防坠安全网，框架四面贯通，为施工人员提供一个整体式、全封闭操作空间。
⑥内层脚手框架与墩身间预留80～100cm距离，作为安拆模板的活动空间。

2.2.2 整体式脚手架施工

（1）脚手架拼装：第一节墩身施工完成后，开始安装脚手架。考虑到整体式脚手架外形尺寸较大，整体转运或吊装不便，因此，底座及脚手架系统直接在承台上组拼。

第一节墩身浇筑完成，拆除下面模板，预留顶上一节模板后，开始拼装脚手架。首先在承台上用辅助钢材调平一个操作台，然后在操作台上拼装底座，横桥向安装可伸缩调节的底座。在底座型钢上每侧间隔140～150cm安装130cm长[20槽钢作为脚手框架的主要支撑横梁，槽钢支承处采用焊接，然后再分层拼装脚手架系统。

（2）脚手架提升。墩身第二次混凝土浇筑完毕后，首次提升脚手架，主要利用人工倒链滑车来完成。提升按以下步骤进行：

①脚手架共设6个提升吊点，采用6个10吨的手拉葫芦，如图5～图7所示。

图4 提升脚手架吊耳　　　　　　　　　　图5 提升架整体图

图6 下孟1号大桥5号薄壁空心墩柱施工　　图7 下孟1号大桥4号、5号薄壁空心墩柱施工

②手拉葫芦下方钩在脚手架的底座吊环，上方固定在墩身的纵向主筋上。
③通过人工同时收紧6个吊点的手拉葫芦，逐步往上提升脚手架。
④在脚手架上端采用6个10吨的手拉葫芦作平衡调节用，使脚手架在提升过程中始终处于平稳状态。

⑤脚手架在提升过程中由专人负责指挥,确保6个提升葫芦均匀受力,匀速上升。

⑥脚手架在接近支承钢棒位置时应适当放慢上升速度,当脚手架超过预留孔30~50cm后,稳住脚手架。

⑦人工安装支承钢棒,调平6条支承钢棒构成的支承平面。

⑧轻轻放下脚手架,使其平稳地支承在钢棒上,然后在脚手架墩身之间设水平横杆临时支撑固定脚手架。

2.2.3 提升架拆除

墩身施工完成后,利用塔吊拆除把提升架降落在承台上。首先拆除安全网,然后逐层拆除脚手架系统,最后利用塔吊将滑架底座整体提出墩身。

2.3 施工安全防护措施及注意事项

(1)制定安全技术措施。上岗前,对所有参加高墩施工的技术员、施工员、劳务队组织学习安全操作知识,进行专门培训;并由专职安全员对其分层进行安全技术交底。制定严密的操作规程,操作人员必须严守各自岗位,必须按规定佩戴安全防护用品。上岗操作时拴好安全绳,戴好安全帽。作业人员不得穿拖鞋、高跟鞋、硬底易滑鞋和裙子进入施工现场。在距边缘1.2~1.5m处应设置防护栏或架设护网,且不低于1.2m,并要稳固可靠。提升架要铺好防护板(栏、网),从事支架的人员,要有特种作业证方能持证上岗。

(2)落实安全防护措施。施工平台周围设置安全护栏,平台下面设封闭式安全网,上下层设爬梯,便于施工人员上下作业和监理,技术人员上下检查。派专人定期和不定期进行检查,人行道板上,应采取防滑措施。跳板压上钢筋并用铁线捆绑成为一体。上、下层交替作业时,应防止掉落铁件、工具等。操作工具不用时,必须装入工具袋内,以防坠物伤人。在操作平台上严禁堆叠重物,并经常检查滑升架的挂点位置、起吊钢丝绳、手拉葫芦的安全性。施工作业搭设的扶梯、工作平台、脚手架、防护栏、安全网等必须牢固可靠,并经验收合格后方可使用作业。人员上下要有斜道或扶梯上下,不准攀登模板、脚手架或绳索上下,并做好防护措施的管理。

(3)加强安全作业。作业用的料具应放置稳妥,小型工具应随时放入工具袋;上下传递工具时,严禁抛掷。进行两层或多层上下交叉作业时,上下层之间应设置密孔阻烯型防护网罩加以保护。自上而下,逐步下降进行,严禁将架杆、扣件、模板向下抛掷。施工平台应挂配醒目的安全警示牌。

(4)严防意外事故。提升架分6层,因外围全部挂安全网,平台均采用竹条板铺设,施工中容易发生火灾,在每层上各配置1台灭火器。遇有大风、大雨、雷电、雪天等恶劣天气时,应停止施工。夜间施工必须保证照明光线充足,有些工作夜间不得施工,如提升滑架、起吊重型构件等。临时用电的电器设备,应由持证电工安装,严禁乱拉乱接。所使用的机具设备,应经常进行检查(如滑车、手拉葫芦、卷扬机、钢丝绳等),并应有足够的安全系数。

3 整体提升脚手架翻模施工的优点

薄壁空心高墩采用整体提升脚手架进行翻模施工,有以下优点:

(1)本工法利用整体脚手架作为安拆模板、安装钢筋和混凝土浇筑的施工平台,以及作为墩身施工时的全封闭安全防护装置,既能满足进度要求,又给作业人员提供安全、宽敞的作业平台。

(2)本工法技术对桥梁地形情况适应性好,不受地形影响,不受桥墩高度影响,施工条件易满足。

(3)可适用于等截面的空心墩和变截面的空心墩,能有效提高施工质量、加快施工进度和高空安全防护。

(4)本工法与满堂支架法相比,节省大量的钢管,节约成本,施工周期更好掌控,施工快捷。

(5)本工法与液压滑模法相比,成本更低廉,经济效益更好。

(6)本工法操作简单、容易掌握、易于推广、有较好的社会效益。

4 结语

广西壮族自治区靖西至那坡高速公路第3合同段山体绵延起伏,沟壑纵横,工程量以桥隧为主,薄壁空心高墩数量多,且墩高最高达到91m,高墩施工是标段内重点控制工程之一。研究采用整体提升脚手架对薄壁空心高墩进行翻模施工,通过下孟1号大桥薄壁空心墩施工过程来看,薄壁空心高墩采用整体提升脚手架翻模的施工工艺,以整体提升脚手架翻模施工利用整体脚手架作为施工平台,能够有效提高施工质量,加快施工进度,且成本较低。既确保了高墩施工的安全可控,又可重复利用,具有一定经济及推广价值。

参考文献

[1] 李跃,罗甲生,郭欣等.广州新光大桥主跨主拱中段大段整体提升架设[J].中外公路,2006,26(2):110-114.

[2] 蒋志强.空心薄壁高墩整体提升脚手架施工技术探讨[J].交通标准化,2012,(22):46-49.

[3] 李孝才.高墩提升架施工技术[J].科技致富向导,2011,(6):198-199.

[4] 冉斌,郭斌.简易提升架高墩施工工艺[J].科技信息,2009,(27):983-984.

[5] 许庆伟,赵超,郭子慧等.整体式提升脚手架倒模施工法的应用[J].人民黄河,2002,24(8):44-45.

[6] 肖明华.山区50m高桥梁墩柱免塔吊全支架施工[J].铁道建筑技术,2009,(z1):16-18.

[7] 杨士国,臧盂军.胡家沟大桥高墩身模板设计与施工[J].城市建设理论研究(电子版),2012,(26).

[8] 李树海,徐长生.苏通大桥主塔挂索用提升爬架[J].建筑机械化,2006,27(11):56-57.

[9] 刘吉士等.桥梁施工百问[M].北京:人民交通出版社,2003.

桥梁边跨墩顶托架无配重浇筑施工技术研究

蒋进波　童建勇

(中国中铁一局集团有限公司,陕西　西安　710000)

摘　要　结合百大特大桥边跨浇筑施工过程,对落地支架方案、墩身预埋托架方案、导梁法方案、与引桥悬臂连接合拢方案等施工方案进行对比分析,对边跨不平衡悬浇和墩顶托架无配重浇筑施工技术研究,并对边跨现浇段托架稳定性进行计算。研究表明,该施工方案能够有效地解决高墩长跨的施工难题,同时节约了成本,加快了施工进度。尤其在陡峭的山岭区,边跨现浇段过长、墩柱较高、不易于采用支架架设的方案时,此方案更能显示其优势。研究结果可供同类工程参考。

关键词　桥梁工程;边跨浇筑;墩顶托架;无配重浇筑;施工技术

1　工程概况

百大特大桥主桥"T"构为 85m+3×160m+85m 预应力混凝土连续刚构箱梁桥,主桥两幅连续刚构箱梁均采用挂篮悬臂浇筑法施工,各单"T"箱梁除 0#块外,分 17 对梁段,即 6×3.5m+5×4m+6×4.5m 进行对称悬臂浇筑,0#块长 12m,边跨现浇段长度为 9m,合拢段长 2m,合拢顺序为:边跨→次边跨→中跨。边跨现浇段梁高为 3m,分别位于 5#、10#、14# 墩靠近主桥侧,其中 5# 墩现浇段距地面高度 38m,10# 墩现浇段距地面高度为 38.5m,14# 墩现浇段距地面高度为 45m,均处于陡峭的山体上,施工相当困难。

原设计的边跨现浇段的长度为 9m,合拢段长度为 2m。该部分混凝土体积分别为 121.4m^3,19m^3;而连续刚构箱梁在 5#、10#、14# 墩墩顶上占用的长度为 1.74m,该段混凝土方量约为 27.85m^3,则边跨现浇悬挑段的混凝土方量约为 93.55m^3,混凝土重量约为 234t。边跨长度为 85m,主跨长度为 150m,边跨与主跨比为 0.5667。

2　施工方案比选分析

2.1　落地支架方案分析

边跨现浇段采用落地支架方案时,支架的重量按 14# 墩 41m 高度估算约为 40t,底模、底横梁、侧模、内模、内顶模支架及施工临时荷载的重量估算为 60t,总重量约为 334t。14# 墩边跨现浇段的支架高度为 41m,支架的强度、稳定性难以保证,支架的非弹性变形难以控制,施工风险较大,工程质量不易控制。由于分隔墩均位于陡峭的山体斜坡段,若搭设支架必须对山体斜坡进行加固处理,况且在斜坡上搭设支架的难度很大,施工周期较长,劳动强度高,不利于缩短工期及加快合拢施工进度。

2.2　墩身预埋托架方案分析

若采用墩身预埋托架方案,则可免于搭设支架,大大降低劳动强度,缩短施工周期,节约大量的支架工程量,且避免了支架基础所需的工程投入。但原设计现浇段的长度为 9m,5#、10#、14# 墩悬挑长度均为 7.35m,上部荷载对分隔墩(5#、10#、14# 墩)墩身的偏心距 e 值偏大,使分隔墩身产生较大的倾覆力矩,而此 3 个墩均为薄壁空心墩,为了抵抗其倾覆力矩,需要利用相反一侧的托架和预设的张拉索预加荷载平衡其倾覆力矩,以使分隔墩本身保持其稳定状态。

2.3　导梁法方案分析

采用导梁进行施工时,导梁长度至少应为 13m(9m 长边跨现浇段,2m 长合拢段,两端外加至少 1m

的支撑长度);而且,该导梁需承受包括混凝土重量及底模、侧模、内模等施工临时荷载重量约为342.5t,故必须保证导梁有足够的强度和刚度。导梁拼装完成后,由于边墩高度较高,吊装困难,不宜实施;或者在"T"构上进行拼装,然后前移至边墩上,此时,前移导梁需在导梁尾部配重,施工风险较大。

在实际操作中,长大导梁的变形非常难以控制,弹性与非弹性变形对结构的影响较大。施工中,由于先进行边跨现浇段的浇筑,最后进行合拢段的施工,因此,后浇筑的合拢段重量(约为50t)将对导梁及悬臂端部产生较大的集中荷载,导梁本身及悬臂端部变形的相互叠加有可能导致已浇筑的边跨现浇段产生裂缝。

此外,一般推荐采用导梁法浇筑边跨合拢段的施工方案,边主跨跨径比一般为0.54~0.56,此时,边跨支点受力较为合理。本项目中的边主跨跨径比为0.5667,略微超过该比值。因此,综合上述各项因素,导梁法在本项目中并不适用,施工控制难度大,施工风险突出。

2.4 与引桥悬臂连接合拢方案分析

由于引桥部分为多跨一联的先简支后连续的40mT梁,且引桥长度较长,因此,顶推施工难度较大,该方案的实际操作性较差。

故按照目前设计的边跨现浇段长度,无论是托架方案、落地支架方案、导梁法或是与引桥悬臂连接合拢方案,均有较大的施工难度,而造成该难度的主要因素为主要有边墩高度较高、边跨现浇段长度太长、边墩支架处地形复杂、处理难度相对较大。

3 施工方案的确定

考虑到上述因素,经查找国内相似施工方案,我单位提出并经与设计、监控单位协商后,决定采取在6#、9#墩次边跨侧不平衡浇筑3.5m梁段,缩短边跨现浇段长度,具体是把边跨合拢段2m加边跨现浇段1.5m,合计3.5m作为挂篮不平衡浇筑的一个梁段,利用挂篮进行浇筑,再从边跨现浇段截取2m作为边跨合拢段进行浇筑,为减少边跨墩的偏心弯矩,采取在中跨侧配重,挂篮前移2m,利用挂篮杆件作为承重系统进行合拢段混凝土浇筑,这样边跨现浇段就变为5.5m。为确保挂篮前移浇筑不平衡段3.5m梁段的安全稳定性,拟在新增3.5m梁段增加临时预应力钢束,加长原设计17#、18#梁段顶板锯齿块3.5m,截面宽度由原来的95cm改为115cm,以便增加一个锚具孔位作为临时预应力钢束(编号LS)的位置,临时预应力钢束设置2束,左右对称,钢绞线规格采用19ϕs15.24。经过调整后,边跨现浇段长度为5.5m,除去墩顶1.7m,实际悬挑部分只有3.8m,5#、10#、14#墩边跨利用6#、9#墩0#块托架进行浇筑,既有效地解决了高墩长跨的施工难题,又节约了成本,加快了施工进度。

4 边跨现浇段托架施工方案

4.1 施工荷载计算

(1)边跨现浇段混凝土方量计算。边跨现浇段结构整体设计如图1所示。

墩顶1.64m范围内混凝土重量:

$$(20.53 \times 1.16 - 0.36 \times 0.3 \times 12.75) + (\frac{20.53 + 14.3}{2}) \times 0.44 = 30.1 \text{m}^3$$

$$30.1 \times 26 = 783 \text{kN}$$

剩下悬挑3.86m范围内混凝土重量(外加2个齿板):

$$(\frac{14.3 + 9.41}{2}) \times 3.86 + 1.84 \times 2 = 49.44 \text{m}^3$$

$$49.44 \times 26 = 1285 \text{kN}$$

(2)模板及临时支架重量。侧模板采用大块钢模板:13.05kN/m;托架采用32a槽钢:106kN;横梁采用20a工字钢:28kN;底模及内模采用竹胶板忽略不计,侧模及支架设计如图2所示。

(3)人群及机具荷载取2.5kPa。

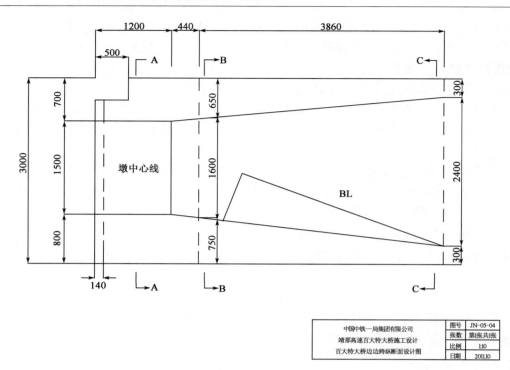

图1 边跨现浇段整体设计图(尺寸单位:mm)

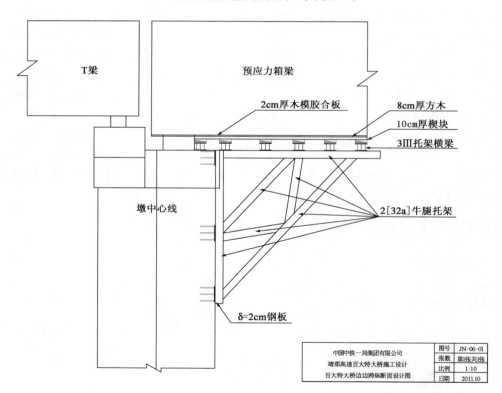

图2 侧模及支架设计图

(4)施工振捣力取2.0kPa。

(5)风荷载取0.8kPa。

4.2 抗倾覆检算

(1)边跨现浇对分隔墩总体倾覆力矩(对于墩身形心对称轴)。边跨现浇对分隔墩受力如图3

所示。

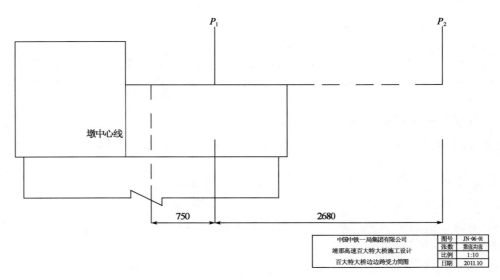

图3　边跨现浇对分隔墩受力图(尺寸单位:mm)

作用在墩顶的力:
$$P_1 = 783 + (2.5 + 2) \times 12.75 \times 1.74 + 0.8 \times 3 \times 1.74 = 814 \text{kN}$$

作用在支架上的力:
$$P_2 = 1285 + (2.5 + 2) \times 13.05 \times 3.86 + 106 + 28 + 0.8 \times 3 \times 3.86 = 1655 \text{kN}$$

总力矩:
$$M = 0.75 \times 814 + (0.75 + 2.68) \times 1655 = 6287.2 \text{kN}$$

(2)40mT梁架设对分隔墩的倾覆力矩。因为我标段有小于该截面的墩(11#),在设计时考虑利用架桥机架设40mT梁的情况,对此进行分析。

①作用在分隔墩顶的梁的重力:
$$P_4 = \frac{1430 \times 6}{2} = 4290 \text{kN}$$

②对墩最不利荷载状况为架桥桥机已过孔并架设下一孔第一片梁对后面的墩的倾覆力矩最不利架桥机自重及梁重:
$$\frac{1600 + 1430}{2} = 1515 \text{kN}$$

③倾覆力矩:
$$(4290 + 1515) \times 1.1 = 6385 \text{kN} \cdot \text{m}$$

④边跨现浇与40mT梁架设对墩的倾覆力矩基本相当,因此无须在施工中采取措施。

5　结语

通过施工方案比选,采用了缩短边跨现浇长度,边跨处悬臂浇筑不平衡现浇段的施工技术,采用此托架施工边跨现浇段,各项技术参数均满足相关规范、指南的要求。此法大幅节约了施工时间、施工总投入以及施工难度,并避免了使用落地支架或导梁法施工中的支架或导梁的弹性与非弹性变形的不确定性,托架在0#块时通过等效加载预压,取得了精确的托架弹性与非弹性变形值,为边跨的高精度的合拢施工奠定了基础。边跨不平衡悬浇和墩顶托架无配重浇筑的施工技术,解决了长大、高边墩的边跨现浇段的施工难题,既能保证施工质量,又能提高施工效率。该施工技术在同类高边墩的悬臂浇筑施工中或在边墩处于水中或其他特殊地形下而不宜采用落地支架浇筑边跨现浇段时均可考虑采用,施工效果明显,施工难度较小,并为连续刚构取消边跨现浇段和边跨合拢段落地支架的施工方案做出了新的尝试,应用前景广阔。

参考文献

[1] 欧启君,彭维清.连续梁边跨现浇段墩顶托架施工技术[J].铁道建筑技术,2013,(7):5-8.
[2] 龚玉华,陈雷,陶路等.山区连续刚构桥高墩边跨现浇段施工方案[J].世界桥梁,2012,40(3):20-23,27.
[3] 周永兴.路桥施工技术手册[M].北京:人民交通出版社,2001,5.
[4] 高峰,王玲.混凝土刚构桥高大边跨不平衡现浇施工技术[J].城市建设理论研究(电子版),2013,(21).
[5] 李骏宇,刘大梁.路客运专线深水、高空工况下大跨度箱梁0#块托架设计及施工技术[J].交通世界(建养机械),2011,(10):159-161.
[6] 陈丽敏.混凝土刚构桥高大边跨不平衡现浇施工技术[J].石家庄铁道学院学报,2007,20(1):125-130.
[7] JTG/T F50—2011.公路桥涵施工技术规范[S].北京:人民交通出版社,2011,8.
[8] 杨晓宇.太子河特大桥连续梁边跨现浇段及合拢段施工方案[J].中小企业管理与科技,2012,(31):128.
[9] 刘鸿,何崇雄,张磊等.连续梁边跨特长现浇段托架设计方案优化分析[J].西部交通科技,2013,(8):99-105.
[10] 朱建军.连续梁悬臂施工边跨现浇段支架设计[J].铁道建筑,2011,(5):31-32.

大跨度连续钢构桥中跨及边跨合拢施工工艺研究

谢 军 童建勇 张建武

（中国中铁一局集团有限公司，陕西 西安 710000）

摘　要　针对百大连续刚构特大桥悬臂施工节段多、跨度大、施工时间长、影响因素多等问题，从悬臂法施工合拢工艺控制等方面，探讨在大跨度连续钢构桥合拢施工过程中影响桥梁的一些不利因素及采取的措施。研究表明，通过对合拢施工工艺控制，百大特大桥采用中跨→次边跨→边跨的合拢方式，与设计初的边跨→次边跨→中跨的方式相比，极大地加快了施工周期，节约了时间，研究成果可给同行提供重要参考。

关键词　桥梁工程；大跨度；连续钢构桥；合拢施工；施工工艺

0　引言

在经济发展交通先行的指导思想下，近年来国内交通发展势头强劲。随着国家经济的进一步增长，对交通基础设施的投入将继续加大，桥梁建设将必不可少，连续钢构桥凭借自身的优势作为设计中的主选桥型之一将会大量出现，高墩、多跨、钢构、连续钢构桥梁会经常集于一身，对此类桥型的认知水平亟待提高。因此针对连续钢构桥控制的关键点之一的合拢段施工工艺工法研究总结将必不可少。

1　合拢施工工艺原理及方法

1.1　合拢施工工艺原理

对于悬臂浇筑施工的连续梁（刚构）等桥梁结构，连接各悬臂施工结构之间或与边跨现浇段之间的节段为合拢段，其长度一般为 1.5～2.0m。各悬臂标准阶段施工完成后，按照一定的顺序施工合拢和解除支座、0#段临时固结措施，将悬臂施工的静定结构转换为成桥状态的连续超静定结构。合拢段施工过程实际为连续梁的体系转换过程，桥梁转换成超静定结构后，除了因合拢的顺序不同而产生不同的施工内力外，还产生结构内力的重分布和相关的次内力；这些次内力主要是结构合拢后预应力束张拉施工、混凝土收缩和徐变、温度变化以及支座沉降的影响产生。

合拢段和体系转换对桥梁结构的影响见图1、图2。

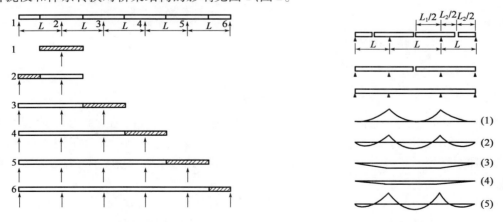

图1　五跨连续梁施工程序图　　图2　混凝土徐变所产生的次内力图
注：(1)～(2)施工各阶段所产生的恒载弯矩图；(3)连续力筋所产生的次内力图；(4)徐变次内力图；(5)最终恒载弯矩图

1.2 施工工艺特点

(1)施工时通过配、换重和临时预应力束、劲性骨架等措施,实现施工线形向成桥线形的转换。

(2)通过合拢顺序优化、合拢段长度调整(顶推)和支座标高调整等措施,实现连续梁(刚构)恒载内力分布合理且尽可能缩小各项次内力的不利影响。

(3)施工工艺及条件简单,质量容易控制。

(4)本工法不污染环境。

1.3 合拢施工方法

合拢段施工采用挂篮改吊架的方法,在吊架上安装操作平台、模板,绑扎钢筋、浇筑混凝土,同时在T构或边跨现浇段通过配、换重和临时预应力束、劲性骨架等措施,实现施工线形向成桥线形的转换。

根据连续梁结构的不同,其合拢方式和顺序亦不同,由此引起的结构恒载内力不同,体系转换时由徐变引起的内力重分布也不相同。一般有以下几种合拢方式:

(1)从桥梁一端顺序悬灌:如图3所示,本方式可使施工机具、设备、材料通过已成梁面上运输到作业面,施工方便,但作业面少,工期长。

(2)先边跨合拢后中间合拢:如图4所示,比图3方式增加了一个作业面。

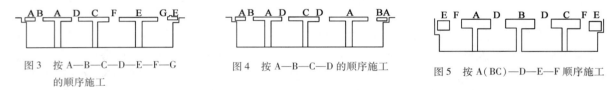

图3 按 A—B—C—D—E—F—G 的顺序施工　　图4 按 A—B—C—D 的顺序施工　　图5 按 A(BC)—D—E—F 顺序施工

(3)先中间T构合拢,后边跨或次边跨合拢:既先将各T构连成整体,最后施工边跨合拢,如图5所示。本方式一般用于大跨、多跨连续梁,工作面多,对工期有利。

1.4 工艺流程及操作要点

笔者以百大特大桥为例,详细阐述第三种合拢方式。百大特大桥合拢顺序如图6所示。

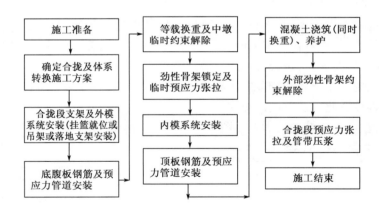

图6 合拢流程示意图

合拢顺序为中跨→次边跨→边跨,所有合拢段均采用吊架施工。合拢段箱梁截面与现浇段相同,每个合拢段长2.0m。合拢温度符合设计20℃±2℃要求。合拢段两端悬臂高程允许偏差2cm,轴线允许偏差1cm。箱梁体系转换,是控制全桥受力状态和线形的关键工序,箱梁合拢顺序、合拢温度和合拢工艺必须严格控制。

平衡设计:合拢段施工时,每个T构悬臂加载尽量做到对称平衡。合拢前,悬臂受力以弯矩为主,故平衡设计遵循对墩位弯矩平衡的原则。平衡设计中考虑以下几种施工荷载:

(1)挂篮自重及混凝土浇筑前作用于挂篮的荷载。其中混凝土浇筑前作用于挂篮的荷载包括合拢段普通钢筋、竖向预应力粗钢筋、横向预应力钢绞线。

（2）直接作用于悬臂的荷载。直接作用于悬臂的荷载包括底板束及合拢段位置底板束管道芯模重、临时预应力束重、劲性骨架重。

（3）合拢段混凝土重。

1.4.1 中跨合拢段施工

4个中跨合拢段位于7#~8#墩、15#~16#墩之间,中跨合拢采用吊架施工,合拢吊架利用挂篮的底篮及模板系统。具体是7#墩、8#墩、15#墩、16#墩大小里程挂篮同时对称向前滑移0.8m,7#墩大里程和8#墩小里程、15#墩大里程和16#墩小里程空隙部分采用在两个挂篮的前下横梁上铺设型钢,型号和间距与挂篮底纵梁相同。施工吊架方案图如图7所示。

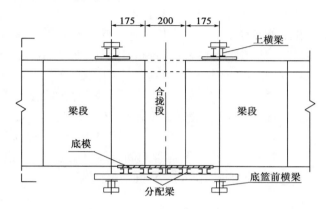

图7 合拢吊架示意图（尺寸单位：mm）

然后在7#墩、8#墩、15#墩、16#墩大小里程18梁段顶对称设置水箱,水箱采用钢板焊接而成,按照合拢段混凝土重量的1/2进行注水配重。配重完成后安装合拢段劲性骨架,张拉合拢预应力索HZ,绑扎钢筋,安装预应力管道及内模；浇筑混凝土时按照混凝土浇筑速度,相应的对中跨处的水箱同时放水,达到卸载配重的目的。待混凝土强度达到要求后张拉部分底板预应力索Z1、Z2,拆除合拢段劲性骨架、合拢预应力索HZ和合拢段挂篮。具体见图8、图9。

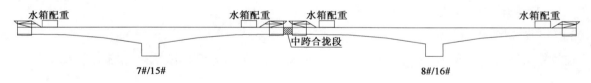

图8 中跨合拢示意图

1.4.2 次边跨合拢段施工

4个次边跨合拢段位于6#~7#墩、8#~9#墩之间,次边跨合拢采用吊架施工,合拢吊架利用挂篮的底篮及模板系统。具体是7#~8#墩之间中跨合拢后,7#墩小里程侧、8#墩大里程侧挂篮不动,向前移动6#墩、9#墩大小里程侧挂篮0.8m,8#~9#墩、6#~7#墩之间空系部分采用在两个挂篮的前下横梁上铺设型钢,型号和间距与挂篮底纵梁相同。左幅或右幅2个次边跨同时对称均匀的进行混凝土浇筑,然后在6#墩、9#墩大小里程18号梁段顶对称设置水箱,水箱采用钢板焊接而成,按照合拢段混凝土重量的1/2进行注水配重。配重完成后安装合拢段劲性骨架,张拉合拢预应力索HZ,绑扎钢筋,安装预应力管道及内模；浇筑混凝土时按照混凝土浇筑速度,相应的对次边跨

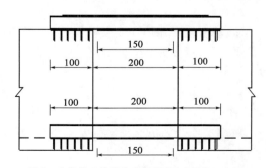

图9 合拢段合拢锁定布置图（尺寸单位：mm）

处的水箱同时放水,达到卸载配重的目的。待混凝土强度达到要求后张拉部分底板预应力索 Z1、Z2,拆除合拢段劲性骨架、合拢预应力索 HZ 和合拢段挂篮,其他和中跨合拢方式基本相同。具体见图10。

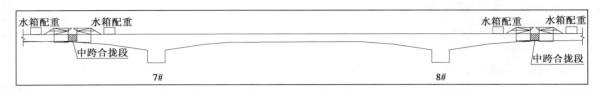

图10　次边跨合拢示意图

1.4.3　边跨合拢段施工

本桥8个边跨合拢段位于5#~6#墩,9#~10#墩,14#~15#墩、16#~17#墩之间。边跨合拢采用吊架施工。合拢吊架利用挂篮的底篮及模板系统,在距离现浇段混凝土前端50cm处对应挂篮前吊杆位置预埋吊杆孔,对应挂篮向前移动至前横梁和现浇段预留孔位置,通过预留孔安装前横梁4根吊杆。挂篮前移前张拉合拢预应力索 HB,之前次边跨合拢时加载的配重不动,安装合拢段劲性骨架,绑扎钢筋,安装预应力管道及内模;浇筑混凝土时按照混凝土浇筑速度,相应对边跨处的水箱同时放水,达到卸载配重的目的。待混凝土强度达到要求后张拉边跨底板预应力索 B3、B4、B6、B7,拆除合拢段劲性骨架和合拢段吊架,拆除顶板临时预应力束。其他和中跨合拢方式基本相同,具体见图11。

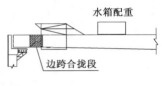

图11　边跨合拢示意图

2　施工控制及保证措施

2.1　质量保证措施

(1)建立质量保证体系。成立质量管理小组,以项目经理为组长,项目总工程师为副组长,施工负责人、技术员、质检员等为组员的组织机构,明确每个岗位的质量职责。

(2)坚持技术交底制度。各分项工程开工前,由工程技术部桥梁工程师对现场施工员、技术员、操作人员等进行技术交底。讲清楚图纸设计要求(包括结构尺寸)、技术标准、测量方法、各部位的功能作用、施工参数、操作要点及安全等注意事项。

2.2　安全措施

连续箱梁属于高空作业,受气候条件影响比较大,主要风险是高空坠落。在施工中采取的主要措施有:

(1)加强安全教育,对各种作业人员上岗前进行安全学习、培训,并要求持证上岗。针对工程特点,对所有从事管理和生产的人员进行全面的安全教育;重点对安全员、技术员、班组长、从事特种作业的起重工、电工、焊工、机械工以及新上岗人员等进行培训。通过教育培训,增强安全意识,牢固树立"安全第一,预防为主,综合治理"的思想。

(2)严格遵守安全操作规程。

掌握基本生产知识和安全操作技能,提高职工遵守施工安全纪律的自觉性;认真执行安全操作规程,做到:不违章指挥、不违章操作、不伤害自己、不被他人伤害,提高职工整体安全防护意识和自我防护能力。

(3)高空作业人员定期进行体检,患有高空恐惧症和心脏病的人员严禁高空作业,高空施工人员严禁带病作业。

(4)高空作业人员必须系好安全带、戴好安全帽、穿防滑安全鞋。

2.3　环保措施

(1)建立环境保护体系。成立环境保护领导小组,以项目经理为组长,项目总工程师为副组长,施工负责人、技术员、质检员等为组员的组织机构。

（2）V合拢段施工对空气、水资源基本没有污染,废弃物主要有密封模板用海绵双面胶及浇筑混凝土时浪费和多余的混凝土,做好海绵双面胶回收及混凝土清理,可防止造成环境污染。

（3）在混凝土拌和站附近设置一处废料存放池和二级污水沉淀池,将拌和站机械清洗用水、混凝土运输车清洗用水进行二级沉淀后排出。

（4）做好生态保护。临建工程、材料堆放、便道等场地设置合理,保护公路用地范围之外的现有绿色植被,对永久工程施工区和临时工程施工区,地表清除必须特别注意,尽最大可能保护清理区域范围外的天然植被。因修建临时工程损坏了现有的绿色植被在拆除临时工程时予以恢复。

（5）加强环境监测与事故预防,避免污染事故发生。

3 应用实例

3.1 工程简介

百大特大桥本桥主桥共2联,第一联为85+3×150+85m刚构连续梁桥,第二联为85+150+85m连续刚构桥。单幅桥面宽度12.75m。主桥箱梁采用单箱单室结构,C50混凝土,三向预应力体系,箱梁顶板宽12.75m,底板宽7m,其中6#、9#墩墩顶设置支座,7#、8#、15#、16#墩采用墩梁刚性连接,设计中跨合拢段4个,次边跨合拢4个,边跨合拢段8个,合拢段长度均为2m。

3.2 施工情况及建设效果评价

工程于2010年12月31日正式开工,2013年7月31日竣工。施工过程中,根据工程实际特点,引进先进工艺工法,重大施工方案严格执行专家论证制度,施工过程严格执行相关设计要求及施工规范,组织项目内部技术培训,定期开展技术总结,开工前对一线工人进行详细的分部分项技术交底,工程质量得到业主、监理、区质监站等单位的高度认可。施工过程如图12、图13所示。

图12 百大特大桥悬臂施工阶段

图13 合拢后的百大特大桥

百大特大桥采用中跨至次边跨至边跨的合拢方式,与设计初的边跨至次边跨至中跨的方式相比,极大的加快了施工周期,节约了时间。

4 结语

连续钢构桥凭借自身的优势,在国内桥梁设计中将会大量出现,高墩、多跨、钢构、连续钢构桥梁会经常集于一身,针对连续钢构桥控制的关键点之一的合拢段施工工艺工法研究总结将极大提高大跨度连续钢构桥梁合龙施工工艺。研究针对百大连续刚构特大桥悬臂施工节段多、跨度大、施工时间长、影响因素多等问题,从悬臂法施工合拢工艺控制等方面,探讨在大跨度连续钢构桥合拢施工过程中影响桥梁的一些不利因素及采取的措施。并且通过对合拢施工工艺控制,百大特大桥采用中跨→次边跨→边跨的合拢方式,与设计初的边跨→次边跨→中跨的方式相比,极大地加快了施工周期,节约了时间。

参考文献

[1] 林茂强,连长水,刘红霞等.连续钢构桥施工技术探究[J].城市建设理论研究(电子版),2012,(11).

[2] 韦庆广.预应力张拉控制为悬臂现浇法的连续钢构[J].现代物业,2012,(5):90-91.

[3] JTG/T F50—2011.公路桥涵施工技术规范[S].北京:人民交通出版社,2011.

[4] 张喜刚.大跨径预应力混凝土梁桥设计施工技术指南[M].北京:人民交通出版社,2012.

[5] 杨艳梅.浅谈大跨径连续钢构桥梁监测设施工方法[J].中国科技纵横,2013,(11):52-52,54.

[6] 曾范军,姜彦钊.大跨度连续刚构桥施工控制理论研究[J].黑龙江科技信息,2010,(12):203-204.

[7] 陈伟章.桥梁工程施工问答实录[M].北京:机械工业出版社,2011.

[8] 李永坚.浅析S359跨线预应力连续刚构桥的施工控制[J].城市建设理论研究(电子版),2013,(9).

[9] 余雷.连续钢桁梁桥悬臂拼装误差分析[D].武汉理工大学,2012.

[10] 罗云丰.大跨度连续刚构桥梁施工控制关键问题分析与研究[J].城市建设理论研究(电子版),2013,(16).

[11] 胡鑫.连续刚构桥梁施工控制分析[J].城市建设理论研究(电子版),2012,(22).

那龙2号隧道洞口浅埋偏压施工技术研究

蒋进波　李正卫

(中国中铁一局集团有限公司,陕西　西安　710000)

摘　要　针对隧道洞口处在偏压较严重地带、施工难度较大的特点,对隧道洞口浅埋偏压施工方法及辅助措施进行阐述,并结合那龙2号隧道进口段施工实际情况,对施工方法及主要辅助措施进行选择。研究表明,那龙2号隧道进口段施工中,采用钢管桩挡墙反压土技术,结合超前小导管预支护和钢拱架网喷联合支护施工方案,确保隧道安全进洞,顺利通过偏压段,并且有效阻止地表、隧道沉降开裂,确保隧道安全。研究结果可为隧道洞口浅埋偏压施工提供一定参考。

关键词　隧道工程;隧道洞口;浅埋偏压;钢管桩挡墙反压技术;联合支护

1　工程概况

广西壮族自治区靖那高速公路那龙2号隧道位于广西西部那坡县城厢镇那拢村西北侧,地貌单元属低山地貌。隧道进出口均位于山腰处,山体自然坡度一般为35°~55°。该隧道为双连拱隧道,全长265m。浅埋偏压现象主要出现在进口段,该段地表为厚1.5~2.0m的残坡积碎石土,下伏地层为强全风化粉砂质泥岩,岩土破碎或呈土状,成洞条件差,经判定为Ⅴ级围岩,不存在洞室涌水问题,仅存在渗水及滴水现象。

那龙2号隧道进口洞口K77+640~670段傍山而行,地表横坡较陡,坡比为1:0.5~1:1.25属典型的由地形引起的偏压。另隧道外侧拱肩至地表面的垂直距离在0.5~3.5m之间,小于偏压隧道规定的最小值(规范规定为当隧道外侧拱肩至地表面的垂直距离h在围岩为Ⅴ级的情况下,$h<18m$应视为偏压)因此本隧道进口30m范围为隧道偏压段。另隧道洞口K77+640~670属严重不稳定地层,埋深仅为1~6m,大大增加了进洞的施工难度。综上所述,进口段偏压现象严重、围岩差、施工难度大,安全顺利的进洞是本隧道施工的难点。

2　隧道洞口浅埋偏压施工技术

2.1　施工方法概述

软岩偏压隧道由于支护结构受围岩压力不均匀,局部应力大,易发生大变形造成结构破坏,并且软岩在开挖后,洞壁岩体无法承受开挖产生的高地应力而发生破坏性变形,岩体松弛而掉块引起坍方。因此在施工过程中应遵循软岩偏压隧道的总体施工原则,选取合适的施工方法,采取必须的辅助施工措施,然后及时施工,控制有害变形。主要施工方法有超短台阶分部开挖法和预留核心土短台阶分步开挖法。以上两种方法施工时,二次衬砌距掌子面不超过隧道跨度的2倍,掌子面对已施作初期支护的约束可有效的抵抗部分偏压力。洞口偏压段尽量减少仰坡开挖,增设适当长度的偏压式明洞,反压回填后再进入暗洞作业。

2.2　辅助施工措施

采用调整和加强隧道结构支护可以解决偏压问题;但只通过单一方式,在特殊地质段内施工较困难,结构刚度过大时存在支护易出现开裂现象、处理费用较高的缺点。针对不同地质地貌,采取恰当的辅助施工措施可解决以上施工过程的缺陷,也可较好地解决偏压问题。常用的辅助施工方法有:

(1)洞外回填反压平衡法。此法适于隧道进出口段存在偏压。隧道进出口段,交通方便,便于洞外施工。此方案施工工艺为在偏压段隧道外纵向修建各种型式的挡土墙,然后在挡墙与隧道间回填土石,使隧道两侧土压力偏异减小,同时可防止隧道施工中山体滑坡。

(2)洞外地表注浆固结法。此法适于难于进行洞外回填反压,且围岩经注浆加固能明显提高抗剪强度的偏压隧道。

(3)洞内钢管注浆固结法。此法适用于洞外无法进行辅助施工,围岩经注浆加固能明显提高抗剪强度的偏压隧道。

(4)径向自进式长锚杆(锚索)。适用于围岩破碎、松动圈半径大、注浆效果差、偏压荷载大的偏压隧道段。

(5)设置临时横向支撑。此法适用于偏压侧初期支护变形大,易开裂变形段,作用是控制和减小起拱线处偏压侧大变形。其施工工艺为,上导坑钢架支立好后,在起拱线上用工字钢横向支撑,必要时,每榀横向支撑用工字钢纵向连接。

(6)掌子面稳定措施。适用于围岩破碎、地下水丰富开挖后掌子面无法自稳的段落;稳定掌子面的措施主要有预留核心土法、喷射混凝土封闭掌子面、掌子面打设锚杆、掌子面超前注浆法等。通过以上措施稳定掌子面,避免发生掌子面失稳坍塌,造成通天现象和诱发滑坡,加大隧道的偏压。

2.3 那龙2号隧道进口段施工技术

(1)施工步骤。那龙2号隧道为双连拱隧道,其出口处无法通达,进口处场地狭小,结合该实际情况确定其施工步骤为:施工洞顶截水沟,开挖边仰坡,中导洞施工并贯通,右线隧道从进口处开挖并施作完二次衬砌,左线隧道从出口开挖至偏压段,施工完二次衬砌,掌子面封闭,施作洞口段偏压挡墙,回填土,从进口端施作 ϕ108 大管棚,短台阶法开挖偏压段,施作二次衬砌。

(2)主要辅助措施

①偏压挡墙:在隧道左侧打设 ϕ108 钢管,钢管嵌入地层中深度为12.5m,外露长度按地形为7~9m不等,外露部分采用混凝土浇筑,钢管保护层厚度10cm,钢管横向布置为5m×0.5m,纵向排距1.0m。管内注水泥净浆,水灰比1:1,注浆压力0.5~1.0MPa。偏压挡墙施工完毕后进行回填,回填前回填土范围地表需开挖成0.5m×0.5m(宽×高)台阶,回填土分层回填,每层厚度不大于0.5m,且每层应夯实。偏压挡墙横断面如图1所示。

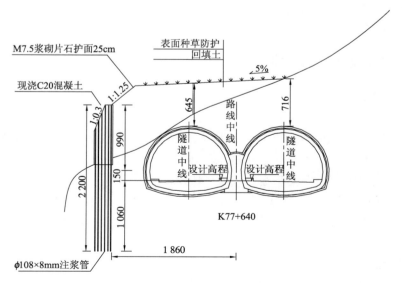

图1　K77+640段偏压挡墙横断面图(尺寸单位:cm)

②超前支护:该隧道超前支护采用"工20b"型钢拱架,间距0.5m。超前支护采用双层 ϕ42mm×4mm 超前小导管,小导管长4.5m,纵向间距2.5m,环向间距0.4m,在拱顶130°范围布置。小导管从工字钢腹部开孔穿过,尾部焊接于钢拱架上。注浆材料为水泥净浆,水灰比1:1,注浆压力0.5~1.0MPa,

终压2.0MPa。注浆自拱两边向拱顶进行,注浆时注意观察地面情况,若有溢浆情况则停止注浆。超前支护断面图如图2所示。

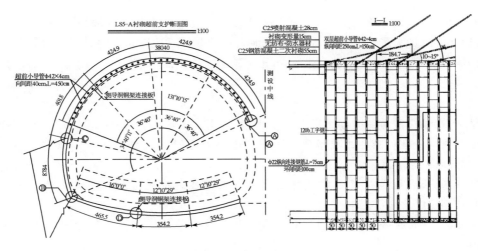

图2 超前支护断面图(尺寸单位:mm)

注:洞外支护采用φ108大管棚,管棚长度40m,环向间距0.5m在拱顶135°范围布置。

③超短台阶预留核心土开挖:由于掌子面稳定性差,开挖过程中易受偏压和掌子面失稳影响,隧道掘进将非常困难。此时将掌子面分成如图3所示的四部分进行开挖,交替进行从开挖到支护各道工序,开挖顺序为:先开挖1部,预留核心土长度2~3m,下导坑与核心土距离为3~5m。工艺流程为:

a. 开挖上导坑,每循环进尺和钢拱架纵向间距相同,但每循环进尺不应超过1m,喷射C20混凝土4cm厚,及时按顺序支立上导坑钢拱架,打设径向锚杆,挂钢筋网片,分两次按设计厚度完成本次循环的C20混凝土和初期支护混凝土。

b. 上导坑超前3~5m,从中部修建上导坑材料运输道。分部开挖左右侧下导坑,每循环开挖2~3m,初喷边墙C20混凝土4cm厚,支立边墙钢架。打设径向锚杆,挂钢筋网片,焊钢架连接筋,分次完成C20边墙喷射混凝土。

c. 左右侧边墙完成后,开挖仰拱,按设计支立仰拱钢拱架,喷射仰拱初期支护混凝土,绑扎仰拱钢筋,浇筑仰拱及充填的混凝土。

d. 保持二次衬砌和仰拱端头距离为10~20m,铺防水板,绑扎二次衬砌钢筋,二次衬砌混凝土台车定位,浇筑二次衬砌混凝土。

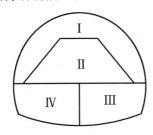
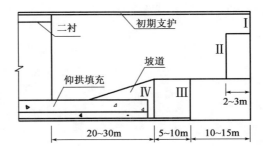

图3 分部开挖方案设计

3 结语

那龙2号隧道隧道洞口处在偏压较严重地带、施工难度较大,研究结合那拢2号隧道进口段施工实际情况,对施工方法及主要辅助措施进行选择。得到以下结论:

(1)那龙2号隧道进口段施工中,采用钢管桩挡墙反压土技术,结合超前小导管预支护和钢拱架网喷联合支护施工方案,确保隧道安全进洞,顺利通过偏压段,并且有效阻止地表、隧道沉降开裂,确保隧道安全。

(2)通过各项措施的实施,未出现安全和质量事故。每天进尺1.0m,拱部最大下沉量48.5mm,周边最大收敛值12.6mm,地表最大下沉量80.5mm,地表滑移量为32.5mm。同时,回填后对原地形进行了改造,避免了今后在运营过程中出现次生安全质量事故。

参考文献

[1] 汪宏,蒋超.浅埋偏压隧道洞口坍方数值分析与处治[J].岩土力学,2009,30(11):3481-3485.

[2] 王金兵.隧道洞口浅埋偏压施工技术研究——以老鸭岭为例[J].安徽建筑工业学院学报(自然科学版),2007,15(3):27-30.

[3] 高怀鹏,毛海东.长管棚预注浆超前支护技术在浅埋偏压大跨隧道洞口施工中的应用[J].公路,2005,(10):214-217.

[4] 陈建勋,姜久纯,罗彦斌等.黄土隧道洞口段支护结构的力学特性分析[J].中国公路学报,2008,21(5):75-80.

[5] 高天羽,罗志刚.隧道浅埋偏压洞口段施工技术[J].公路,2012,(7):311-316.

[6] 朱正旺.浅埋、偏压及残坡积地质条件下的隧道洞口段施工[J].铁道标准设计,2007,(z1):120-121.

[7] 陈国强.软岩地区浅埋偏压大跨度隧道洞口施工技术[J].地下空间与工程学报,2007,3(z2):1448-1450,1463.

[8] 钟祺,王宝善.山区浅埋偏压隧道进洞方案比选[J].中外公路,2012,32(4):234-236.

[9] 董鑫,赵能,刘财华等.浅埋偏压隧道洞口施工技术[J].筑路机械与施工机械化,2011,(10):70-72,77.

[10] 陈小勇,陈绪文,刘旸等.浅埋偏压隧道进洞施工技术[J].现代隧道技术,2009,46(3):89-92.

[11] 戴谷,张瑞光.北乐原浅埋偏压隧道进洞施工技术[J].山西建筑,2013,39(15):174-176.

[12] 刘玉清,蒋俊峰,邵大鹏等.新寨隧道进口浅埋偏压隧道施工技术[J].现代隧道技术,2011,48(2):87-93.

超前地质预报综合技术在隧道施工中的应用研究

彭 克 麦伟雄

(广东省长大公路工程有限公司,广东 广州 510000)

摘 要 针对目前单一超前地质预报方法预报准确度低,且不同的地质预报各有自身特点,首先分析了不同地质预报特点及其优缺点,并对岩溶隧道综合超前地质预报体系方案进行比选分析;其次以广西靖西至那坡高速公路段的果乱岩溶隧道地质预报为依托,针对开挖后揭示的真实地质信息与预报结果进行了比对。结果表明,"地质分析法+超长炮孔+地质雷达探测法+地震波预报法(TSP)"构成的"隧道超前地质综合预报系统"可以提高岩溶隧道超前地质预报的准确性,更好地为隧道施工提供安全保障。

关键词 隧道工程;综合超前地质预报;地质分析法;超长炮孔;地震预报法;地质雷达探测法

0 引言

岩溶山区溶洞常常充填黏土,隧道施工过程中时常发生变形破坏、突泥涌水、塌陷及水源枯竭等地质灾害[1-3],这将给隧道施工安全和施工进度带来重大灾难和无法估量的经济损失。在隧道施工过程中如何做好及时准确的地质超前预报,对实现隧道动态信息化设计和施工至关重要,同时可有效地控制地质灾害的发生。故准确的地质超前预报对于隧道安全顺利施工,提高施工效率、缩短施工周期、避免施工损失、节约投资具有重大的社会效益和经济效益[4-5]。

1 地质预报方法介绍

隧道超前地质预报技术根据预报距离的不同,分为长期和短期两种预报形式。长期预报的预报距离为掌子面前方100~200m以上,目前国内外主要采用地震反射波法进行探测,如瑞士安伯格公司研发的TSP-203系统。短期预报是在长期超前地质预报的基础上进行的,预报距离为掌子面前方15~30m范围,目前国内外主要采用地质雷达、超前水平钻杆和地质分析法等。

1.1 地质分析法

地质分析法是隧道超前地质预报最基本的方法,是其他预报方法解释应用的基础。该法将隧道所揭露的地层岩性、地质构造、结构面产状、地下水出露点位置及出水状态、出水量、煤层、溶洞等准确记录下来并绘制成图表,结合已有勘测资料,进行隧道开挖面前方地质条件的预测预报[6]。其优点为简单易行,不干扰施工,提交资料及时,且能为整座隧道提供完整的地质资料,费用低。但对操作人员地质知识水平要求较高。

1.2 超长炮孔法

超长炮孔法是在环隧道开挖面的周壁布置,部分设置一定的外插角,以保证开挖一个循环后,工作面前方有2m以上,周边有4m以上的稳定岩磐。其优点为设备简单、操作方便、费用低、占用隧道施工时间短,与爆破孔同时施作时对施工几乎没有任何干扰,炮孔数量多,保证预报精确度;但存在孔浅,预报距离短,且不能取岩芯等缺点[7-9]。

1.3 超前地质钻探

超前地质钻探是利用水平钻机在隧道工作面进行地质钻探获取地质信息的一种地质超前预报方式。图1是某隧道复杂地段水平钻孔布置方式图,钻孔每30m一个循环,纯钻时间5~9h,辅助时间1~

2h,干扰施工时间6~11h(约7%~13%)。

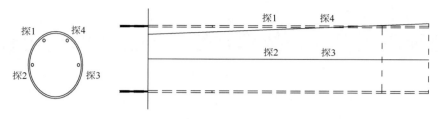

图1 超前水平钻探钻孔布置图

该方法直观真实地获取钻孔所经过部位的地层岩性、岩体完整程度、裂隙度、溶洞、岩溶水以及水压高低等。但是其存在费用高、费工费时且探测范围局限等不足。

1.4 地质雷达法

地质雷达是以宽频带短脉冲的高频电磁波的发射来探测物体,根据电磁脉冲穿不同介质而反射差别,结合地质素描来确定探测目标的形态及属性[10]。其优点为施工干扰小、现场检测时间短(一般10~30min),对含水带较敏感;但预报距离短,约20~30m。

1.5 地震探测法

地震探测法(TSP法)属于多分量高分辨率地震反射法。当地震波遇到岩石波阻抗差异面(如断层、破碎带、溶洞、软弱夹层和岩性变化时)产生反射波,并根据反射信号了解隧道掌子面前方的不良地质体的位置和规模,图2为TSP探测侧线和仪器布置图。其优点为对断层破碎带较敏感且探测预报距离远,一般预报为100~200m;但需要施工配合钻孔,工序较复杂,并采用放炮方式激发信号[12]。

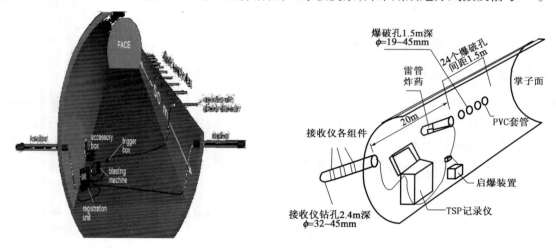

图2 TSP超前地质预报侧线和仪器布置图

2 岩溶隧道综合超前地质预报体系的研究

2.1 方案比选

根据每种预报方法的优缺点,将它们中的两种或多种方法组合在一起,构成"隧道超前地质综合预报系统",达到扬长避短,发挥更大作用的目的。本文以地质分析法、超长炮孔法、超前水平钻孔法、地质雷达探测法、地震波预报法作为"隧道超前地质综合预报系统"的组合因子进行分析研究。其组合如下:

A. 地质分析法+超长炮孔法;

B. 地质分析法+超长炮孔法+超前水平钻孔法;

C. 地质分析法+超长炮孔法+地质雷达法;

D. 地质分析法+超长炮孔法+超前水平钻孔法+隧道地震波预报法(TSP法);

E. 地质分析法+超长炮孔法+地质雷达法+隧道地震波预报法(TSP法)。

以下几种组合方案对比分析见表1。

超前地质综合预报系统组合方案比选 表1

方案	预报方法	适用范围	预报长度	安全性	干扰性	经济性	准确性	高效性	比选排名
A	A1——地质分析法	高	1~3m	高	无	高	高	低	5
	A2——超长炮孔法	高	1~6m	高	无	高	高	低	
	初评结果	优	较差	优	优	优	优	差	
B	B1、B2——同表A1、A2	优	差	优	优	优	优	差	4
	B3——超前水平钻孔法	高	15~30m	较高	大	低	高	较低	
	初评结果	优	差	优	差	良	优	差	
C	C1、C2——同表A1、A2	优	较差	优	优	优	优	差	3
	C3——地质雷达探测法	高	20~30m	高	较小	较高	高	较高	
	初评结果	优	差	优	优	良	优	良	
D	D1、D2——同表A1、A2	优	较差	优	优	优	优	差	2
	D3——同表B3	高	15~30m	较高	大	低	高	较低	
	D4——隧道地震波预报法	高	100~150m	较高	较小	高	高	高	
	初评结果	优	优	优	良	良	优	良	
E	E1——同表A1	高	1~3m	高	无	高	高	低	1
	E2——同表A2	高	1~6m	高	无	高	高	低	
	E3——同表C3	高	20~30m	高	较小	较高	高	较高	
	E4——同表D4	高	100~150m	较高	较小	高	高	高	
	初评结果	优	优	优	优	优	优	良	

注:本表程度从大到小分级:高(大)、较高(较大)、较低(较小)、低(小或无)。

2.2 最佳预报方案和预报思路程序

根据表1确定选择"地质分析法+超长炮孔+地质雷达探测法+隧道地震波预报法(TSP)"作为"隧道超前地质综合预报系统"。表2为该系统在不同隧道实施中预测准确率。

隧道超前地质综合预报系统实施中预测准确率的对比分析 表2

隧道名称	TSP	地质雷达	地质分析法	综合预报系统	综合系统准确率
百针1号隧道	7次 吻合5次	42次 吻合22次	361次 吻合243次	361次 吻合293次	81.2%
百针2号隧道	9次 吻合7次	50次 吻合23次	478次 吻合348次	478次 吻合397次	83.1%
果乱隧道	7次 吻合5次	44次 吻合18次	354次 吻合235次	354次 吻合285次	80.5%
坡荷隧道	2次 吻合1次	17次 吻合7次	111次 吻合52次	111次 吻合84次	75.7%
岩信隧道	4次 吻合3次	27次 吻合14次	211次 吻合103次	211次 吻合167次	79.1%
金龙岩隧道	5次 吻合3次	30次 吻合14次	242次 吻合131次	242次 吻合189次	78.1%
准确率	70.6%	46.7%	63.3%	80.5%	

依托工程隧道超前地质预报的总体思路为：以地质分析法为基础，结合并灵活应用TSP-203系统、地质雷达系统，适当采用超长炮孔，以地质雷达法为主要预报手段。形成长短结合、宏观把握、重点监测的综合超前地质预报系统。其预报程序如下：

（1）通过地质调查了解隧道区域地质、水文地质条件，初步确定隧道施工地质预报的重点和难点。

（2）在隧道施工过程中，以地质雷达法进行跟踪地质预报，预报距离5~30m，并根据掌子面围岩地质情况适当调整预报断面数量。

（3）TSP-203进行长距离宏观控制预报，对隧道开挖重点难点段100m附近进行TSP预报。

（4）针对掌子面前方可能发育岩溶或断层破碎带，为了预防发生围岩大变形，岩溶坍塌或突泥涌水等地质灾害，采用超长炮孔法预测预报。

（5）综合归纳分析提高预测预报精度，实现动态信息化设计施工的目的，确保施工安全。

3 预报系统在隧道工程中的应用

3.1 TSP-203预报实例

广西壮族自治区靖西至那坡高速公路段果乱隧道出口右洞掌子面里程为K56+911。隧道穿越山体垭口，地表地质调查发现地表有落水洞，拱顶距地表埋深约40m，隧道内与落水洞对应的部位极可能发育岩溶或断层破碎带，采用超前地质预报，实施过程如图3~图5所示。

图3 起炮孔安装起爆线

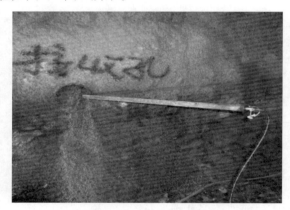

图4 接收孔安装三分量接收器

图5 主机进行信号采集

TSP地震波法预报结果见表3，揭示了该预报段存在围岩岩体局部破碎并含裂隙水，发育有不同规模溶洞和溶蚀现象，与实际开挖较为一致。

TSP 地震波法预报结果表 表3

序号	里程桩号	长度(m)	推 测 结 果
1	K56+911~900	11	围岩与掌子面岩性相同,主要为浅灰色微风化石灰岩,中厚层状或块状构造,岩体完整,强度相对较高,节理裂隙弱发育至中等发育,自稳性好
2	K56+900~890	10	密度和动态杨氏模量较前段明显降低,泊松比上升,反射为负反射,节理裂隙发育。强度中等,自稳性一般
3	K56+890~829	61	密度和动态杨氏模量较前段有上升,围岩节理裂隙中等发育。围岩强度较前段略有提高,完整性好
4	K56+829~774	55	密度和动态杨氏模量较前段略有下降,泊松比上升且波动较大,反射增多,常常出现较小突变起跳,有破碎带或溶蚀现象发育,节理裂隙发育至中等发育
5	K56+774~740	34	密度和动态杨氏模量较前有下降,节理裂隙弱发育,围岩强度较前段略有下降,完整性好

3.2 地质雷达预报

测试采用瑞典 MALA 公司生产的 MALAProEx 地质雷达,天线中心频率为100MHz。测试方法采用连续测试及点测试,测线及测点布设见图6。

果乱隧道右线出口 K56+796~K56+766 范围的雷达探测波谱图如图7所示。

其预测结果如下。

ZK56+796~ZK56+793(0~3m):电磁波无异常变化。

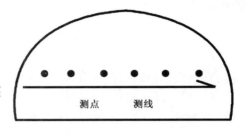

图6 雷达测试点、测线布设示意图

结合相关信息从而推断出,该段围岩情况与掌子面当前围岩情况基本一致,无明显变化。

ZK56+793~ZK56+777(3~19m):电磁波回波信号出现异常。结合相关信息推断该段围岩仍以中风化石灰岩为主,岩质较坚硬,岩体整体较破碎,局部较完整,岩体多呈块状,节理、裂隙较发育,裂隙水含量偏高,出水多为潮湿状;同时,该段围岩溶隙发育,局部存在夹泥现象,形成溶穴可能性大,施工中应谨慎掘进,及时支护。

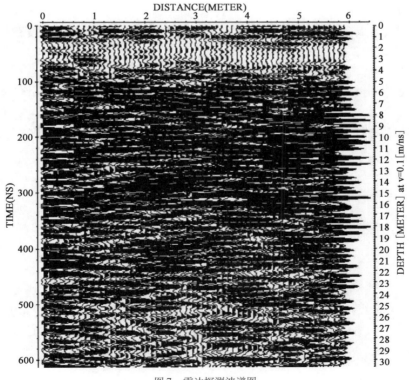

图7 雷达探测波谱图

K56+777~K56+766(19~30m):电磁波回波信号出现异常。结合相关信息,从而推断出,该段围岩以中风化石灰岩为主,岩质较坚硬,岩体整体较完整,局部较破碎,节理、裂隙较发育,裂隙水含量较高;同时,该段围岩溶隙发育,形成溶穴可能性极大,施工中仍应谨慎掘进,及时支护。

4 结语

根据超前地质预报自身的特点和优缺点的对比分析,制定了适用于复杂岩溶地质条件下的"地质分析法+超长炮孔+地质雷达探测法+隧道地震波预报法"综合超前地质预报系统,通过预测预报结果与实际开挖情况的对比分析证明了该系统能有效地进行岩溶隧道不良地质现象的预测预报,且为该隧道动态信息化施工提供了技术指导,确保了隧道施工安全。该综合超前地质预报技术的成功应用带来了显著的经济效益和社会效益,也为其他岩溶隧道施工综合超前地质预报技术提供参考和借鉴作用。

参考文献

[1] 毛建安.超前地质预报技术在向莆铁路青云山特长隧道施工中的应用研究[J].现代隧道技术,2011,48(5):154-158.

[2] 雷春英,尚亿军,李晓虎等.综合超前地质预报技术在马桑哨隧道中的应用研究[J].工程地质学报,2012,20(6):1007-1012.

[3] 王振宇,程围峰,刘越等.基于掌子面编录和地质雷达的综合超前预报技术[J].岩石力学与工程学报,2010,29(z2):3549-3557.

[4] 吴俊,毛海和.地质雷达在公路隧道短期地质超前预报中的应用[J].岩土力学,2003,24(增刊):154-157.

[5] 吴永清,何林生.地质雷达在公路隧道的应用[J].广东公路交通,1998(54):111-114.

[6] 高才坤,郭世明.采用地质雷达进行掌子面前方地质情况预报[J].水力发电,2000(3):11-13.

[7] 唐龙,孙晓宾.应用地质雷达探测隧道地质构造[J].山西建筑,2001,27(3):148-149.

[8] 曲海锋,刘志刚,朱合华等.隧道信息化施工中综合超前地质预报技术[J].岩石力学与工程学报,2006,25(6):1246-1251.

[9] 雷明锋,彭立敏,施成华等.复杂地质条件下隧道浅埋段全空间综合超前地质预报技术[J].岩石力学与工程学报,2009,28(z2):3571-3576.

[10] 齐甦.隧道地质超前预报技术与应用[M].北京:气象出版社,2010.

[11] 汪成兵,丁文其,由广明等.隧道超前地质预报技术及应用[J].水文地质工程地质,2007,34(1):120-122.

[12] 琚建明.超前地质预报技术在海底隧道施工中的应用[J].铁道工程学报,2007,24(7):76-80.

靖那高速公路坡荷隧道进口滑塌原因分析及治理技术研究

王元扩

(广东省长大公路工程有限公司第四分公司,广东 广州 510000)

摘 要 针对广西壮族自治区靖西至那坡高速公路段中的坡荷隧道洞口滑塌灾害,分析了隧道洞口开裂滑塌病害发生的主要原因,提出了洞口开裂及滑塌病害的治理方案,并对治理效果进行了分析评价。研究表明,采取紧急加固、卸载及反压加固等综合治理措施可有效地防治隧道洞口开裂的发展以及滑塌的发生,并能确保隧道洞口的整体稳定。该研究结果对类似工程有指导意义。

关键词 隧道工程;隧道进口;滑塌开裂;加固措施;治理方法

0 引言

由于公路隧道开挖断面大,在地质条件复杂多变的隧道施工中,塌方事故时常发生。这不仅严重影响工程的工期、质量和造价,而且常给人们的生命财产带来重大损失。隧道塌方治理不当不仅影响正常施工,而且对隧道后期的安全运营埋下隐患。广西靖西至那坡高速公路段的坡荷进口隧道洞口因降水和开挖等因素影响,先后发生了开裂、滑塌等地质灾害。通过研究分析滑塌发生的原因及相关因素,提出了综合治理的加固措施,有效地确保了隧道洞口的安全稳定,对类似工程有参考价值。

1 工程概况

坡荷隧道为分离式小间距长隧道,设计行车速度为100km/h,建筑界限宽10.75m,高5.0m。隧道洞口采用端墙式洞门,支护采用复合型衬砌形式,中心排水沟排水,预留射流风机通风。隧道最大埋深约228m。洞口为V级围岩,长约60m,施工采用环形开挖留核心土法进行开挖。洞口布置ϕ89长管棚,环向间距40cm。径向布置ϕ25中空注浆锚杆,环向间距100cm,纵向间距75cm 衬砌钢拱架采用I20a工字钢,并与系统锚杆焊接,相邻钢拱架外缘用纵向连接钢筋焊接。开挖预留变形量为20cm。隧道口地表按设计要求施作了仰坡,并进行了喷锚防护。

该洞口岩体为中风化的石灰岩,较破碎,完整性差,其上覆深厚的第四系全新统崩积层(Q_4col),岩性为杂色碎石土,局部黄褐色,稍湿、稍密状,块碎石成分为灰岩、页岩,粒径一般5~24cm,最大200cm,含量占50%~60%,有少量黏土充填,该地层厚3.0~17.2m。

2 隧道洞口开裂滑塌因素分析

2.1 偏压影响

坡荷隧道洞口右侧山体高,为松散的块碎石坡积土体,左侧是一条由疏松土层构成的深沟,左右侧高差达20m,隧道洞口施工后左右山体压力不平衡,从而形成偏压。存在偏压地层是滑塌的重要内在因素。

2.2 降水影响

坡荷隧道洞顶土体为多空隙的坡积土层,连日降水致使雨水下渗,使土体强度降低,土体稳定性降低,导致隧道洞口的坡积层滑塌,坡脚失稳,隧道洞口直接下沉,且局部变形较大。因此,降水是造成滑塌的主要外部因素。

2.3 其他因素

(1)设计在明洞段采用偏压明洞衬砌结构设计,洞身采用V级围岩支护方式。施工时将坡积土体坡脚破坏,开挖过后形成了较大临空面。

(2)首次开裂发生时,仅完成了初期支护施工,未施作二次衬砌。

(3)降水长达24天,造成处治方案无法及时施作,开裂加剧,最终导致洞口滑塌。

3 洞口开裂滑塌综合治理

针对上述开裂滑塌原因,结合现场实际情况,制定了洞口开裂滑踏综合治理措施。

3.1 开裂滑塌

经过连续5天小到大雨过后,隧道左、右线洞口边仰坡出现开裂现象,右线导向墙套拱右侧出现新的裂缝,山体出现连续的裂缝,裂缝宽度5~32cm,裂缝深度10~120cm,长约100m,整个进口端的坡积层出现滑移,开裂范围如图1所示。

图1 开裂范围示意图

洞口开挖明洞仰拱,山体再次出现明显裂缝;随后又是连续暴雨,尽管全面停止施工,但拱顶最大日沉降量依旧达到15mm,山体开裂加剧,裂缝最宽达25cm、深度超过50cm,土体稳定性极差,造成隧道初期支护变形量增大,发生沉陷,随后发生整体坍塌,已施工的暗洞及台车全被压毁;同时,左侧山体也出现较大的开裂,裂缝宽度最大达20cm。坡荷隧道进口右洞滑塌如图2所示。

图2 坡荷隧道进口右洞滑塌现场

3.2 现场紧急封闭加固

对山顶开裂的裂缝采用水泥砂浆进行封堵,避免雨水下渗;在拱脚处用工字钢连接,如图3所示,使其封闭成环,改善拱部受力状况,增大承载能力;因支护坡脚已出现不均匀沉降,洞内临时支撑采用钢拱架进一步加强;由于不均匀沉降发生,仰拱拱腰处发生了开裂现象,故增加一道钢拱架斜撑,避免裂缝加宽。同时待天晴后卸载部分土方进行减压。

3.3 卸载及反压加固方案

对已开裂、松动的堆积体进行挖除,挖除后平台距拱顶覆盖层厚度保留8m,挖除后最大坡高14m左右;并在右洞右侧局部采用1∶1.25坡率进行刷坡卸载,及时对刷坡处采用喷浆、打锚杆等方式进行防护。

在隧道左洞左侧设置重力式反压挡墙,挡墙布置如图4所示。挡墙基坑采取马口开挖,采用跳跃式施工。挡墙墙背设置反滤层并预留2~3排泄水孔,梅花形布置。鉴于左洞左侧覆盖土较厚,基岩埋深较深,故采用 $\phi89$ 的钢管对基础进行加固。基础加固钢管入岩50cm,并在管内进行注浆,具体布置方式见图5。

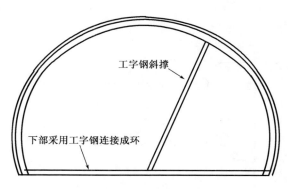

图3 加固处理措施

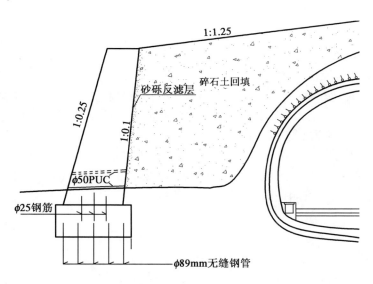

图4 左洞左侧挡墙示意图

卸载完成后,及时进行支护,并在陡崖部分设置主动防护网。加固完成后,对两洞中间松散土体进行钢花管注浆,增强其整体性。

3.4 恢复施工后方案

在崩塌体上方山体岩石表面增设观测点,施工期间加强对山体的观测,当日沉降量大于2cm时,应及时撤出人员、机械,以确保施工安全。在对坍塌体及松动体挖除完成及坡面防护完成后,隧道恢复掘进继续施工,开挖时要严格执行"短进尺,弱爆破,紧支护,勤量测"的原则,时刻关注围岩的变化情况,确保施工安全。具体方案如下:

(1)左线洞内初支拱架间距由原设计75cm调整至50cm,采用双层小导管超前支护,布置范围扩大至140°,双层小导管设置到完整基岩处结束;左线明洞加长12m。

(2)回填完成后并待左洞进入稳定基岩后,再进行右洞开挖。

(3)如右洞原施工的暗洞段未破坏,能满足净空要求,则在洞内按原Ⅴb支护参数施工,将原设计的单层超前小导管改为双层超前小导管或中管棚,布置范围扩大至140°,拱架间距调整由原设计75cm调整至50cm;若原施工的暗洞段已破坏,则拉槽将已破坏段初支挖除,重新施作套拱及管棚,并在管棚范围内施作单层超前小导管。

(4)右洞应先施作明洞并回填后再掘进暗洞。

图6为综合治理后隧道安全稳定实拍图,由此可见论文针对隧道洞口开裂滑塌而采用的综合治理方法是切实可行的。

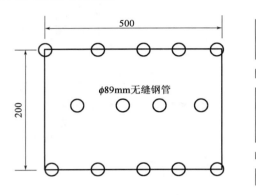

图5 挡墙基础加固图(尺寸单位:mm)

图6 施工完成的坡荷隧道进口

4 结语

通过对坡荷隧道洞口滑塌原因的分析及其综合治理,可以得出如下结论:

(1)隧道洞口的中线与地形等高线尽可能正交或接近正交,条件受限制时宜以大角度斜交进洞。当小角度进洞不可避免时,应提前做好对周围地形地质的调查分析,对不良地质提前进行有效处理。

(2)隧道工程洞口大多岩层破碎、松散、风化严重,地形和地质条件极不稳定,地表降水容易侵入、软化破碎围岩,降低其自稳能力。故洞口段施工时应做好雨水防渗处理,并进行破碎体加固。

(3)洞内施工时可增加临时仰拱,提高其承载力,并尽快使初期支护成环,尽早施作二次衬砌。

(4)施工时要加强洞内收敛、地表沉降等方面的观测,实现信息化动态施工管理。若出现边坡开裂或洞内下沉过大,应停止施工,查明原因,并进行合理治理。

参考文献

[1] JTG D70—2004 公路隧道设计规范[S].北京:人民交通出版社,2004.

[2] 刘小军,张永兴,高世军等.软弱围岩隧道洞口段失稳机制分析与处置技术[J].岩土力学,2012,33(7):2229-2234.

[3] 刘伟.洞口浅埋偏压隧道塌方处理施工技术[J].国防交通工程与技术,2008,6(3):57-60.

[4] 张民庆,黄鸿健,苗德海,田四明.宜万线隧道洞口滑坍分析与治理[J].铁道工程学报,2008,2(总113).

[5] 关宝树.隧道工程设计要点集[M].北京:人民交通出版社,2003.

[6] 中铁隧道集团技术专家委员会.隧道防坍技术[C].洛阳:中铁隧道集团有限公司,2004.

[7] JTG F60—2009 公路隧道施工技术规范[S].北京:人民交通出版社,2009.

[8] 李秀花.湿陷性黄土隧道洞口段易滑塌原因及防治[J].铁道建筑,2012,(8):61-63.

[9] 王芳其,孙建国,黄伦海等.平阳隧道出口滑塌体分析及综合处治[C].//2009年全国公路隧道学术会议论文集.2009,456—461.

[10] JTG/T F60—2009 公路隧道施工技术细则[S].北京:人民交通出版社,2009.

曲线型长大桥梁防撞护栏施工质量控制方法研究
——以靖那路大史1、2、3号桥为例

沈 耀

（广西路桥总公司三分公司　广西　南宁　530008）

摘　要　结合对广西壮族自治区靖西至那坡高速公路大史1、2、3号大桥防撞护栏的施工工艺，总结了曲线型长大桥梁防撞护栏在线形、高程、钢筋保护层合格率等外观和内在质量控制的难点，并提出了相关的质量控制方法及措施。研究成果可为我国类似桥梁防撞护栏施工提供一些参考。

关键词　桥梁工程；靖那高速；防撞护栏；质量控制；外观控制

0　引言

桥梁防撞护栏是为了保证行车及行人安全，而在桥梁宽度方向两侧设置保护围栏，通常由混凝土和钢材等构件组成，其中钢筋混凝土防撞护栏运用得最多。桥梁防撞护栏结构属行车中为数不多的可视部位，特别是曲线型桥梁，其线形、顺直度等外观质量直接影响行车感观舒适度，因此防撞护栏的外观质量控制对整个工程的形象、美观及体现施工单位技术水平至关重要。

大史1、2、3号桥起始桩号为K18+750～K20+142，全长1 392m，上部构造为20m先简支后连续预应力混凝土箱梁。三座大桥的线形设计很巧妙，平曲线由左转过渡至右转，竖曲线由凸型过渡至凹型。平竖曲线的完美结合，使桥梁的整体线形极其自然、顺畅，极富美感。

1　防撞护栏常见质量问题及原因分析

高速公路桥梁防撞护栏施工过程中容易出现如下质量问题：线形不顺、顶面呈波浪；内倾面气泡、麻面、纱线现象；下缘、接缝处花脸、蜂窝现象；钢筋保护层合格率低；表面色泽不一致，有破损、裂缝。

1.1　纵向线形不顺和顶面呈波浪现象原因

（1）由于桥梁设计时为了满足选线要求和线形美观，需要设置平曲线和竖曲线，平曲率较大时防撞护栏施工时容易形成折线。

（2）对于上构为预制梁板的桥梁，防撞护栏的钢筋需预先埋置在预制的边梁（板）上。施工控制不严格，预制梁板防撞护栏预埋钢筋位置不准确或预制梁安装偏位，造成防撞护栏线形不顺。

（3）预制梁桥是由许多跨组成的，每跨的预制梁安装高程特别是边梁的安装高程是否一致、匀称，其高程的控制也是影响后续防撞墙是否顺直的因素之一。

（4）顶面波浪现象是由于纵向高程控制不严，施工后收面工人责任心不强导致。

1.2　内倾面气泡、麻面、纱线现象原因

（1）防撞护栏特殊的断面形状，使下面倒角处（内倾面）很难在振捣时将气泡顺利排出，振捣时间短气泡就多，时间长则会过振。

（2）纱线现象是混凝土塌落度偏大或和易性差，产生泌水、离析现象，在分层浇筑时模板在受到混凝土侧压力时产生微小移动，气泡内少量的水沿着模板壁向下流动，带走表层水泥浆。

1.3　下缘、接缝处蜂窝现象原因

蜂窝现象是振捣不充分、漏振、混凝土拌合时间不够和易性差、计量不准确、塌落度偏大、接缝不严

漏浆所致。

1.4 钢筋保护层合格率低的原因

梁板在预制时，边板护栏预埋钢筋位置不准确，在安装护栏钢筋时难免内外侧钢筋保护层不是过大就是不够。钢筋构件加工精度不高，钢筋笼绑扎尺寸不能满足规范要求，保护层垫块设置不合理同样影响保护层合格率。

1.5 表面色泽不一致，有破损、裂缝原因

护栏模板安装前应清理模板表面污渍和锈迹，再涂刷脱模剂，脱模剂比例不合适，涂刷不均匀，脱模时间过早都可能导致混凝土表面色泽不一致，严重时可能导致黏模，形成麻面。

破损、裂缝形成原因很多，大致有混凝土水热化、干缩、涨缝设置不合理、外力作用等。

2 克服质量通病的控制方法

2.1 纵向线形不顺和顶面呈波浪现象控制方法

（1）要求测量放样时必须加密。防撞护栏在曲线段加密成1.5m（一节模板长度）测量放样，其余5.0m测量放样，施工后线形基本平顺。

（2）边梁（板）预制时，严格控制梁高，避免吊装后前后错台过大，并严格按照设计图纸要求安装防撞护栏预埋钢筋，且固定牢靠，防止混凝土浇筑使钢筋偏位。加强预制梁安装施工控制，保证落梁位置准确，发现问题及时纠偏。

（3）制作模板时，模板长度不要超过2m，模板高度减少1~2cm便于高程的调整，测量放样后每点测量出梁顶高程并浇筑高标号砂浆带作为模板底座，保证模板安装高程满足设计要求。

（4）模板安装完成后，要对模板的线形进行认真细致的检查和调整，并支撑加固牢靠。

（5）混凝土浇筑完毕后，严格做好顶面收浆工作。注意清除表面浮浆，防止因浮浆收缩不均匀造成防撞护栏顶面不平顺。

2.2 内倾面气泡、麻面、纱线现象控制方法

（1）通过对布料的调整来减少气泡。具体是分3层布料，第一次布料到倒角稍高处振捣；第二次布料距顶面30cm左右振捣，振捣时振捣棒插入第1层1/3，对倒角处形成二次振捣，使倒角处得到充分振捣，以减少内倾面气泡；纵斜向分段布料长度根据气温情况灵活调整，一般不超过4m为宜。

（2）要求混凝土浇筑工人必须熟练掌握振捣时间，一般振捣棒插入混凝土15s左右，混凝土不再下沉，表面没有大的气泡排出即可，防止过振。

（3）要严格控制混凝土坍落度，尽量缩小分层浇筑间隔时间，从而减少混凝土泌水、离析带来的麻面、纱线现象。

2.3 下缘、接缝处蜂窝现象控制方法

（1）在刚开始施工时，发现每次拆模后护栏下缘往上20~30cm常有一两处蜂窝麻面，特别影响外观质量，采用砂浆抹缝措施还是不能解决。经过仔细分析，砂浆揸缝在受到振动时和模板间会有轻微缝隙产生，对漏浆还是不能彻底防止。采用砂浆底座上垫海绵条的方法，彻底防止了蜂窝现象。

（2）拌和站严格按照配合比配料，充分拌和，控制好坍落度。

（3）现场均匀布料，仔细振捣，做到不漏振，不过振。

（4）接缝要严密，做到竖缝粘贴双面胶条，平缝垫压海绵条。

2.4 钢筋保护层合格率低的控制方法

（1）边梁（板）预制时，严格按照设计图纸要求安装防撞护栏预埋钢筋，并固定牢靠，防止混凝土浇筑使钢筋偏位。加强预制梁安装施工控制，保证落梁位置准确，发现问题及时纠偏。

（2）安装护栏钢筋前先对梁板预埋钢筋进行挂线校正，使内外保护层都达到设计要求。

（3）采用数控弯筋机有效提高钢筋构件精度，保证钢筋笼绑扎尺寸，合理设置保护层垫块的间距。保护层垫块纵向间距控制在80cm以内，竖向布置不少于3层，呈梅花形布置。并固定牢靠，防止混凝土振捣过程中脱落。

2.5 表面色泽不一致，有破损、裂缝控制方法

（1）在安装模板前要对模板进行认真处理，涂刷脱模剂要均匀。
（2）拆模时间应根据气温高低和混凝土形成强度情况确定。
（3）拆模后及时覆盖洒水养生，切假缝，假缝应4~6m设置一道。
（4）要求工人拆模时必须小心，不能碰撞新拆模成品混凝土。

3 结语

由广西路桥总公司承建的靖西至那坡高速公路土建No.1合同段的防撞护栏施工在内在质量和外观质量方面取得了良好效果，项目部在施工过程中将一些护栏施工常见问题一一解决，并认真总结，以期能与同行共同交流，为今后的施工提供一些借鉴。

参考文献

[1] 公路施工手册:桥涵/下册/交通部第一公路工程总公司主编.2版.北京:人民交通出版社,1999.11.
[2] 公路桥涵施工技术规范:JTG/T F50—2011/中交第一公路工程局有限公司主编.北京:人民交通出版社,2011.7.
[3] 霍广炼.浅谈防撞墙外观质量控制[J].中国高新技术企业.2007(07):138-139.
[4] 汤丽霞.防撞墙外观质量控制[J].广东建材.2006(08):76-77.
[5] 史华松,郭超.防撞墙施工及质量控制[J].科技与企业.2012(03):174.
[6] 田先伟,郑晖.防撞墙施工工艺及质量保证措施[J].北方交通.2014(07):110-113.
[7] 宋炜卿,尤圣乐.定型挑檐支架在高架防撞墙施工中的应用[J].建筑施工.2014(35):325-326.
[8] 李志勇.桥梁防撞墙外观质量控制[J].价值工程.2013(36):117-118.

广西高桥隧比高速公路工程质量控制研究

邓祥明

(广西高速公路投资有限公司　广西南宁　530008)

摘　要　广西壮族自治区靖西至那坡高速公路地处桂西南喀斯特地貌地区,项目地形复杂,地势陡峭,大型桥梁隧道纵向相连,施工场地狭小,施工难度大。基于靖西至那坡高速公路(以下简称靖那项目)建设工程特点,浅析山区高桥隧比公路工程项目质量控制要素。对于高桥隧比项目,桥梁与隧道质量控制是关键,本文主要分析桥梁与隧道质量控制措施。研究成果可为高桥隧比高速公路工程质量控制提供重要参考。

关键词　桥梁工程;隧道工程;靖那高速;桥隧比;质量控制

0　引言

工程项目管理中的质量控制主要表现为施工组织和施工现场的质量控制,控制的内容包括工艺质量控制和产品质量控制。影响质量控制的因素主要有"人、材料、机械、方法和环境"等五大方面。因此,对这五方面因素严格控制,是保证工程质量的关键。

1　影响质量的因素

首先,人是施工过程的主体,工程质量的形成受到所有参加工程项目施工的工程技术干部、操作人员、服务人员、管理人员等共同作用,他们是形成工程质量的主要因素,故有精良的团队是高工程质量的前提保障。

材料及设备是工程施工的物质条件,材料质量是工程质量的基础,材料质量不符合要求,工程质量也就不可能符合标准。所以加强材料的质量控制,是提高工程质量的重要保证。

施工过程中的方法包含整个建设周期内所采取的技术方案、工艺流程、组织措施、检测手段、施工组织设计等。施工方案正确与否,直接影响工程质量控制能引顺利实现。往往由于施工方案考虑不周而拖延进度,影响质量,增加投资。为此,制订和审核施工方案时,必须结合工程实际,从技术、管理、工艺、组织、操作、经济等方面进行全面分析、综合考虑,力求方案技术可行、经济合理、工艺先进、措施得力、操作方便,有利于提高质量、加快进度、降低成本。

影响工程质量的环境因素较多,有工程地质、水文、气象、噪声、通风、振动、照明、污染等。环境因素对工程质量的影响具有复杂而多变的特点,如气象条件复杂多变,温度、湿度、大风、暴雨、酷暑、严寒都直接影响工程质量。因此,根据工程特点和具体条件,应对影响质量的环境因素,采取有效的措施严加控制。

2　项目施工前期质量控制措施

2.1　加强对环境因素影响的控制

大山深沟的地形特点是造成靖那项目高桥隧比的主要原因,因此做好前期地质勘探工作尤为重要。为保证桥梁、隧道建筑在稳定牢固的地质基础上,尽量避开不利的地质段,在进行勘察设计时,如遇不适宜的地质状况,就要采取相应措施,组织地勘专项验收,有针对性的组织专家进行会审,确定最终路线。在施工过程中,若发现地质情况与勘测设计报告有出入时,应根据具体情况进行补充钻探。

2.2 加强对"人、机械、材料"等控制

要根据靖那项目特点,有针对性地选择桥隧施工能力强、履约能力强的施工单位,对施工队伍的资质进行详细核实,对监理及施工单位技术人员的专业能力进行考核,严格按照公路工程质量责任负责制执行。对施工单位进场的隧道台车、桥梁模板实行验收准入制度,对工程建设中所需要的建筑材料、机械配件和器材设备的质量进行控制,保障工程施工中材料及器材的安全可靠。

2.3 加强对"方法"的控制

要做好设计规划以及图纸会审,并与建设单位监理、设计院做好互动配合工作。在施工单位进场后,及时发放设计图纸,并组织相关工程技术人员认真细致地阅读施工图纸,对相关数据进行准确核算,推行标准化施工管理,印发具体标准化施工指南,明确工程质量要求。

3 桥梁工程施工阶段质量控制措施

一项工程的质量,是由每道施工工序的质量组成的,而工序质量的好坏,取决于施工人员的素质和施工管理的完善与否。因此,施工阶段质量控制的目标是以合同条款、技术规范和设计文件为依据,以工序质量控制为核心,通过抓施工人员的工作质量来保证工序质量,最终确保工程质量达到设计要求,使之能安全、舒适、可靠、高效地使用。桥梁工程主要抓好以下几个方面质量控制。

3.1 桥梁基础

(1)桩基。开工前应认真研究地质钻探资料,分析地质情况,对有可能出现的流沙、管涌、涌水等不良地质情况应制定针对性的措施。靖那项目的桥梁施工,绝大部分是旱桥,人工挖孔桩是较多见的施工方法,由于每一节护壁均由人工立模,确保其孔径、垂直度、中心位置准确是关键,必须及时检查、复核。成孔后应使用检孔器检查孔径、垂直度等。桩基为隐蔽工程,监理必须全过程旁站,发现异常情况必须做好记录,对于孔内地下水丰富的孔桩,尽可能抽干孔内积水,确保混凝土施工质量;若泉源封堵困难时,必须进行水下混凝土施工,应计算出浇灌时首批混凝土量,使其有足够的数量包裹导管下口,并连续徐徐浇灌,每次提升导管均要注意其埋置深度保持 2～4m 之间,同时,导管要连接牢固,密封性能良好。桩基础完工后,所有桩基均应进行无破损检测,并按一定比例进行钻心检验。

(2)扩大基础及承台。应根据地面高程、开挖深度、结构物尺寸、边坡坡度等因素确定开挖范围,避免超挖,若超挖应将松动部分清除,采用碎石(土质地基)或混凝土(石质地基)回填;要做好坑顶、坑底、坑外排水措施;基坑挖至设计高程后,应立即对基底尺寸、高程及扩大基础基底承载力等进行报验,并应及时进行扩大基础或承台的施工,防止基坑长时间暴露、被水浸泡或扰动。

(3)围堰。应严格按照设计要求选用符合规格的钢板桩、钢管桩和套箱材料,钢管(板)桩插打垂直度偏差应不大于 2%。围堰外一定范围内禁止堆放重物或停放大型机械;禁止在水平支撑上堆放过重物件,导致支撑变形,围堰失稳;抽水过程中应安排人员 24 小时监测围堰内外的水位变化情况。

3.2 下部构造

(1)立柱。支模前应先校正钢筋,使其不产生倾斜。安装模板后,宜在柱顶部设置一木制十字架,找出立柱中心,采用垂球对向底部的中心,并测量模板的竖直度。模板尽可能使用刚度好的钢板,表面平整、光洁度好,接缝密封,不漏浆;安装牢固,不跑模;浇灌混凝土之前使用清水湿洗干净,使用合格的隔离剂,严禁使用废旧机油,模板间缝隙用胶条、膨胀泡沫剂封堵。使用拌和站拌和的或由混凝土专用车配送的混凝土;并注意混凝土生产过程质量管理,重视外掺剂的使用;混凝土浇振捣要充分而且又不过振,使混凝土密实。每一节墩柱混凝土拆模后,必须用塑料布或专用土工布严严实实覆盖,顶上置一水桶,水桶底部钻小洞,作用有:其一是可利用混凝土自身的水分和水桶内缓慢流出的水流进行滴灌养生;其二是保证在下道工序施工时不被污染,保持墩柱表面光洁。

(2)盖梁。盖梁混凝土施工特别是高墩盖梁,由于普遍采用无支架施工,作为支承混凝土、钢模、钢板的工字钢横梁,应做施工挠度验算,应充分考虑因施工临时荷载和永久荷载作用下产生的挠度引起盖

梁顶面的支座高程的变化。另外设计单位对固结墩预埋钢筋在施工过程中会与双导梁式架桥机横向移动相干扰，无法正常施工；实际操作时把预埋筋割断，待下梁就位后再行焊接，焊接接头又在同一断面上，不能满足规范要求等问题，设计时应加以改进，杜绝类似现象的发生。

（3）桥台

①沉降缝自上而下竖直方向应严格对齐，定位牢固，如发生倾斜、变形，应拆除重做。沉降缝从上到下保持通缝，并应控制好垂直度和缝宽。

②肋板式桥台或柱式桥台之间的填土应对称进行，填土施工未完成不得进行台帽及上部构造施工。

③柱式桥台的台后填土应控制填土速率。

④沉降缝断缝板的外表50mm应剔除，然后可采用沥青麻絮填塞；填缝应填满抹平，规整、顺直，无翘边、变形，且不得污染墙身。

⑤对提及较大、横向较宽的桥台，施工时应对下列事项进行控制，防止开裂：施工时宜加快混凝土的浇筑速度，且宜采用低坍落度混凝土，对混凝土的内外温差应进行控制；并应根据温度和气候环境采取相应的养护措施。U型桥台宜按大体积混凝土的要求进行施工，进行及时有效的养护，并严格按台背回填的相关技术规范进行回填，注意控制桥台地基的不均匀沉降。

（4）高墩

①施工时应对重点指标进行严格控制：对于施工观测，应重点控制桥墩的垂直度（或坡度），防止桥墩产生偏心和扭转；对于模板，应重点控制其平整度和垂直度（或坡度）；对于钢筋，应重点控制其受力钢筋接头的质量、钢筋骨架的垂直度（或坡度）和保护层厚度；对于混凝土，应重点控制其配合比及和易性，其浇筑宜连续进行，若浇筑过程因故中断，则中断时间不得超过前层混凝土初凝时间，否则应按施工缝处理。

②对于翻模应做到层层处理，层层涂刷脱模剂，对于模板及相关部件应进行检查、校正、紧固和修理。模板在翻升过程中应注意清理障碍，在确认对拉螺栓全部拆除、模板装置上部无障碍时方可提升。

3.3 上部构造

（1）后张法预应力梁预制

①波纹管应安装牢固，接头密合，弯曲圆顺。锚垫板平面应与孔道轴线垂直。

②孔道压浆的浆液性能和强度应符合要求，压浆时排气、排水孔溢出浆液浓度与拌制相同时方可封闭。

③压浆完成后，所有进出浆口应封闭直到浆液凝固前，所有塞子、盖子或气门均不得移动或打开，以保证预应力孔道完全充浆。

④采用焊接形式的调平钢板应四周满焊，并经监理工程师检查同意后方可采用砂浆勾缝，在存梁前应对钢板打磨并涂防锈漆。

（2）支架上现浇箱梁：箱梁翼缘及底板线形应顺畅，不应出现芯模上浮或下沉的现象；箱梁底板集料不外露，不露筋，钢筋保护层厚度应符合设计要求；在混凝土未达到2.5MPa之前严禁人或机械在箱梁混凝土上行走；拆模时不应振动、重敲、强扭，应防止薄板、变截面处混凝土产生裂缝。

（3）悬臂浇筑预应力箱梁（连续钢构）

①悬臂段块件浇筑前，应对0号块的高程、桥轴线作详细复核，保证其符合设计要求方可进行；浇筑底板与腹板时，应注意控制浇筑时间差，避免出现腹板根部出现冷缝现象；浇筑顶板前可对腹板顶部的表面做二次振捣。

②挂篮底模后横梁在箱梁底板处的吊点应采用千斤顶紧固，保证底模与箱梁底板密贴，施加力应达到该吊点的全部施工荷载值，翼板底模亦同此要求；悬浇施工应对称进行，对桥梁轴线和高程应进行施工监控，合拢时，两侧梁、板的高差应在设计和规范允许的范围内，保证桥梁轴线和高程符合设计要求。

4 隧道工程施工阶段质量控制措施

靖那项目隧道地质有一定差异,每个隧道穿越山体的工程地质及水文条件复杂不一,必须做好施工前的充分准备,防止准备工作不到位,影响工程质量和进度。一是做好地质勘探。隧道是在山体中穿行,必须勘探岩层的构造,是否符合建造隧道,及对下一步施工方案的制定有着重要影响。二是制订科学合理及详细的施工方案。任何工程施工都离不开优秀的施工方案,以引领整个工程的始末。施工方案中包括施工仪器、合理的施工技术及相关进度安排等。三是做好检测工作。在施工前必须检查所有设备是否准备齐全,包括是否有备用设备、各种测量设备和施工工具能否正常运行。四是在隧道开挖之前,对施工控制网进行复测,确保贯通测量的准确程度,保障工程的有效进行。

4.1 开挖施工质量控制

由于每个隧道所处的自然环境和岩石构造不同,进洞方式差异大,原则上都应执行"早进洞、晚出洞"的"零开挖"方式,必须根据实际情况采取最合适的开挖方法,否则会影响质量甚至存在安全隐患。岩石构造的差异,开挖方法也必然不同,要求在施工前必须对地质构造进行详细准确的分析判断,便于采取最科学合适的方法,不仅可以节省工期且能保证开挖的安全性。如岩石的稳定性较差,只能采取短台阶进行开挖。根据围岩类型选择合适的断面开挖方法和施工工艺。一般常用的施工方法为钻爆法,如果开挖表面不平整将导致局部围岩应力集中,对于硬岩宜采用光面爆破,及时进行防水层和衬砌施工;软岩采用预裂爆破,以形成用于存水的空洞;采用半断面开挖方法时,如发生较多的超挖,下半断面开挖厚度及用药量要严格控制,减小扰动,避免增加出渣量和回填工程数量;如发生欠挖,对于开挖轮廓面的规整度采用目测方法进行检验,则会影响隧道净空或减小衬砌厚度造成隐患。施工单位和监理单位应配备隧道断面仪,并与设计断面放在同一极坐。对于隧道开挖质量的控制,标下进行比较,一般包括开挖断面规整程度和断面尺寸及超欠挖控制两个方面,从而得出隧道超欠挖的详细资料,及时指导施工。

4.2 支护施工质量控制

隧道开挖后,为防止围岩有较大变化而影响施工安全和工期质量、进度,施工方应立即采取有效的支护措施。首先,喷射混凝土要通过高压向围岩缝隙处喷射,填满所有的岩缝,加强密度,加固整个围岩,但前提是必须确保水泥和沙的质量。第二,在喷射混凝土操作过程中加强混凝土的强度和厚度,保证其有足够的支护能力。喷射混凝土的质量检验包括水泥、砂等原材料的检验及喷射混凝土强度、厚度的检验,限制围岩的变形,喷射混凝土与围岩黏结强度检验及施工粉尘、回弹率的检验,以减小荷载并发挥其自承能力。喷射混凝土强度检验试块的制取可用喷大板法,目前靖那项目的隧道设计均是采用锚喷支护,在围岩较差的地段可采用钢支撑,包括钢格栅及型钢支撑。加强对初支质量的检查,可直接在支护上凿取混凝土块,或凿孔检查。

4.3 防水施工质量控制

道路隧道施工过程中必须做好防水、排水工程。渗水不仅会影响施工进程,而且会给施工带来安全隐患,若不及时解决,即使工程能够顺利完成,通车后由于渗水地面湿滑,容易造成车辆交通事故的发生。这就要求做好两方面的工作:第一,在隧道选址时,尽量选择储水量较小的或者易排水的地质构造。第二,在施工过程中必须选择高质量的具有与混凝土黏结的防水材料,可以避免普通防水板某处漏水后,二次衬砌与防水板间到处有水的现象。第三,对防水材料进行合理科学布置。第四,选择适宜的、系统的防治水的方法。

4.4 衬砌施工质量控制

施工中由于围岩松动或其他原因会导致二次衬砌产生裂缝。对于此类情况,应采取相应措施予以及时的处理,防止问题进一步恶化。由于衬砌厚度不足和砌背后填塞不密实,或衬砌内部存在空洞、蜂窝等情况都可能导致衬砌产生裂缝,是诱发隧道工程事故的主要原因。当隧道衬砌背后与围岩之间存在空洞时,都会促进围岩的松弛,使衬砌产生弯曲应力,而损失衬砌的功能,降低其承载力。针对以上问题,可利用超声波或雷达进行检测,钻孔验证,以便于问题的及时解决。明确背后有空洞的场合,都要采用回填压注的方法予以充分填充。隧道衬砌会因材料、环境、施工等原因而产生各种各样的开裂,为了控制起因于水泥的水化热的温度收缩引起的开裂,在选择水泥时,应尽量采用水化热小的水泥并采用适宜的混凝土配比。

4.5 加强监控量测与动态施工设计

监控量测是保证隧道现场施工安全和进行信息化设计施工的基础。通过对施工现场量测数据和对开挖面的地质观察以及地质超前预报等预测、预报资料的分析,就可以对隧道围岩力学性能进行评价,进而对隧道施工方法(包括常规的、特殊的、辅助的施工方法)、断面开挖步骤及顺序、初期支护的参数等进行合理调整,真正做到信息化设计施工,保证施工安全、围岩稳定、支护经济、质量良好。

公路隧道施工监控量测的内容主要有:地面变形、拱顶下沉、周边收敛、围岩压力、围岩位移、钢拱架变形、混凝土应变、锚杆内力等。监控量测的主要记录表格有:隧道开挖断面地质监测记录表、隧道周边收敛量测记录表、拱顶下沉量测记录表、隧道周边变形量测数据分析表、洞内观察记录表、施工意外情况(塌方、岩爆等)量测记录表等。

5 建立公路工程质量控制体系

5.1 施工单位质量保证措施

施工单位制定质量保证目标,确保全部工程质量达到国家现行的工程质量验收标准。施工单位成立质量保证领导小组,明确分工,实行责任制管理,严格质量体系管理。

5.2 监理单位对施工质量控制

为了保证施工质量,监理单位必须对施工中的各个环节、各道工序进行严格、系统、全面地监督和管理。同时,为了使质量监理工作标准化、程序化,必须制定一套监理程序来指导工程的施工和监理。作为监理单位对隧道施工进行全程监督,对施工单位的开工申请以及施工过程进行严格审查,对不合格的问题要求施工单位及时补缺和返工,合格后方可继续施工。

5.3 验收单位对施工质量控制

在隧道所有工程完工后,业主委托第三方验收单位对其验收合格后方可交付业主方使用。验收单位把守着隧道工程的最后一道关卡,所以必须严把此关。验收单位必须按照国家标准进行验收,把握每一个技术指标,对不符合国家标准的责令其限期整改,严把质量关,严把安全关。

6 结语

(1)针对靖那高速公路特点,提出了影响高桥隧比高速公路的主要影响因素及产生原因。
(2)分别提出了高桥隧比高速公路施工前和施工过程中的质量控制措施及主要控制要点。
(3)针对靖那高速公路,提出了高桥隧比高速公路工程质量控制体系。

研究成果可为我国高桥隧比高速公路质量控制提供重要参考。

参考文献

[1] 张德峰,吕志涛.现代预应力混凝土结构耐久性的研究现状及其特点[J].工业建筑,2000,30(11):1-4.
[2] 张晓宇,傅玉罗.预应力施工对桥梁结构耐久性的影响分和对策[J].公路交通科技,2013,1:51-55.
[3] 周永兴.路桥施工技术手册[M].北京:人民交通出版社,2001,5.
[4] 李骏宇,刘大梁.路客运专线深水、高空工况下大跨度箱梁0#块托架设计及施工技术[J].交通世界(建养机械),2011,(10):159-161.

[5] 陈丽敏.混凝土刚构桥高大边跨不平衡现浇施工技术[J].石家庄铁道学院学报,2007,20(1):125-130.
[6] 杨晓宇.太子河特大桥连续梁边跨现浇段及合拢段施工方案[J].中小企业管理与科技,2012,(31):128.
[7] JTG F60—2009 公路隧道施工技术规范[S].北京:人民交通出版社,2009.
[8] 李秀花.湿陷性黄土隧道洞口段易滑塌原因及防治[J].铁道建筑,2012,(8):61-63.
[9] 李永坚.浅析S359跨线预应力连续刚构桥的施工控制[J].城市建设理论研究(电子版),2013,(9).